기업의 실제사례와 실습결과로 익히는 전략경영, KPI수립, ESG경영 실무의 진수!

ESG시대의 조건!

전략경영의 실행과 목표관리

Condition in the ESG Era!
Strategic Management Practices and Management by Objective

구병모 지음

도서출판 두남

들어가며 P·r·e·f·a·c·e

본 책의 특징과 구성 *그리고 감사의 書*

본 책은 시중에서 접할 수 있는 다른 전략경영서와 다르다. 가장 큰 특징은 대학원생 수준 학생의 실습사례와 기업에서 사용하고 있는 실제 사례 연구를 통하여 전략과 경영을 이해하고 전략경영 수립의 각 단계에서 활용할 수 있는 전략기법인 방법론을 숙지하고 활용할 수 있게 설명하여, 교수님의 코칭을 받는 학생, 마케팅 및 전략 관련 조직 종사자, 주니어 전략담당 컨설턴트에게 적합하도록 구성하였다. 또한 각 Chapter에서 『활용할 수 있는 전략기법』으로 소개되는 명칭을 전략, 기법, 방법론, 모델 등과 같이 각 분야에서 혼용되는 동일한 의미의 단어를 사용하여 어느 책에서든 친숙하게 익힐 수 있도록 하였다.

본 책만의 특징을 실증할 수 있는 것이 다음과 같은 구성과 내용이다.

첫째, 기업에서 실제 수립하는 전략경영의 단계에 맞추어 순서를 구성하였다.

둘째, 전체 내용을 전략경영 실행, 전략목표 관리, 고객만족 경영 3개 PART로 대분류하였는데, 이는 전략경영을 실행하면 목표관리를 해야 하고 목표관리를 통하여 조직의 내・외부 고객이 만족하는 경영을 해야 한다는 메시지와 각 PART에서 필요한 모든 전략기법을 담고 있다.

셋째, 구성된 9개의 Chapter는 전략경영 수립 순서와 동일하며 각 Chapter의 말미에 학생들이 팀 프로젝트로 완성한 실습사례, 중견그룹사에서 사용하는 실제 사례들을 수록하여 본 책으로 공부한 독자만의 역량으로도 각 전략기법들을 활용하여 전략경영이나 사업계획을 수립할 수 있도록 하였다.

넷째, Balanced Score Card(균형성과지표) 기반의 CSF(핵심성과요인)와 KPI(핵심성과지표) 수립, 본 책의 Chapter 8만 따라하면 익힐 수 있도록 이론에서 기업의 실제 사례까지 따라하기 쉽게 설명 및 제시하였다.

다섯째, 지배구조 보고서(2026년부터), 지속가능 보고서(2030년부터)의 정보공개 의무화를 기업경쟁력의 무기로 활용할 수 있도록 Chapter 10에 ESG의 모범규정, ESG가 기업경영에 미칠 영향, 국내 주요 6개 그룹의 ESG경영 실제 사례를 제시하여 강점으로 준비할 수 있도록 하였다.

이러한 특징의 전문도서를 전략경영을 준비하거나 전략 관련 조직에서 살아남아 강자가 되고자 하는 독자 개개인들께 본 책을 추천 드린다.

가치 있는 지면을 이용하여 출간에 도움을 주신 감사한 분들께 머리 숙여 사람의 예를 드린다. 활용한 전략기법의 실습 및 ESG 경영사례 연구부문의 내용이 완성될 수 있도록 도와주신 수록된 기업과 담당자님, 한국폴리텍대학교 제자님들, 자기 분야에서 최고가 되려고 역량과 지혜의 주머니를 채워가며 목표를 이루어 가고 있는 藝智와 教侯, 李慶淑님, 동료 교수와 지인님, 그리고 도서출판 두남 관계자님들께 깊은 감사를 드린다.

목표한 그 무언가를 얻고자 본『ESG시대의 조건! 전략경영의 실행과 목표관리』로 공부하고 연구하는 독자님들을 응원하며 건승을 빈다.

연두색으로 뒤덮인 2024년 6월
팔공산 자락이 보이는 YCTC 연구실에서
저자 구유당 구병모

차 례 Contents

PART Ⅰ 전략경영 실행

Chapter 06 전략경영 확정과 공유 / 233

PART Ⅱ 전략목표 관리

Chapter 07 성과보상제도와 목표관리 / 247

Chapter 08 균형성과지표 기반의 핵심성공지표 수립 / 273

PART Ⅲ 고객만족 경영

Chapter 09 재무제표와 회계 / 321

PART I

전략경영 실행

Chapter 01 전략경영의 개요

1. 시대 및 환경의 전략경영 요구

1.1. 경영환경의 변화

기업에서 제조하는 제품, 취급하는 상품, 제공하는 용역 등은 공급자 중심에서 소비자 중심으로 변하였고, 재화나 용역을 공급하는 공급자 중심의 마케팅전략이나 제품전략으로는 더 이상 시장을 선도하거나 지배할 수 없다. 이는 소비자의 라이프스타일이 곧 재화나 용역의 공급기준이고 진화의 방향이기 때문이다.

라이프스타일(Lifestyle)은 개인의 관심, 취향, 활동, 만족 및 불만족, 개선 및 건의와 같은 의견의 집합체로 소비자행동으로 표현되고, 표현된 소비자행동의 결과가 재화의 구매 및 서비스용역의 사용이며 이는 공급자의 유통경로 선택과 영업수익의 증가와 감소와 직결되는 요인으로 작용한다.

이러한 소비자중심사회의 활성화는 마케팅의 개념을 생산중심에서 제품중심으로, 제품중심에서 판매중심으로, 판매중심에서 맞춤중심으로 변화시키고 있다.

생산중심 마케팅개념은 수요가 공급보다 많을 때 공급자중심의 대량생산을 요구하던 시장의 형태로, 공급자가 시장에 대해서는 강력한 교섭력을 가지고 소비자와 시장을 선도 및 지배하고, 기업 내에서는 대량생산을 통하여 생산원가를 절감하고 경험곡선효과와 규모의 경제를 실현하였는데, 이때는 품질이나 기능보다는 생산에 초점을 맞춘 가장 초기의 공급자중심의 생산개념이다.

그림 1-1 Lifestyle의 변화

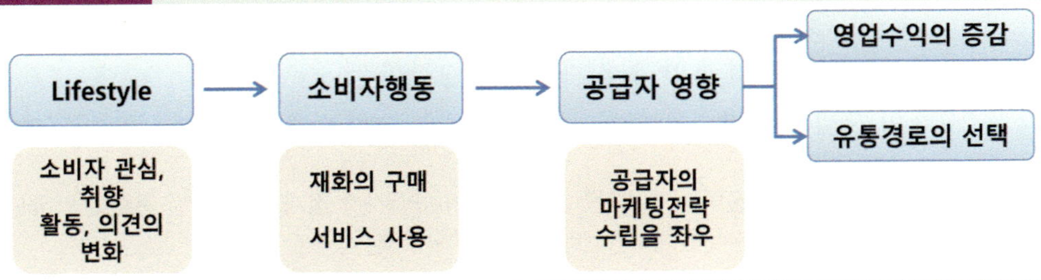

제품중심 마케팅개념은 공급자중심의 재화나 서비스용역에 품질의 개선, 새로운 기능의 반영, 성능의 향상 등이 부가시킨 것을 마케팅의 핵심으로 한다. 이때는 공급자의 강력한 교섭력이나 원가절감의 대량생산체계를 약간 벗어나긴 했으나 여전히 공급자에 의하여 재화나 용역이 결정되었다.

판매중심 마케팅개념은 공급자의 재화나 서비스용역 기술이 비슷한 수준으로 상향 평준화되어 차별화나 경쟁우위요소가 소비자의 구매욕구를 자극하지 못하는 시장이다. 이때는 촉진믹스[1)]가 마케팅의 핵심으로 대두되었고 맞춤중심 개념으로의 변화를 주도하는 시기이기도 하다.

맞춤중심 마케팅개념은 STP(Segmentation, Targeting, Positioning)전략으로 시장세분화를 통하여 인구통계학적 특성, 지역, 제품의 기능이나 성능에 부합되는 목표시장을 선택하여 역량을 집중하는 개념이다. 이는 제4차 산업혁명의 도래와 부합되어 소비자 개인(個人)이나 소비자 군(群)을 대상으로 한층 강화 및 고도화되고 있다.

그림 1-2 Marketing Concept의 변화

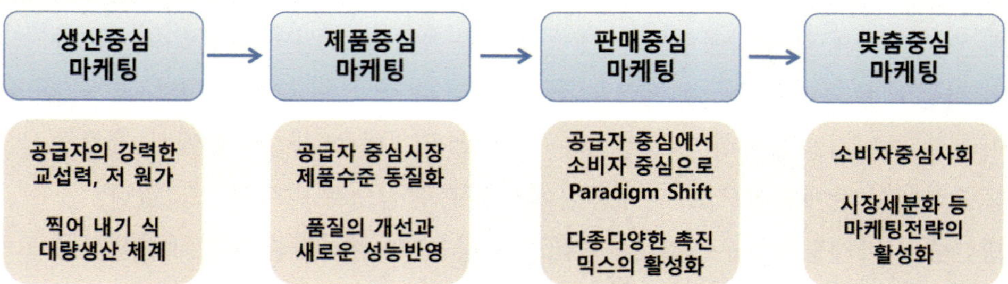

1.2. 전략경영의 필요성

가격(Price), 품질(Quality), 디자인(Design), 성능(Performance) 등 어느 것(One of Them) 하나라도 1등 기업만이 경쟁력을 확보하여야 살아남는 글로벌(Global) 경쟁시대에서 요구하는 다음과 같은 기업의 생존 요건을 갖춰야 한다.

첫째, 차별화된 사업모델과 인·물적자원의 역량강화

둘째, 고객의 신뢰를 기반으로 하는 시장지배력과 고객 요구화[2)] 경영

1) 촉진믹스는 재화나 서비스용역의 판매활성화를 위하여 공급자가 전개하는 4가지 전략을 말하는데, Sales Promotion, PR, Personal Selling, Advertising이 그것이다.

2) 고객요구화 경영(顧客要求化 經營, Customer Demand Management) 고객중심화 경영, 고객만족경

셋째, 보호무역주의를 극복하고 원가경쟁력 강화를 위한 현지화 전략
넷째, 소통을 강화할 수 있는 기업의 사회적 활동

그림 1-3 글로벌시대 기업의 생존 요건

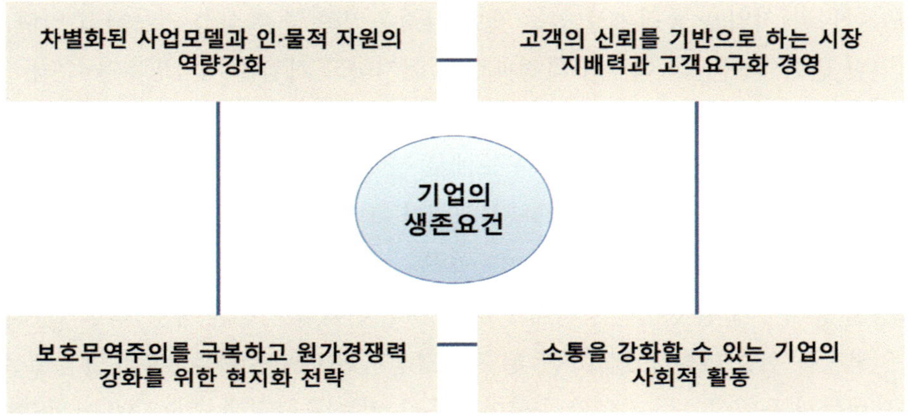

그림 1-4 기업환경과 경영전략[3)]

영, 고객맞춤경영의 리딩단계(Leading Level)로 고객의 신체적 특성이나 사회속의 활동이나 움직임까지 반영하여 구체적인 요구사항까지 제품이나 서비스용역에 반영하는 고객경영기법이다.

3) 최승욱(2009), 경영정책과 전략, 형지사.

또한 기업에서 추구하고자 하는 목표와 대상은 정치환경(PE, Politic Environment), 경제환경(EE, Economic Environment), 사회환경(SE, Social Environment), 기술환경(TE, Technological Environment)규정이나 법규환경(LE, Legal Environment) 등에 따라 경영전략도 달라져야 한다.

뿐만 아니라 기업을 둘러싸고 있는 제반 환경은 변화와 혁신을 거듭하고 있다. 따라서 이러한 변화와 혁신의 핵심과 환경패턴을 인지하고 기업의 전략방향을 수립하는 것은 매우 중요하다.

대량생산에 초점이 맞추어져 인간을 노예로 전락시켰다는 비판을 받는 공급부족시대(1900~1950), 제2차 세계대전 후 유휴생산설비가 다량 발생하고 소비자 욕구중심으로 제품이 개발되기 시작한 수요창조시대(1950~1980), 과잉생산능력으로 마이클포터의 전략적 경영을 중시하게 된 공급과징시대(1980~1990), 선택과 집중을 통항 핵심역량의 시대로 자원창출을 위한 혁신을 중시하게 된 자원경쟁시대(1990~2000), ICT의 발달로 소비자의 정보취득의 용이성, 1등 기업만이 살아남을 수 있는 무한경쟁시대(2000 이후~현재).

그림 1-5 환경과 경영패턴의 변화[4)]

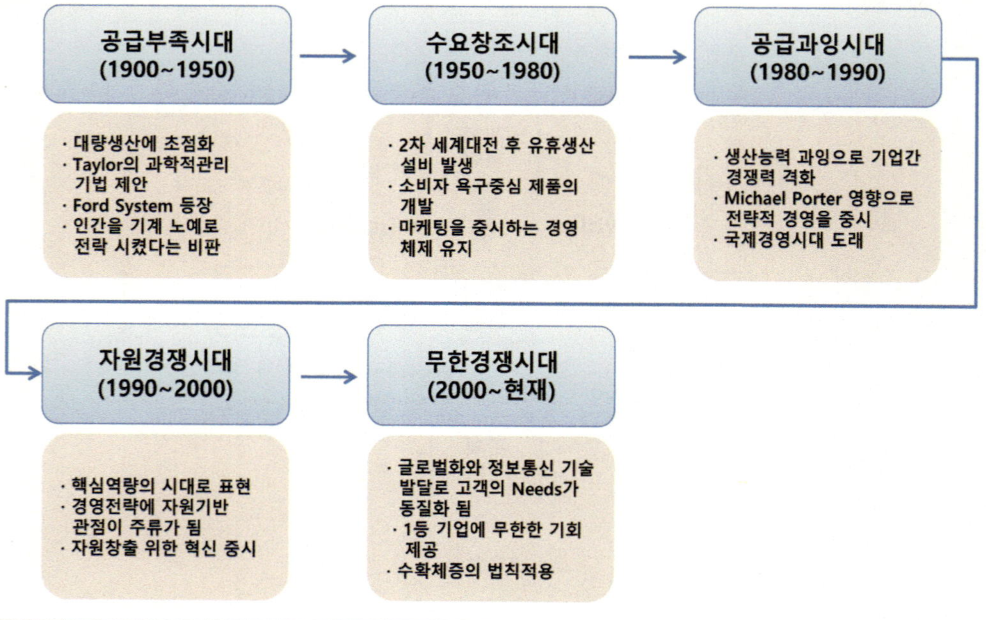

4) 김영수(2014), 전략경영론, 학현사.

2. 전략경영의 개념과 단계

2.1. 전략과 경영의 개념

우리가 사용하는 전략을 의미하는 Strategy는 그리스어인 Strategos(將軍) 및 Strategia(將軍術)에서 유래된 말로써 군사적 용어에 그 어원을 두고 있다. 이는 자원을 효율적으로 활용하여 전쟁에서 적을 제거하여 승리를 도모함을 목적으로 하는 것으로, 전투를 계획 및 조직화하여 수행하는 방안 또는 방법을 의미한다.

시대 및 그들이 처했던 환경에서 주요 학자들의 전략에 대한 견해를 정리하면 다음과 같다. 전략(戰略, Strategy)이란 조직의 장기적인 목표의 결정과 달성을 위하여 행동방향을 결정하고 필요자원을 할당하는 것이며,[5] 조직구성원의 행동방향을 결정하고 이를 이끄는 의사결정의 원칙이다.[6]

전략(戰略, Strategy)이란 조직이 참여한 해당 사업의 분야에서 목표를 수립하고 그 목표를 달성하기 위하여 수립한 방안이나 정책을 말하며,[7] 경쟁사보다 더 효율적인 경쟁우위를 갖고 이를 향상시키는 노력으로,[8] 자신만의 독특한 가치창조와 행동양식이다.[9]

이와 같은 학자들의 견해를 정리하면 전략을 다음과 같이 3가지로 정의할 수 있다.

첫째, 조직의 장기적인 목표를 결정하고 이를 달성하기 위하여 행동방향을 결정하고 자원을 할당하는 의사결정의 원칙이다.

둘째, 조직이 속한 산업 내에서 경쟁사보다 더 효율적이고 독특한 경쟁우위를 갖고 이를 강화하기 위한 가치창조를 위한 중장기적인 방안이나 정책이다.

다음으로 **경영(經營, Management)**이란 전략을 실행하기 위한 경영활동으로, 이윤을 목적으로 하는 기업과 비영리 조직을 모두 포함하여 수립된 조직의 목표를 달성하기 위하여 인적 및 물적 자원을 효율적으로 배분하고 운용하는 것을 말한다.

경영활동은 크게 계획, 조직, 지휘, 조정 및 통제(Controlling) 등 5가지를 핵심내용으로 단계별 프로세스로 이루어져 있다.[10]

---

5) Alfred D. Chandler Jr. (1962), Strategy and structure: chapters in the history of the industrial enterprise.

6) Ansoff, H. I., & McDonnell, E. J. (1990), Implanting strategic management. Prentice hall.

7) Andrews, K. R. (1971), The concept of corporate strategy, Richard D. Irwin, Homewood, IL.

8) Ohmae, K. (1983),The mind of the strategist, Harmondsworth: Penguin.

9) Porter, ME. (1996, What is strategy, Harvard business review.

10) 윤남수(2015), 경영학 이론과 실제, 한올.

표 1-1 경영활동 5단계 프로세스와 핵심내용

구 분	핵심내용
계획 (Planning)	• 경영목표를 수립하고 이를 달성하기 위한 가장 합리적인 방안을 도출하고 • 조직이 수행해야할 목표의 우선순위를 정하여 여기에 도달하기 위한 최적의 방안이나 방법을 구체화하는 단계이다.
조직 (Organization)	• 계획단계에서 수립된 목표를 성취하기 위하여 조직을 구성하고, 여기에 부합되게 인적 및 물적 자원의 배분과 구성원의 직무를 조정하는 단계이다.
지휘 (Directing)	• 수립된 조직의 목표를 달성하기 위한 업무가 잘 수행될 수 있도록 구성원들을 자극하고 격려하는 일련의 활동을 하는 단계이다.
조정 (Coordinating)	• 직무와 직무, 부서와 부서 간 서로 유기적으로 관련시켜 업무가 더 효율적으로 수행되도록 하는 단계이다.
통제 (Controlling)	• 수립된 사업계획서 대로 구성원들이 제대로 직무를 수행하고 있는지, 목표 대비 진척도에 문제가 없는지 등을 확인 및 모니터링하고 문제가 있을 경우 피드백 및 보완하는 단계이다.

2.2. 전략경영의 개념

전략경영(戰略經營, Strategic management)은 조직의 인적 및 물적 자원을 고려하여 중·장기적으로 수립된 목표를 계획, 조직, 지휘, 조정, 통제의 단계로 구체화하여 조직

그림 1-6 전략경영의 계층구조

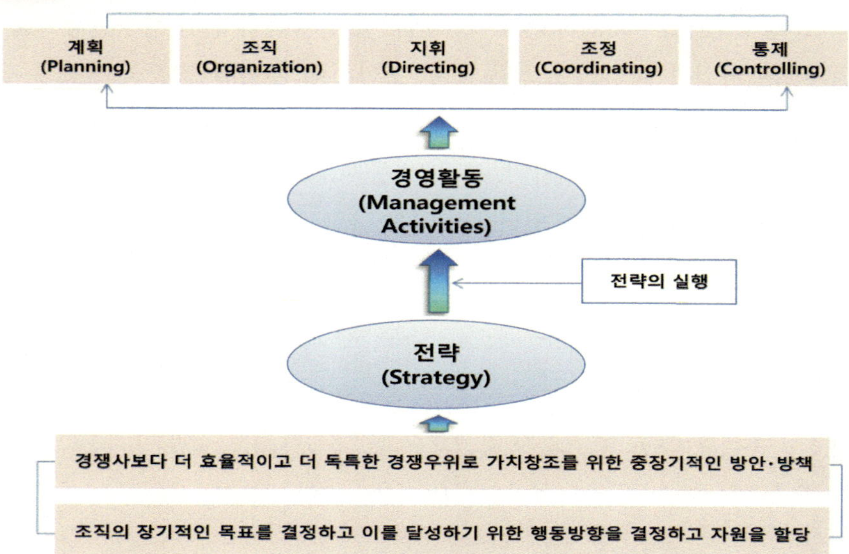

단위 차원에서 실행되는 일련의 전략적 경영활동(Strategic management activities)을 말하며, [그림 1-6]과 같은 계층구조 (Hierarchical structure)로 구현할 수 있다.

2.3. 전략경영의 단계와 전략 수준

전략경영(戰略經營, Strategic management)은 조직의 문화, 구성원의 인적역량, 보유한 유형의 자원역량과 무형의 기술역량, 그리고 의식 등과 밀접한 관계가 있으며, 또한 이들에 의하여 수립된 목표를 달성할 수도 있고, 아무런 거리낌 없이 지연될 수도 있으며, 전혀 달성할 수 못할 수도 있다.

또한 이들을 바탕으로 한 개 조직은 전략경영의 단계인 사명(Mission), 비전(Vision), 목표(Goal), 전략(Strategy), 전술(Tactics) 및 정책(Policy) 등이 정의되고 수립되며, 전략의 수준인 기업전략(Corporate strategy), 사업전략(Business strategy), 기능별전략(Functional strategy)이 정의 및 설정되고 실행된다.

그림 1-7 전략경영의 단계와 전략수준

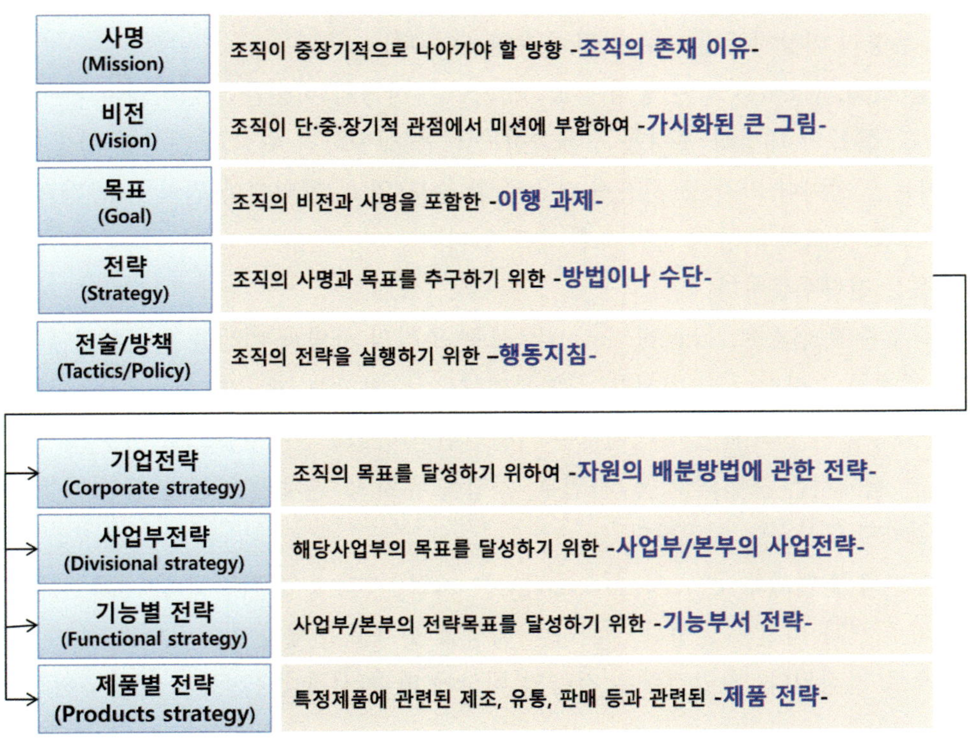

사명(使命, Mission)은 조직이 중장기적으로 사업의 영위방향이다. 이는 보통 최고경영자(Owner 경영자, CEO 경영자)가 정하는 경우가 대부분이다. 그러나 글로벌 기업 및 초일류기업 등에서는 시대, 경영환경, 기술의 진보, 가치의 변화, 라이프 사이클 등을 조사·연구하여 기획 및 전략담당부서에서 의사결정 보고서로 제출하기도 한다. 미션은 구체적인 숫자나 문장보다는 광의 측면에서 방향성을 제시하는 것으로 정의된다.

비전(Vision)은 조직이 중장기적인 관점에서 미션이라는 방향으로 가기위하여 이에 부합되게 정한 추진과제를 말한다. 비전은 미션보다 숫자나 대상을 좀 더 구체화시켜 가시성을 제공하여야 하는데 미션과 같이 대부분의 기업에서 최고경영자가 정하지만 담당부서에서 복수 개를 보고하여 최고경영자와 임원진이 협의하여 정하는 절차를 채택하기도 한다.

목표(目標, Goal)는 조직이 나아가야 할 방향인 미션과 비전보다 숫자와 대상이 좀 더 구체화된 가시화된 비전을 달성하기 위하여 수립된 이행과제이다. 이때 목표의 대상은 명확하게 구체화되어야 한다. 반면 숫자는 비전보다는 좀 더 구체화 된 수준이지만 전략을 설명하는 정도이다.

전략(戰略, Strategy)은 사명과 비전을 달성하기 위하여 수립된 목표를 구체화시킨 결정물로 대상과 숫자가 명확하게 구체화되어야 한다. 이의 적용은 시간기준, 공간기준, 유무형의 대상기준 등으로 적의 운용할 수 있다.

전술(戰術, Tactics) 또는 **방책(方策, Policy)**은 사명과 비전을 달성하기 위하여 수립된 목표, 목표의 대상과 숫자를 구체화한 전략을 실행하기 위한 구체적인 실행지침이다. 이는 일정이나 기간 등 시간적 단위로 할 수도 있고, 지역이나 권역 등 공간적 단위로 할 수도 있으며 구성원 단위로 할 수도 있다.

다음은 전략수준이다.

전략수준(戰略水準, Strategic level)은 보통 조직의 사명과 비전을 달성하기 위한 목표 단계에서 수립되며, 기업전략, 사업부전략, 기능별전략, 제품별 전략으로 구분할 수 있다. 대부분의 전략관련 서적에서는 기능별전략까지를 전략수준으로 구분 및 설명하지만 본 책에서는 조직의 기능, 사업부, 기업을 유지 및 존재케 하는 핵심인 제품을 전략단위까지 구분하여 설명한다.

기업전략(企業戰略, Corporate strategy)은 기업, 기관 등 조직전체 단위 측면에서 그 조직의 미션과 비전을 달성하기 위하여 대상과 숫자를 구체화시킨 것으로 최고경영자 중심으로 결정된다. 기업전략은 전략의 대상에 따라 시장대응전략과 경쟁우위전략으로 구분된다.

표 1-2 기업전략의 분류

구 분	대상별 전략	요인별 전략	비 고
기업 전략	시장대응 전략	제품수명주기전략	Product Life Cycle 전략[11]이다.
		포트폴리오전략	BCG 매트릭스 모델[12]이다.
		제품시장믹스전략	기존시장침투전략,[13] 신시장개척전략,[14] 신제품개발전략,[15] 다각화전략[16]이 있다.
	경쟁우위 전략	원가우위전략[17]	원가절감을 통한 Cost 우위전략이다.
		차별화전략[18]	비싼 가격으로도 판매되는 전략이다.
		집중화전략[19]	세분화된 고객을 파고드는 전략이다.

사업부전략(事業部戰略, Division strategy)은 기업전략 중 해당부서(사업부, 본부)에 해당하는 것을 전략화 한 것이다. 이는 사업부 또는 본부의 장이 결정하지만 사안에 따라서는 최고경영자와 협의하여 결정할 수도 있다. 사업부와 본부[20]의 역할을 구별하여 전략을 수립하여야 한다.

기능별전략(機能別戰略, Functional strategy)은 사업부전략에서 제시된 목표 중 해

11) 제품수명주기전략(製品壽命週期戰略, Product life cycle strategy)은 제품의 수명에 따라 도입기, 성장기, 성숙기, 쇠퇴기로 구분하여 각 주기마다 판촉전략을 달리해야 한다는 전략이다.

12) 포트폴리오전략(Portfolio strategy)은 제품 또는 전략적사업단위인 SBU(Strategic Business Unit)의 육성, 유지, 철수 등을 상대적시장점유율과 시장성장율을 기준으로 결정하는 의사결정전략이다.

13) 기존시장침투전략(旣存市場浸透戰略, Penetration strategy)은 기존제품을 가지고 기존시장에 진입하는 것으로 저가전략이라고도 한다.

14) 신시장개척전략(新市場開拓戰略)은 기존제품을 가지고 새로운 시장으로 진입하는 전략이다.

15) 신제품개발전략(新製品開發戰略)은 신제품을 가지고 기존시장에 진입하는 전략이다.

16) 다각화전략(多角化戰略)은 신제품을 가지고 신시장으로 진입하는 전략이다.

17) 원가우위전략(原價優位戰略, Cost-leadership strategy)의 단점은 더 저렴한 동일 제품이 동일 시장으로 진입할 경우 고객을 잃을 수 있다.

18) 차별화전략(差別化戰略, Differentiation strategy)은 품질, 디자인, 브랜드 등 어느 하나의 제품속성이 경쟁기업보다 우위에 있어야 한다.

19) 집중화전략(集中化戰略, Focus strategy)은 STP(Segmentation Targeting Positioning)를 통하여 선정된 세분화 시장을 집중적 공격하는 전략이다.

20) 사업부(事業部, Division)는 부서 내에서 기획, 운영, 평가를 모두 하는 조직으로 기업 내 또 하나의 기업 역할을 하는 조직이라고 보면 되겠다. 본부(本部, Headquarter)는 사업부와 같이 독립된 부서가 아니라 특정 기능의 업무를 A에서 Z까지 한다고 보면 되는데, 예를 들어 경영지원본부는 경영지원관련 업무인 재무 및 회계, 인사, 구매 및 총무만을 담당하지 마케팅이나 운영업무 등은 담당하지 않는다.

당 조직(팀, 그룹)에 해당하는 전략을 전술 및 정책을 수립하여 실행하는 전략이다. 이는 특정기능을 담당하는 직무를 부서화한 것으로 제조업무를 기능을 담당하는 생산팀, 생산된 제품을 유통하는 운영팀, 조사와 개발을 담당하는 R&D팀, 판매촉진을 담당하는 마케팅팀 등을 예로 들 수 있는데, 이때의 조직단위 인 팀은 기업에 따라 그룹, 파트 등으로 운영하기도 한다.

제품별전략(製品別戰略, Products strategy)은 재품을 기준으로 모든 기능을 해당제품의 제조나 판매를 중심으로 수립하는 전략이다. 이는 기능별전략의 단점을 극복할 수 있는 장점이 있으며, 기능별 부서장과 협의하여 전략은 결정하고 공유하는 것이 각 전략의 단점을 최소화 및 제거할 수 있다.

3. 전략수립의 체크포인트

마케팅전략, 경영전략, 유통전략, 촉진전략, 가격전략, 제품전략 등과 같이 전략은 다종다양한 곳에서 사용할 수 있고 사용되고 있다. 그러나 전략이 성립되려면 필수요소를 갖추어야 하는데 정합성, 중점성 또는 집중성, 계획성, 목적성이 그것이다.[21] 또한 본 네 가지 요소가 전략수립의 체크포인트로 이용되는데, 정합성은 HOW, 중점성은 What과 Where, 계획성은 When, 목적성은 Why이다.

정합성(整合性, How)이란 해당 조직의 사업 방향과 사업 목적이 경영전략과 일관성을 유지하고 상호 대치되지 않아야 하는데, 정합성 유지 조건을 들면 다음과 같다.

첫째, 환경이 바뀌면 전략도 바뀌어야하는 외부환경과 경영전략과의 정합성이다.

둘째, 제품별전략, 기능별전략, 부서별전략은 기업전략의 내용을 함의하고 동일한 방향으로 수립되어야 하는 기업의 사업전략과 각 전략의 정합성이다.

셋째, 평가제도를 수립할 경우 평가결과에 따른 상과 벌 또는 보상과 비보상과 같은 내부시스템의 정합성이다.

중점성·집중성(重點性·集中性, What and Where)은 자사의 인·물적 자원을 고려하여 목적(Targer)을 선택하고, 선택된 목적을 달성하기 위하여 집중시키는 것이다.

계획성(計劃性, When)은 목표에 이를 때 까지 수립된 계획에 부합하여 이행하는 것이다. 그러나 경영환경이 변하였을 경우에는 기존의 사업계획을 고집스럽게 유지할 것이 아니라 변화관리로 대응하면서 목표를 달성하여야 한다.

---

21) 송병선·전외술(2014), 경영혁신기법을 중심으로 한 전략경영, 도서출판 청람을 편집하여 재이용.

그림 1-8 전략의 구성 4요소와 체크사항

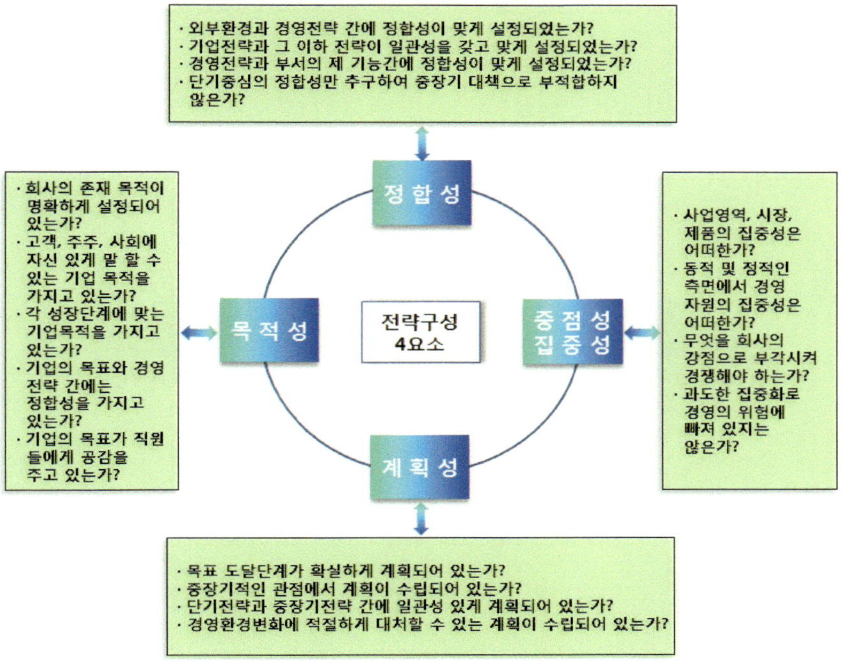

목적성(目的性, Why)은 기업의 존재 이유를 정의하는 것으로 무엇을 위하여 경영을 하는가?, 무엇을 위한 전략 인가?의 문제이다.

4. 전략적 사고의 개발

기업이나 기관 등 조직 내에서 전략이나 시장분석을 담당하는 사람은 문제해결역량(Problem solving competence)이 남달라야 한다. 많은 전략관련, 시장분석관련, 컨설팅 관련 도서에서 공통적으로 강조하는 것이기도 한데, 이는 전략적사고(Logical thinking)의 필요조건이기 때문이다.

본 책에서는 문제해결을 위한 논리적 사고 프레임워크(Framework)나 몇몇 기법을 설명하지는 않는다. 왜냐하면 필요조건인 논리적 사고의 훈련이나 육성을 습관화 하는 것이 더 유용하게 실전에서 활용 될 수 있기 때문이다. 필요조건이 육성되었을 때 충분조건인 프레임워크와 기법을 활용한다면 탄탄한 전략적 사고의 활용자가 될 수 있다.

전략적사고(戰略的思考, Logical thinking)는 4가지 핵심스킬인 논리력(論理力, Logic), 창의력(創意力, Creation), 분석력(分析力, Analysis), 통합력(統合力, Integration)을 [그

림 1-9]와 같이 균형 있게 배양하는 것이 필수이며, 한 가지 스킬에 집중하는 것은 지양하여야 한다.

그림 1-9 전략적 사고의 균형점

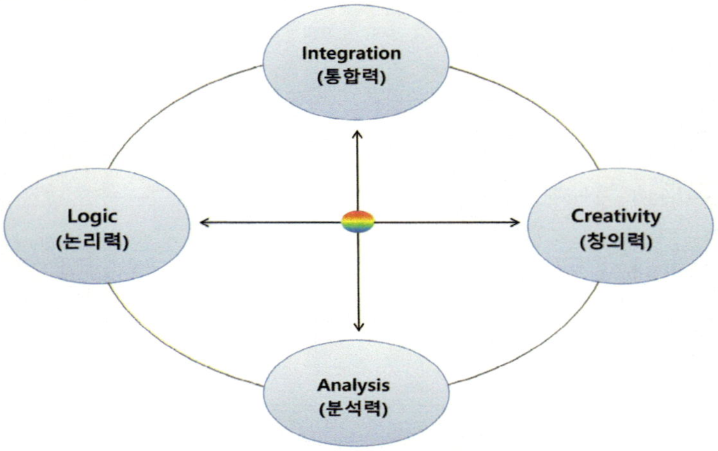

그림 1-10 통합력과 분석력의 균형과 불균형 현상의 이해

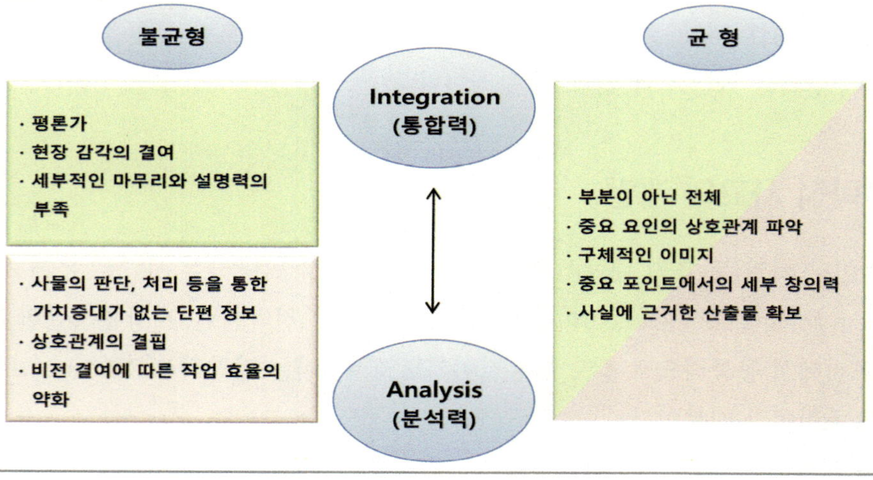

통합력과 분석력의 균형은 부분이 아닌 전체의 파악, 중요 요인의 상호관계 파악, 구체적인 이미지, 중요 포인트에서의 세부 창의력, 사실(Fact)에 근거한 산출물 확보를 통하여 가능하게 된다.

논리력과 창의력의 균형은 체계적인 문제의 이해, 상식에의 도전, 시각의 전환, 발상의 자유도 확대를 통하여 가능하게 된다.

그림 1-11 논리력과 창의력의 균형과 불균형 현상의 이해

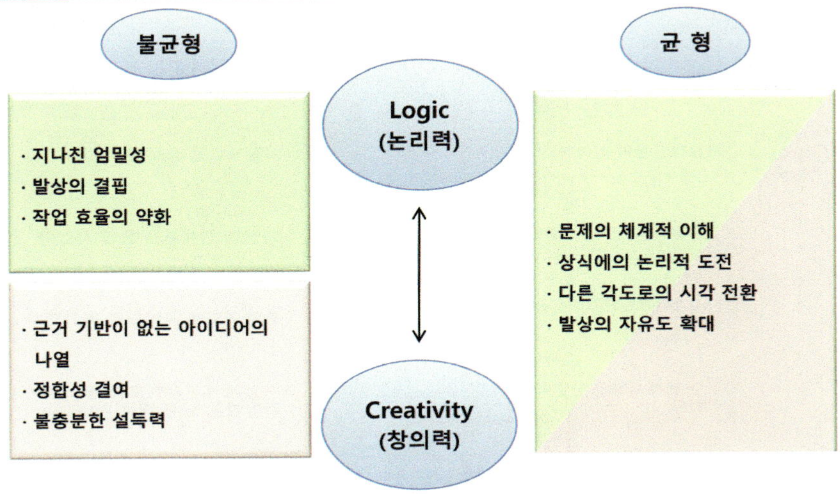

4.1. 논리력(論理力, Logical)

논리적으로 잘 정리되지 않으면 그 내용이 사실이건 아니건 독자나 고객을 설득할 수 없는 문장에 지나지 않는다. 논리력은 기본적인 프레임워크(Framework)를 익힘으로써 상당한 수준까지 향상 시킬 수 있다.

또한 논리적으로 탐구하지 못하면 피상적이면서 선언적인 해결책 정도 밖에 도출할 수 없기 때문에 상황을 쪼개어 보고, 손에 잡히는 구체적인 해결책(Solving method)이

그림 1-12 논리적 분석의 사례 (1)

현 상	생각 가능한 원인	→	가능한 대책
지속적인 시장 점유율 하락	• 제품이 매력적이지 않음	→	• 제품개발
	• 가격이 비싸다	→	• 디자인 변경
	• 판매사원의 게으름	→	• 판매력 강화
	• 낮은 기업이미지	→	• 광고 및 선전전개
	• 소비자의 Needs 변화	→	• 제품개발

도출될 때까지 Why?(왜)를 반복적으로 던져 문제의 해(解)에 도달하는 훈련과 습관을 육성하여야 한다.

그림 1-13 논리적 분석의 사례 (2)

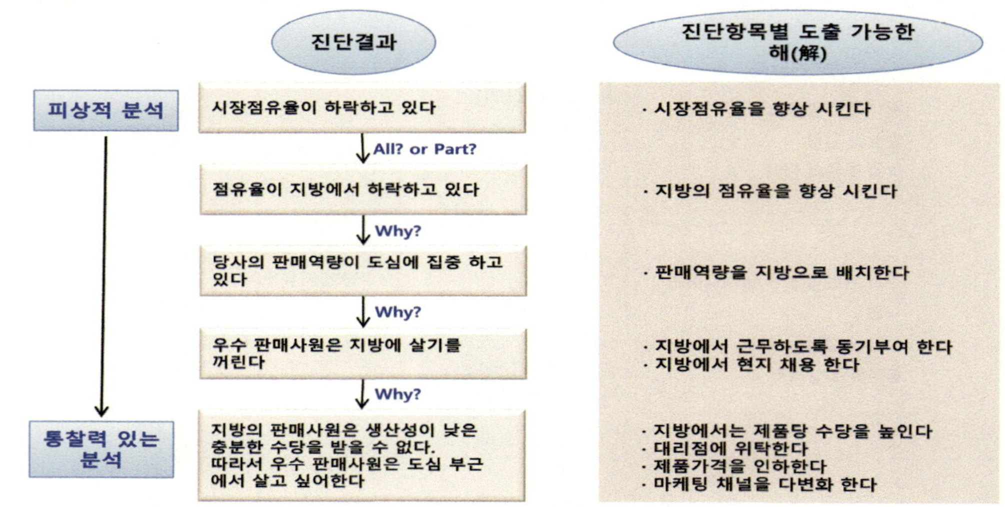

4.2. 창의력(創意力, Creativity)

창의력은 선천적인 재능에 의하여 상당부분은 좌우된다고 하는 학자도 있다. 그러나 노력이나 훈련을 통하여 극복하지 못하는 것은 없는바 다음과 같은 창의력 배양 방법들을 활용하여 노력한다면 누구나 창의적인 역량가가 될 수 있다.

그림 1-14 창의력 배양 방법 사례

창의력 배양 방법	훈련 내용
지식·상식의 DB 화	• 다른 업종, 다른 분야의 지식 • 문제해결 기법의 숙지 (창조적/논리적)
체험의 중시	• 관찰한다. 직접 듣는다. 고객, 유통 채널 등을 충분히 이해한다. • 만진다. 느낀다.
Zero-base 사고훈련	• Concept block busting(사고의 벽을 부순다) • Why?/How?의 습관화(이유의 이유를 추구)
조직 내 환경조성	• 조직 제도상의 연구 • 도전과 혁신을 장려하고, 실패를 용인하는 조직분위기 배양 • 동기부여를 한다.

4.3. 분석력(分析力, Analysis)

분석력이라고 하여 고도의 수학적 방법론이나 기법을 사용하는 경우 보다는 그렇지 않은 경우가 대부분이다. 때문에 내용과 대상에 따라 일정한 법칙 정도만 숙지하여 사칙연산(+, -, ×, ÷)을 유효적절하게 사용한다면 원하는 결과를 얻을 수 있는데 이와 같은 것을 분석력이라 한다. 추가하여 엑셀의 함수를 능수능란하게 다루는 Skill을 함양한다면 진단대상을 분석적으로 정리하는 것뿐만 아니라 원하는 Data를 도출 하는데 매우유용하다.

그림 1-15 분석력 배양 프로세스 사례

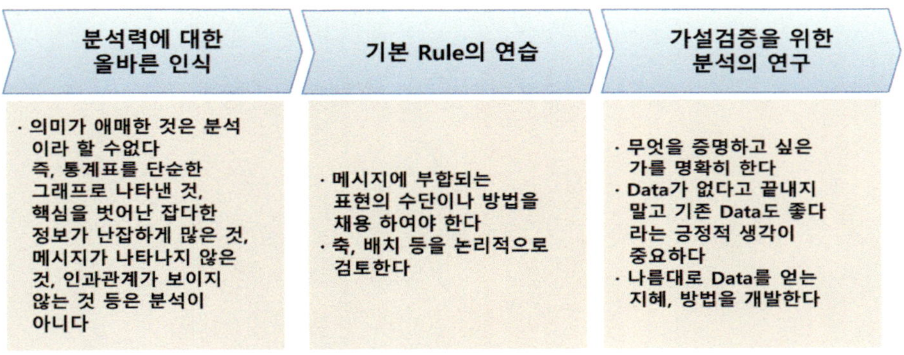

4.4. 통합력(統合力, Integration)

부분적, 단편적으로 모은 각종 정보로부터 이런 정보는「결국 무엇이다」라는 전체 이미지를 깨끗하게 구조화하는 역량이 통합력이다. 개선방법으로는 장벽의 제거, 문제의 해를 도출할 때 까지 지속적인 So What의 의문 제기 등을 들 수 있다.

그림 1-16 통합력 향상 방법 사례

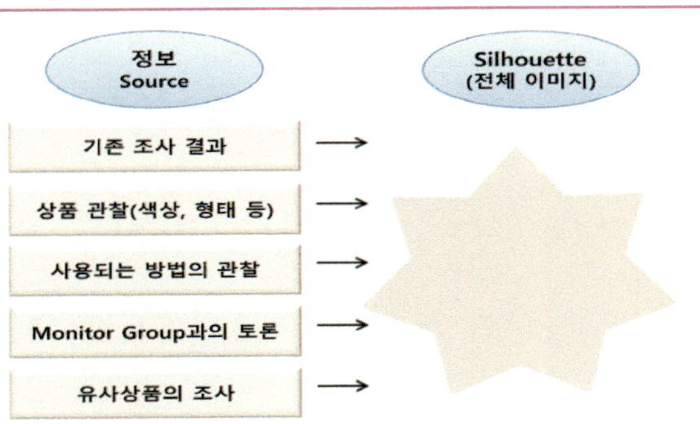

개선방법

- 개념적인 장벽의 제거, 모든 가능성의 List-up
- 타당한 해결책이 발견 될 때 까지 so what의 의문을 가진다.
- 타당한 해결책이 발견된다면 논리력과 분석력을 구사하여 이를 검증한다.

Chapter 02 실적평가와 반성

1. 전략경영 수립 프로세스

경영전략의 수립절차는 그 대상이 일반기업 또는 공공기관 등 조직에 따라 수립절차, 수립 시 반영 및 평가 요소, 수립방법, 수립 시 참여 대상 등 다종다양한 방법과 형태를 가지고 있다.

본 책에서는 복수의 중견그룹사에서 상용되고 있는 프로세스 및 반영요소를 중심으로 경영전략 수립 프로세스를 정립하였고, 이후 진행은 본 경영전략 수립 프로세스 순서에 준하여 전개한다.

그림 2-1 경영전략 수립 프로세스

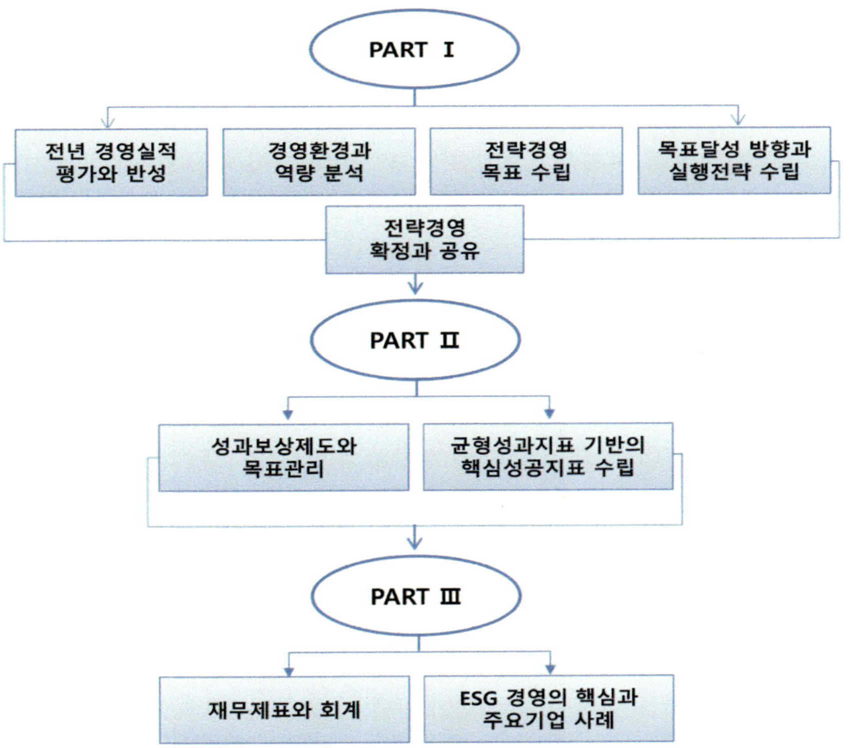

2. 실적 평가의 목적

경영실적 평가의 목적은 잘한 것과 잘못한 것, 개선이 요구되는 것과 혁신이 요구되는 것, 제거해야 될 것과 계속유지 강화해야 할 것, 청산해야 할 것과 육성해야 할 것 등을 찾기 위한 반성에 첫 번째 목적을 두어야 한다.

2.1. 일반기업

경영실적은 조직 구성원 전체가 비전 및 미션에 부합하여 수립된 목표를 달성하기 위하여 회계연도 기간 동안 이룩해 놓은 노력의 결과물로, 목표수립 보다 더 비중 있게 다루어야 할 대상이 경영실적의 평가이기도하다.

경영실적 평가는 다음의 5가지 목적을 가지고 실시한다.

첫째, 경영계획서(사업계획서와는 구분할 필요가 있음) 상에 수립된 목표의 달성여부를 알기 위해서이다. 목표라는 의미자체가 사후 평가관리를 전제로 수립되는 것이기도 하다. 목표달성 여부를 위한 경영실적 평가는 전략수준 대상과 유사하게 기업의 목표, 사업부 또는 본부의 목표, 기능중심으로 편제된 그룹 또는 팀 등의 부서단위 목표를 대상으로 1년간의 경영실적을 평가한다.

둘째, 역동적이고 긍정이 지배하는 조직육성을 위해서이다. 지속적이고 효과적인 개선과 혁신은 역동적인 조직의 대표적인 산물이며, 이와 같은 조직의 산물은 조직의 구성원들이 공유된 목표를 인식하고 자발적으로 참여하고자 하는지, 아니면 조직의 구성원이란 의무 때문에 마지못해 참여하는지 여부에 달려있다.

셋째, 비전과 미션에서 정하고 있는 기업의 나아갈 방향과 정합성이 있는지를 판단하기 위해서이다. 비전과 미션은 대상과 숫자의 구체화가 덜 된 것이므로 매 회계연도의 목표수립 시는 물론 목표를 평가할 때에도 정합성 여부를 평가하여 중장기적 노력과 성과가 요구되는 비전과 미션의 나아갈 방향과 부정합성 발생을 최소화하여야 하고, 부정합성이 발견되면 그 원인을 찾아 제거하여야 한다.

넷째, 조직의 이해관계자 및 협력사에게 경영정보를 제공하기 위해서이다. 기업은 주주, 투자자, 은행 등의 이해관계자는 물론 완성품을 생산하는데 참여하는 협력사들에게 회계연도의 경영실적을 공개하여 올바른 의사결정을 할 수 있도록 하여야 한다.

다섯째, 전항 이외의 기타 목적을 위해서이다. 여기에는 올바른 세무처리를 위하여, 기업의 인수 또는 합병을 위하여, 기업공개 준비를 위하여, 미래경영을 위한 Data 확보를 위하여 등 전항의 주요 4가지 이외의 목적을 위하여 경영실적을 평가한다.

표 2-1 경영실적 평가목적

평가목적	평가결과 용도
• 경영계획서 상의 목표 달성여부를 알기 위해	• 전략수준별 강·약점과 문제점·개선점·강화점 파악 등
• 역동적이고 긍정적인 조직육성을 위해	• 성과보상, 동기부여, 승진, 인사이동 등
• 비전 및 미션과 정합성 여부를 판단하기 위해	• 비전과 미션의 지속적 공유, 비정합성의 일관화 작업 등
• 이해관계자 및 협력사에게 경영정보를 제공하기 위해	• 재무제표 공유와 요구사항 반영 등
• 기업공개 준비를 위해	• IPO 요구조건 충족, 우량 투자자 확보 등
• 기업의 인수 및 합병을 위해	• 인수 및 합병 기업과 주가비율 및 매각가격 산정 등

2.2. 공공기관

기획재정부가 공공기관 평가단을 통하여 정부기관, 준정부기관, 공기업을 대상으로 매년 경영실적을 평가한다. 평가 대상을 계량지표와 비계량지표로 구분하고 각각의 지표에 가중치를 부여하여 배점하는데, 평가결과는 탁월(S), 우수(A), 양호(B), 보통(C), 미흡(D), 아주미흡(E) 등 6등급으로 구분하고 다음의 4가지를 핵심 평가항목으로 한다.

첫째가 주요사업 추진계획은 구체적이고 적정하게 수립되었는가? 이다. 본 항목에서는 적합한 사업계획 수립여부, 주요사업별 예산과 인력 배분의 적합성여부, 전년도 반성결과를 반영했는지 여부, 우선순위에 맞게 업무가 이루어졌는지 여부를 핵심요소로 평가한다.

둘째가 주요사업 추진계획은 적정하게 집행되었는가? 이다. 여기에서는 환경변화를 반영하기 위한 변화관리(Change management)와 지속적인 모니터링여부, 리스크관리시스템(Risk management system) 운영여부를 중점적으로 평가한다.

셋째가 주요사업의 비계량적 성과는 적정한 수준인가? 이다. 본 항목에서는 실행지표가 구체성이 결여된 나열식으로 되어있는지 여부, 교육과 학습이 제대로 이루어졌는지 여부 등을 핵심요소로 하고 있다.

넷째가 주요사업의 환류활동은 적절하게 수행되었는가? 이다. 여기에서는 PDCA관점에서 주요사업의 성과에 대한 모니터링 수행여부를 핵심요소로 평가 한다.[1)]

---

1) 환류(還流)는 중간 및 최종평가의 결과를 미흡단계로 돌아가 반영하거나, 개선대상의 것에 필요로

표 2-2 경영실적 평가목적

평가항목	핵심 평가요소
수립된 사업계획의 구체성과 적정성	사업계획 적성수립여부, 예산과 인력배분 적합성, 전년도 반성결과 반영여부, 작업 이행의 우선순위 적용여부 등
사업계획 집행의 적정성	변화관리와 이의 지속적 모니터링 여부, 리스크관리 시스템 운영 여부 등
주요사업의 비계량적 성과수준 적정성	실행지표의 나열식 여부, 교육과 학습의 이행 여부 등
주요사업의 환류활동의 적절성	PDCA 관점에서의 주요성과 모니터링 여부 등

3. 평가의 대상과 기준

3.1. 평가의 대상

경영실적 평가의 대상은 정량적 대상과 정성적 대상으로 구분할 수 있다. 정량적(定量的)대상은 계량화, 숫자화가 가능하고 이것으로 나타낼 수 있는 손익계산서, 재무상태표, 현금흐름표 및 자본이동표로 구성된 재무제표 이다. 또한 기업의 수익성이나 재무위험을 평가하는 수익성분석, 효율성분석, 재무위험분석, 성장성분석, 시장가치분석 등이 있다. 반면 정성적(定性的) 대상은 협력사 임직원 교육수행 횟수, 불만고객의 클레임 요구 Zero화, 환경 및 조직변화 시 변화갈등관리 강화, 경영합리화의 달성 등과 같이 계량화나 숫자로 평가가 어려운 것으로 핵심평가지표(核心成果指標, Key Performance Index) 중 비계량화(非計量化) 지표를 말한다.

3.2. 평가기준

경영실적의 평가기준은 전년 및 전년 동기 등과 같은 기간별 비교, 목표대비 비교, 경쟁회사 대비 비교, 국내 동일업종 대비 비교, 국외 동일업종 대비 비교가 있다.

하는 것을 반영했는지를 의미하는 Feedback으로 공공기관 중심으로 사용되고 있다. PDCA는 Plan(계획), Do(실천), Check(확인), Action(조치)을 의미한다.

표 2-3 경영실적 평가대상과 기준

구 분	평가대상		평가기준
정량적 평가	재무제표	손이계산서, 재무상태표, 현금흐름표, 자본이동표	• 기간별 비교 • 목표대비 비교 • 경쟁사 또는 목표 기업 대비 비교 • 국내 동일업종 대비 비교 • 국외 동일업종 대비 비교 등
	수익성분석	자기자본이익율, 총자산이익율, 매출총이익 등	
	효율성분석	총자산회전율, 매출채권회전율, 재고자산회전율 등	
	재무위험분석	유동비율, 당좌비율, 부채비율, 이자보상배율 등	
	성장성분석	총자산증가율, 매출 증가율 등	
	시장가치분석	주당순이익, 주당순자산 등	
정성적 평가	비계량화지표	협력사임직원 교육수행 횟수, 불만고객의 클레임제기 제로화, 환경 및 조직변화 시 변화갈등 관리 강화, 경영합리화의 달성 등	

4. 평가를 통한 전략의 도출

반성을 전제로 시행한 전년도 경영실적 평가는 평가대상에 따라, 평가목적에 따라, 평가기준에 따라 각각의 전략적 시사점이 도출된다. 도출된 시사점을 잘한 것과 잘못한 것으로 구분하여 정리한 것이 도출된 전략이다. 이중 잘못한 것은 차년의 개선전략이 되는 것이고, 잘한 것은 강화전략이 된다.

그림 2-2 평가와 반성을 통한 전략의 도출

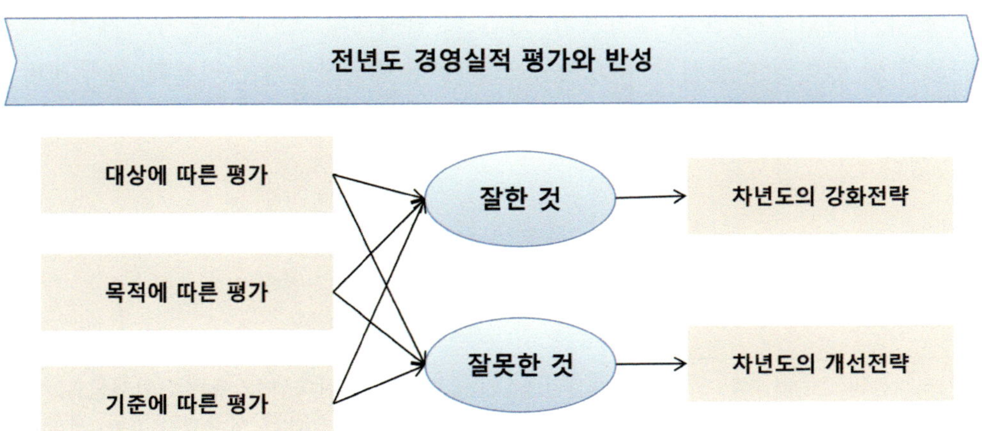

5. 사업계획서와 경영계획서의 차이점

본 책으로 학습하는 대부분의 식자들이 잘 알고 있는 사업계획서와 경영계획서의 핵심 차이점에 대하여 짚고 넘어가고자 한다.

사실 사업계획서와 경영계획서는 동전의 앞면과 뒷면의 관계와 같이 혼용을 하던, 사업계획서가 경영계획서이고 경영계획서가 사업계획서로 알고 있어도 가치의 변화에 큰 의미를 주지 못하는 것이 사실이다. 그러나 전략경영을 학습하고 경영전략을 수립·운영·평가·피드백하거나, 시장을 조사·분석하고 마케팅전략을 수립 및 의사결정정보를 취급하는 전략직무 관련자라면 간과하는 것이 쉽지 않다는 것에 동의 할 것이다.

경영계획서는 본 책에서 다루는 내용에 해당한다. 즉 운영 연속상의 기업이나 기관 등의 조직이 향후 단기·중기·장기에 하고자 하는 바의 것에 대한 것을 다루는 조직 내부 실행을 전제로 한다. 반면 사업계획서는 창업(Start-up)을 준비하는 기업, 기존의 기업이 시장 및 제품 확장전략에 소용되는 자본유치를 필요로 할 때, 창업 및 기존 기업이 소유한 지적재산권(Intellectual Property Rights)[2)]의 가치평가를 받고자 할 때 등 운영 비연속상의 기업에서 필요로 하는 것으로 조직 외부 사용에 비중과 목적을 두고 있다.

사업계획서를 수립하는 필성으로는 첫째, 창업과정의 시행착오를 감소시킬 수 있다. 둘째, 사업의 기본방향에 대한 지침서 역할을 한다. 셋째, 투자자나 금융기관으로부터 자금을 유치하기 위한 기본 자료이다. 넷째, 각종 민·허가를 위한 제출서류로 활용된다. 다섯째, 역량 있는 인재영입의 레버리지 도구로 활용된다. 여섯째, 사업과 관련된 이해관계자들을 위한 자료로 활용된다.

이러한 필요성을 갖고 있는 사업계획서는 회사(사업장)의 개요, 사업계획의 개요, 해당사업의 시장현황과 전망, 생산계획, 영업 및 판매계획, 원자재 및 부자재의 조달계획, 조직 및 인력의 수급계획, 수요자금 조달계획, 해당사업의 손익계획, 재무계획, 해당사업의 추진일정, 기타 외부 이해관련자들이 필요로 하는 사항을 필수 기재요소로 하고 있다.

---

2) 지적재산권(知的財産權) 또는 지식재산권(知識財産權)이라고 한다. 여기에는 산업재산권, 저작권, 신지식재산권이 있다. 산업재산권에는 특허권, 실용신안권, 디자인권, 상표권이 있고, 저작권에는 저작재산권, 저작인격권이 있다. 신지식재산권에는 산업저작권, 첨단산업재산권, 정보재산권, 신상표권 및 의장권이 있다.

표 2-4 사업계획서 수립 필요성과 필수기재 요소

구 분	주요 내용
수립 필요성	• 창업과정의 시행착오를 감소시킬 수 있다 • 사업의 기본방향에 대한 지침서 역할을 한다 • 투자자나 금융기관으로부터 자금을 유치하기 위한 기본 자료이다 • 각종 민·허가를 위한 제출서류로 활용 된다 • 역량 있는 인재영입의 레버리지 도구로 활용 된다 • 사업과 관련된 이해관계자들을 위한 자료로 활용 된다
필수 기재 요소	• 회사(사업장)의 개용 • 사업계획의 개요 • 해당사업의 시장현황과 전망 • 제품의 생산계획 • 영업 및 판매계획 • 원자재 및 부자재의 조달계획 • 조직 및 인력의 수급계획 • 주요자금 조달계획 • 해당사업의 손익계획 • 재무계획 • 사업의 추진일정 • 기타 외부 이해관련자 필요사항

6. 활용할 수 있는 전략기법

지금까지 경영전략 수립의 첫 번째 단계인 전년 경영실적의 평가와 반성을 학습하였다. 저자가 제시한 프로세스와 방법으로 전년 경영실적의 평가와 반성을 통하여 도출된 전략적 시사점을 정리하면 차년도(次年度)의 경영전략 중 일부를 수립하는데 충분하다. 하지만 본 단계에서 전략적 시사점을 도출하는 방법론으로 브레인스토밍(Brain storming)기법과 Fishbone Diagram 기법을 소개한다.

이 두 개의 기법은 개선점을 찾거나, 또 다른 결과의 원인을 도출하고 싶을 때, 문제의 개선점이나 핵심을 찾고자 할 때 등 여러모로 활용할 수 있는 기법으로 사용되고 있다.

표 2-5 전년도 경영실적 평가와 반성 단계에서 활용할 수 있는 전략기법

전략기법	개념	활용용도 및 특징
Brain storming (브레인 스토밍 기법)	• 구체적인 문제를 창의적으로 결하기 위해 판단을 유보하며, 가능하면 많은 양의 아이디어를 도출해 내고, 이미 도출된 아이디어와 다른 아이디어를 결합하여 더 좋은 아이디어를 산출하는 자유연상 기법 • 광고회사 사장 오스본이 개발	• 자유롭고 융통성 있는 사고를 증진하고 구성원들의 창조성을 촉진하는 것이 목적 • 어떠한 내용이라도 비판금지, 이상적 또는 비현실적 아이디어라도 수렴, 질보다 양 중심의 토의기법
Fishbone diagram (연관 아이디어 도출 전략)	• 결과를 가지고 원인을 도출해 내는 문제해결 기법 • 본 기법의 제작자 이름을 차용하여 Ishikawa diagram 이라고도 호칭 • 1968년 일본의 Kaoru Ishikawa가 개발한 문제해결 기법	• 물고기의 몸체와 비슷한 Fishbone diagram은 토의결과를 기록하며 기술 및 공유하며 문제를 해결하는 기법 • 보통 6단계의 프로세스를 통하여 결과를 도출

6.1. 연관 아이디어 도출 전략(Brain Storming)

브레인스토밍은 미국의 광고회사인 BBOD의 창립자인 오스본(A. F. Osborn)이 개발한 창조성기법으로 일명 오스본법 이라고도 부른다. 회오리바람을 일으킨다는 의미로 진행자(리더), 기록자, 참가자(Stormer) 등 10명 전후를 회의참여 구성원으로 한다.

표 2-6 브레인스토밍 기법의 6단계 프로세스

구 분	주요 내용
1단계 (회의그룹 선정과 준비)	• 10명 전후의 참가자 준비 • 회의 진행자는 대상 내용에 대한 전문가여야 한다.
2단계(회의 이슈정의)	• 회의목적을 이룰 수 있는 구체적이고, 참가자 전원이 창의적으로 참여할 수 있는 폭넓은 이슈를 준비한다.
3단계(프로세스 정의)	• 회의진행에 필요한 제약사항, 각각의 역할, 규칙, 회의 시간 등을 설명한다.
4단계(회의 진행)	• 시간 외에는 통제하지 않는다. 참가자 전원이 회의에 집중할 수 있도록 분위기를 조성하고 질보다는 양을 중시한다 .
5단계(회의 마침)	• 참가자와 참가자들 간에 감사인사 및 계획된 다음 단계를 전달한다.
6단계(도출내용 정리)	• 진행자와 기록자는 도출된 아이디어를 종합하고, 정해진 틀에 따라 정리한다.

이와 같은 집단 브레인스토밍은 어떤 구체적인 문제를 창의적으로 해결하기 위해 판단을 유보하며, 가능하면 많은 양의 아이디어를 내고, 앞에서 나온 아이디어를 개선하거나 다른 아이디어와 결합하여 더 좋은 아이디어를 산출하는 자유연상 기법이다.[3)]

브레인스토밍은 자유롭고 융통성 있는 사고를 증진하고 구성원들의 창조성을 촉진시키는 것을 목적으로 하며, 회의그룹선정과 준비, 이슈 정의, 프로세스 정의, 회의진행, 회의마침, 도출내용 정리 등 6단계 프로세스로 진행한다.

브레인스토밍 기법의 핵심은 도출되는 아이디어의 질보다는 가능한 많은 양이 목적이므로 회의 진행시 다음과 같은 4가지를 유념하여 진행하여야 한다.

첫째, 참가자가 어떠한 내용을 발언하던 비판은 금지하여야 한다. 참가자의 아이디어를 비판하면 좋은 아이디어를 낼 수 없기 때문이다.

둘째, 이상적, 비현실적 아이디어도 받아들인다. 좋은 아이디어는 예상하지 못한 곳에서 우발적으로 나올 수 있기 때문이다.

셋째, 아이디어는 질보다는 양이다. 도출된 아이디어 중 30% 전후는 질적인 아이디어로 변하기 때문이다. 비판도 제약도 없이 무작위로 아이디어를 쏟아내도록 한다.

넷째, 참가자 간에 유사내용 발언, 모방발언도 잘 한다고 칭찬한다. 참가자 간 벤치마킹 아이디어가 새로운 아이디어의 실마리 또는 기폭제가 될 수도 있기 때문이다.

6.2. 특성요인 도출 전략(Fishbone Diagram)

Fishbone diagram은 1968년 일본의 Kaoru Ishikawa에 의하여 제품디자인(Product design)과 품질결함의 방지(Quality defect prevention)를 목적으로 만들어졌다.

원래의 명칭은 본 다이어그램의 작자 이름을 딴 Ishikawa diagram이다. 이는 결과가 어떤 요인에 의해 영향을 받고 있는가를 조사하여 특성과 요인 사이의 관계를 도형으로 나타낸 것이다.

본 피쉬본다이어그램은 도형의 생김새가 물고기(Fishbone) 몸체를 닮았다 하여 어골도(魚骨圖) 또는 어골형(魚骨形) 도형이라고도 하고, 원인과 결과를 나타내는 도형이

---

3) Parnes, S. J., Meadow, A.(1959). Effects of brainstorming instructions on creative problem solving by trained and untrained subjects. Journal of Educational Psychology, 50(4); Collaros, P. A., Anderson, L. R.(1969). Effect of perceived expertness upon creativity of members of brainstorming groups. Journal of Applied Psychology, 53(2p1); Brown, V. R., Paulus, P. B.(2002). Making group brainstorming more effective: Recommendations from an associative memory perspective. Current Directions in Psychological Science, 11(6); 전경원(1997). 브레인스토밍에 관한 문헌 고찰. 창의력교육연구, 1(1).

라 Cause and effect diagram 또는 특성요인도 라고도 하는데, 본 책에서는 국내에 들어오면서 가장 많이 사용되는 명칭인 Fishbone diagram(特性要因圖)으로 명칭하여 기술한다.

Ishikawa가 제시한 Fishbone diagram의 핵심구조는 원인과 결과로 이루어져 있다. 원인은 [그림 2-3]의 a와 같은 부문의 원인과 부문의 원인을 설명하는 조그만 화살로 이루어진 소(少)원인으로 구성되어 있음을 알 수 있다. 이와 같은 부문의 원인들은 A라는 결과(결과문제)로 귀결된다.

그림 2-3 Fishbone diagram의 핵심구조

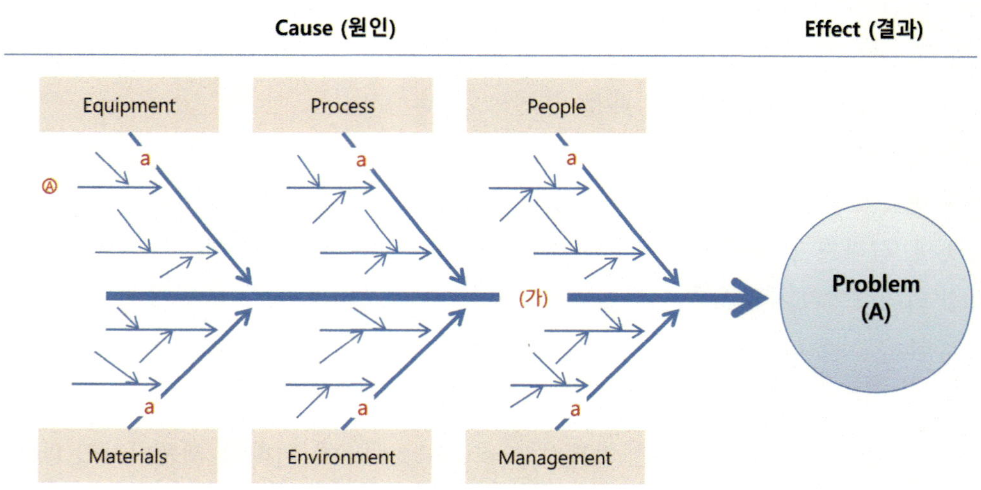

* Explanation; Ishikawa diagram, in fishbone shape, showing factors of Equipment, Process, People, Materials, Environment and Management, all affecting the overall problem. Smaller arrows connect the sub-causes to major causes.

본 기법은 탄생기반에서 확대되어 현재는 사용처가 정해짐 없이 모든 산업이나 직종에서 문제해결을 위한 창의적 기법으로 활용되고 있다.

다음은 본 기법의 적용 프로세스이다. 먼저 잠재적 원인을 순서대로 범주화한다. 그 다음에 범주에 속하는 결과가 도출된 과정상의 문제나 문제점들을 모두 찾아내 기술하고 그 중에서 근본적 원인(Root cause) 찾아내는 일련의 과정으로 진행되는데, 브레인스토밍 기법을 활용하면 더 만족한 결과를 얻는데 도움이 된다.

표 2-7 Fishbone 다이어그램의 적용 5단계 프로세스

구 분	주요 내용
1단계 (토의그룹 선정과 준비)	• 진행자를 포함하여 10명 전후의 참가자 준비 • 기록 및 공유에 필요한 도구를 준비한다.
2단계 (회의 이슈정의)	• 회의 이슈인 아젠더(원인을 찾고자 하는 결과문제 또는 문제점)를 기술하고, 결과문제를 해결하기 위한 원인을 찾는 방법과 진행 방법을 설명한다.
3단계 (부문원인 도출)	• 브레인스토밍 기법으로 토의를 진행하고, 결과문제를 구성하는 부문원인들을 도출하여 기술한다.
4단계 (소원인 도출)	• 부문원인을 이루는 소원인 및 부문 원인을 설명하는 내용을 도출하여 부문 원인을 향하는 화살표에 사선을 그어 공유할 수 있도록 기술한다.
5단계 (도출결과 정리 및 공유)	• 진행자와 기록자는 도출된 원인과 결과를 종합정리하고, 미흡한 것을 보완한 후에 도출된 전체 내용을 공유하고 토의를 마무리한다.

Fishbone 다이어그램은 다음의 5단계 프로세스를 이용하여 진행하며, 그림 2-3을 기준으로 각 단계를 설명한다.

첫째, 진행자, 기록자, 참가자 및 토의 내용을 공유할 수 있는 화이트보드나 기록지 등 토의에 필요한 제반의 것을 준비한다.

둘째, 진행자는 화이트보드나 기록지에 그림의 A를 그려놓고, 여기에 왼쪽으로 사선을 그어(가)를 그린다. 이는 결과 A를 도출하기 위하여 (가)가 필요하고 (가)를 통하여 A가 도출되는 프로세스이고, 이 과정을 통하여 원인을 찾는 것이 핵심이란 것을 공유하기 위해서이다.

셋째, 문제해결, 즉 결과의 원인을 도출하기 위하여 브레인스토밍 기법을 이용하여 토의한다. 진행자는 토의의 방향을 A를 이루는 부문원인인 a를 우선 도출시켜, (가)를 향하여 a의 사선을 긋는다. 이는 Fish의 가시와 같은 것으로 Issue tree의 일종이라 생각해도 무방하다.

넷째, 자유스런 브레인스토밍을 통하여 도출되는 원인 및 내용들을 해당하는 각 a에 사선을 그어 표기한다.

다섯째, 진행자와 기록자는 토의결과로 도출된 결과, 부문원인 등을 정리 및 공유하고 토의를 마무리한다.

7. 활용한 전략기법의 실습사례 연구

본 내용은 팀 프로젝트로 수행한 학생들의 실습 결과물이다. 복수의 실습결과물을 통하여 다음을 실습하여 보자

첫째, 본 피쉬본다이어그램의 전체 구조를 이해한다.

둘째, 최종결과물의 원인을 구성하는 부문원인이 최종결과물을 제대로 설명하고 있는지 비교해 본다.

셋째, 부문원인을 구성하는 소원인들이 부문원인을 제대로 설명하고 있는지 비교해 본다.

넷째, 부문원인과 소원인 들이 최종결과물의 해결방안이 되는지 비교해 본다.

이를 통하여 문제의 결과원인을 해결하는 것이 부문원인이고 부문원인을 해결하는 것이 소원인임을 이해하여 문제를 해결하는 전략기법 또는 방법론으로 사용할 수 있게 될 것이다.

7.1. 『CJ대한통운의 성공적인 환경, 사회적책임 경영』 팀 프로젝트 결과물

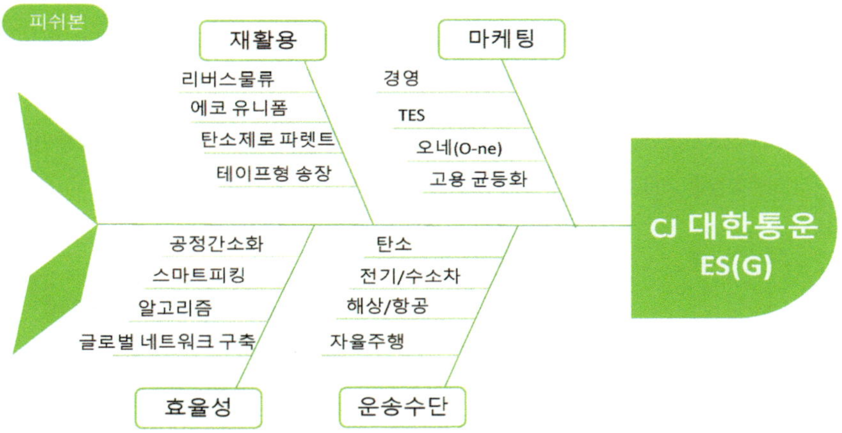

원인 분석 마케팅

모두가 상생할 수 있는 물류 서비스로 지속 가능한 미래 전달
경영전략의 3대 추진 방향 : 친환경 물류 , 상생 생태계 조성, 신성장 동력 확보
TES는 로봇이 사람처럼 일하고 데이터로 미래를 보며 시스템이 사람을 리딩하는 물류

경영

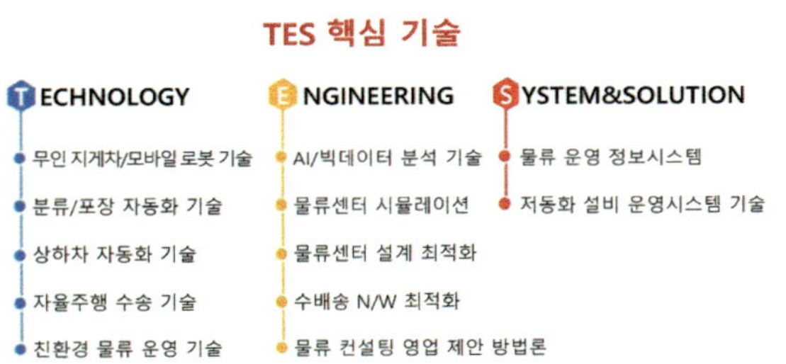

TES

CJ NEWSROOM

원인 분석 마케팅

오네(O. NE)는 단 하나의 배송이라는 의미와 함께 설렘과 즐거움이 온다는 뜻
오네 배송은 익일, 내일, 새벽, 오늘, 그리고 일요일 배송 5가지로 구성됨
노인의 실버택배, 장애인의 블루택배, 경력단절여성의 오렌지택배로 고용균등화에 기여

오네(O-ne)

고용균등화

원인 분석 운송수단

CJ 대한통운은 2050년까지 탄소중립을 달성할 계획

미세먼지와 온실가스 저감 등 대기 환경보호에 대해 물류업계의 역할과 중요성이 높아짐

CJ 대한통운은 2030년까지 사내 보유 차량 100%를 전기 수소차로 전환할 예정

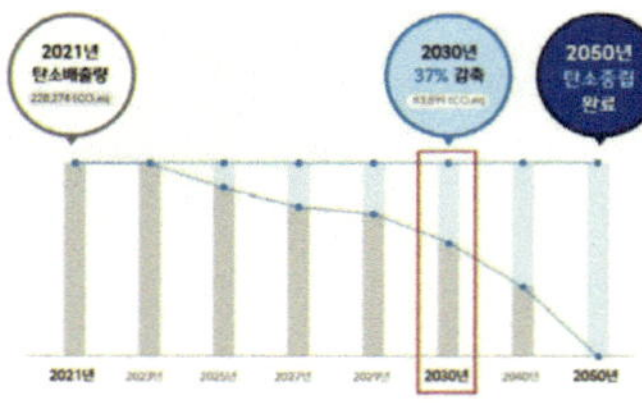

탄소

전기/수소차

원인 분석 운송수단

CJ 대한통운은 해상과 항공운송수단을 통해 프로젝트 물류를 하고 있음

자율주행의 도입을 통해 업무강도는 낮추고 안전성은 한층 높일 예정

자동차법의 개정으로 자율주행 상용화의 제도적 토대도 마련

해상/항공

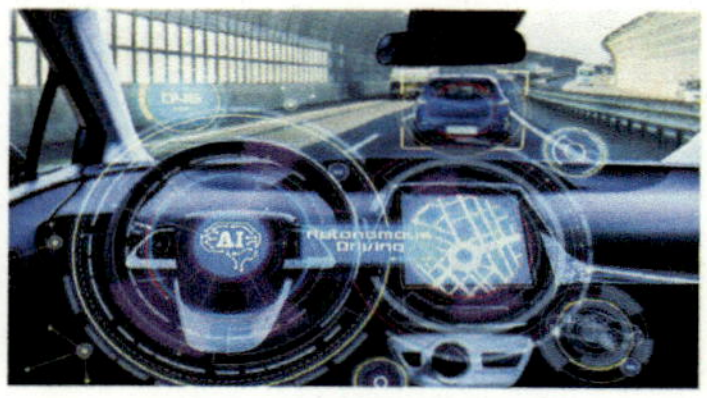

자율주행

원인 분석 재활용

CJ 대한통운은 재활용을 위하여 리버스 물류를 적극적으로 활용하고 있음

택배기사가 소비자의 집으로부터 회수한 이너보틀 용기가 리필되어 다시 제공됨

직원들이 착용하는 에코 유니폼은 페트병 14병만큼의 재활용에 기여함

데일리카

리버스물류

에코 유니폼

원인 분석 재활용

CJ 대한통운은 폐플라스틱으로 만든 파렛트를 사용하여 이산화탄소 감소에 기여함

테이프형 송장의 사용으로 상부 테이핑과 운송장 부착을 동시에 해결할 수 있음

종이 테이프는 플라스틱 테이프 대비 박스 재활용률도 높다는 장점이 있음

탄소제로 파렛트

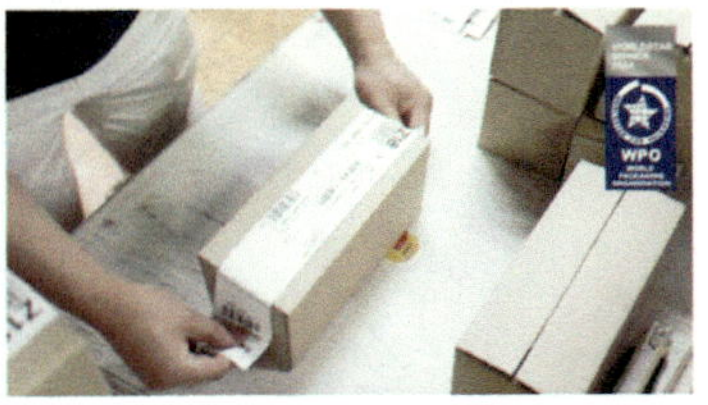

테이프형 송장

원인 분석 효율성

CJ 대한통운은 다른 물류 기업과 달리 융합 e풀필먼트 프로세스를 사용

E풀필먼트 프로세스 덕분에 불필요한 공정을 생략하여 효율화 실현

스마트 피싱을 통해 효율적인 동선을 이용하여 업무의 효율성 상승

공정간소화

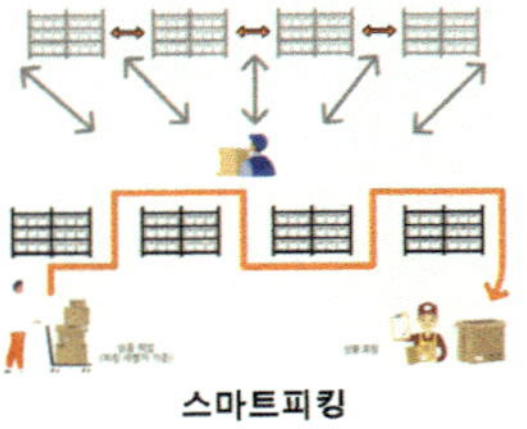

스마트피킹

원인 분석 효율성

빅데이터와 알고리즘 시스템을 이용하여 상품의 적정 박스 크기를 산출

제품별 알맞은 크기의 포장으로 자원 절약 및 영차효율 극대화 실현

국내의 프로세스를 글로벌 네트워크로 확장하며 업무 연계성과 효율성 발전 가능

알고리즘

글로벌 네트워크 구축

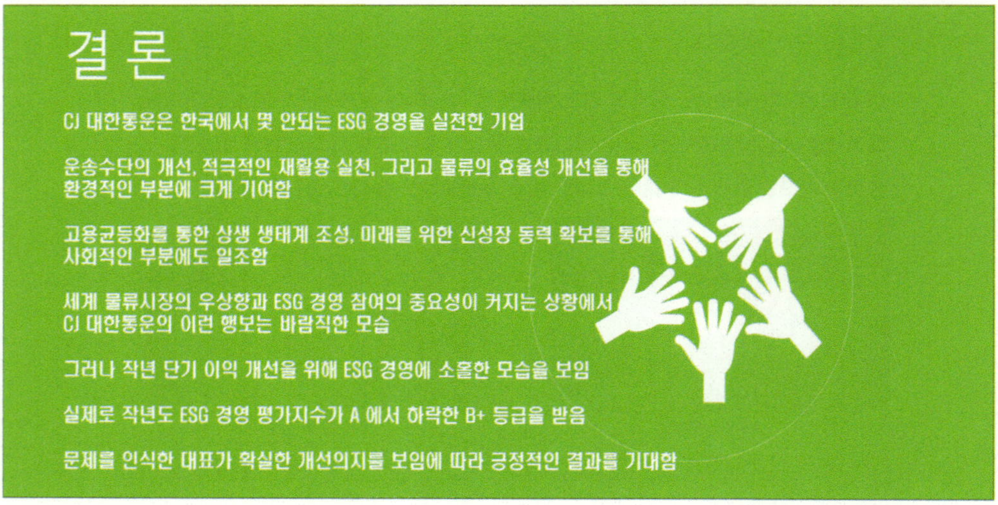

7.2. 『배달앱 땡겨요의 활성화고객 부진에 대해서』 팀 프로젝트 결과물

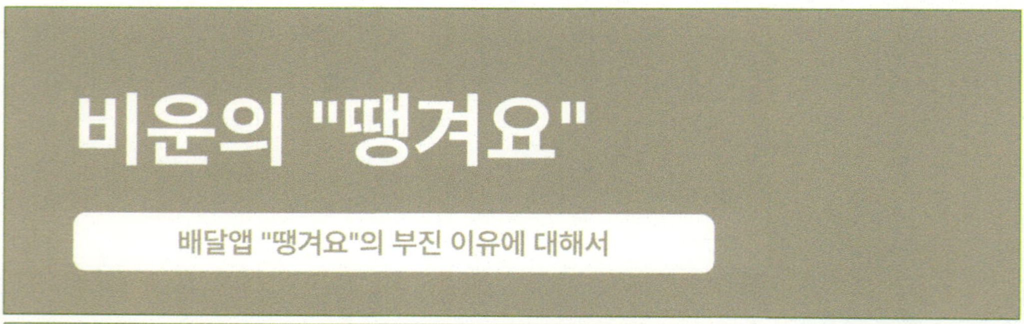

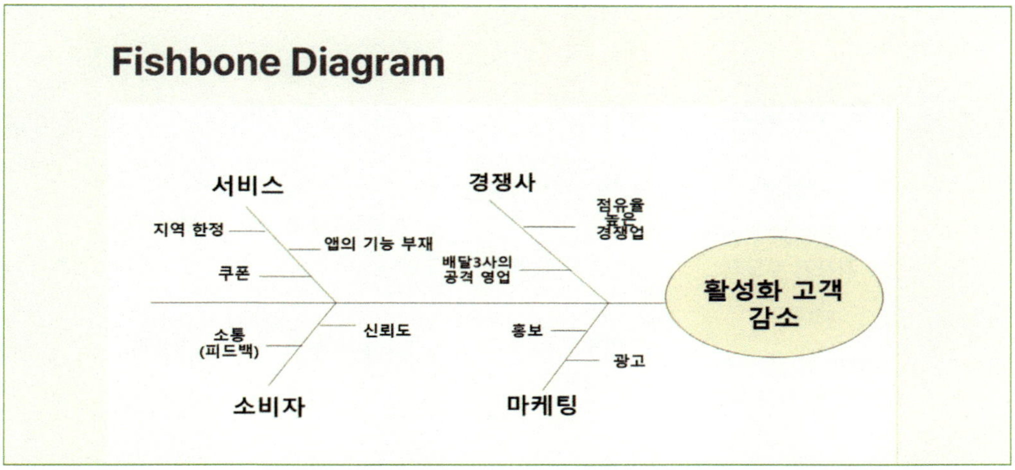
Fishbone Diagram
서비스
지역 한정
쿠폰
앱의 기능 부재
경쟁사
점유율 높은 경쟁업
배달3사의 공격 영업
소통 (피드백)
신뢰도
홍보
광고
소비자
마케팅
활성화 고객 감소

마케팅
ddangyo_official
파리바게뜨 화이트데이
누구나 반값
광고의 부재
다양한 매체를 활용한
적극적인 광고의 부재
홍보
온드 미디어를 활용한
적극적인 홍보의 부재
배달앱은~ 땡겨요~
최근 광고 (1년전)
ddangyo_official
258 게시물
2,354 팔로워
21 팔로잉
땡겨요
음식 배달 서비스
bit.ly/m/ddangyo
팔로우
메시지
뚜레쥬르
16,000원→3,000원

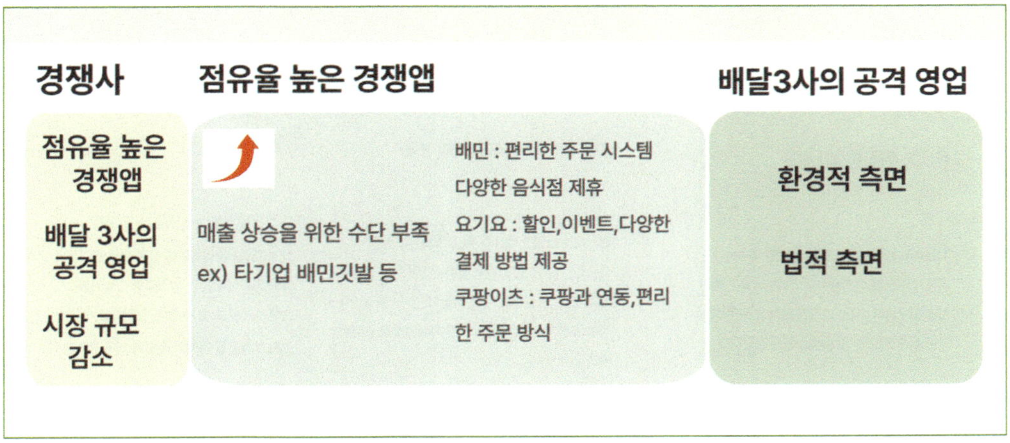
경쟁사
점유율 높은 경쟁앱
배달3사의 공격 영업
점유율 높은 경쟁앱
배달 3사의 공격 영업
시장 규모 감소
매출 상승을 위한 수단 부족
ex) 타기업 배민깃발 등
배민 : 편리한 주문 시스템
다양한 음식점 제휴
요기요 : 할인,이벤트,다양한 결제 방법 제공
쿠팡이츠 : 쿠팡과 연동,편리한 주문 방식
환경적 측면
법적 측면

시장 규모 감소	서비스	지역 한정 서비스
재현성 거대 플랫폼 기업의 횡포가 부도덕 팬데믹 팬데믹으로 인한 배달 앱 사용 저하	지역 한정 서비스 앱의 기능 부재 제휴 업체 수 부족	2022년 서울,부산,경기도(부천,성남) 2023년 인천,경기도(수원,고양,파주,김포,광주)

앱의 기능 부재

■ 무료 배달 멤버십 요기패스×
월 4,900원으로 한달 내내 무료 배달
첫 2개월은 2,900원으로 시작하세요.

■ 알아서 딱! AI 개인화 추천
내 주문이력에 따라
맞춤 가게, 메뉴를 추천해드려요.

■ 매일 쏟아지는 할인 혜택
요기요에서만 진행하는
다양한 할인 혜택을 만나보세요.

■ 가장 똑똑한 실속배달
주문 상황에 따라 맞춰
알뜰하게 주문할 수 있어요.

■ 신선함이 바로 배달, 요마트
선별한 신선식품부터 생필품까지
주문하면 딱 필요한 순간에 도착!

■ 가까운 곳은 간편하게 포장
원하는 시간에 편하게
주문하고 가져올 수 있어요.

요기요 앱의 기능

배달의민족 앱의 주요 기능

1. 완전히 새로워졌어요. 홈 화면! : 맛집 배달, 배민스토어, 선물하기 등 다양한 서비스를 한눈에 보고 선택해 보세요.
2. 한집에 빠르게, 한집배달! : 내가 있는 곳으로 바로 와서 배달 시간이 빨라요. 신속한 배달이 필요할 땐 한집 배달로 주문해 보세요.
3. 내려간다 배달팁이! 알뜰배달 : 배달의민족만의 AI 배차 기술로, 최적의 길로 배달해요. 실속을 챙기고 싶을 땐 알뜰배달로 주문하세요.
4. 배민으로 장보기, 배민B마트! : 마트에 직접 가지 않아도, 내일까지 기다리지 않아도 식자재부터 생필품까지 바로 배달해 드립니다.
5. 쇼핑도 배민 됩니다. 배민스토어! : 뷰티, 가전, 책, 꽃, 식료품까지 일상 속 다양한 상품을 배달합니다. 이제 배송 말고 배달하세요.
6. 많이 살수록 더 저렴하게, 대용량 특가! : 생수부터 라면 삼푸까지, 쟁여두기 좋은 상품들을 더 많이, 더 싸게 만나보세요.
7. 따뜻한 한 끼를 보내는 시간, 선물하기 : 격려, 응원, 위로를 전하고 싶은 날, 선물하기로 따뜻한 마음을 전해보세요.
8. 가까운 맛집은 직접 들르기, 포장! : 포장 주문되는 가게들을 목록으로 더 편하게 찾아보고 미리 주문하세요!
9. 다 같이 먹으면 더 맛있으니까, 함께 주문! : 친구, 가족, 동료와 함께 주문할 때 이제는 한 바구니에 담아 주문해 보세요!
10. 순식간에 주문 끝, 배민페이! : 내 계좌/카드를 등록하거나 배민페이머니를 미리 충전하면 복잡한 결제를 한 번에 끝낼 수 있어요.

※ 배민1, B마트, 배민스토어 등 일부 서비스는 현재 일부 지역에서 만날 수 있어요.

배달의 민족 앱의 기능

땡겨요 앱 적립 〉
- 땡겨요 앱 이용금액 마이신한포인트 10% 적립
- 1일 최대 2천 포인트 적립

편의점 적립 〉
- 편의점 이용금액 마이신한포인트 10% 적립
- 1일 최대 500 포인트 적립

공통 유의사항 〉
- 포인트 적립 관련 유의사항
- 전월이용금액 산정기준

땡겨요 앱의 기능

신뢰도

주문 취소로 인한 신뢰도 하락

유난히 주문 취소가 많음 5월 24일
★★★★☆ 좀 열이 받아서 왔음

지금까지 세번 취소당했는데 배민 쓸 때는 이렇게까지 없었던 일이라 의아하네요ㅜ 뭔가 시스템이 많이 다른 것 같은데 보상 쿠폰보다는 그냥 취소 빈도가 좀 줄었으면 좋겠습니다.

10곳 주문하면 취소가 5곳이 넘음 1년 전
★☆☆☆☆ 나레이션

왜인지는 모르겠지만 다 취소가 되는 거보면 의도적인 것도 있고 가게 영업시간이 잘못 안내된 것도 있는 거 같은데 가게 영업시간이나 배달기능 정보 오류가 너무 많아서 다른 배달앱으로 갈 수 밖에 없네요.

별로 1년 전
★★☆☆☆

왜 주문을 하면 계속 취소가 되나요? 가게 개인사정이라는데 같은 브랜드 다른 지역인데 이유도 안 알려주고 그럴거면 앱에서 주문을 할 수 없게 하던지요. 그리고 주문할 가게가 종류가 너무 없어요.

소통

고객 불만사항 미해결

참 아쉽네요 1년 전
★☆☆☆☆ baekun85

취지는 좋았으나 개발과 기획, 운영 능력의 부재로 망해가는 게 너무 안타깝습니다. 해당 서비스 실무진의 능력 수준을 가늠해 봅니다. IT계열에 사람은 많고 인재가 없고 사기꾼은 넘쳐난다는 말을 실감하게 하네요. 아쉽네요. 아쉬워요.

백엔드쪽 싹 갈아야할듯ㅋㅋ 1년 전
★☆☆☆☆ 서람쥐

어제도 500번대 에러 뜨더니, 오늘도 에러 뜨네..
고칠 의지가 없는건지..

해결책

마케팅

- 광고 → 점유율 높은 앱을 통한 광고활동
- 홍보 → ESG사업을 통한 기업의 긍정적 이미지 제고 및 홍보 효과 기대

경쟁사

- 점유율 높은 경쟁사 → 마케팅 및 홍보 전략을 통한 시장 점유율 확대 노력
- 시장규모감소 → 시장운영자금 상회
- 배달3사의 공격 영업 → 지속적인 쿠폰 제공, 쿠폰의 유효기간 확대

해결책

서비스

- 앱의 기능 부재 → 배달 멤버쉽 혜택 제공
- 보유 제휴 업체 늘리기 → 할인 제휴 업체 늘리기

소비자

- 주문 취소로 인한 신뢰도 하락 → 신속한 대응,적절한 보상 제공
- 고객 불만 사항 미해결 → 지속적인 모니터링 및 개선

결론

배달앱 "땡겨요"는 타 배달앱 (배달의 민족,요기요,쿠팡이츠 등)에 비해 인지도가 현저히 낮음.

광고,홍보 등 마케팅의 필요, 타 배달앱과는 차별화된 전략 수립 필요, 서비스 기능 향상과 고객과의 신뢰도 및 소통의 필요 등 전반적인 부분에서 개선 필요

개선 후 재개 시 타 배달앱과 견주어볼 만한 성장 기대

7.3. 『카페 빅 핑거의 몰락』 팀 프로젝트 결과물

배경 및 목적

배경	카페 수 (2019년: 76,000여 곳), 개인 카페 폐업의 증가 (2023년: 11,400여 곳)
목적	빅 핑거 카페의 순이익 감소 요인 분석을 통한 개인 카페 경쟁력 강화 및 매출 증대

피시본 다이어그램

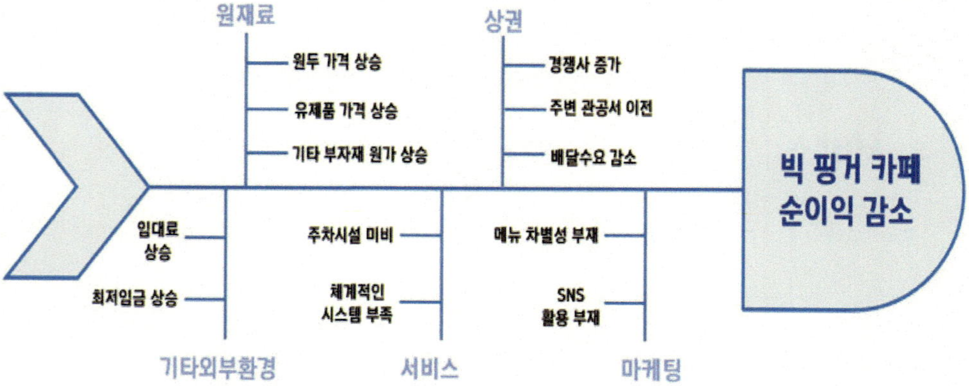

상권

(빅 핑거 개설 시) 대학병원, 관공서, 학교 등을 기반으로 주변에 상업 사무실 , 법무사 사무소, 주택 단지 조성

(빅 핑거 개설 후)

1. 상권 내 동종 경쟁 업체 증가

1) 기존 경쟁업체(2020)
- 프랜차이즈ㅣ 투썸플레이스, 메가커피, 빽다방
- 개인 카페 (2개)

2) 신규 경쟁업체(2022)
- 프랜차이즈 : 스타벅스, 컴포즈, 읍천리 등
- 개인카페 : 약 5개

2. 단골 고객 수 감소

- 경찰서, 은행의 이전으로 단체 주문 단골 고객의 수 감소 (점심 시간, 근무 시간 내 단체 주문 고객)

3. 코로나 호황 이후 배달 수요의 감소

1) 코로나로 인한 배달 수요 증가 (거리두기, 재택 근무 비율 증가)
- 2020.09 기준 전년대비, 쿠팡이츠 34만명 ▶ 150만명
  배달의 민족 1030만명 ▶ 1318만명
- 통계청에 따르면, 음식서비스 온라인 쇼핑 거래액
  2017년 2조7326억원, 2019년 9조7328억원
  2020년 17조3336억원, 2021년 25조6847억원

2) 코로나 호황 이후 배달 수요 감소
-한국농수산식품유통공사가 2023년 12월 발표한 '빅데이터 활용 외식업 경기 분석' 에 따르면, 2022년 배달 앱 전체 매출은 1조5895억원으로 2021년 동기 대비 433억원 감소
(출처 : 매일일보(http://www.m-i.kr)

원재료

로부스타 원두 선물 가격
(단위: 달러, 자료: ICE선물거래소)

- **우유·유제품 가격 상승의 가장 큰 원인은 원유 가격 인상**
- **우유/치즈/버터 등의 유제품 뿐만 아니라 커피/제과/제빵 등 2차 가공식품 가격 인상**

- **세계 최대 로부스타 생산국인 베트남의 재고 감소에 따라 가격 급등**
- **엘니뇨로 인한 작황 부진, 대체 작물 수확 등 여파에 베트남 커피 수확량이 줄면서 로부스타 원두 가격 상승**
- **여기에 중동 리스크로 베트남발(發) 상업용 선박들이 기존 수에즈운하로 향하지 않고, 다른 항로를 이용하는 데 따른 화물비용 증가가 추가 가격 상승으로 이어짐**

연간 소비자물가 상승률 (단위=%)

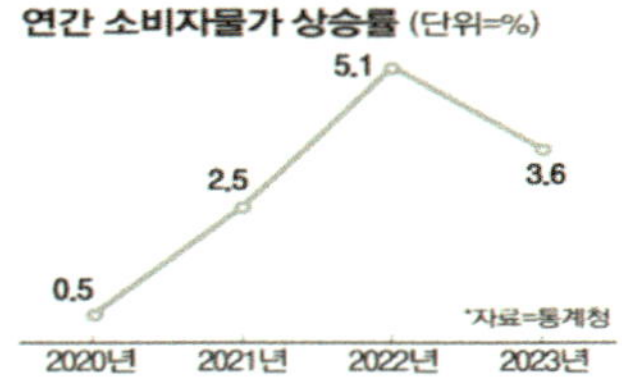

- **설탕의 원료인 사탕수수를 재배하는 국가들의 작황이 기후위기 영향으로 부진했기 때문에 설탕가격이 상승**
- **원두 외에도 우유나 과일 가격, 일회용 컵, 빨대 등은 물론 인건비, 임대료, 운송비 등 복합적인 요인들이 음료 가격 인상에 영향을 미침**

SNS 마케팅

SNS 성공 예시

SNS 실패 예시

SNS마케팅이 필수인 이유

1) 저비용 고효율

2) 알림판의 역할

3) 실시간으로 소통

차별화된 메뉴 부재

이태원 씨스루 시그니처 메뉴 초콜릿

- 시그니처 메뉴는 고객이 찾아오게 만드는 원동력
- 잘 만든 시그니쳐 메뉴는 그 카페의 이미지와 연결되고 점점 그 매장이 알려지는 역할을 할 수 있음
- 요즘 시대에는 특별하거나 예쁜 것들을 SNS에 공유함

전남 담양 미각카페

- 찾아온 고객이 스스로 홍보를 해주어 입소문을 내어 줌
- 이러한 점을 잘 활용한다면 저절로 홍보가 이루어 지고 지속적인 고객의 방문으로 이루어 질 수 있음

서비스

주차 공간 미비

- 개인 소유 건물 아닌 이상 공유 주차장 위주로 활용
- 주차요금 및 카페 사용료 동시 부담
- 카페 유입률 감소

제반 시설 & 시스템 구축

- 직원 투입 시 들어가는 교육시간 부족
- 정량화된 레시피와 응대 서비스의 통일 부재

카페 외부환경 요인

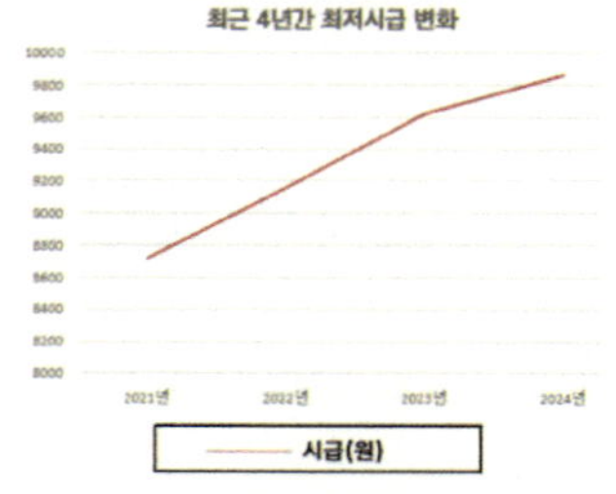

- 2020년 코로나 팬데믹 이후, 고용규모 감축과 최저 시급 상승으로 인한 인건비 부담 증가.
- 2023-24년 기점, 최저시급 우상향. 카페 역시 시급에 따라 고용 유지에 대한 안정성 문제 발생

- 코로나 엔데믹 기점: 서울 시내 주요 상권 임대료 상승
- 2023년 상가임대차 실태조사에 따르면, 서울 구도심의 상가 임대료 상승.
- 반면 매출액 증가 폭은 코로나 창궐 대비 둔화세

코로나19 기간 서울 주요 상권 임대료 변동 폭

단위: % ※2021년 대비 지난해 임대료

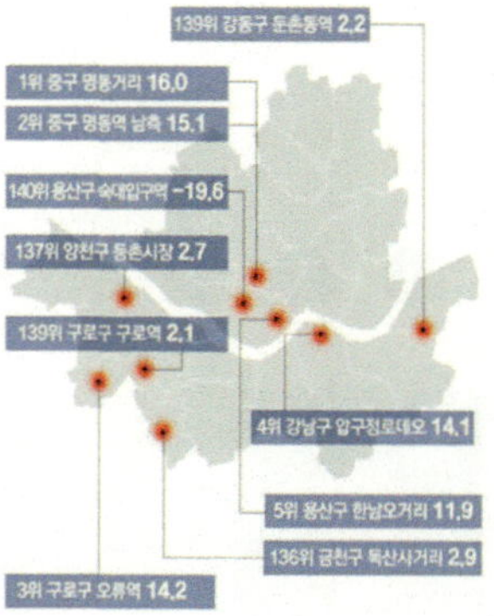

결론1 : 빅 핑거 성장전략 방향

1. 철저한 시장조사, 차별화된 전략을 수립

- 대중교통수단이 접근하기 쉽고, 주변에 카페의 거리 및 시장의 수요, 경쟁상황, 타겟 고객 분석등을 고려

Ex) 카페거리, 카페만의 특색 있는 다양한 이벤트

2. 안정적인 재정적 운영비 확보

- 초기 투자비용과 운영자금을 계산하여 효율적인 자금관리로 물가상승에도 지속가능한 사업 운영을 가능하게 해야 한다

Ex) 청년창업지원사업 이용, 중고기기 사용

3. 고객서비스를 높임

- 고객니즈 충족, 서비스제품개발,직원교육, 마케팅 등을 이용

Ex) 2,30대에 맞춘 트렌디한 메뉴개발, 고령화 사회에 맞는 다양한 메뉴구성

4. 효과적인 경영전략

- 매출감소 원인 분석을 통해 전략을 마련

Chapter 03 전략경영 환경과 역량 분석

앞장의 전년도 실적평가와 반성을 통하여 2가지 부문의 차년도 전략이 도출되는 과정과 방법을 학습하였다. 다음 단계는 기업이나 기관 등 조직을 둘러싸고 있는 경영환경을 분석하여 경영전략 수립에 반영하여야 한다. 기업을 둘러싸고 있는 환경은 직·간접적으로 경영활동과 경영실적에 중대한 영향을 줄 수 있기 때문이다.

경영전략수립에 직접적으로 영향을 미치는 대상은 협의로는 동업종, 광의로는 유사업종까지가 대상이 되면 내부환경이라고 한다. 이때에는 비즈니스모델링분석, 7S전략기법으로 분석할 수 있다. 반면 기업을 둘러싸고 있는 협의로는 이업종, 광의로는 내부환경을 제외한 기업을 경영하는데 영향을 미치는 대상을 외부환경이라한다. 이때에는 PESTLE, 5Force로 분석할 수 있다. 기업의 내부와 외부환경 모두를 분석할 수 있는 전략기법으로 SWOT, 4C가 있다. 환경분석 장에서는 이와 같이 기업내부와 외부를 객관적으로 분설할 수 있는 방법론을 소개하고 사례실습 결과를 대상으로 연구하는 시간을 갖도록 한다.

표 3-1 경영환경분석 단계에 활용할 수 있는 전략기법

전략기법	개념	활용용도 및 특징
Business Modeling Strategy (비즈니스 모델링 전략)	• Customer segments, Value propositions, Channels, Customer relationships, Revenue streams, Key resources, Key activities, Key partnerships, Cost structure 등 9개 요인으로 구성 • 2010년 Osterwalder와 Pigneur박사에 의하여 제시된 수익모델 창출, 상대적 경쟁우위 요소를 체계적으로 분석하는 기법	• 기업이 생산제품이나 제공 서비스의 수익모델을 수립하는 과정에서 어느 것이 경쟁사 대비 상대적 우위요인 인지, 열위요소 인지를 체계적으로 분석하는 창의기반의 경영전략 기법
Seven S (조직내부 진단기법)	• Strategy, System, Structure, hared Value, Style, Skill, Staff 등 S로 시작하는 7개 단어의 머리글자를 따 7S로 명명	• 성공적인 조직을 위한 수준의 향상, 효율적이고 효과적인 조직으로의 개선, 고성과 창출을 위한 조직

전략기법	개념	활용용도 및 특징
	• 1980년대 글로벌 컨설팅 Firm인 Mckinsey에서 제시 되어 7S Mckinsey model로도 호칭되는 조직진단 기법	개편 등을 목적으로 하는 경영전략 기법 • 조직의 뼈대와 근간이 되는 하드웨어 측면의 3S와 소프트웨어 측면을 다루는 4개의 S로 구성되었으며 컨설팅 현장에서 광범위하게 활용
PESTLE (거시환경 분석기법)	• Political, Economical, Socio cultural, Technological, Legal, Environmental 등 6 가지 요인으로 구성 • 조직내부 및 산업 内 분석이 아닌 일반환경, 거시환경 분석기법	• 기업환경을 둘러싸고 있는 환경의 정의, 불확실한 미래의 상황과 환경을 예측할 수 있는 데이터나 정보의 제공 • 상품이 서비스를 출시하고자 할 때, 새로운 지역이나 국가에 진출하고자 할 때, 유통경로를 검토 할 때에 적합한 마케팅환경조사기법
SWOT (기업내부 및 외부분석)	• Strengths, Weakness, Opportunities, Threats 등 4가지 요인으로 구성 • Humphrey가 Stanford Research Institute에 근무할 때 개발한 SOFT analysis를 기반으로 발전한 조직의 내부 및 외부 환경 분석기법	• 조직내부의 강점과 약점, 조직 외부의 기회와 위협을 분석하는 경영전략 수립 및 경영환경조사 기법 • 조직의 특성에 따라 공격전략(SOS), 전환전략(WOS), 다양화전략(STS), 방어전략(WTS) 등 다양한 전략구사가 가능
Four C (시장의 핵심요인과 내부분석)	• 4C는 일본의 경영대가인 Kenichi Ohmae가 개발한 3C 기법에 소통을 의미하는 Communication을 추가하여 분석하는 기법 • Corporation, Competition Customer, Communication 등 4가지 요소로 구성된 것이 4C	• 경영전략을 수립할 때 가장 많이 활용되는 마케팅환경조사 기법 • 전통적인 3C를 기반으로 C자 시작의 어떠한 단어가 들어가느냐에 따라 조사내용은 상이
5Force Model (산업구조 분석)	• Threat of new entrants, Bargaining power of buyers, Bargaining power of suppliers, Threat of substitutes of product and services, Rivalry among existing competitors 등 5가지 요인으로 구성된 산업 구조분석기법 • 1979년 Michael Eugene Porter가 발표	• 5가지 경쟁요인의 조사와 분석을 통하여, 기업이 속한 산업분야의 현(現) 상황을 직시 • 또한 분석결과를 이용하여 미래를 예측하고 대응전략을 수립하는 경영전략 및 환경조사 기법

1. 환경과 내부역량 분석의 개요

1.1. 내부환경 분석

내부환경분석은 경영활동에 직접적으로 작용하여 해당기업의 미션, 비전, 목표, 전략 및 전술의 수행과 경영실적에 직접적인 관계가 있는 것을 분석하는 것이다. 때문에 이는 내부의 경영환경 요인인 사업의 모델 및 본질, 조직의 하드웨어 및 소프트웨어, 밸류체인(Value chain) 요인간의 상관관계 등이 핵심대상이 된다.

1.2. 외부환경 분석

외부환경분석은 기업과 직접관계는 미약하지만 기업의 경영 및 비즈니스 활동과 결과에 간접적으로 영향을 미치는 정치, 경제, 사회문화, 기술, 법규와 규정, 환경을 대상으로 하는데 비즈니스의 특성이나 영역에 따라 국내뿐 아니라 국제측면까지 분석하여야 한다.

표 3-2 경영환경 분석의 대상과 주요 분석 내용

구 분	분석 대상과 종류	경영에 미치는 영향	주요 분석 내용
경영 환경	내부환경 분석	경영활동과 실적에 직접적으로 작용	• 사업모델 및 사업의 본질 • 조직의 하드 및 소프트웨어 • 밸류체인 요인 간 상관관계
	외부환경 분석	경영활동과 실적에 간접적으로 작용	• 정치 및 경제 분야 • 사회 및 문화 분야 • 유무형의 기술 분야 • 법규와 규정 분야 • 기타 환경 분야

1.3. 내부역량 분석

역량(力量, Competence)이란?, 특정분야에서 우수한 결과를 보여주는 능력(能力, Ability or Capacity)이나 사물에 관한 단편적인 원리적 판단의 체계인 지식(知識, Knowledge) 등과는 다른 것으로, 개인과 조직 두 가지 측면에서 설명할 수 있다.

첫째, 조직 구성원인 개인 측면이다. 이는 지식, 기능, 사고(思考)유형, 가치관, 심리자세, 경험 등 개인의 내적특성이 융합되어 그 사람의 외적특성으로 나타나는 행동특성, 언행특성, 판단특성, 리더십특성이다.

둘째, 구성원들이 종사하는 집단체인 조직 측면이다. 이는 조직의 내적특성인 조직이 보유한 인·물적 자원과 유·무형 자산이 융합되어 도출되는 마케팅믹스, 제품믹스, 촉진믹스와 같은 무형의 결과물[1)]과 무형의 결과물을 실행한 결과로 나타나는 시장점유율, 매출 및 영업이익, 재계순위와 같은 유형적인 외적특성이다.

기업이나 기관 등 조직에서 역량분석을 하는 것은 내부의 강점과 약점을 분석하여 외부환경에서 기회를 활용하고 위협을 제거 또는 회피하여 생존함을 목적으로 한다.

역량은 그 목적을 무엇으로 하는가에 따라 역량이라는 본질을 유지하면서 각기 다르게 분류할 수 있는데, 신제품개발역량, 인적자원역량, 국가의 과학기술역량, 혁신역량 등이 그것이다. 여기서 국가 차원의 혁신역량을 사례로 들어 식자여러분들의 이해와 안목에 도움을 주고자 한다. 국가차원의 혁신역량(革新力量, Innovation competency)이란?, 어느 한 국가 또는 경제가 장기간에 걸쳐 경제적으로 가치가 있는 일련의 혁신을 지속적으로 이루어내는 것을 말하는데, 역량평가를 위한 지표를 5가지 부문으로 구분하여 평가한다.

그림 3-1 기업역량 분석 프로세스

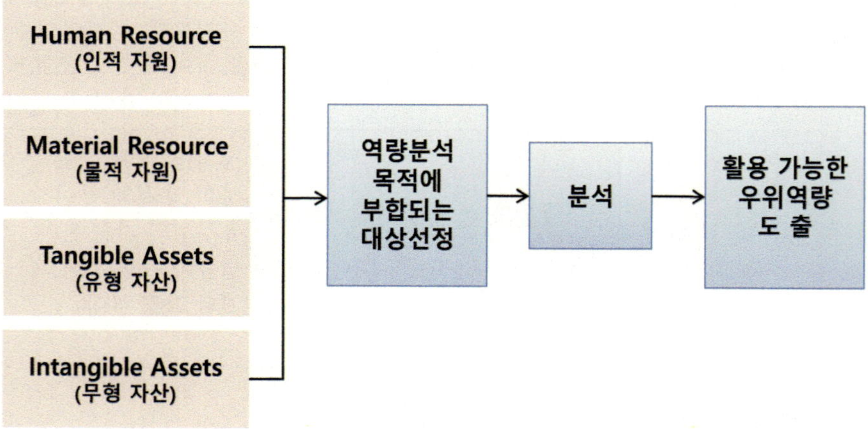

1) 마케팅믹스는 4P라고도 한다. 이는 P자로 구성된 영어단어 4개인 Product(제품), Price(가격), Promotion(촉진 or 판매촉진), Place(유통 or 유통물류)이다. 제품믹스는 Width of product mix(제품믹스의 폭), Length of product mix(제품믹스의 길이), Depth of product mix(제품믹스의 길이), Consistency of product mix(제품믹스의 연관성) 3가지로 구성된다. 촉진믹스는 4P의 Promotion을 전문화한 것으로 Sales promotion(판매촉진), PR(홍보), Personal selling(인적판매), Advertising(광고) 4가지로 구성된다. 마케팅믹스, 제품믹스, 촉진믹스는 모두 전략기법들이다.

표 3-3 국가차원의 과학기술 역량평가 지표 사례[2]

부 문	자 원	활 동	네트워크	환 경	성과
평가대상	인적자원 조직 지식자원	연구개발투자 창업활동	산학연협력 국제협력 기업간협력	지원제도 물적 인프라 문화	경제적성과 지식창출

2. 내부환경과 외부환경 분석

조직의 전략 담당자 또는 마케팅을 담당하는 마케터가 원하는 결과를 도출하기 위한 정보 분석의 수단으로는 설문 등과 같이 계량화된 숫자를 분석하는 통계분석 방법론, 비계량화 된 대상을 조사 및 분석하는 논리 및 창의기반의 방법론이 있다. 환경분석은 계량화된 조사결과를 입력(Input)하여 결과를 도출(Output)할 수 있는 대상이나 내용이 아니다. 때문에 논리 창의중심의 방법론을 사용할 수밖에 없다. 본 책에서는 경영의사결정 정보 도출이 가능한 환경분석 방법론인 비즈니스모델링 기법, 7S 기법, PESTLE 기법을 소개한다.

2.1. 내부환경 분석기법

기업내부의 환경분석기법으로 핵심 9개요인(Essential 9factors) 중심으로 구성된 비즈니스모델링 기법, 조직의 공급망(구매부서, 영업부서, 마케팅부서, 전략부서 등 단위조직) 간의 가치사슬관계를 분석하는 VCM 기법이 있다.

2.1.1. 비즈니스모델링 기법

비즈니스모델 기법은 2010년 작가이자 비즈니스모델 혁신 강사인 Alexander Osterwalder 박사와 로렌스 대학교에서 경영정보시스템 교수를 역임 하였던 Yves Pigneur 박사가 지은 Business Model Generation에서 비즈니스모델 필수 9개 요인인 CS(고객세분화), VP(가치제안), CH(유통채널), CR(고객관계관리), RS(수익원), KR(핵심자원), KA(핵심활동), KP(핵심파트너), CS(비용구조)를 활용 및 적용하여 수익모델을 창출하거나, 상대적 경쟁우위 요소의 체계적 분석을 목적으로 제시된「The Business Model Canvas」[3]

---

2) 국가과학기술위원회(2012). 2011년 국가 과학기술혁신역량평가, 한국과학기술기획평가원.

3) Osterwalder, A., Pigneur, Y.(2010). Business model generation: a handbook for visionaries, game

를 의미하는 것으로 본 책에서는 비즈니스모델링 기법으로 칭한다.

비즈니스모델링 기법은 기업이 생산제품이나 취급상품, 제공하는 서비스 용역 등의 수익모델을 수립하는 과정에서 어느 것이 경쟁사 대비 상대적 우위요소인지를 체계적으로 조사 분석하는 논리 창의기반의 방법론이다.

비즈니스모델은 기업이나 기관 등 조직이 경영을 영위하고 있는 산업 내에서 현재보다 더 우수하고 경쟁력 있는 고객가치를 창출함은 물론 창출된 가치를 확보하기 위한 위치에 해당 기업이나 기관을 포지셔닝(Positioning)[4] 시키기 위하여 무엇을 언제, 어떻게 실행할지를 결정하는 일련의 사항이다.[5]

비즈니스모델링 기법인 비즈니스모델 캔버스의 구성인자는 앞에서 기술한 바와 같이 핵심 9개로 이루어졌다. 〈표 3-2〉가 그것인데 원문을 기술하여 본 책으로 학습하는 식자들의 이해와 생각에 도움을 주고자 한다.

표 3-4 경영환경 분석의 대상과 주요 분석 내용

핵심 9요소	주요 내용	조사대상
Customer Segments (CS, 고객세분화)	• The customer segments building block defines the different groups of people or organizations an enterprise aims to reach and serve • 어떤 고객에게 상품/서비스를 제공할 것인가를 검토하고 가장 유망한 고객대상을 목표시장으로 결정	• For whom are we creating value? • Who are our most important customers?
Value Propositions (VP, 가치제안)	• The value propositions building block describe the bundle of products and services that create value for a specific customer segment • 목표고객에게 어떤 차별화된 가치를 제공할 수 있는지 또는 제공할 것인지를 결정하며 차별화가치를 창출	• What value do we deliver to the customer? • Which one of our customer's problems are we helping? • What bundles of products and are we offering to each customer segments?
Channels (CH,	• The channels building block describes how a company communicates with and	• Through which channels do our customer segments want to be

changers, and challengers. John Wiley & Sons.

4) 자사의 유형제품이나 무형서비스가 경쟁사의 것보다 더 높고 강하게 고객의 마음에 자리 잡게 하는 것을 Position이라 한다.

5) Afuah, A., Tucci, C. L.(2001). Internet business models and strategies. New York: McGraw-Hill; 방용성, 주윤황(2015). 컨설팅 방법론.

핵심 9요소	주요 내용	조사대상
채널전략)	reaches its customer segments to deliver a value proposition • 고객에게 계획한 가치를 어떤 경로를 이용하여 제공할 것 인지를 결정	reached? • How are we reaching them now? • How are our channels integrated? • Which ones are most cost-efficient? • How are we integrating them customer routines?
Customer Relationships (CR, 고객관계관리)	• The customer relationships building block describes the types of relationships a company establishes with specific customer segments • 고객 특성에 기초한 계획, 지원, 평가의 마케팅 활동을 어떻게 할 것인가를 결정	• What type of relationship does each of our customer segments expect us to establish and maintain with them? • How costly are they? • How are they integrated with the rest of our business model?
Revenue Streams (RS, 수익원)	• The revenue streams building block represents the cash a company generates from each customer segment • 수익의 창출을 어떤 구조로 할 것인지(할 수 있는지), 그리고 어떤 방법으로 지속적인 수익창출이 될 수 있는 운영구조를 만들 것인지 또는 창출이 가능한지를 판단	• For what are our customers really willing to pay?, For what do they currently pay? • How are they currently paying? • How would they prefer to pay? • How much does each revenue stream contribute to overall revenue?
Key Resources (KR, 핵심자원)	• The key resources building block describes the most important assets required to make a business model work • 비즈니스 수행에 없어서는 안 될 핵심자원으로서 통제 가능한 자원의 종류와 확보방법을 검토	• What key resources do our value propositions require? • Our distribution channels? • Customer relationship? • Revenue streams?
Key Activities (KA, 핵심활동)	• The key activities building block describes the most important things a company must do to make its business model work • 비즈니스를 성공적으로 수행하는데 필요한 핵심적인 활동으로서 통제 가능한 요소들을 검토	• What key activities do our value propositions require? • Our distribution channels? • Customer relationship? • Revenue streams?
Key Partnerships (KP, 핵심 파트너십)	• The key partnerships building block describes the network of suppliers and partners that make the business model work • 자신의 부족한 부분을 보완시켜줄 수 있는 파트너십의 필요성 및 확보방법을 검토	• Who are our key partners and suppliers? • Which key resources are we acquiring from partners? • Which key activities do partners perform?

핵심 9요소	주요 내용	조사대상
Cost Structure (CS, 비용구조)	• The cost structure describes costs incurred to operate a business model • 사업을 운영하는데 소요되는 비용의 원천과 크기 등을 검토	• What are the most costs inherent in our business model? • Which key resources are most expensive? • Which key activities are most expensive?

〈표 3-5〉는 저자가 연구했던 LDSP(Logistics Digital Sharing Platform)에서 화물과 차량을 매칭(연결)해주는 비즈니스모델에서 9개 요인별 조사대상 또는 내용을 정리한 것이다. 위 〈표 3-4〉와 함께 익혀두면 조사의 내용과 대상을 더욱 명확화 하는데 도움이 된다.

표 3-5 온라인 화차매칭 비즈니스에서의 9개 요인별 조사 대상

Matching by BMC Element	Condition of BMC Element
Segments	What customers does your target to secure an advantage over competitors in the market?
Value proposition	What benefits/convenience/value does your provide to the cargo owner and vehicle owner who are customers?
Channels	What communication methods/means does your operate/use for customer inconvenience/ proposal/information provision?
Relationship	How/policy does your prevent customers(shipper, borrower) from leaving?
Revenue stream	What is the core revenue source of your (online) platform-based business?
Key capability	What are some important resources for continuously Maintaining your (online) platform business?
Key activity	What are the activities you are doing to strengthen the competitiveness of the your (online) platform business?
Partnership	Please explain the main partners/fields that you have relationships /parties with to compensate for the weaknesses of the your (online) platform business.
Cost structure	Please explain the types/fields of expenses spent to maintain /strengthen the your (online) platform business.

비즈니스모델링 기법을 활용한 전략도출 토론에 필수적인 Business Model Canvas Type은 4개 부문 9개 요인으로 구성되어 있다([그림 3-2]).

그림 3-2 Business Model Canvas 구성요소와 Type

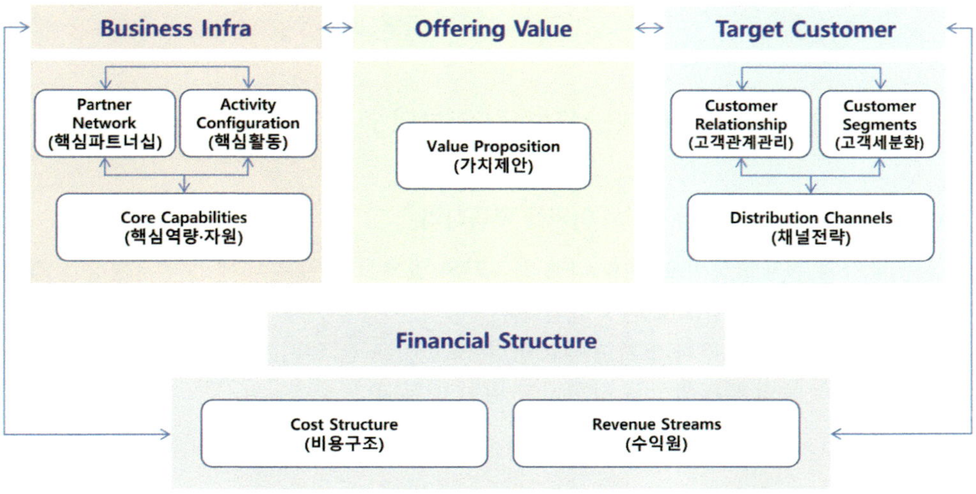

2.1.2. 7S 기법

7S기법은 7S전략(Seven S strategy) 또는 7S분석(Seven S analysis)이라고도 한다. 이는 1980년대 초(the beginning of 80's) 글로벌 컨설팅 펌(Global consulting firm)인 맥킨지(Mckinsey)에서 개발 및 제시되어 7S Mckinsey Model이라고도 불린다. 7S기법은 성공적인 조직으로의 수준향상, 효율적이고 효과적인 조직으로의 개선, 중장기사업의 고성과(高成果) 수행을 위한 조직개편 등 기업이나 기관 등의 내부조직진단에 전문성과 그 성과가 전 세계적으로 검증된 조직 진단 기법이다[6].

7S기법은 S자(英語 S字)로 시작되는 7개의 단어로 조직의 뼈대가 되는 근간을 이루는 하드웨어(Hardware of success) 측면을 다루는 3개와 소프트웨어(Software of success) 측면을 다루는 4개로 조합되어있다.

조직의 하드웨어측면의 3S는 Strategy(전략), Structure(구조), System(시스템)이고 소

6) Palatková, M.(2011). The 7-S-McKinsey model: an implementation tool of a destination marketing strategy in the Czech Republic. Global Management Journal, 3(1/2).

프트웨어 측면의 4S는 Shared Value(공유가치), Skill(수준), Staff(조직구성원), Style(조직 및 구성원의 스타일)이다.

다음은 일본의 오마에 켄이치 박사[7]가 우리나라를 방문하여 맥킨지의 7S 모델을 바탕으로 했던 강연의 내용을 공유한다. 이를 통하여 7S의 활용과 사상체계, 구성요소와 특징을 사전에 이해하는 기회가 되기를 바란다.

강연주제 : 저성장 시대의 성장전략 일본의 교훈 (by Omae Kenichi)

Strategy(전략) : 고성장 국가에서 이익을 획득하라.

신흥국가의 경제성장이 Big Trend로 지속되고 있으므로 일본 내에서의 저성장을 걱정하지 말고 신흥고속시장으로 이동하면 된다. 중국은 직접투자가 감소하고 있는 반면 아세안 주요 국가는 직접투자가 확대되고 있다. 또한 인도는 설비투자확대, 해외진출 및 선진국 기업매수 등의 투자활동을 강화하고 있기 때문이다.

Structure(구조) : Value Chain(가치사슬)의 핵심 요소들을 외부로 옮겨라.

최저의 비용으로 최고의 가치를 내야하는데 중국, 필리핀, 멕시코와 같은 아웃소싱이 가능한 지역이 그곳이다. 전 세계적으로 옮긴 뒤에는 공장 뿐 아니라 본사의 지원까지 IT로 통합하여야 한다.

System(시스템) : e컴퍼니가 되라.

잭웰치[8]는 모든 동사에 e를 붙이라고 말했다. 모바일 및 사이버 공간에서 다양한 기회들이 있기 때문이다.

Skills(조직수준) : 최상의 파트너, 최적의 파트너와 협력하라.

이런 면에서 동아시아지역은 최상의 지역이다. 동아시아는 정치적, 감정적으로는 좋지 않지만 경제적인 부문에서는 정치 및 제도적인 조합은 없어도 EU와 같이 하나의 시장처럼 움직이고 있다. 일본은 원료 및 제조설비 등의 강점을 바탕으로 동아시아 지역 간 교역에서 이익을 보고 있다. 일본은 잘하는 곳에만 집중하면 된다. 중국이 인건비에 강점이 있다면 일본에 강점이 있는 최종제품보다 소재, 원재료나 반도체, LCD 제조설비 등에 집중

7) 오마에 켄이치(Omae Kenichi, 1943년 생). 와세다대학교를 졸업하고 도쿄공업대학 석사, MIT대학원 원자력공학박사 졸업 후 맥킨지 오사카지사 부지사장과 맥킨지 재팬(Japan) 회장을 역임하였다. 오마에 박사는 미국 유력경제주간지인 이코노미스트가 선정한 세계사상적 지도자 4인에 오르기도 했던 세계적 경제석학이다. 본 강연내용은 LG CNS가 개최한 앤투루 월드 2007 행사의 기조연설에서 발췌한 것이다.

해야한다.

동아시아 국가 간에는 서로 의지하고 있다. 중국은 대만에 의존관계이고, 또한 중국은 경영스타일이 없다. 중·장년층에서는 관리능력(Management talent)이 없고, 젊은 층은 외국의 유명대학에서 공부했어도 경험이 없다. 그 사이에 갭(Gap)이 존재하는데 이점은 인도와 다른 점이기도 하며 이 점이 일본의 Skill을 살릴 대상이다.

Shared Value(공유가치), 오마에 박사는 공유가치를 슈퍼지향목표(Super-oriented Goal) : 정치와 환율 변동으로부터 독립적으로 하라 로 하였다.

일본은 4번의 엔화절상으로 엔화가 강화되는 경험을 갖고 있다. 한국도 환율변동으로부터 자유로울 수 있었야 함을 강조하였다.

Staff(조직구성원) : 글로벌 마인드와 능력을 갖춘 인적자원을 개발하라.

21세기 교육은 과거와는 다르다. 정답이 없으며, 교사도 없고, 해답은 끊임없이 바뀐다. 매일의 생활과 친구들로부터 배운다. 피라미드 조직보다 네트워크조직이 중요하다. 또한 창의성, 기업가 정신, 리더십, 사람 간 대립을 조정하는 능력, 주도적으로 행동하는 것, 문제 해결력, 논리적 사고 등이 중요시 된다.

Style(조직 및 구성원의 스타일) : High Concept의 회사가 되라.

제4의 물결은 무엇인가? 정보화(제3의 물결)에서는 인도와 경쟁이 되지 않고, 산업(제2의 물결)에서는 중국과 경쟁이 더 이상 되지 않는다. 중국과는 원가(Cost) 기반으로는 경쟁에서 승산이 없다.

제4의 물결로 우뇌의 기능이 강조되기도 하고, 다니엘핑크[9]는 완전히 새로운 사고로서 디자인, 스토리, 조화, 공감, 놀이, 의미 등 6가지 감각이 중요하다고 말한다. 그는 MBA보다 디자인과 센스를 가진 예술가를 뽑으라고 말한다. 이것을 일본어로 말하면, High Concept, 구상력(構想力)으로 표현할 수 있겠다. 눈에 보이지 않는 사물의 본질을 파악하는 전체적인 사고능력과 새로운 것을 발상하고 실행해나가는 능력이다.

---

8) John Frances Welch Jr(1935년 생). 1960년 일리노이대학교에 화공학 박사학위를 취득하고 GE에 입사하였다. 1981년 GE의 최연소 최고경영자가 되어 2001년 퇴임할 때 까지 회사가치를 40배나 높였으며 GE를 세계최고 기업으로 성장시켰다. 경영의 달인, 세기의 경영인 등의 별칭을 얻었고, 1,700여건의 기업인수합병을 성사시키기도 하였으나, 10만 명 이상의 직원을 해고하여 중성자탄 잭(Neutron Jack)이라는 별명도 갖고 있다. 「Jack : Straight from the Gut」란 자서전을 발간하였다.

9) Daniel H. Pink(1964년 생). 세계를 이끄는 기업 사상가중의 한명이며 5종의 베스트셀러의 작가로 총 200만부이상이 판매되었고, 35개 언어로 번역되기도 하였다. 베스트셀러 책 중의 하나인 「프리에이전트의 시대」에서 High Concept의 시대에서 요구되는 6가지 조건을 제시하며 이들의 조건을 갖춘 인재가 미래를 지배한다고 주장하였다. 엘 고어 전 미국 부통령의 연설문을 작성하기도 하였다. 경제·기술·노동에 관한 기사 및 서평을 뉴욕타임스와 워싱턴 먼슬리 등에 기고하고 있다.

그림 3-3 7S Model의 구성요소

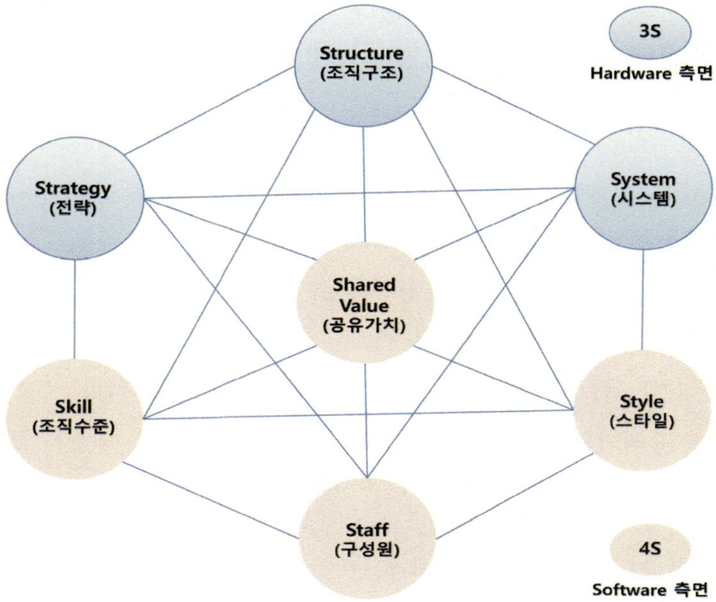

7S의 7가지 구성요소는 요소 간 상호 상관관계가 높아 네트워크형을 이루고 있는데, 이는 다음에 소해하는 가치사슬관리(Value chain management)가 조직 내부 부서(팀, 그룹) 간 사슬관계를 통한 가치창출 형태와 유사한 상호관계로 이루어졌다.

7S의 구성요소별 특징은 요소 간 상호 상관관계가 높아 네트워크형을 이루고 있다. 이는 다음에 소개하는 가치사슬관리(Value chain management)가 조직 내부 부서 간에 가치사슬 상관관계가 중요하다는 측면과 유사한 공통적인 특징을 가지고 있다.

표 3-6 7S 구성요소별 핵심내용과 특징

구성요소	핵심내용	요소의 특징
Strategy (전략)	사명과 비전을 달성하기 위하여 수립된 목표를 구체화 시킨 결정체이다.	전략은 시스템, 조직구조, 스타일, 구성원의 능력 및 구성원 개개인에 영향을 미친다.
System (시스템)	조직의 관련제도, 관리체계, 운영절차, 업무매뉴얼 등이다.	승진제도, 본사와 지사의 수명체계, 신상품입고에서 출고까지의 운영프로세스, A에서 Z까지의 직무처리 프로세스 등에 영향을 미친다.

구성요소	핵심내용	요소의 특징
Structure (조직구조)	최고경영자를 중심으로 설계된 조직도이다.	전략, 목표, 전술과 구성원 개개인의 R&R[10]에 영향을 미친다.
Shared Value (공유가치)	조직의 모든 구성원들이 함께 공유해야 할 이념 및 가치관으로 보통 미션 및 비전이다.	공유가치는 7S 전 구성요소에 영향을 미친다.
Style (조직 스타일)	조직 문화를 말하지만, 최고경영자 및 사업부장의 경영스타일까지 포함한다.	7S 전 구성요소에 영향을 미치며, 스타일에 따라 피동적인 조직 또는 긍정적이며 활동적인 조직형성에 중대한 영향을 미칠 수 있다.
Skill (조직 수준)	조직수준은 조직구성원 개개인의 능력은 물론 조직의 능력이 결집된 역량이다.	여타 7S 구성요소에 영향을 미치며, 특히 신입 조직구성원 공고나 채용 시 영향을 미친다.
Staff (조직 구성원)	조직을 형성하고 있는 구성원 개개인이 보유하고 있는 태도, 능력, 속성 등이다.	이 또한 전 7S에 영향을 미치며, 여성 직원의 비율이 높다거나 구성원들의 매너가 뛰어나다거나 하는 결과로 표면화 된다.

2.2. 외부환경 분석기법

2.2.1. PESTLE 기법

외부환경 분석은 지속적인 경쟁우위 확보, 기회와 위협의 정의, 다른 조직과 협업 측면에서 매우 중요하다. 이와 같은 외부환경 분석기법 PEST[11], STEPE[12](국내에서는 STEEP라고 한다), PESTLE이 있는데 ETPS로 알려진 Aguilar[13]의 사상을 원조모델(the original form)로 하고 있다[14]. 이는 정치(Political), 경제(Economical), 사회(Social), 기술(Technological), 법(Legal), 환경(Environmental)을 의미한다. 이때 사회는 Social부분에 Culture(문화)를 포함하여 분석하고, Legal부분에 Law(규정)을 포함 분석하여 사회전반의 것을 아우른다.

10) Role and Responsibility의 약자로 조직단위, 구성원단위의 역할과 책임을 말한다.

11) Dare, C.(2006). The UK tour-operating industry: A competitive analysis, Journal of Vacation Marketing, 6(4).

12) Richardson, Jr. J. V.(2006). The library and information economy in Turkmenistan, IFLA Journal, 32(2).

13) Aguilar F. J.(1967). Scanning the Business Environment, Macmillan.

14) Yüksel, I.(2012). Developing a multi-criteria decision making model for PESTEL analysis, International Journal of Business and Management, 7(24).

PESTLE은 기업입장에서 볼 때 2가지의 기본적 기능과 4가지의 분석할 때를 제공해 준다.

표 3-7 PESTLE 분석의 2가지 기본제공기능과 3가지 분석 할 때

구 분	핵심 내용
2가지 기본제공 기능	기업경영을 둘러싸고 있는 환경을 정의할 수 있다.
	기업이 불확실한 미래의 상황과 환경을 예측할 수 있는 데이터나 정보를 제공 한다.
3가지 분석할 때	새로운 상품이나 서비스를 출시하고자 할 때
	새로운 지역이나 국가에 진출하고자 할 때
	시장 확장을 위하여 새로운 유통경로를 검토할 때

다음은 PESTLE 분석의 적용단계이다. 이는 5단계를 적용하며 이미 학습한 브레인스토밍 기법을 활용하여 효과적인 결과를 도출할 수 있다.

그림 3-4 PESTLE 분석 5단계

PESTLE Analysis 5 Process[15)]

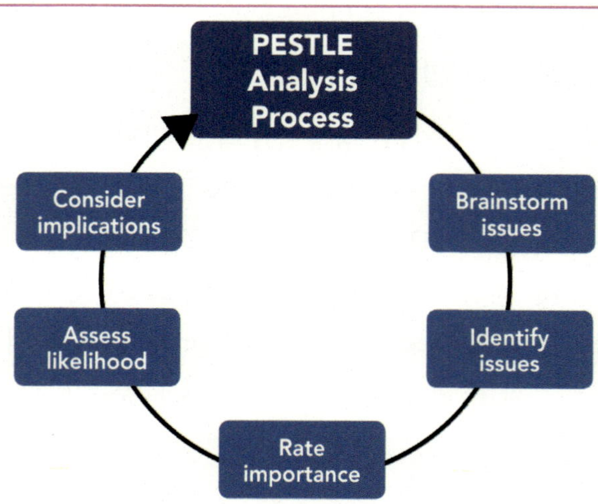

단계별 핵심 내용		
	1단계	조직에서 제어할 수 없는 외부의 핵심이슈를 목록 화(Key issue list-up) 한다.
	2단계	각 이슈에 대한 시사점을 광의측면으로 정의한다.
	3단계	조직입장에서 광의 이슈에 대하여 상대적 중요도 순으로 정리한다. ex) Critical, Extensive, Important, Significant, Moderate 등

	4단계	3단계의 이슈를 발생가능 순으로 정리한다. ex) Certainty, Extremely likely, Potential, Remote possibility, Will not transpire 등
	5단계	4단계 까지 정리된 이슈를 조사하여 요약한다.

PESTLE의 구성요소이다.

- 정치(Political) : 민영화, 산업구조조정, 좌우파의 정책성향, 여론 등
- 경제(Economical) : 환율, 금리, 무역수지, 신용경색정도, 가계부채, 가처분소득, 인프레이션 증가 및 감소율, 경기성장율, 소비수준 등
- 사회문화(Sociocultural) : 인구통계, 사회문화, 문맹률, 교육수준, 행동양식/규범, 라이프스타일, 인구분포도, 인구이동 비율, 소비문화, 각종 인구통계적 특성 등
- 기술(Technological) : 디지털통신, 생명공학, 바이오공학, 물류공학, 에너지 및 의학, 지적재산권, 신기술개발 등
- 법·규정(Legal) : 탈규제화, 시장자율경쟁, FTA, 법률 재개정, 법률의 일몰 등
- 환경(Environmental) : 기후변화, 대기오염, 지구온난화, 미세먼지, 공해 등

표 3-8 PESTLE 6개 구성요소별 개념과 조사 예

Political (정치)	민영화, 산업구조조정, 좌우파의 정책성향, 여론 등 (예) 입법 前 국회계류 중인 법안, 녹색물류, 스마트 창고, M&A(인수합병)
Economical (경제)	환율, 금리, 무역수지, 신용경색 정도, 가계부채, 가처분소득, 인플레이션 증가 및 감소율, 경기성장률, 소비수준 등 (예) 시장규모, 매출등 손익(계산서), 자산등 재무상태(표), 경쟁사 등장
Socio-cultural (사회/문화)	인구통계, 사회문화, 문맹률, 교육수준, 고령화 정도, 나이, 지역별 인구분포도, 인구이동 등 (예) 라이프스타일(AIO), 행동양식, 규범, 사회전반의 가치
Technological (기술)	디지털통신, 생명공학, 바이오 공학, 에너지 및 의학, 지적재산권 등 (예) 물류4.0기술, 4차산업혁명 핵심기술, 국토교통부에서 인증하는 신기술
Legal·Law (법/규정)	탈규제화, 시장자율경쟁, FTA, 법률 재개정, 법률의 일몰 등 (예) 물류부문 각종 인증제도, 샌드박스 규정
Environmental (환경)	기후변화, 대기오염, 지구온난화, 자원고갈, 미세먼지, 공해 등 (예) 리버스물류 영역(반품, 회수, 재활용)

15) 구병모, 김선구(2016). 국내 화물정보망산업의 시장현황에 대한 탐색적 연구, 상업교육연구, 30(5)를 재인용.

[그림 3-5]는 PESTLE 분석기법을 활용한 전략방향 도출 사례이다.

그림 3-5 PESTLE 분석을 활용한 전략방향 도출 사례

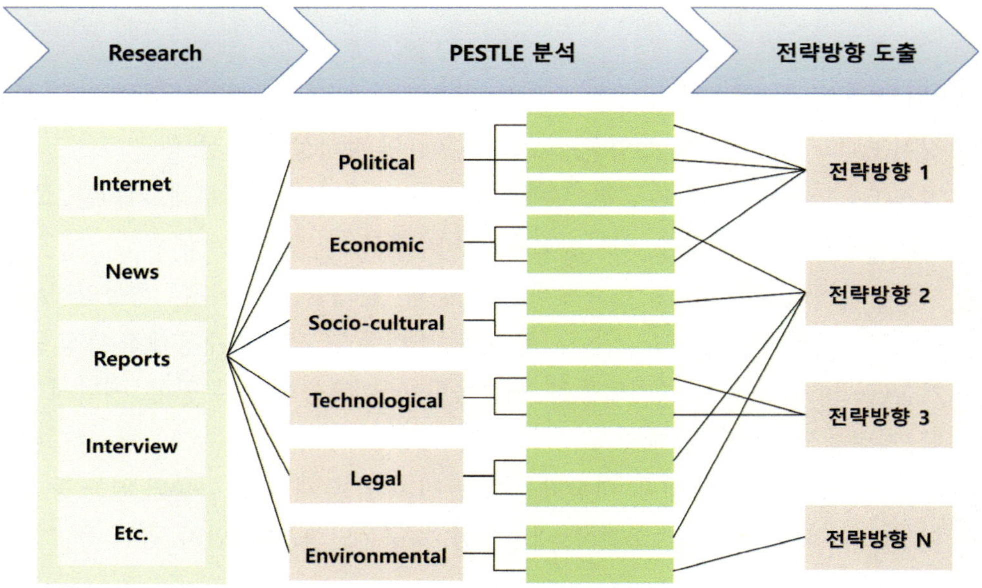

그림 3-6 PESTLE 분석 단계(과제수주에서 실행전략 수립까지)

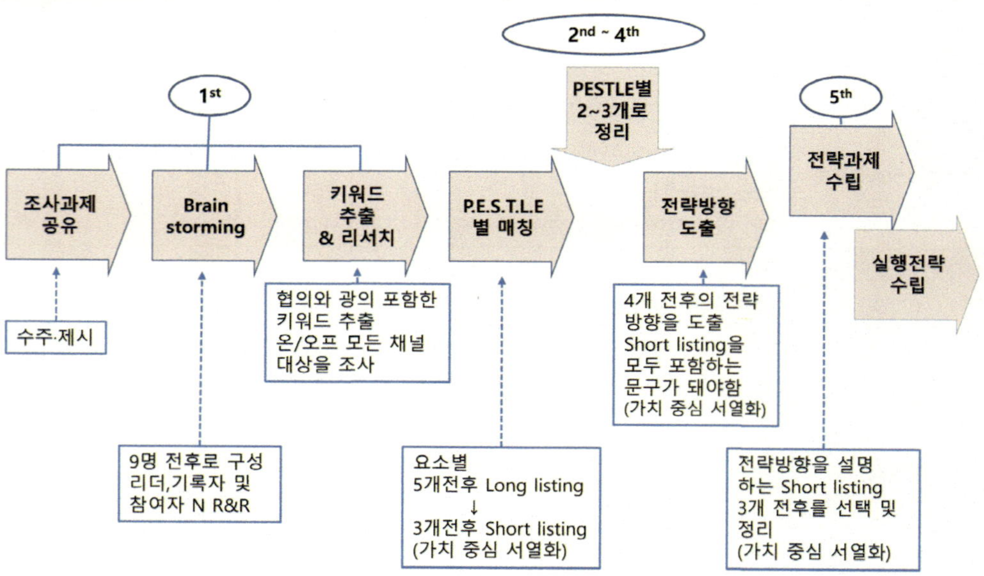

[그림 3-6]의 단계를 스스로 분석해 보거나 실습을 지도하는 교수자의 시각에 맞추어 단계를 풀어 정리한 것이 아래 [그림 3-6]이고, 이의 실제 사례가 [그림 3-7]이다.

[그림 3-7] 실제사례는 보건복지부의 질병의 원인과 퇴치방안 연구라는 과제 수행을 하면서 도출된 PESTLE를 이용한 실제 사례이다.

그림 3-7 PESTLE 분석을 이용한 실제 사례

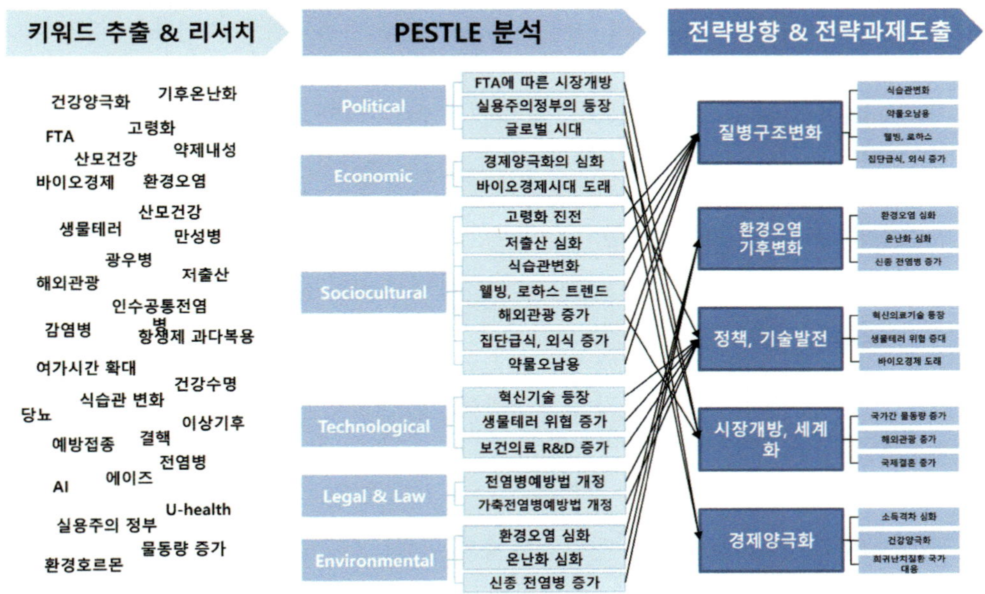

2.2.2. 5Force Model

5Force Model은 미국의 하버드대학교 비즈니스스쿨의 마이클포터[16] 교수가 1979년 발표[17]한 산업구조분석기법으로 다섯 가지 경쟁요인을 통해 목적 산업분야의 현황은 물론 이를 통해 미래를 분석하는 전략이다.

5Force Model의 구성요인은 Threat of new entrants(신규진입자의 위협), Bargaining power of buyers(구매자의 협상력), Bargaining power of suppliers(공급자의 교섭력),

16) Michael Eugene Porter(1947년 産), 현재 하버드경영대학원의 Bishop William Lawrence University의 Professor로 재직 중이다. 그는 Princeton University에서 항공우주공학을 전공하였고 Harvard Business School에서 MBA 및 경제학박사학위를 취득하였다. 현재 경제학자, 연구원, 작가, 자문역 등으로 활동 중이다.

17) Porter, M. E. (1979). How competitive forces shape strategy.

Threat of substitutes of products or services(대체 제품 또는 서비스의 위협), Rivalry among existing competitors(기존 경쟁사들의 경쟁강도)이다.[18] 본 다섯 가지 요인들에 대한 특징은 〈표 3-9〉와 같이 요약 설명한다.

표 3-9 Five force model의 5가지 구성요인과 매력도 결정 요인

구성요인		산업매력도 결정 요인
1	Threat of new entrants	규모의 경제, 브랜드 로얄티, 원가우위, 고객전환비용, 초기투자비용, 정부규제, 제품차별화, 유통채널 접근성
2	Bargaining power of buyers	고객의 요구에 의한 구매단가의 변화된 가격(인상 또는 인하), 구매자의 정보수준, 구매자의 전환비용, 구매자의 후방 통합능력
3	Bargaining power of suppliers	쏠림현상, 공급사 교체비용, 제품 및 서비스의 유니크 함, 낮은 구매 공헌도, 전방통합의 위험
4	Threat of substitutes of product and services	기존 제품의 양과 이용이 용이한 기술, 대체제의 가격대비 성능(가성비), 대체제에 대한 구매자 성향, 전한비용
5	Rivalry among existing competitors	경쟁구조를 발생시키는 다양한 요인, 공급자들의 대응 및 능력의 문제, 기업 간 차별화, 퇴출장벽의 고도화, 경쟁기업의 수, 산업성장율, 고정비용 비중, 초과생산능력, 산업의 철수장벽

Threat of new entrants(TNE, 신규진입자의 위협), 신규진입자의 위협은 진입장벽을 고도화 하는 기능적 문제이다. 즉 진입장벽을 더 높임으로 경쟁자는 약해지기 때문이다. 신규 진입자를 막을 수 있는 진입장벽으로는 다음과 같은 것을 자원으로 활용 할 수 있다. 규모의 경제(Economies of scale), 브랜드 로얄티(Brand loyalty), 원가우위(Cost advantages), 고객전환비용(Customer switching costs), 초기투자비용(Initial capital requirement), 정부규제(Government regulation).

Bargaining power of buyers(BPB, 구매자의 협상력), 구매자의 더 개선된 품질수준 요구로 인해 발생하는 가격의 인상과 인하의 결과는 산업을 위협할 수 있다. 즉 강력한 공급자(Powerful suppliers)들이 공급교섭을 좌우하듯 강력한 구매자(Powerful buyers)들 또한 구매교섭력을 좌우할 수 있기 때문이다.

18) Porter, M. E. (1979). How competitive forces shape strategy; Porter, M. E., Strategy, C. (1980). Techniques for analyzing industries and competitors. Competitive Strategy. New York: Free; Lee, H., Kim, M. S., Park, Y.(2012). An analytic network process approach to operationalization of five forces model. Applied Mathematical Modelling, 36(4); Grundy, T.(2006). Rethinking and reinventing Michael Porter's five forces model. Strategic Change, 15(5).

Bargaining power of suppliers(BPS, 공급자의 교섭력), 공급자들의 힘의 장벽은 공급가격의 인상 또는 공급제의 품질 감소를 좌우할 정도로 위협적이다. 공급자들이 할 수 있는 힘의 장벽의 예로는 다음과 같은 것을 들 수 있다. 특정 공급사의 집중적으로 이용하는 쏠림현상(Suppliers are concentrated), 공급사 교체비용의 부담(Suppliers switching cost is high), 제품 또는 서비스의 유니크한 경쟁력(Products or services are unique), 공헌도가 낮은 구매자(The industry is not important to suppliers), 전방통합의 위험(Threat of forward integration is high).

Threat of substitutes of products or services(TSP, 대체 제품 또는 서비스의 위협), 유사고객의 욕구는 차별화된 사업이나 산업의 제품 또는 서비스로 충족될 수 있다. 대체 제품과 서비스의 위협은 대체제(Substitutes) 뿐만 아니라 기존의 다른 기술의 량(Number)과 친근함(Closeness)에 의하여 좌우된다.

Rivalry among existing competitors(REC, 기존 경쟁사들 간의 경쟁강도), 기존 기업들 간의 극심한 경쟁은 수익성 유지에 강력한 위협으로 작용한다. 왜냐하면 경쟁의 치열함은 다음과 같은 것과 밀접한 관계가 있기 때문이다. 첫 번째는 산업경쟁구조와 관

그림 3-8 Porter's five force model

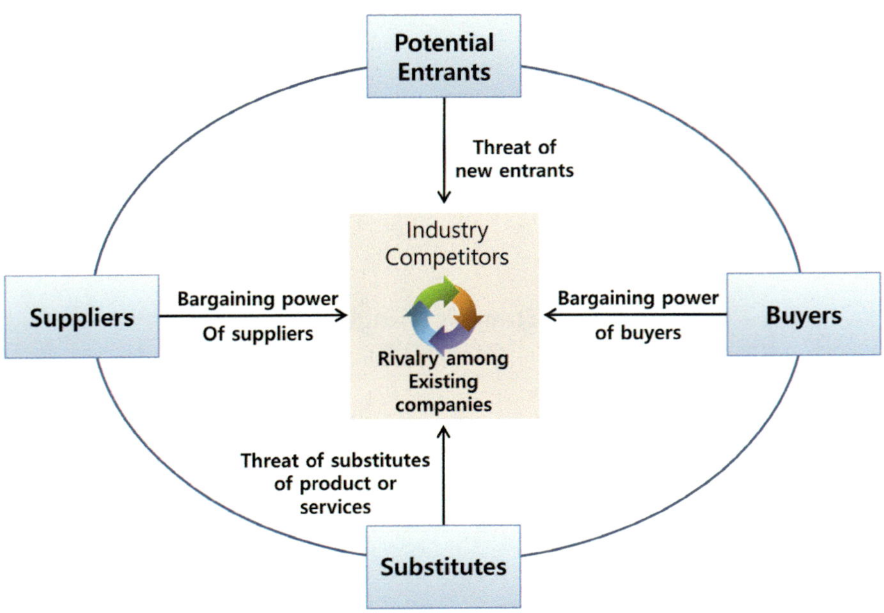

련된 다양한 요인들이 있을 수 있다. 두 번째는 구매수요와 관련된 산업의 대응 및 능력의 문제와 관련이 있을 수 있다. 세 번째는 기업 간의 차별화 문제가 있을 수 있다. 네 번째는 퇴출장벽(Exit barriers)의 고도화와 관련이 있을 수 있다.

2.3. 내부와 외부 분석기법

2.3.1. 4C Model

4C Model은 경쟁사, 고객, 자사를 의미하는 3C에 또 하나의「C」를 추가한 것이다. 관련 다른 도서를 보면 커뮤니케이션(Communication)의 C, 유통채널(Distribution channel)의 C 또는 2개의 C 모두를 포함하기도 한다.

본 책은 생산된 제품이나 서비스가 B2B 제품의 경우 중간 경유지인 물류센터, B2C 제품의 배송을 위한 최종 소비자까지 물적유통 및 상적유통[19]의 핵심적인 기능을 수행하는 유통경로를 의미하는 Channel을 추가한 것으로 4C를 정의하고 전개한다. 전개 및 학습 순서는 4C의 뼈대인 3C를 먼저 학습하고 나머지 1개 C를 추가로 학습하도록 한다.

먼저 3C Model이다.

4C Model은 기업경쟁의 핵심 본질을 3개 요인인 고객(顧客, Customer), 자사(自社,

그림 3-9 3C Model의 모형

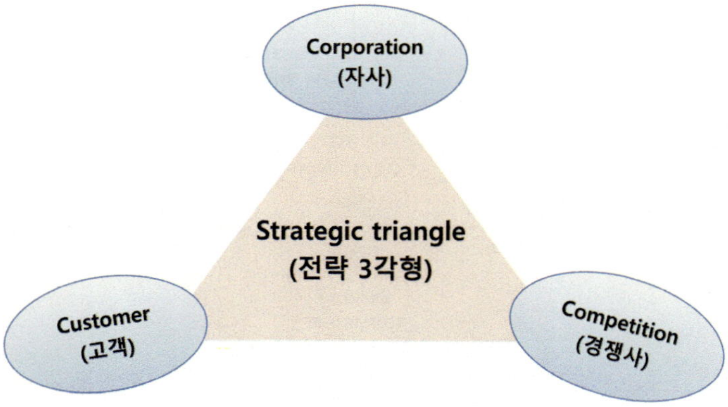

19) 물적유통(物的流通)은 우리가 흔히 말하는 물류를 의미한다. 이는 실제 제품이나 상품의 물리적 이동 활동인 Physical distribution을 말한다. 반면 상적유통(商的流通)은 상류를 의미하는 것으로 판매, 영업, 마케팅 등의 상거래 활동을 말한다.

Corporation), 경쟁사(競爭社, Competition) 등 3개의 C로 정의[20]하고 있다. 3C Framework, 3C model, Strategic triangle(전략3각형)으로 알려진 이것은 일본의 경영대가인 Kenichi Ohmae에 의하여 개발 및 제안[21]되었다. 본 책에서는 3C Framework, 3C model, Strategic triangle을 통칭하여 3C Model으로 기술한다. 3C 기법은 [그림 3-9]와 같이 삼각형의 모서리에 각각의 3개 C가 위치해 있다.

3C Model의 각 C가 의미하는 핵심사항을 개발자인 Kenichi Ohmae가 정의한 내용을 요약하여 다음과 같이 약술한다.

첫째, Customer-based strategies(고객기반의 전략을 수립하여야 한다). 기업은 주주(Shareholder)보다 먼저 고객의 만족에 집중 하여야 한다. 고객을 우선 돌봄으로 기업의 이익은 자동적으로 충족될 수 있기 때문이다. 이를 위하여 기업은 아래의 것을 염두에 두고 전략(경영전략, 마케팅 전략)을 수립하여야 한다.

- 목표에 부합하는 시장 세분화
- 고객 밀집도(密集度)를 고려한 시장 세분화
- 유효적절한 마케팅 믹스의 변화
- 시장세분화의 재 정렬

둘째, Corporate-based strategies(자사기반의 전략을 수립하여야 한다). 기업은 전략적 사업단위(SBU), 부서(팀, 그룹 등), 사업부 또는 본부 등의 운영과 관계된 기능을 정의하고, 정의된 기능을 기반으로 자사전략을 수립하여야 한다. 자사전략 수립 시 다음 사항을 고려하여야 한다.

- 중요 사항의 선택과 이의 서열화
- 조달 방법의 선택 (직접 또는 구매 등)
- 원가 효율성의 개선

20) 기업 및 기관 등 조직에서 3C의 구성요소를 사용할 때, 자사인 Corporation을 Company로, 경쟁사인 Competition을 Competitor로 사용하기도 한다. 본 3C model의 개발자가 제시한 3C의 구성요소를 확실히 인지하고 동일의미로 활용하는 것은 전략담당자의 몫이 될 것이다.

21) D.(2005). An overview of strategy development models and the ward-rivani model. Economics Working Papers; Wind, Y.(1987). Financial services: increasing your marketing productivity and profitability. Journal of Services Marketing, 1(2); Kenichi Ohmae 박사의 프로필은 제3장의 각주 28을 참조하기 바란다.

셋째, Competitor-based strategies(경쟁사를 의식한 전략을 수립하여야 한다). 기업은 경쟁사 대비 차별화된 자본이 무엇인지, 어떤 것 또는 어느 부분에서 최고가 되고 싶은지를 정의하고, 이를 부분적 또는 전체적으로 반영하여 경쟁사를 의식한 전략을 다음과 같은 것을 고려하여 수립해야 한다.

- 기업의 이미지 또는 브랜드 가치
- 이익의 자본화와 비용구조의 차별화
- 변화 대응이 가능한 실행전략
- 인·물적 자원과 유·무형자산(Hito-Kane-Mono)

중견기업에서 수립한 3C Model 사례이다.

사례기업은 가장먼저 3C의 구성요소인 고객, 자사, 경쟁사 등 3C를 정의하였다([그림 4-8] 참조).

다음으로 고객측면의 정의사례로 제품별, 지역별, 고객별 시장규모 추이를 매출액 중심으로 분석한 후 고객별 시장규모 추이를 기반으로 고객을 세분화하였다. 마지막으로 고객별 속성을 분석하여 소구요소를 정리한 것을 알 수 있다([그림 3-10] 참조).

그림 3-10 전체 구성요소의 정의 사례

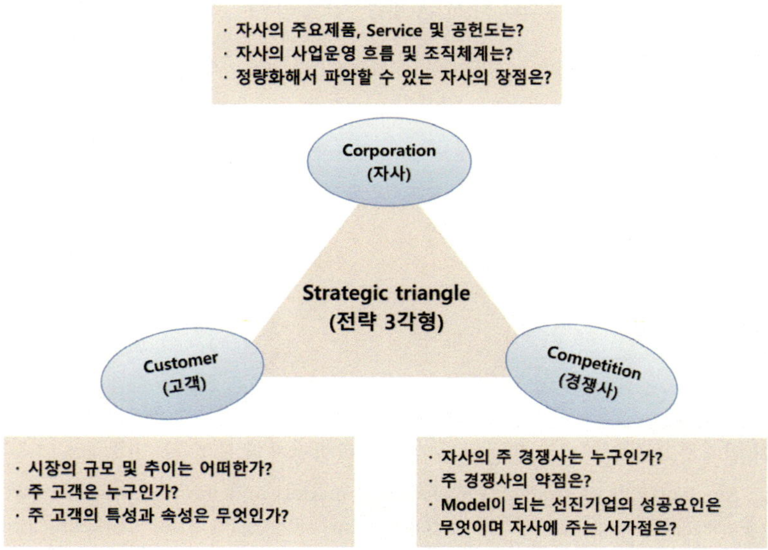

다음은 Channel이다.

Channel은 유통과 유통경로를 아우르는 단어로 유통인 Place channel과 Distribution channel을 설명한다고 할 수 있다. 그러나 본 책에서는 유통과 유통경로에서 꼭 필요한 핵심 내용 중심으로 학습한다. 유통과 유통경로 내용만으로 한권의 책을 낼 수 있는 방대한 분야이기 때문이기도 하지만, 전략경영의 필수사항 만을 대상으로 하기 때문이기도 한다.

유통(流通, Distribution channel)이란?, 상적유통의 줄임말로 제조업자로부터 생산된 제품이 중간상인(도매상, 소매상 등)을 거쳐 최종 소비자까지 전달되는 과정을 말한다. 이와 같은 유통과정은 장소의 효용성, 시간의 효용성, 형태의 효용성, 정보의 효용성을 창출한다.

표 3-10 유통과정을 통해 창출되는 효용성

구 분	주요 내용
장소의 효용성	소비자가 편리한 장소에서 제품을 구매할 수 있는 공간측면의 효용성을 말한다. 예를 들어 소비자는 제조공장이나 물류센터보다는 소매점에서 구매하는 것이 편리하다. 장소의 효용성은 이와 같은 장소의 이동을 통한 가치창출을 의미한다.
시간의 효용성	소비자가 필요한 때에 제품을 구매하는 효용성을 말한다. 예를 들어 유통업자는 제품을 보관하고 있다 소비자가 필요할 때 소매점에 제품을 공급하여 소비자가 구매하도록 하는데, 이와 같이 보관과 구매의 시간측면에 가치를 창출하는 활동이다.
형태의 효용성	소비자가 구매하기 적당한 양이나 형태로 가공하여 제품을 제공하는 것을 말한다. 예를 들어 Pallet 또는 Lot 단위 제품이 소형 박스나 소량으로 소비자의 Needs 중심으로 포장되는 형태의 변화를 통한 가치창출 활동을 의미한다.
정보의 효용성	제품을 보호하는 포장 겉면에 소비자가 쉽게 이용하고, 주의 할 수 있도록 제품에 대한 각종 정보를 제공하는 효용성이다. 이는 소비자들에게 지식, 정보, 사용법 등을 제공활동을 통한 가치창출을 의미한다.

또한 유통은 물적 유통(물류, Logistics)과 비교하여 기능적 특징을 가지고 있는데, 소유권이전, 촉진, 협상, 금융, 위험부담, 주문, 지불이 그것이다.

그림 3-11 유통의 기능[22)]

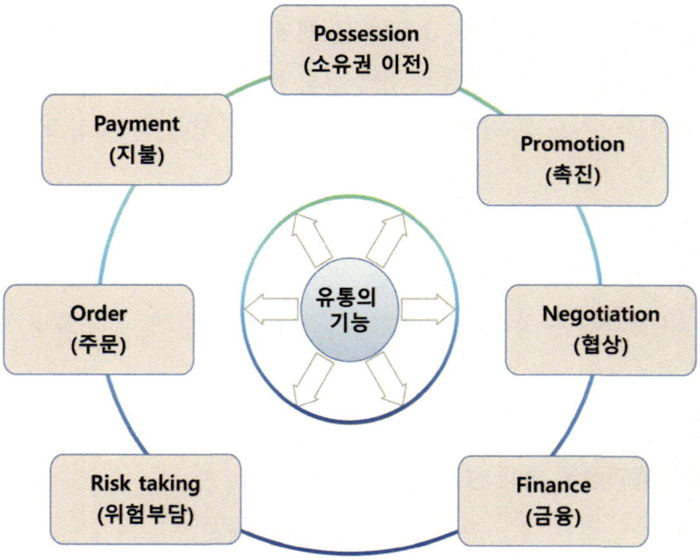

- **소유권이전(所有權移轉, Possession)**은 제조업체에서 도매상, 도매상에서 소매상, 소매상에서 소비자로 재화 및 서비스 용역의 소유권이 이전되는 것을 말한다.
- **촉진(促進, Promotion)**은 제조업자와 관계없이 중간상들이 판매활성화를 위한 각종 Event(이벤트)를 전개하는 촉진활동을 말한다.
- **협상(協商, Negotiation)**은 중간상이나 소매업자가 소비자를 대신하여 제조업체와 행하는 가격조정을 말한다.
- **금융(金融, Finance)**은 중간상이나 소매업자가 제조업자와 무관하게 외상거래 또는 어음거래 등을 행하는 것을 말한다.
- **위험부담(危險負擔, Risk taking)**은 소비자와 거래에서 발생한 각종 금전 등의 위험을 제조업체에게 부담이 없도록 중간상이나 소매업자가 부담하는 것을 말하는데, 제조업자의 소비자에 대한 행동에서 발생하는 위험을 도매상이 부담하는 것도 같은 맥락이다.
- **주문(注文, Order)**은 소비자를 대신하여 소매업자는 중간상에게, 중간상은 제조업자에게 재화나 서비스용역의 보충을 요구하는 것을 말한다.

22) 김성호(2015), 마케팅정론(제2판), 학현사를 편집하여 인용.

- **지불(支拂, Payment)**은 소비자를 대신하여 소매업자는 중간상에게, 중간상은 제조업자에게 소유권이 이전된 재화 서비스용역의 대가로 치루는 금전적 가치를 말한다.
- **유통경로(流通經路, Place channel)**란?, 재화 또는 서비스 용역을 소비자가 보다 편리하고 효율적으로 구매할 수 있도록 제조업자에서 소비자까지 전달되는 일련의 과정을 말한다. 이 둘은 공통적인 경로의 특징과 서로 다른 경로의 특징을 가지고 있다.

먼저 공통적인 경로상의 특징으로는 제조업자에서 도매상 및 소매업자를 거쳐 소비자에게 전달된다는 것이다.

다음은 서로 다른 경로상의 특징이다

소비재유통경로는 4가지의 유통경로로 설명하고 있다. 첫째, 제조업자가 직접 소비자와 거래하는 형태의 직접 판매경로이다. 둘째, 제조업자와 소비자 사이에 소매업자만 있는 형태이다. 셋째는 제조업자와 소비자 사이에 도매상과 소매상이 개입되는 가장 일반적인 판매경로이다. 넷째는 가장 복잡한 판매경로로 제조업자, 도매상, 중간 도매상, 소매업자가 개입되는 형태인데, 최근에는 극히 일부업종에서만이 존재한다.

산업재 유통경로는 다음과 같은 3가지 특징을 가지고 있다. 첫째, 소비재와 다르게 직접 판매경로를 가장 많이 사용한다. 둘째, 영업사원이나 직접 마케팅을 통하여 기업

표 3-11 VMS(수직적 마케팅시스템)의 종류

VMS의 종류	주요 내용
Corporate VMS (企業形 VMS)	• 유통경로에 참여한 경로조직 중 한 조직이 다른 조직들을 법적으로 소유하며 관리하는 형태이다. • 여기에는 전방통합과 후방통합이 있다.[23]
Contractual VMS (契約形 VMS)	• 유통경로에 참여한 경로조직 간 계약에 의하여 각 조직원 들이 할 마케팅 기능들을 합의로 관리하는 형태이다. • 여기에는 자발적 연쇄점, 소매상협동조합, 프랜차이즈 시스템이 있다.
Administered VMS (管理形 VSM)	• 경로를 구성하는 각 조직들이 특정 조직에 의하여 관리되는 형태이다.

23) 전방통합(前方統合, Forward integration)은 원료를 공급하는 기업이 생산기업을 통합하거나, 제품을 생산하는 기업이 유통채널을 통합하는 것을 말하는데, 통합의 대상인 피 통합물이 통합조직의 앞에 있다는 것에서 명명된 것이다. 후방통합은(後方統合, Backward integration)은 전방통합의 반대개념으로 제조업자가 원료공급업자를 통합하거나, 유통업자가 제조업자를 통합하는 것을 말한다.

고객에게 판매되는 경우가 많다. 셋째, 산업재 시장은 소수의 구매자가 대규모로 구매하는 경우가 일반적이다.

유통경로조직(流通經路組織, Place channel organization[24])의 계열화전략에 대하여 학습한다. 경로조직의 계열화에는 수직적 마케팅시스템, 수평적 마케팅시스템, 복수유통경로 마케팅시스템이 있다.

첫째, 수직적 마케팅시스템이이다. 이는 VMS(Vertical marketing system)이라 하는데 제품의 생산에서 구매에 이르는 전 경로과정에 속하는 조직을 통제하여 영향력의 최고화(最高化)와 최대(最大)의 경제성 추구를 목적으로 한다. VMS에는 기업형, 계약형, 관리형 VMS가 있다.

2.3.2. SWOT 기법

SWOT 기법은 Albert S. Humphrey(알버트 험프리[25])가 Stanford Research Institute(now SRI International)에 근무할 때 그가 만든 기획팀에서 개발한 SOFT 분석(SOFT Analysis)이 이후에 여러 단계를 거쳐 개발된 것이다.

표 3-12 SWOT기법의 구성과 반영 요소

Strengths (강점)	Weaknesses (약점)
• 제품 및 기술 • 브랜드 자산 • 유통채널 • 가격 • 기타 기업내부 조직의 인·물적 자산 및 유·무형 자산의 강점	• 제품 및 기술 • 브랜드 자산 • 유통채널 • 가격 • 기타 기업내부의 인·물적 자산 및 유·무형 자산의 강점
Opportunities (기회)	**Threats (위협)**
• 시장 성장률 • 경쟁강도 • 경쟁의 수 • 기타 기업외부 환경에서 기업이 가질 수 있는 기회	• 시장 성장률 • 경쟁강도 • 경쟁의 수 • 기타 기업외부 환경에서 기업이 처할 수 있는 위협

---

24) 유통경로조직은 제품이 제조업자에서 소비자까지 전달되는 과정에 관여하는 조직 또는 개인의 집합체를 말하는데, 유통경로기관이라고도 한다.

25) 비즈니스 및 경영컨설턴트인 Albert S. Humphrey는 1926년 6월에 태어나 2005년 10월 79세의 나이로 졸하였다. 미국의 일리노이즈 대학교 및 MIT대학교에서 화학공학 학사 및 석사학위를 취득하였고 하버드대학교에서 MBA학위를 취득하였다. 2005년 이전까지는 그가 SWOT Analysis의 개발자로 알려졌으나, 2005년 그가 Originator가 아님이 명확하게 밝혀졌다.

SWOT 분석은 기업내부 조직에서 강점과 약점을 정의하고, 외부의 환경에서 기회와 위협을 정의하여 분석된 요인들을 전략으로 개발하여, 강점은 육성하고, 약점은 제거하고, 기회와 위협을 이용하는 기법이다.[26)]

또한 이는 TOWS Matrix로 확장 분석하여 시장 세분화전략, 시장 다각화 전략, 전략 방향의 구체화 등에 폭넓게 활용되는 기법으로 1960년대부터 현재까지 지속적으로 애용되는 경영전략의 ABC이자 가장 대중적으로 활용되는 기법이기도 하다.

표 3-13 SWOT기법의 Tows matrix

구 분	Strengths	Weaknesses
Opportunities	SO Strategies (공격 전략)	WO Strategies (전환 전략)
Threats	ST Strategies (다양화 전략)	WT Strategies (방어 전략)

- **SO** Strategies : 강점을 기회로 활용하여 공격 전략을 수립
- **WO** Strategies : 기회로 약점을 극복하여 위기 전환 전략을 수립
- **ST** Strategies : 강점으로 위협을 극복할 수 있는 다양화 전략을 수립
- **WT** Strategies : 약점과 위협을 최소화 할 수 있는 방어 전략을 수립

3. 내부역량 분석의 대상과 방법

본 책에서는 모든 조직에서 공통적으로 적용하고 활용되는 재무성과, 시장경쟁력, 핵심역량을 역량분석의 대상으로 한다.

역량분석은 분석된 실적이나 결과를 경쟁사 실적대비, 해당 산업의 평균지표 대비, GDP 성장률 대비 등 비교를 통하여 자사역량의 수준을 분석하는 시장접근법을 가장 일반적으로 사용하고 있는데 이는 역량의 수준을 용이하게 판단할 수 있는 장점이 있다.

3.1. 재무성과 분석

재무성과(財務成果, Financial result)는 기업 및 기관 등 조직에 종사하는 임직원들에

26) Dyson, R. G.(2004). Strategic development and SWOT analysis at the University of Warwick. European journal of operational research, 152(3); Hill, T., & Westbrook, R.(1997). SWOT analysis: it's time for a product recall. Long range planning, 30(1).

게 내재되어 있는 인적역량(신입직원에서 최고경영자까지)과 내재되어 있는 역량발산의 행위인 인적활동의 결과로 도출되는 회계연도의 최종 산출물이다.

재무성과 분석의 주요 항목으로 매출액, 영업이익, BEP(손익분기점), EBITDA(감가상각전 영업이익) 그리고 수익성지표인 ROA(총자산이익율), ROE(자기자본이익율), 가치중심 경영지표인 EVA(경제적부가가치)가 있다.

매출(賣出, Sales) 또는 매출액은 기업이 그 기업 영업활동으로 제품을 판매 또는 용역을 제공하고 받은 대가로 실현된 수익(收益)을 말하며, 판매수량에 개당 가격을 곱하여 산출한다.

매출액 = P × Q

P : Price, Q : Quantity

영업이익(營業利益, Operating profit)은 해당 기업의 주된 영업활동으로 발생된 이익으로 두 가지로 구할 수 있다.

첫 번째는 매출액에서 변동비와 고정비를 빼서 구한다.

두 번째는 매출액에서 매출원가와 판관비(판매비와 일반관리비)를 빼서 구한다.

또한 매출액에서 변동비를 뺀 것을 공헌이익이라 하고, 매출액에서 매출원가를 뺀 것은 매출총이익이라 한다.

영업이익 = 매출액 - 변동비(VC) + 고정비(FC)

VC : Variable Cost, FC : Fixed Cost

공헌이익 = 매출액 - VC

매출총이익 = 매출액 - 매출원가

영업이익 = EBIT

EBIT : Earning Before Interest Tax

(이자비용과 세금을 제외하기 전 수익을 말한다)

손익분기점(損益分岐點, Break even point)은 일정기간 투하비용과 매출액이 일치되는 지점, 생산초기에 손실에서 이익으로 전환되는 시점, 일반적으로 손익분기점이 낮아진다면 이익은 더 높아지고 영업위험은 더 낮아진다. 또한 손익분기점은 공학관리자들에게 이익계획 수립에 대한 통찰력을 제공해 주기도 한다.

그림 3-12 그래프를 통한 BEP의 이해

손익분기점
(BEP)

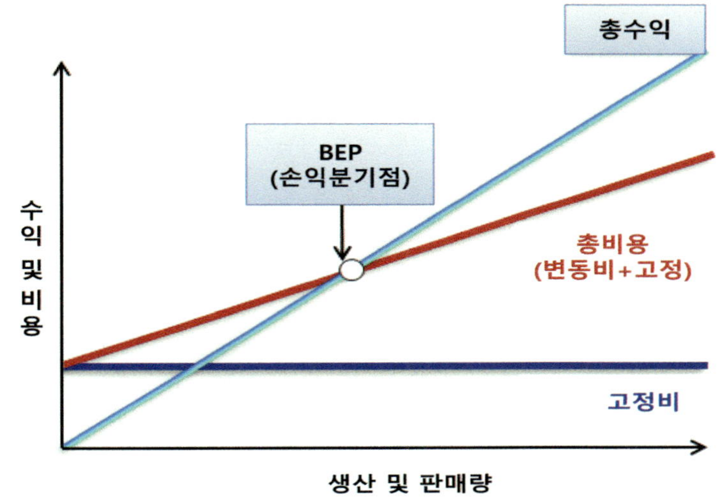

EBITDA(減價償却 前 營業利益, Earning before interest tax depreciation amortization)은 영업이익(EBIT)에 유형자산에 대한 감가상각비Depreciation)와 무형자산에 대한 감가상각비(Amortization)를 더한 값을 말한다.

EBITDA = EBIT + D + A

EBITDA : Earning Before Interest Tax Depreciation Amortization

다음은 수익성지표인 ROA와 ROE이다.

ROA(總資産 利益率, Return on assets)는 순이익을 총자산으로 나눈 값으로, 총자산을 이용하여 얼마나 많은 수익을 냈는지를 나타내고 동시에 수익성과 효율성을 측정하는 지표이기도 하다.

ROA = 순이익 ÷ 총자산

또는

= 총자산 회전율 × 매출액 순이익율

= (매출액 ÷ 총자산) × (순이익 ÷ 매출액)

ROE(自己資本 利益率, Return on equity)은 순이익을 자기자본으로 나눈 값이다. 이는 자기자본을 이용하여 얼마나 수익을 냈는지를 알 수 있는 지표이다.

ROE = 순이익 ÷ 자기자본

또는

= 총자산 회전율 × 매출액 순이익율 × 재무레버리지

= (매출액 ÷ 총자산) × (순이익 ÷ 매출액) × (총자산 ÷ 자기자본)

여기에서 ROE와 ROA의 부채비율 관계를 정립해 본다.

- ROE가 ROA와 같으면 부채비율은 0%가 되고
- ROE가 ROA의 두 배이면 부채비율은 100%가 되는데, 이는 ROE와 ROA의 차이가 적을수록 부채비율이 낮아짐을 의미하는 것이다. 즉 기업의 효율성이 높다는 것이다

다음은 가치중심 경영지표인 EVA에 대하여 알아본다.

EVA(經濟的 附加價値, Economic value added)는 전통적인 회계이익만으로는 기업의 경영성과를 충분히 알 수 없다는데 기초하여 개발된 경영성과 지표이며, 이는 EVA를 개발한 미국의 컨설팅 회사인 Stern Stewart Management Services사의 Trademark이기도 하다.

EVA는 기업이나 기관 등 조직의 영업활동에 투하한 자산이 얼마나 많은 이익을 실현하였는가를 나타내는 지표인데 이자, 법인세, 주주에게 배당할 기대수익까지 차감한 것으로 실질적인 기업의 경제 부가가치이다.[27]

EVA = 세후 순영업이익(영업이익-법인세)-자본비용(타인자본비용+자기자본비용)

= 세후 순영업이익-(투자자본×가중평균자본비용)

= 투하자본수익율(ROIC)-가중평균자본비용(WACC)×투하자본(IC)

- IC : 영업활동을 위해 투하된 자본규모를 말한다.(Invested Capital)
- ROIC : 타인자본과 자기자본 구조와 관계없이 영업활동에 투하된 자본이 창출한 이익을 말한다.(Return on invested capital)
- WACC : 가중평균자본비용으로 타인자본 비용과 자기자본 비용을 조달 규모로 가중평균한 비용을 말한다. (Weighted average cost of capital)

---

27) Chen, S., Dodd, J. L.(1997). Economic value added (EVA™): An empirical examination of a new corporate performance measure. Journal of managerial Issues; 김영수(2014). 전략경영론, 학현사.

3.2. 시장경쟁력 분석

시장경쟁력 분석에서는 매출 및 이익 측면의 재무기여도분석(FCA), 고객만족도분석(CSA)을 학습한다.

기여도분석(寄與度分析, Financial contribution analysis)은 제품이나 서비스의 경쟁력을 분석하는 방법 중 하나로, 자사의 제품이나 서비스용역의 매출 및 이익기여도를 평가하는 것이다. 기여도는 매출이나 이익의 규모와 항상 비례하는 것은 아니다. 이를테면 기업이나 기관 등 특정조직의 매출규모가 크더라도 기여도는 다른 제품이나 SBU[28)]에 비하여 낮을 수 있고([그림 3-13]의 B), 매출의 규모는 크지 않더라도 이익기여도는 매출의 규모보다 높게 나타날 수 있다([그림 3-13]의 C). 반면 매출규모와 이익기여도 규모가 비례하여 나타나는 경우도 있을 수가 있다([그림 3-13]의 A).

재무기여도를 고려한 제품, 서비스, SBU의 전략적 배치는 시장경쟁력을 강화하는 사업 포트폴리오(Business portfolio)가 될 수 있다.

고객만족도분석(顧客滿足度分析, Customer satisfaction analysis)은 기업이나 기관 등 복수의 조직에서 시장에 공급하는 제품, 서비스에 대하여 소비자가 느끼는 만족의 정도를 평가하는 것이다. 그러나 전략이나 목표를 수행하기 위하여 자사의 것 또는 공급자가 공급자를 대상으로 평가하는 경우도 필요하다.

그림 3-13 매출 및 이익의 규모와 재무기여도와의 관계

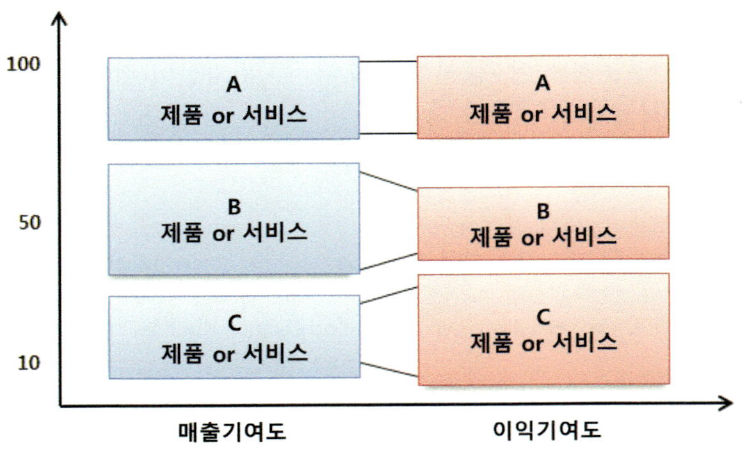

28) 전략적 사업단위를 SBU(Strategy Business Unit)라고 한다. 이는 독립적으로 전략 및 목표를 수립하고 재정계획을 수립 및 운용하며 권한과 책임을 부여받고 평가를 받는 특징을 가지고 있다.

고객만족도분석은 시장에서의 경쟁우위 확보가 대부분 공급사의 목표인 바, 많은 시간과 비용을 투자하여 자사가 직접 조사하는 것보다는 전문조사기관의 조사결과를 활용하는 것도 좋은 방법이 될 수 있다. 물론 국가만족도(NCSI) 조사를 비롯하여 기관, 언론사, 협회, 학회 등 다종다양하게 이루어지고 있으므로 객관적이고 신뢰성이 기본적으로 확보된 결과물이어야 한다.

3.3. 핵심역량[29] 분석

핵심역량(核心力量, Core competence)은 경쟁사와 차별화된 강력한 무기로 기업이나 기관 등 조직이 내부적으로 보유한 사업성공을 위한 경쟁의 원천으로, 자원(Resource), 능력(Capability)의 조합을 의미하는 것으로 시장에서 구입하거나 재생산, 복제, 대체가 불가능한 인·물적 자원과 유·무형 자산이다.

핵심역량은 자원기반이론(資源基盤理論, Resource based theory)은 1980년대 초반 동일한 환경에서 개별기업의 성과차이가 발생하는 원인에 대해 산업의 매력도 등 환경적인 요인보다 기업내부의 고유한 자원인 역량을 핵심요인으로 보는 이론이다.[30]

유형자산은 기업의 자금능력, 공장설비, 유통채널, 입지 등과 같은 물리적자원을 말하고, 무형자산은 산업재산권, 저작권, 신지식재산권을 말하는데, 산업재산권에는 특허권, 실용신안권, 디자인권, 상표권이 있고, 저작권에는 저작재산권, 저작인격권이 있으며, 신지식재산권에는 산업저작권, 첨단산업재산권, 정보재산권, 신상표권 및 의장권이 있다.

조직능력이란 신제품개발능력, 효율적 조업능력, 마케팅능력, 전략적 제휴능력 등과 같이 조직에 배어있는 해당 기업만이 가지고 있는 특징을 말한다.

기업이나 기관 등 조직의 인·물적 자원과 유·무형 자산이 뛰어나고 조직역량을 갖췄다고 모두 핵심역량이 될 수 있을까? 물론 핵심역량이 될 수도 있다. 그러나 전략을 담당하는 인사라면 다음을 기억할 필요가 있다.

---

29) Prahalad, C. K., Hamel, G.(2006). The core competence of the corporation. In Strategische unternehmungsplanung—strategische unternehmungsführung, Springer Berlin Heidelberg; Prahalad, C. K., Hamel, G.(1997). The core competence of the corporation. En Foss; 김영수(2014). 전략경영론, 학현사.

30) Barney, J.(1991). Firm resources and sustained competitive advantage, Journal of management, 17(1); Barney, J. B., Wright, P. M.(1998). On becoming a strategic partner: The role of human resources in gaining competitive advantage. Human Resource Management (1986-1998), 37(1); Becker, B. E., Huselid, M. A., Becker, B. E., & Huselid, M. A.(1998). High performance work systems and firm performance: A synthesis of research and managerial implications, In Research in personnel and human resource management.

그림 3-14 핵심역량의 구성과 조건

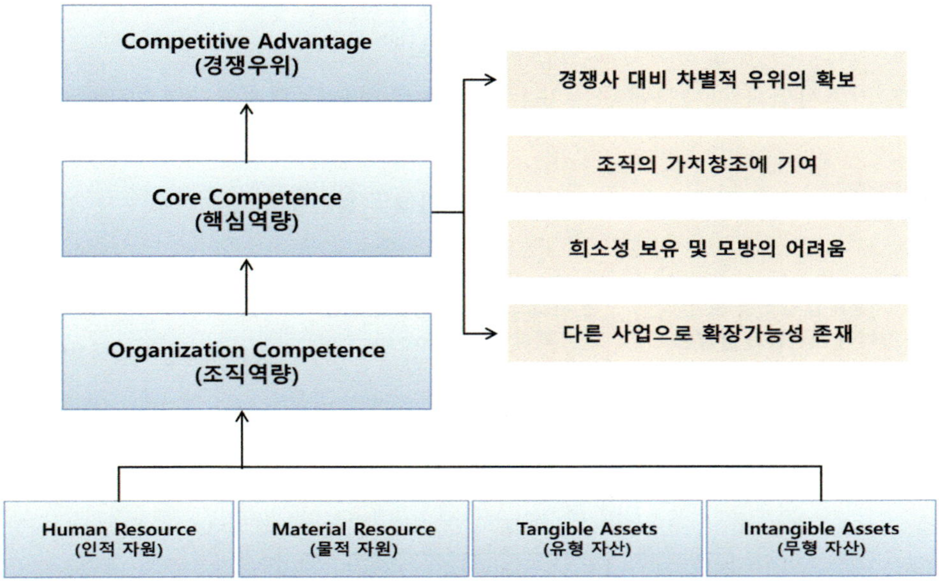

핵심역량의 조건은 업종이나 산업에 따라 약간의 차이가 있을 수도 있겠으나, 다음과 같은 4가지를 핵심역량의 조건[31]이라고 한다. 첫째, 경쟁사 대비 차별적 우위를 확보하고 있어야 한다. 둘째, 가치창조에 기여하여야 한다. 셋째, 희소성이 있어야 하며 모방이 쉽지 않아야 한다. 넷째, 다른 사업으로 확장 가능성이 있어야 한다.

4. 환경 및 역량 분석과 전략 방향의 도출

기업을 둘러싸고 있는 환경과 역량을 분석하는 목적은 기존사업의 강화 또는 신사업을 검토할 때이다. 기존 사업의 경쟁력 강화와 보완도 중요하다. 그러나 신사업의 진출 및 확장여부를 결정하기 위한 기업내부의 핵심역량 분석은 신사업의 성패를 좌우하는 원천이 되기 때문에 도출과정부터 객관적이고 한쪽으로 치우치거나, 간과하는 것이 없어야 한다.

본 장까지 학습한 식자여러분들은 기업내부역량분석을 통하여 핵심역량을 도출하고, 핵심역량을 가지고 기존사업과 신사업에 운용할 다음의 전략적 시사점을 도출하여

31) Prahalad, C. K., Hamel, G.(2006). The core competence of the corporation. Springer Berlin Heidelberg; Prahalad, C. K., Hamel, G.(1997). The core competence of the corporation. En Foss.

야한다.

첫째, 기존사업 강화를 위한 전략적 시사점과 방향성

둘째, 신사업의 방향성 정립을 위한 핵심역량의 라인업

셋째, 기존사업과 신사업에 단독 또는 공통으로 적용할 핵심역량의 할당

그림 3-15 환경 및 역량분석 프로세스와 결과물의 활용

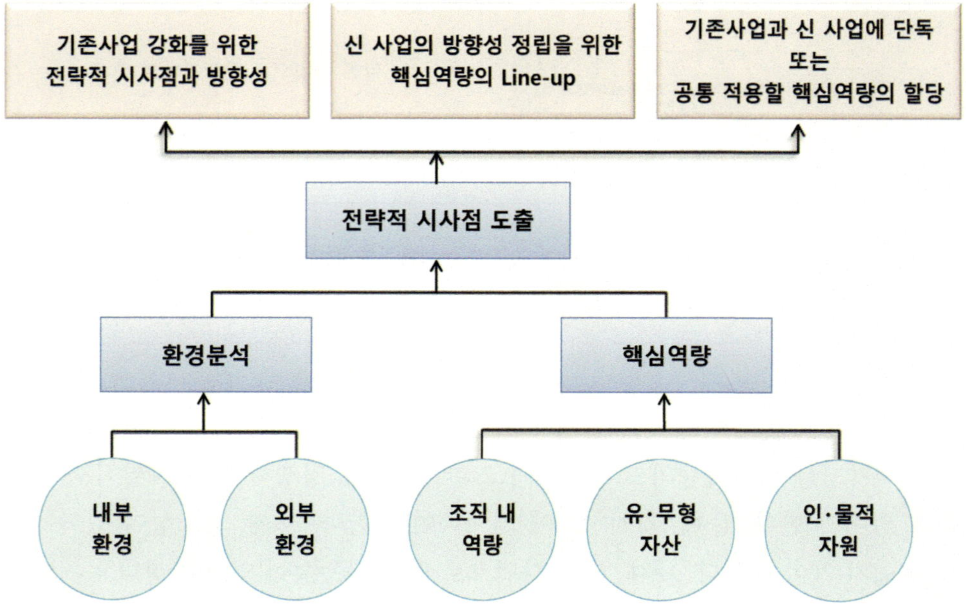

5. 활용한 전략기법의 실습사례 연구

5.1. 내부환경 분석기법

내부환경 분석기법에 사용되는 비즈니스모델 캔버스(Business Model Canvas)와 기업조직을 분석하는데 활용되는 7S모델의 팀 프로젝트로 완성된 실습사례를 공유한다. 실습사례를 통하여 분석기법별 잘된 점과 보완할 점, 유지 강화할 점과 버릴 점 등을 고민하고 연구해볼 수 있는 기회를 제공한다.

5.1.1. 비즈니스모델 캔버스(BMC, Business Model Canvas)를 이용한 『미국, 중국, 일본의 LDSP 비교분석을 통한 한국시장의 전략방향 도출』 실습사례

미국, 중국, 일본의 LOGISTICS DIGITAL SHARING PLATFORM (LDSP) 비교분석을 통한 한국시장의 전략방향 도출

목차 및 공유 순서

Ⅰ. 연구배경 및 목적

LOGISTICS4.0시대의 핵심기술이 범 산업분야의 4차산업혁명 핵심기술인 IoT, Big-data, AI, Robot 등과 융합하여 대상과 영역을 확장하여 수송의 기계화, 하역의 기계화, 물류관리의 기계화 단계를 거쳐 AMR, AGV, UAM, RAM, AAM 등의 물류 기술로 대표되는 시대를 맞이하였음.

이는 기존 물류기술과 Logistics 4.0기술이 융·결합하여 부가작업이 요청되는 조달물류, MES로 대표되는 생산물류, 라스트마일물류에서 고객과 접점인 판매물류, 회수·폐기·반품으로 대표되는 리버스물류 등의 물류영역과 운송, 보관, 하역, 포장, 정보관리와 같은 물류기능에서 인력 및 생산의 효율화, 국내외 전체 공급망 관리의 표준화와 가시성확보가 가능한 쪽으로 Digital Transformation(DT) 화와 혁신적 진화를 하고 있음.

뿐만 아니라 **Logistics Digital Sharing Platform(LDSP)** 비즈니스 또는 온라인기반의 공유경제 비즈니스로 불리는 화물과 차량을 연결해주는 시장에 대기업, 사모펀드가 참여하면서 수익과 비용, 리드타임 등의 편익을 필요로 하는 화주와 차주는 물론, 기후온난화의 요인인 일산화탄소 저감, 공용도로 파손율감소, 도시 및 도심에서의 소음 저하 등과 같은 공익측면에서 도 비즈니스 규모의 확대와 기술의 진보를 기대하게 되었음. 2022년 4사분기에 동 시장 국내 Big3기업으로 알려진 원콜이 국내사모펀드인 E&FPE에 매각 되었고, 전국화물자동차운송주선사업연합회에서 운영하던 화물마당의 지분 49%를 카카오모빌리티가 인수하였음.

본 논문은 한국을 중심으로 미국, 중국, 일본을 대표하는 온라인기반의 화차매칭 공유경제비즈니스 모델을 연구하여 한국의 물류4.0시장에서 요구되고, 범 산업분야의 4차산업혁명시대의 핵심기술을 사용하는 화주사와 시너지를 발휘할 수 있는 전략방향을 도출하여 비즈니스모델을 개발하는 것이 연구의 목적임.

이를 위하여 국가마다 서로 다른 비즈니스모델을 물리적으로 통일할 수가 없어 기술과 기능, 고객과 시장 등 하드웨어 및 소프트웨어에 대한 일원화된 연구의 수단으로 비즈니스모델 캔버스(BMC)를 방법론으로 채택하여 활용하였음.

II. 핵심용어 정리

1. 화차매칭

화차매칭은 O2O 플랫폼을 수단으로 화물의 소유주인 Shipper(화주)와 차량의 소유주인 Trucker(차주)를 연결하는 화물과 차량을 연결하는 새로운 비즈니스모델로 스마트폰의 일반화를 활성화의 동인으로 봄(Coo, BM,, Kim, SG, 2016).

이는 차주와 화주가 각각 원하는 공차(Empty truck) 및 화물정보를 온라인 기반의 O2O 플랫폼에 등록하여 상호간 연결시켜 주는 차량 및 화물을 수급하는 O2O 시스템 임(Coo, BM., Seo, DS., 2016).

2. 공유경제비즈니스 모델

ONLINE to OFFLINE의 약어 O2O 또는 LOGISTICS DIGITAL SHARING PLATFORM으로 불리는 공유경제비즈니스모델은 정보유통비용이 저렴한 온라인과 실제 소비가 일어나는 오프라인이 결합하는 현상을 의미하는 것으로 최근에는 IT 및 4차산업혁명시대의 핵심기술인 AI, Big-data, IoT, 도심항공모빌리티(UAM) 등을 사용하여 공급자와 수요자의 욕구를 충족시켜 거래를 성사시키는 것을 핵심으로 하고, 스마트폰, 앱, 웨어러블, 모바일 네트워크, 데이터베이스와 같은 온라인 기술. NFC, QR코드, 블루투스, 비콘 등 근거리 무선통신으로 위치를 감지하는 오프라인 기술을 모두 활용(Lee, WH., 2019)하며, 물리적세상과 가상세계의 융합에 기초하여 출현한 비즈니스(Lee, JY., 2017)로 이와 같은 편익을 제공하는 수단이 플랫폼 임.

플랫폼(Platform)은 오프라인 플랫폼과 온라인 플랫폼으로 구분 및 사용되고, 참여자들의 거래비용을 절감하고(Seo, J., 2020) 이용자의 가치증대, 지속적인 성장, 경쟁우위(Park, MY., 2018) 등을 목적으로 사용되고 있음.

[출처 : 구병모, 한국유통경영학회·한국물류학회 2022년 춘계공동학술대회 발표자료]

II. 핵심용어 정리

3. Business Model과 Business Model Canvas

비즈니스모델은 기존사업모델과 다른 인터넷사업을 체계적으로 설명하고 고민하고자 하는 데에서 1990년 중반이후부터 사용하였음(Woo, CH. et al, 2016; HY. K, 2012). 이후 다양하고 복잡한 소비패턴과 비즈니스 환경을 혁신하기 위한 수단으로 사용되었고 각 분야에서 많은 연구자들에 의하여 연구 및 정의 되었는바(Woo. CR. et al., 2016). **수익의 원천, 제품과 정보의 흐름 및 기업의 전략실행과 같은 논리적 표현을 서술적으로 묘사 및 설명하여 고객이 알 수 있도록 전달하고자 하는 것이 비즈니스모델임**(Coo, BM, 2022).

비즈니스모델 캔버스는 비즈니스를 어떤 방향으로 연구하는가의 관계기술 방법론 임. 여기에는 두 가지가 있는데 **본 연구에서는 비즈니스 로직을 수단으로 전체측면으로 접근하는 방법론의 대표적인 연구사례인 Business Model Canvas(Osterwalder, Pigneur, 2010; Osterwalder et al, 2005)를 연구방법론으로 사용**하였음. 이는 핵심파트너십, 핵심활동, 핵심자원, 가치제안, 고객관계, 유통채널, 대상고객, 비용구조와 수익구조 등 비즈니스를 구성하는 핵심 9개 요소로 구성되었고, 기업이 생산제품이나 취급상품, 제공하는 서비스 용역 등의 수익모델을 수립하는 과정에서 어느 것이 경쟁사 대비 상대적 우위요소인지를 체계적으로 조사 및 분석하는 논리 창의기반의 방법론(Coo, BM., 2017) 임.

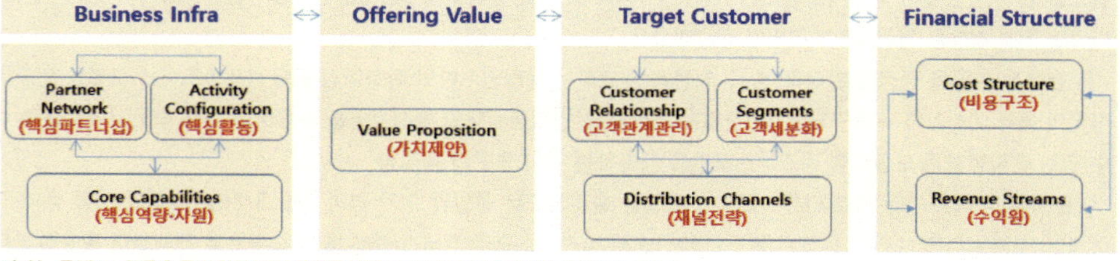

[출처 : 구병모, 한국유통경영학회·한국물류학회 2022년 춘계공동학술대회 발표자료]

IV. 미국 LDSP 비즈니스모델- CHROBINSON 중심

CHRobinson은 온라인 기반 화차매칭 공유경제비즈니스모델 분야의 북미 대표 기업임. CH Robinson은 **화물과 차량을 매칭(연결)시키는 온라인기반의 공유경제 플랫폼으로 Navisphere®를 운영**함.

이는 독점적인 글로벌 TMS 기술 플랫폼으로, 모든 지역의 인력, 고객 및 서비스 공급업체를 연결하여 프로세스를 개선하고 출하에 대한 가시성 제고와 포괄적인 비즈니스 인텔리전스를 제공하며, 운송업체의 ERP 시스템과 통합하여 운송 및 비즈니스 운영 간의 워크플로우를 자동화하고 모든 모드에서 글로벌 운송에 대한 가시성을 보여줌.

운전자가 전화나 이메일 없이도 자동으로 정지 및 부재중 업데이트를 제출하고 서류를 업로드 할 수 있고, 휴대폰의 카메라를 사용하여 앱(App)에서 로드(Load) 서류를 스캔하고 제출하여 결제 프로세스를 바로 시작할 수 있음.

Navisphere® 내에 앱으로 다운받아 이용할 수 있는 Navisphere Carrier와 Supply Chain Connectivity을 운영하고, Supply Chain Connectivity는 다시 화주용과 운전자 용 앱인 Shipper connectivity, Carrier Connectivity 기능을 제공함.

1. 화주용 앱-Shipper Connectivity

Shipper Connectivity는 화물의 출발에서 완료까지 가시성 제공을 핵심으로 하며, 아래와 같은 그림과 같은 기능을 지원함.

- 실시간 시장의 요금과 서비스 조건을 화주에게 제공하여 견적 지원.
- 화주가 Navisphere® platform에 투찰하고 CH Robinson 사의 회신을 수락, 또는 거절할 수 있음.
- 화주는 실시간으로 화물의 위치, 이동거리 상태를 Tracking 할 수 있음.
- 화주는 CH Robinson 사로부터 적시에 정확한 청구서를 받을 수 있음.
- 화주에게 화물 관련 Specs을 제공함.

IV. 미국 LDSP 비즈니스모델

2. 운전자용 앱-Carrier Connectivity

차주는 온라인과 App 기술로 EDI, API를 이용, CH Robinson 사의 Platform으로부터 화물의 크기, 상태, 특성과 운송료 청구서를 빠르게 제공받는 것을 핵심으로 하며, 그림 및 아래와 같은 기능을 지원함.

- 확정 전 운송견적가격 발송.
- 차주의 자원을 고려한 운송요청 수락 또는 거절 가능.
- 관련자들과 정보를 공유.
- ELD 및 텔레매틱스 제공업체와 배송 및 상태 가시성을 제공.
- LTL화물 식별 용 번호부여, 오(誤) 집하된 LTL 화물의 재조정된 날자, 정보 등을 제공.
- 운송관련 계약내용, 화물의 상태, Tracking 상태 제공.
- BL작성에 필요한 서류를 제공.
- 완료된 작업결과는 요금 정산 진행을 위해 CH Robinson 사로 전송.
- **요금결제 관련 정보 송부 및 정산과 차주에게** LTL Carrier Specs, Truckload Carrier Specs, Intermodal Carrier Specs, International Carrier Specs 등 **운송관련 Specs 4종을 후면의 페이지와 같이 제공**함.

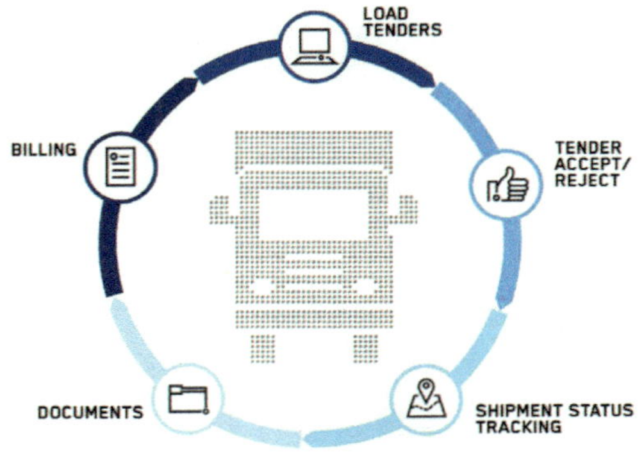

IV. 미국 LDSP 비즈니스모델

LTL carrier specs

Document	Descriptiom
LTL carrier 204	Outbound from C.H. Robinson
LTL carrier 214	Inbound to C.H. Robinson
LTL carrier 990	Inbound to C.H. Robinson
Carrier 210	Inbound to C.H. Robinson
Carrier 820	Outbound from C.H. Robinson
LTL carrier 204	Test document
LTL carrier 214	Sample document
LTL carrier 990	Sample document
STF EDI changes	Informational document

Truckload carrier specs

Document	Descriptiom
Truckload carrier 204	Outbound from C.H. Robinson
Truckload carrier 214	Inbound to C.H. Robinson
Truckload carrier 990	Inbound to C.H. Robinson
Carrier 210	Inbound to C.H. Robinson
Carrier 820	Outbound from C.H. Robinson
Truckload carrier 204	Test document
Truckload carrier 214	Sample document
Truckload carrier 990	Sample document
STF EDI changes	Informational document

Intermodal carrier specs

Document	Descriptiom
Intermodal carrier 204	Outbound from C.H. Robinson
Intermodal carrier 214	Inbound to C.H. Robinson
Intermodal carrier 990	Inbound to C.H. Robinson
Carrier 210	Inbound to C.H. Robinson
Carrier 820	Outbound from C.H. Robinson
IPU sample files 204 990 214	Sample documents
IDL sample files 204 990 214	Sample document

International carrier specs

Document	Description
International carrier 204	Outbound from C.H. Robinson
International carrier 214	Inbound to C.H. Robinson
International carrier 990	Inbound to C.H. Robinson
Carrier 820	Outbound from C.H. Robinson
OIPU sample files 204 990 214	Sample documents
OIDL sample files 204 990 214	Sample document

IV. 미국 LDSP 비즈니스모델

3. 모바일 앱 설치

차주(Trucker), 화주(Shipper)가 CHRobinson의 Navisphere®에서 제공하는 모바일 앱을 다운받아 설치하여 아래의 그림과 같은 순서의 기능인, 화물의 집하처, 배달처, 화물의 현재위치, 배달예정시간 등을 **가시성 있게 확인할 수 있는 기능**임.

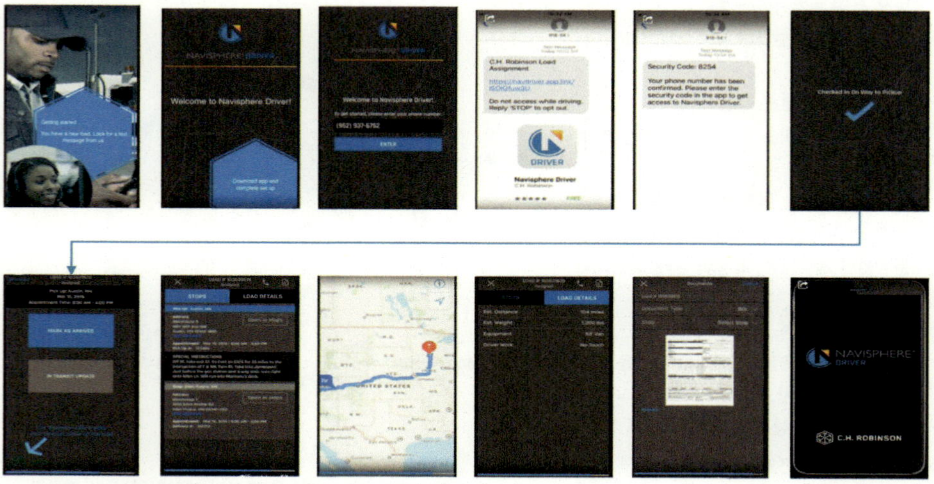

[출처: 구병모(한국물류학회 2022년도 동계공동학술발표대회)]

V. 중국 LDSP 비즈니스모델- 만방그룹 중심

중국의 온라인 플랫폼 시장은 만방, 훠라라, 푸유카처, 꽈이꼬유다처 등이 동 시장의 90% 이상을 점유하고 있고 만방, 푸유카처는 도시간 및 지역간 등 장거리 중심서비스를 제공 함. 반면 훠라라, 꽈이꼬유다처는 도시내 및 지역내 등 근거리 시장을 대상으로 비즈니스를 영위하고 있음.

업체별 특징을 보면

- **만방(满帮) : 장거리 온라인 시장의 90%를 점유하고 등록된 기사 1000만명 및 화주 500만개에 달함**(满帮集团 : 深耕贵州大数据 开创美好新未来, 贵州日报天眼新闻 , 2020-12-29).
- **푸유카처(福佑卡车)** : 자체화물차보유 및 운송 과정에 개입
- **훠라라(货拉拉)** : 월간 플랫폼이용 기사 48만명, 화주 720만명이고 중국 본토 350여개 도시를 대상으로 서비스를 제공.
- **콰이꼬우다처(快狗打车)** : 등록기사 450만명, 이용고객 3000만명으로 400여개 도시에 서비스 제공(2021.02월 기준).

1. 만방그룹의 온라인기반 비즈니스모델 현황

회원규모 및 회비, 회원수는 등록된 기사가 1,000만 명이고 화주는 500만명 이상임(满帮集团 : 深耕贵州大数据 开创美好新未来, 贵州日报天眼新闻 , 2020-12-29). 회비의 경우 차주는 무료이고, 화주는 표와 같이 납부함.

화주 구분	납입회비	비고
일반회원	회비 무료	화물위탁 월간 5건 이상
668회원	연간 668위안	화물위탁 연간 100건 이상, 차주 위치추적 연간 100회 이상
1688회원	연간 1688위안	화물위탁 연간 무제한, 차주 위치추적 100회 이상, 화물보험 가입

[출처 : 满帮公司APP用户粘性提升策略研究(Research on APP User Stickiness Promotion Strategy of Manbang Company), 王谦(Wang Qian), 석사논문, 兰州大学 , 2020.2]

V. 중국 LDSP 비즈니스모델

2. 비즈니스모델의 주요기능

만방그룹의 온라인기반 화차매칭 공유경제 비즈니모델의 **Mobile 앱에서 화물과 차량의 자동매칭 기능제공은 이루어 지지 않음**. 모바일 앱의 주요 기능과 화차매칭 순서는 아래와 같음

- **정보열람** : 화주가 입력하는 화물정보(출발지, 도착지, 요구차종, 화물무게, 화물명칭, 화물적재 시간, 적재 및 하역 방식, 운임 지불방식, 희망 운송비, 날씨지정, 차주는 노선 설정 및 화물 정보 열람 가능.
- **거래타진,** 오프라인 거래(现金) : 플랫폼 추천 정보열람 → 맞는 화물 선택 → 화주와 연락 → 운송비 합의 → 거래 승인
  온라인 거래(满运宝) : 플랫폼 추천 정보 열람(운송비 표시) → 맞는 화물 선택 → 화주와 연락 → 거래 승인
- **거래성립 후** : 거래승인 후 공차 및 화물의 위치 정보를 제공 함.

① 화주의 화물정보 입력화면

② 차주의 화물정보 열람화면

③ 차주 Mobile 홈 화면

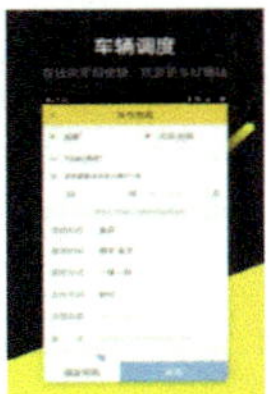

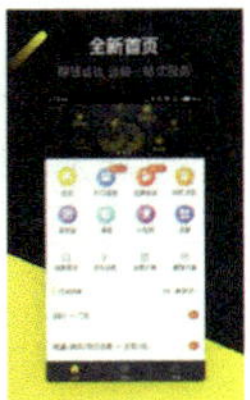

3. 제공하는 주요 서비스

- **플랫폼 운영자가 제공하는 주요 서비스 :** 차주 대상 서비스(ETC서비스, 주유할인, 기사대출, 신차구매, 화물차기사 전용 건강보험 등), 화주 대상 서비스(화물파손 보험, 대출서비스 등)를 운영 함.
- **화주 및 차주관리 :** 차주 및 화주의 회원가입 시 각종 증빙자료 제출필수, 화차주간 거래분쟁 시 운영사의 담당자가 플랫폼 이용 중지 및 계정 강제 삭제 등의 조치, 회원 신용평가시스템 운영(우수회원 정보 표시 등).

[출처: 구병모(한국물류학회 2022년도 동계공동학술발표대회)]

VI. 일본 LDSP 비즈니스모델- TRABOX 중심

1. OFF-LINE 운송시장의 문제점

Truck의 수배송 효율 감소

· 적재율의 지속적인 감소(2019년의 경우 적재율이 38% 감소)

· 화물상차를 위한 대기시간 증가로 인한 운전자 노동시간 증가

환경규제의 강화

· 화물의 소형화와 적재율 감소로 톤킬로(Ton/k) 당 에너지효율 감소

· 운송부문의 연비개선 및 CO2 배출삭감 등 환경성의 환경규제 강화

운전기사(Driver) 부족현상 심화

· 운송산업 종사자의 고령화, 인구감소로 인한 인력부족

· 全 일본트럭협회와 후생노동성 운송부문 인턴제도입, 대형운전면허 취득에서 취업까지 지원

물류부문의 Digital Transformation(DT) 미흡

2. 구하구차시스템 유형

Logistics Agent Type (에이전트형)

· **화주를 대신하는 중개업자(미즈야, 水屋)가 운송서비스와 업자를 소개**

· 강점으로는 화주와 운송사가 상호 찾는 시간의 최소화 가능, 일반화물자동차 중소사업자의 99%가 사용

Bulletin Board Provider Type (게시판형)

· **화주와 운송업자가 웹사이트 게시판에 필요한 정보와 요구사항을 등록, 상호 교섭내용이 맞으면 성약**

· 중개업자가 필요하지 않음, 성약까지 시간이 많이 소요됨

VI. 일본 LDSP 비즈니스모델

Sharing Economy Type (매칭형)

· **게시판형의 강점에 화주와 운송회사가 직접 연결되는 형태의 비즈니스 모델**

· 플랫폼 서비스 제공자가 화차주간 매칭을 지원해 주고 다양한 서비스를 제공

· 화주와 개인차주가 1:1로 매칭하는 방식으로의 진화형이라 할 수 있음

3. TRABOX 구하구차시스템 특징

일본의 게시판형 대표기업

14일간 무료사용/프리미엄 플랜은 월 6,000엔(무료서비스도 있음), 월 14만 건 이상 게재하는 일본 최대 구하구차서비스 기업, 웹을 이용 실시간으로 공차수/화주수/견적의뢰 신규화물 정보가 표시, 조건에 맞는 화주와 차주 검색이 가능, 콜센터를 이용하여 화/차주를 보조지원, 1999년 11월 창립, 2020년 2월 비저널(Visional) 그룹의 관계회사로 편입

4. TRABOX의 Business Model

일본 최대의 물류데이터 플랫폼인 트라박스 社의 구하구차시스템 성공요인

· **운임보증서비스** : 성약을 선택한 모든 운임을 보증하는 서비스로 파산, 민사재생, 채무 지불기일 초과(단 1일 초과라도) 등 모든 손해를 지불

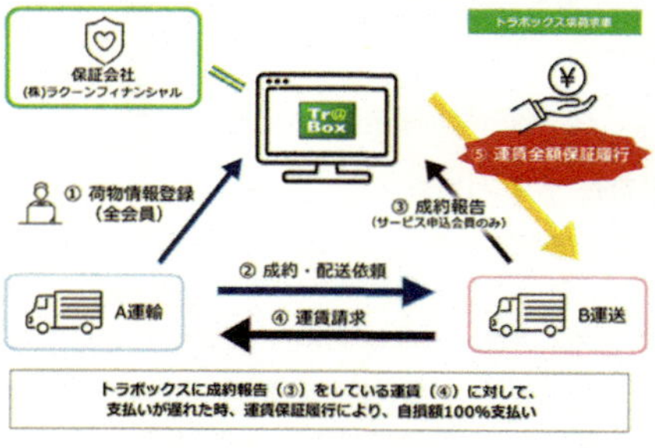

VI. 일본 LDSP 비즈니스모델

풍부한 협력회사

· 2022년 2월 현재 누계 회원수 53,0000여, 중간거리 상 긴급 화물 건이 많은 것이 특징, 트라박스의 화면을 보면서 전화 거래도 가능

귀로화물(복화화물) 매칭

· 풍부한 협력사와 입력된 화물과 차량정보를 이용 하여 귀로화물 매칭력이 강함

빠른 성약 스피드

· 많은 협력회사와 회원, 전화를 보조 수단으로 성약스피드가 빠름

자발적인 신규회원의 증가

· 등록된 협력사 및 대형화주의 영향으로 신규참여 회원이 많음
환경성, 문부과학성, 사회보험청, 파나소닉, 미츠이전기, 샤프, 이도츄상사, JA농업 등 다수

VI. 일본 LDSP 비즈니스모델

5. TRABOX의 LDSP 비즈니스모델 BMC 분석

고객세분화(CS, Customer Segments) : 회원간 직접거래하는 방식으로 모든 고객을 거래의 대상으로 함

가치제안(VP, Value Proposition) : 14일 동안 무료사용, 운임전액 보증서비스제 운영, 회원간 직거래

고객관계관리(CR, Customer Relationship)

· 매년 5~6회의 전국 교류회, 화주의 등록기능, 드라이버와 차량번호 호출 기능, 등록화물의 다양한 참조표시 기능

수익원(RS, Revenue Stream) : 프리미엄플랜(월6,600엔/세액포함)과 운임전액보증서비스의 수수료

핵심자원(KR, Key Resources)

· 회원의 선택적 이용이 가능한 On and Off사이트, 공차와 화주수 실시 간 검색기능, 화차 자동매칭, 인터넷 및 모바일/정보게시판으로 정보제공 기능

핵심활동(KA, Key Activity) : 신속한 성약, 압도적인 화물정보 및 트럭정보 數 유지

핵심파트너(KP, Key Partnership) : M&A 무료상담과 대응 회사인 휴즈리치 썩시드社

비용구조(CS, Cost Structure) : 온/오프 플랫폼 기술개발 및 유지비용, 전국단위 교류회 비용

유통채널(DC, Distribution Channel) : 인터넷, 모바일, 콜센터, 정보 게시판 등 On/Off라인 커버

Ⅶ. 한국 LDSP 시장의 전략방향

전술한 조사 및 연구한 내용과 같이 미국(CHRobinson), 중국(만방그룹), 일본(Trabox)의 온라인 기반 화차매칭 공유경제 비즈니스모델을 통하여 LDSP의 핵심 3주체인 화주, 차주, 온라인 플랫폼 운영사의 지속가능 경영을 고려한 한국시장의 전략방향을 다음과 같이 제시함

고객세분화 : 건화물, 냉장/냉동화물, 위험물, 수출입화물, 특정노선/지역화물

가치제안 : 모바일이용결제시스템, 운임보증제, 고액화물사고지원제, 회원간 직거래, 차량위치 제공, 창고매칭서비스, IoT를 이용한 날씨특성 제공, 신속한 화차매칭

유통채널 : 모바일 앱 기능 고도화(회원과 운영사간 소통강화), 회원과의 정기적인 컨퍼런스

고객관계관리 : 회원간 상호평가/의견조사, 차량선택기능, 화물/작업특성 등록기능, 창고매칭서비스, 차량에 대한 제반 정보제공, 차주대상 전속(화물소개) 및 계약제도(매출보장), 전용카드로 차량소모품비 할인

수익원 : 네트워크기반 소싱대행, 리스/대출/보험/주유수수료, 광고등 부가수익, 화물주의 연간회비, 운송료

핵심자원 : 공급망 전문가, 모바일앱 및 기능, 24시간 예약기능

핵심활동 : 신속매칭 활동, 회원발굴 활동, 회원사 맞춤기술 개발, 실시간정보제공

핵심파트너 십 : AI 및 IoT 등 기술 및 기능개발 협력사, 리스/보험/대출/주유/수리 협력사, 선박/항공 운송협력사

비용구조 : 기술개발비용(컴퓨터, 모바일), 회원사발굴비용, 전국회원 컨퍼런스 비용

한국형 LDSP 비즈니스모델 전략방향 핵심은 BMC 9요소 중 비용구조(CS)와 유통채널(DC)을 제 외한 7개 요소와 플랫폼 운영사의 역할을 강화하는 방향으로 아래와 같이 요약할 수 있음.

첫째, 수익창출 원의 다양화(CS, KR, KP, VP).

둘째, 운송형태의 다종화(VP, KR, KP).

셋째, 물류 4.0시대의 핵심기술 및 기능 반영(CR, VP, KA, KR), 그리고 지속적인 회원사 발굴과 업로드, 기술개발과 기능 개선, 빅데이터 활용, 회원평가제와 같은 플랫폼 운영사의 역할강화.

5.1.2. 비즈니스모델 캔버스(BMC, Business Model Canvas)를 이용한 『e커머스 국내 대표기업 비교분석을 통한 한국시장의 발전방향 연구-쿠팡과 네이버를 중심으로-』 실습사례

e커머스 국내대표기업 비교분석을 통한 한국시장의 발전방향 연구
- BMC방법론을 이용한 쿠팡과 네이버를 중심으로 -

Presentation Index and Key contents

1. 연구 배경 및 목적

2. 연구수행 추진체계

3. 연구설계
1) 연구대상 및 기간
2) 연구방법론 BMC소개

4. 비즈니스 현황과 모델 분석
1) e커머스 부문 사업현황
2) 비즈니스 모델 분석

5. 한국의 e커머스시장 발전방향

1. 연구배경 및 목적

코로나19 팬데믹 장기화로 우리의 일상은 달라짐. 불특정 다수가 모이는 상점 방문을 꺼리고 온라인으로 빠르고 쉽게 물건의 구매 수요가 폭발적으로 증가하면서 비대면 사회, 디지털 전환(Digital Transformation) 등 국내외적 환경변화로 전자상거래 시장은 중대한 변곡점에 진입하였음.
국내 전자상거래 규모는 2020년 161조 규모로 전년대비 19.3% 증가하며 높은 성장률을 보이고 있음.

이러한 환경에서 **국내 전자상거래 시장 경쟁**은 **승자독식 효과**가 큰 만큼 선두기업 간 경쟁은 날이 갈수록 심화되고 있음.
해외 e커머스 시장에서 상위 3사가 시장점유율을 50% 이상 차지하는 반면 국내의 e커머스 시장의 상위 3사 시장점유율은 50%가 되지 않음.
국내 e커머스 시장의 거래액은 2018년 111조 8,939억원에서 2022년 211조 8,600억원으로 규모의 성장이 추정되지만, 신장률은 22%에서 14%로 크게 줄어들고 있음.

국내 온라인 쇼핑 거래액 추이

단위 : 원, %

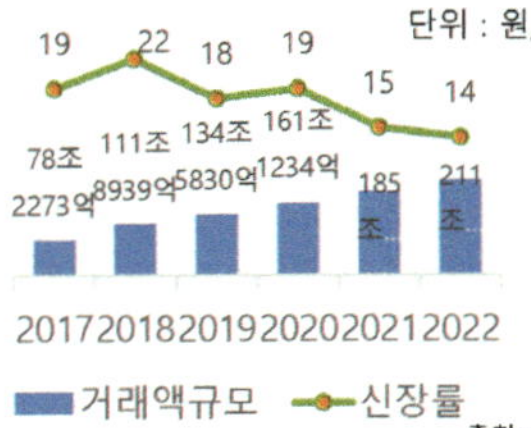

출처 : 통계청

해외 이커머스 상위3사 선두업체 시장 점유율

중 국
알리바바(56%), 징둥닷컴, 핀둬둬 = 약 92.4%
미 국
아마존(40%), 월마트, 이베이 = 약 50.1%
일 본
라쿠텐, 아마존 재팬, 야후 = 약 52.7%
한 국
네이버(17%), SSG, 쿠팡 < 50%

국내 이커머스 시장 점유율 순위

단위 : %

출처 : 메리츠증권

연구대상인 **쿠팡**은 2021년 3월 뉴욕 거래소에 상장 하면서 시가총액이 네이버(64조 원)를 뛰어넘은 87조 원 규모에 달함. 상장을 계기로 자금 조달에 성공하며 물류센터 확충, 신사업 확대, 상품력 강화에 투자한 반면, **네이버** e커머스 부문은 CJ대한통운, 신세계 이마트 등 유통물류기업과 손잡으며 시너지 창출에 집중할 뿐만 아니라 과거 판매자와 소비자를 온라인으로 연결하는 플랫폼 역할이 강했던 전자상거래 시장은 최근 물류 전반을 전담하는 **풀필먼트 서비스**(Fulfillment: 전자상거래 판매자를 위한 고객의 전 주문 처리과정을 대행해주는 서비스로 상품입고, 보관, 포장, 운송, 반품 처리 등의 작업을 통합적으로 관리)를 도입하고 있음.

본 연구에서는 국내 e커머스 시장의 대표로 볼 수 있는 쿠팡과 네이버를 대상으로 조직내부역량 분석기법 중 하나인 **Business Model Canvas 기법**으로 분석하여 e커머스 기업에서 요구되는 핵심 9개 요소를 도출하여, 두 기업의 강점과 장점은 육성하고, 약점과 단점을 보완하여 감소 추세인 신장률 개선은 물론, 양사의 개선 점을 통한 국내 e커머스 시장의 건전한 발전방향 제시를 연구의 목적으로 함.

2. 연구수행 추진체계

본 연구의 체계적인 진행과 필요한 주요 산출물의 도출, 프로젝트 관리의 신뢰성 확보를 위해 7단계의 추진 체계로 접근하였고, 각 단계별 연구 방법론 및 참여 연구자에 대한 가시성 공유를 위하여 7개의 실행 모듈과 같이 연구를 수행함.

연구 추진체계

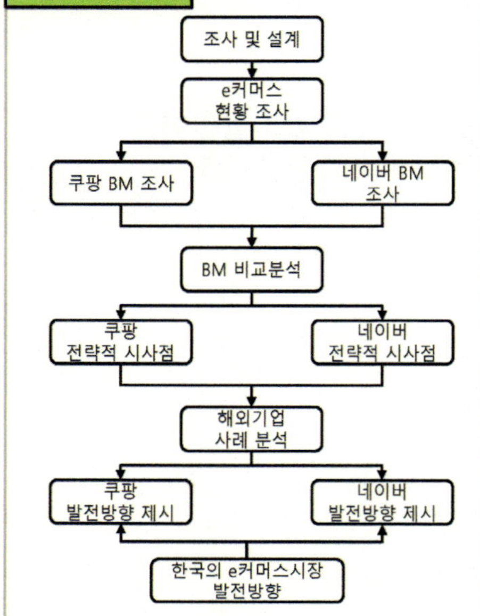

7개의 실행 모듈

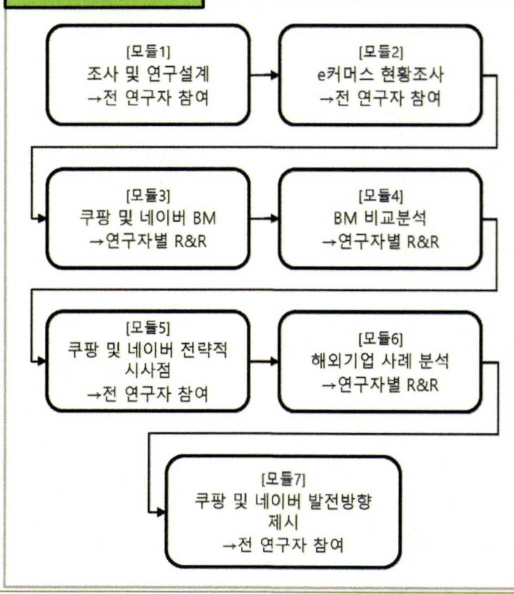

3. 연구설계 [연구대상 및 기간]

연구대상

국내 e커머스시장 규모는 매년 성장하고 있고 1년 후를 예측할 수 없을 정도로 변화가 크고 빠름. 특히 코로나19, 디지털 전환 등 최근 국내외적 환경변화로 전자상거래 시장은 중대한 변곡점에 진입하였음을 고려하여, 자산 타입(Asset type)의 국내 대표기업 쿠팡, 비 자산 타입(Non-asset type)의 국내 대표기업인 네이버를 연구의 대상으로 함.

연구기간

2024년 3월 00일 Business Model Canvas 이론을 학습한 후, 8명을 성원으로 팀 빌딩 및 역할을 분담하여 4월 00일까지 본 연구결과를 도출 함.

연구기간 / 모듈 별 R&R		00th Mar ~ 00th Apr				
		Week1	Week2	Week3	Week4	Week5
조사 및 연구설계	○○○ 등 8명	■				
e커머스 현황조사	○○○ 등 8명		■			
쿠팡 및 네이버 BM분석	○○○ 등 8명		■	■		
Business Model 비교분석	○○○ 등 8명				■	
쿠팡 및 네이버 전략적 시사점 도출	○○○ 등 8명				■	
해외기업 사례분석	○○○ 등 8명			■	■	
쿠팡 및 네이버 발전방향 도출	○○○ 등 8명					■

3. 연구설계 [연구방법론 BMC 소개]

비즈니스 모델링 기법

- 비즈니스모델링 기법은 2010년 작가이자 비즈니스모델 혁신 강사인 Alexander Osterwalder 박사와 로렌스 대학교에서 경영정보시스템 교수를 역임 하였던 Yves Pigneur 박사가 저술한 Business Model Generation에서 비즈니스 모델 필수 9개 요인인 **CS(고객세분화), VP(가치제안), CH(유통채널), CR(고객관계관리), RS(수익원), KR(핵심자원), KA(핵심활동), KP(핵심파트너), CS(비용구조)**를 활용 및 적용하여 수익모델을 창출하거나, 상대적 경쟁우위 요소의 체계적 분석을 목적으로 제시된 The Business Model Canvas를 의미함.
- 비즈니스모델링 기법은 기업이 생산제품이나 취급상품, 제공하는 서비스 용역 등의 수익모델을 수립하는 과정에서 어느 것이 경쟁사 대비 상대적 우위 요소인지를 체계적으로 조사분석하는 논리 창의 기반의 방법론 임.

비즈니스 모델 캔버스 프레임워크

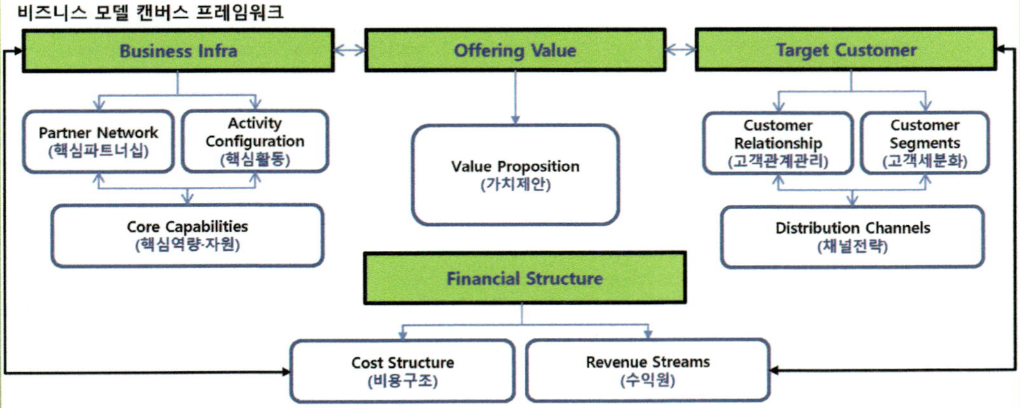

3. 연구설계 [연구방법론 BMC 소개]

비즈니스 모델링 기법의 핵심 조사내용

핵심9요소	주요 내용	핵심 조사대상
CS Customer Segments **고객세분화**	어떤 고객에게 상품/서비스를 제공할 것인가를 검토하고 가장 유망한 고객 대상을 목표시장으로 결정	· 조사 기업이 상품 또는 서비스를 제공하는 시장 등 대상을 조사 · 공간적 시장, 고객의 매출 규모, 상품의 회귀성, 자사와 단독계약 등을 조사
VP Value Proposition **가치제안**	목표고객에게 어떤 차별화된 가치를 제공할 수 있는지 또는 제공할 것인지를 결정하여 차별화 가치를 창출	· 조사 기업이 시장의 고객을 유인(계약)하고, 자사 고객을 유지하기 위하여 이들에게 제공하는 유무형의 편익을 조사
CH Channels **채널전략**	고객에게 계획한 가치를 어떤 경로를 이용하여 제공할 것인지를 결정	· 조사 기업이 자사의 고객에게 유무형의 가치 제공과 의사소통 하는 수단을 조사 · 의사소통은 공급자와 수요자의 의사소통 수단이며, 가치 제공 수단은 On Off line을 이용한 만족도, 의견 등을 조사
CR Customer Relationship **고객관계관리**	고객 특성에 기초한 계획, 지원, 평가의 마케팅 활동을 어떻게 할 것인가를 결정	· 조사 기업이 자사의 고객유지를 위하여 고객에게 제공하는 유무형의 수단을 조사 · 마케팅전략, 제공하는 각종의 선물, 복리후생 등을 조사
RS Revenue Streams **수익원**	수익 창출을 어떤 구조로 할 것인지, 어떤 방법으로 지속적인 수익창출이 될 수 있는 운영 구조를 만들 것인지 또는 창출이 가능한지를 판단	· 조사 기업의 수익구조를 조사 · 조사 기업의 주 수입원(수입의 원천)을 조사
KR Key Resources **핵심자원**	비즈니스 수행에 없어는 안 될 핵심자원으로서 통제 가능한 자원의 종류와 확보 방법을 검토	· 조사 기업이 비즈니스를 유지하는데 없어서는 안될 유무형의 자원을 조사 · 핵심 자원이 된 사유를 조사
KA Key Activities **핵심활동**	비즈니스를 성공적으로 수행하는데 요구되는 핵심적인 활동으로 통제 가능한 요소들을 검토	· 조사 기업이 비즈니스를 유지하는데 없어서는 안될 유무형의 활동을 조사 · 기술개발을 위한 지속적인 투자, 상품개발 등을 조사
KP Key Partnerships **핵심파트너십**	자신의 부족한 부분을 보완시켜줄 수 있는 파트너 십의 필요성 및 확보 방법을 검토	· 조사 기업이 자사의 약점 또는 부족한 부분을 보완하기 위하여 채택한 방법, 이를 제공해주는 대상을 조사 · 기술의 보완, 네트워크의 보완, 전략의 보완 등을 조사
CS Cost Structure **비용구조**	사업을 운영하는데 소요되는 비용의 원천과 크기 등을 검토	· 조사 기업의 비즈니스를 유지하는데 많은 비용이 지출되는 유무형의 것을 조사 · 기술개발비, 파트너유지비, CRM비, 시장 조사비, 인건비 등을 조사

4. 비즈니스 현황과 모델 분석 [쿠팡 e커머스부문 현황]

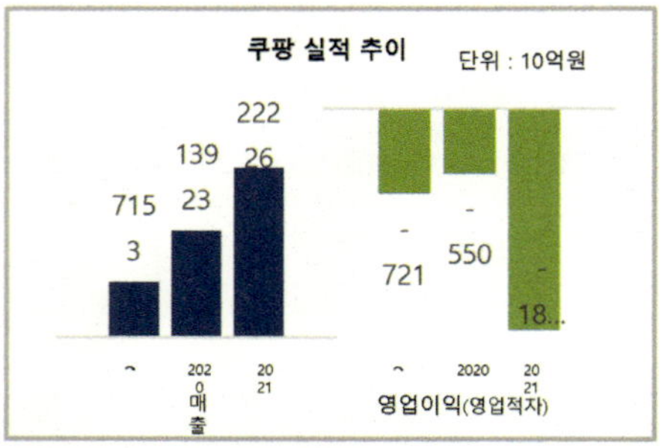

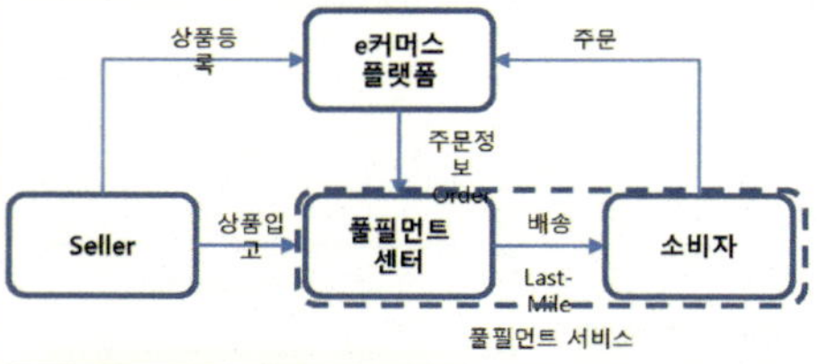

1. 성장도 압도적, 적자도 압도적

- **쿠팡의 매출 성장세는 경쟁자를 압도함**. 덕평물류센터 화재와 불매운동 악재에도 **2021년 2분기 매출 5조원을 넘어 분기실적을 기록**. 반면 적자 구조가 갈수록 악화됨. 과거 쿠팡은 신규시장을 개척하며 조달한 투자금을 기반으로 성장했지만 현재는 경쟁강도가 높은 시장에서 신사업을 진행하고 있는 하나의 플레이어에 불과.

- 반면 현재 e커머스 시장은 출혈경쟁이 지배하고 있기 때문에 적자를 내서라도 상대를 제압하는 것을 우선시 한다는 시선도 있음.
- 쿠팡의 2021년 2분기 기간 내 1회 이상 구매한 활성고객은 1,702만으로 전년대비 26%, 전기대비 100만명이 늘었음.
- 활성고객 1인당구매금액은 30만 4,000원으로 2021년 1분기 대비 1 원 늘었음. 이를 고려했을 때 쿠팡은 고객과 객단가가 함께 늘고 있는 「고부가가치 플랫폼」임.
- 쿠팡은 수익원을 다변화하기 위해 사업 다각화에 속도를 내고 있음. 이전과 같이 막대한 영업적자를 두려워하지 않고 외형 성장에만 몰 할 수 없고, 과거 쿠팡은 「혁신기업」이었지만 경쟁 강도가 높은 시장에서 독자적 수익 모델 없이 사업을 이어가기 어려울 수 있음.

2. 쿠팡 풀필먼트 서비스

- 쿠팡 셀러들에게도 풀필먼트 서비스를 제공함으로써, **전 품목 로켓배송을 완성**하기 위해 물류창고를 지금보다 더욱 많이 확보할 것이라고 예상됨.
- 쿠팡자체 물류 뿐 아니라 타사의 물류까지도 위탁 받아, 자회사를 본격적인 풀필먼트전문 물류회사로 키울 것으로 관측됨.

CFS (Coupang Fulfilment Service)	· 쿠팡의 물류를 전담하는 쿠팡의 계열사로 전국 60개 이상의 풀필먼트 센터 및 배송 허브를 운영 · 물류센터(풀필먼트센터) 운영을 책임지고 있으며, 업무효율성과 전문성제고를 통해 글로벌 e커머스 기업으로 성장하기 위한 혁신을 이끌어가고 있음.
로켓배송	· 풀필먼트 개념을 도입한 당일 배송 서비스로 아직까지 직접 매입한 물건에 한해서만 로켓배송 서비스를 제공함. · 쿠팡 입점 셀러들은 기존 방식대로 자신들이 직접 배송을 비롯한 모든 물류 업무를 처리해야함

4. 비즈니스 현황과 모델 분석 [네이버 e커머스부문 현황]

1. 네이버 쇼핑

- **네이버 쇼핑의 시작은 2000년 「가격비교」 서비스임**. 검색창에 상품명을 검색하면 각 쇼핑몰의 상품가격, 결제조건, 배송료 등의 정보를 한눈에 보여줌. 2003년 상품결제가 가능한 「지식쇼핑」을 선보였고, 2013년 C2C 오픈마켓인 「샵N」을 열었음. 네이버는 장터를 열어준 대가로 입점기업으로부터 판매 수수료와 결제 수수료를 받음. 반발이 잇따랐고, 높은 검색 점유율은 앞세운 네이버가 오픈마켓을 장악하려 한다고 견제함. 이에 2014년 판매 수수료를 없앤 「스토어 팜」을 새롭게 내놓음. 이를 다시 모바일 중심으로 개편하면서 지금의 「스마트 스토어」가 탄생함.
- 현재 **네이버의 e커머스 부문은 2021년 전체 매출 6조 8,176억원 중 약 21%인 1조 4,751억원을 차지할 정도로 핵심 사업으로 자리잡음**.

네이버 2020년 4분기 및 연간실적 요약 출처 : 네이버

단위: 십억원	2Q20	3Q20	4Q20	1Q21	2Q21	Y/Y	Q/Q
영업수익	1,276.0	1,360.8	1,512.6	1,499.1	1,663.5	30.4%	11.0%
서치플랫폼	678.2	710.1	770.2	752.7	826.0	21.8%	9.7%
e커머스	256.2	285.4	316.8	324.4	365.3	42.6%	12.6%
핀테크	164.7	174.0	201.1	209.5	232.6	41.2%	11.0%
콘텐츠	112.9	115.0	138.9	130.8	144.8	28.2%	10.7%
클라우드	64.1	76.3	85.6	81.7	94.9	48.1%	16.2%
영업비용	968.0	1,069.1	1,188.9	1,120.2	1,327.9	37.2%	9.7%
영업이익	308.1	291.7	323.8	288.8	335.6	8.9%	16.2%
조정EBITDA	401.9	389.8	419.2	440.6	480.4	19.5%	9.0%
당기순이익	90.7	235.3	384.1	15,314.5	540.6	496.1%	-96.5%

- 2020년 4분기 네이버 e커머스 부분의 영업이익은 3,238억원, e커머스 사업의 동기간 네이버 전체 영업수익(1조5,126억원)대비 21.4%를 차지. **e커머스사업의 수익규모는 네이버 사업부문 중에서 서치플랫폼에 이어 두번째임. 네이버 e커머스 매출에는 쇼핑관련 광고수익, 중개수수료, 네이버 플러스 멤버십 가입 요금이 포함됨**. 네이버쇼핑에서는 「스마트 스토어」, 「브랜드 스토어」와 같이 네이버가 자체적으로 운영하는 플랫폼이 한 축을 차지함. 동시에 네이버쇼핑에는 쿠팡,11번가 등 외부의 몰이 네이버 쇼핑에 입점하고 지불하는 수수료가 있는데 이 또한 e커머스 매출에 계상됨. 네이버에 따르면 스마트 스토어의 매출비중이 외부 몰 입점으로 발생하는 매출보다 크고 성장세도 더 빠르다고 함.

2. 네이버쇼핑의 핵심전략, NFA(Naver Fulfillment Alliance)

출처 : NAVER, 유진투자증권

- 온라인 거래액 1위인 네이버는 이용자 수가 많아 이를 자연스럽게 쇼핑 서비스로 연동시킬 수 있었고, 네이버는 높은 포인트 적립률 등의 강점으로 확고한 생태계를 보유했지만, **플랫폼 사업자로서 배송, 물류망, 신선식품 등에 약점을 지녔다는 평**을 받음. 최근 국내 e커머스 시장의 핵심 키워드가 배송과 신선식품이라는 점을 감안할 때 심각한 문제임. 네이버 쇼핑은 이러한 문제점을 잘 파악하고 있지만 이를 극복 하기 위해 오프라인 물류투자에 나설 계획은 없다고 밝힘.
- 대신 「**NFA(Naver Fulfillment Alliance)**」라는 새로운 전략을 내세우며 문제를 해결하고자함. **NFA전략은 각 분야에 역량 있는 업체들과 연합군을 구축하는 것**임.
- 네이버는 다양한 오프라인 기업들과 협력을 강화함. 지난해 **CJ그룹과 6,000억원 대 지분 맞교환 방식으로 제휴**를 맺음. 택배물류 1위 기업 **CJ대한통운을 통해 그간 네이버의 최대 약점으로 꼽힌 배송·물류망 부분을 보완**함. 실제 CJ대한통운은 현재 네이버 브랜드 스토어에서 판매하는 LG생활건강 등 8개사 상품에 풀필먼트를 접목해 24시간 내 배송 서비스를 제공함. 네이버는 또 다른 약점인 신선식품을 강화하기 위해 오프라인 마트와 협업에도 나섬. 네이버는 「**네이버 장보기**」를 **론칭해 홈플러스, GS프레시몰, 농협하나로마트와 손을 잡고 대형 유통업체들의 신선식품을 네이버에서 주문**할 수 있도록 하였고, 또한 오프라인 유통 노하우가 탁월한 **신세계**와의 협업을 통해 마이크로 센터 역할을 하여 각 사의 특장점을 활용해 고객의 주문부터 상품의 이동과 라스트 마일 배송에 이르기까지의 전 과정을 최적의 상태로 설계 할 수 있음.

4. 비즈니스 현황과 모델 분석 [쿠팡 비즈니스모델 분석]

핵심9요소	주요 내용			
CS Customer Segments 고객세분화	· 물류창고를 기반으로 대도시와 대도시 인접 지역에서 제품의 빠른 배송(로켓배송 가능지역)당일 배송 및 새벽 배송 실현을 통한 식품 소비자 · 현재 한국인의 전 연령이 가장 많이 사용하는 1위 쇼핑 앱(쿠팡앱) 이용자			
VP Value Proposition 가치제안	소비자 혜택	· 로켓배송 : 전국 물류 인프라 기반 압도적 배송 속도 · 와우멤버십 : 회원 대상 유료멤버십 혜택 · 쿠팡 롯데카드 : 쿠팡 결제 시 15% 할인 등의 혜택	판매자 혜택	· 「함께 만들어요」 캠페인 : 중소기업 지원을 위한 정책 · 쿠팡 비즈 : 소상공인과 자영업자의 성장을 지원
CH Channels 채널전략	· 쿠팡이츠 : 거리두기, 재택근무 이후 식음료 배달 앱 3위 · 쿠팡 플레이 : 온라인 동영상 서비스 (OTT) · 로켓프레시 : 사진예약시스템의 안정적인 공급망 확보, 신선식품 적시 공급 · 로켓직구 : 미국, 중국의 품질 좋은 저렴한 해외 제품 제공, 배송비 무료 · 쿠팡 라이브 : 최근 명품 쇼핑과 한정판 리셀의 성장세를 이끈 MZ세대의 반응 이끌어냄			
CR Customer Relationship 고객관계관리	· IoT를 통해 고객의 구매정보 데이터를 수집하여 취향, 트렌드, 장소 등의 데이터 분석을 통한 소비자 구매 패턴 빅데이터 구축 · 인공지능을 활용한 물류정보 예측 및 소비자의 Needs를 충족시키는 구매 물품을 예상 · 기술융합을 통해 소비자 맞춤 물류서비스 제공(예측배송) 및 유통과 물류비용 감소			
RS Revenue Streams 수익원	· 퀵커머스 서비스 : 국내 뿐 아닌 해외시장까지 진출 · 광고수익 : 쿠팡 파트너스를 통한 SNS광고를 진행 · 온라인스트리밍 서비스 (OTT) · 오픈마켓 활성화			
KR Key Resources 핵심자원	· 쿠팡 물류센터 인력 쿠팡 맨 · 전국 기반 증가하는 물류센터, 물류 인프라 및 노하우 · 서버 관리를 통해 매출을 증가시키는 등의 IT기술 개발(쇼핑 어플 1위 쿠팡앱, OTT 서비스 제공을 위한 플랫폼)			
KA Key Activities 핵심활동	· 택배 플랫폼, 물류 플랫폼 로켓배송, 페이먼트 플랫폼 쿠팡페이, 멤버십 고객을 위한 OTT 서비스, 뉴욕증시 상장, 물류센터 추가 확충, 쿠팡 앱을 이용한 멤버십 마케팅			
KP Key Partnerships 핵심파트너십	· 로켓프레쉬, 새벽배송, 쿠팡이츠, 지역할인 서비스를 위한 제휴, 직매입 상품공급자 · 기아자동차 : 안정적 배송을 위한 택배계약 수익을 위해서 도와주는 파트너 · 프레시지(CJ), 서울우유, 농협 : 식품업 관련 서비스 향상을 도와주는 파트너			
CS Cost Structure 비용구조	· 물류 인건비, 매입비용, 보관비용, CS센터 비용, 고객확보 위한 투자 (무조건 반품, 무제한 무료배송 등)			

4. 비즈니스 현황과 모델 분석 [네이버 비즈니스모델 분석]

핵심9요소	주요 내용			
CS Customer Segments 고객세분화	· 검색엔진 기반이 다양하고 넓은 제품 군 판매, 간편한 결제 시스템, 편리한 앱 사용, e커머스를 이용하는 전국민, 라이브 방송 시청자/판매자			
VP Value Proposition 가치제안	소비자 혜택	· 네이버 플러스 멤버십 : 회원 대상 유료 멤버십 혜택 · PLC(Private Label Card) : 네이버와 현대카드 합작품, 추가적립, 무료멤버십 이용권 제공 등의 혜택 · 윌뿔딜 : 소비자와 판매자 모두의 만족 지향하는 서비스	판매자 혜택	· 커머스 솔루션 마켓 : SME(중소상공인)성장을 뒷받침 할 기술 솔루션 · NFA(Naver Fulfillment Alliance) : 통합물류관리 서비스 · 저가 수수료 정책 · 쿠폰 할인 정책 · 트래픽 등급으로 차별화 혜택
CH Channels 채널전략	· 라이브커머스 시장 주도 · 스마트스토어, 관심 상품 입고 및 할인 시 네이버 알림 서비스를 통해서 정보를 제공			
CR Customer Relationship 고객관계관리	· 네이버 검색을 매개로 한 다양한 서비스 제공 · 네이버 멤버십 혜택 제공 · SME 대출 등을 통한 초기부담금을 줄여 많은 판매자 확보			
RS Revenue Streams 수익원	· 광고수익 (네이버 전체 수익 50% 이상 차지) · 네이버 커머스 솔루션 : SME 사업 스케일 업을 위한 기술 솔루션 제공하는 서비스 · 네이버 브랜드 스토어 : 삼성전자, LG전자, 애플,아모레퍼시픽 등 주요 브랜드 600여 곳 입점 · 네이버 쇼핑라이브, 스마트 스토어 활성화			
KR Key Resources 핵심자원	· 네이버 쇼핑에 입점한 스토어(수) · 스토어들의 판매실적 및 이용자(수) · 대표 검색엔진 기반으로 한 브랜드 파워, 광고료와 판매 수수료			
KA Key Activities 핵심활동	· 스마트스토어 런칭 및 인공 프로그램을 도입 · 다양한 기업들과의 파트너십을 체결 · 고객유치관련 네이버 플러스의 다양한 멤버십 혜택을 제공 · 스마트물류센터 인증			
KP Key Partnerships 핵심파트너십	· CJ대한통운 : 라스트 마일 배송 확보 · 파스토 : IT 풀필먼트 서비스 제공 · 신세계 : 이마트의 구매력과 오프라인 점포 활용	· Cafe24 : 기술 솔루션과 마케팅 등을 활용하여 글로벌 진출을 지원 · 티빙 : 네이버 플러스 멤버십 가입고객에게 티빙 이용권 제공		
CS Cost Structure 비용구조	· 개발 운영비용, 파트너 비용, 마케팅 비용, 인프라 비용			

5. 한국의 e커머스시장 발전 방향 [무한한 가능성의 한국 e커머스 시장]

▪2021년 우리나라 e커머스 시장규모는 161조원으로 세계 5위 임. e커머스 시장이 발달한 주요 나라들과 비교해보면 우리나라 시장은 절대 1강 기업이 없는 파편화된 시장이라는 독특한 면이 있음. 하지만 최근, 쿠팡이 미국 증권시장에 상장하면서 5조원대 투자를 유치하였고, 네이버는 물류와 오프라인 유통 최강자들인 CJ, 신세계 그룹과 협업을 하면서 실질적으로 e커머스 시장은 쿠팡과 네이버 간 양강체제의 구조라고 할 수 있음.

두 사업자 모두 시장점유율이 10%대로 크지 않지만 잠재적 시장규모가 큼. 즉, 양사 간 경쟁 심화로 피해를 입는 것보다 양사 시장점유율 확대에 따른 시장재편으로 인한 수혜가 훨씬 더 클 것으로 예상되는바 쿠팡은 유기적 협력, 네이버는 자회사 설립을 하여 양 사의 지배력을 강화할 필요성이 있음.

2019·2020년 e커머스 매출 톱10 국가 단위 : 10억달러

순위	국가	2019년	2020년	증감률
1	중국	1,801.53	2,089.78	16.0%
2	미국	601.65	709.78	18.0%
3	영국	133.92	153.61	14.7%
4	일본	123.45	130.61	5.8%
5	한국	87.08	104.06	19.5%
6	독일	79.47	92.33	16.2%
7	프랑스	66.00	77.27	17.1%
8	인도	42.58	51.52	21.0
9	캐나다	32.49	39.22	20.7%
10	스페인	26.77	32.89	22.9%

▪네이버와 카카오는 약 10일이 지나면 납품업체에 대금을 정산 해주는 것에 비해 쿠팡은 60일에 맞춰서 정산을 해줌으로 그렇게 쌓아놓은 미정산대금은 1조 3,000억 원에 달함.

▪D-e커머스 리포트(강형구, 2021)에 따르면 퀵에스크로 프로그램을 통하 빠르게 판매대금을 정산 받은 SME는 그렇지 않은 경우를 가정했을 때보다 매출 성장률이 157배 증가하는 효과가 있는 것으로 나타남. 본 자료를 통해 빠른 정산이 판매자에게 주는 긍정적 효과가 크다는 것을 알 수 있음. 쿠팡은 「선택과 집중」을, 판매자보다는 구매자를 우선순위에 두고 판매자 정산 정책을 마련함. 실제로 쿠팡은 배송부터 환불, 반품 등 고객만족(CS) 업무를 모두 진행하기 위한 비용이 필요함. 정산 기한을 앞당기는 경우 그만큼 자금 운용에 차질이 있을 수밖에 없음.

쿠팡도 기업이고, 기업은 살아남기 위해 선택을 해야 함. 결국 플랫폼을 구성하고 물건을 제공하는 「판매자」를 배제하고도, 기업의 근원적인 경쟁력이 유지될 수 있을까 라는 부분의 해결책이 필요함.

▪네이버 e커머스 플랫폼에서 최근 소비자 개인정보의 사적 이용 범죄가 발생하고, 입점 업체가 소비자의 돈을 가로채는 사건이 이어지는 등 소비자 보호시스템이 제대로 작동하지 않고 있다고 지적되고 있음.
▪소비자 보호 측면에서 문제는 네이버쇼핑에서도 발생함. 네이버쇼핑에 입점한 전자제품 판매 업체가 「자동 구매확정」 기능을 악용해 수십 명 소비자에게 돈만 입금 받은 사실이 밝혀짐. 피해자들은 고가의 전자제품 배송기간을 길게 설정한 뒤 물건이 도착하지 않은 상황에서 자동으로 구매 확정이 되어 판매자가 대금을 편취할 수 있도록 한 「시스템의 문제」를 지적한바, 네이버 측의 입장은 「판매자가 정책을 악용 했다」는 것임

e커머스 시장에서의 소비자의 신뢰는 가장 중요한 요소 중 하나임. 네이버는 현재 사례를 예방하는 시스템 고도화를 검토하고 있다고만 밝히는 바, 구체적이고 확실한 소비자 보호 시스템을 구축하여 「소비자와의 신뢰 회복」을 이루어 내야함.

쿠팡 & 네이버 양사 모두 소비자와 공급자의 이익을 적절하게 혼용하여 상생 관계의 선순환체계를 만들 때 한국 e커머스 시장의 발전에 이바지 하게 될 것임.

5.1.3. 조직분석인 7S Model을 이용한 『다이소 7S 분석』 실습사례

분석의 목적은 무엇인가?, 전략적 시사점을 얻기 위한 것이다. 아래의 2가지 실습사례에서 독자가 배울 수 있는 시사점이 무엇이 있는지 연구해 보자.

다이소

7S 분석

Strategy 전략

" 놀라운 가치로 고객에게 즐거움과 감동을 "

천원의 가치를 소중하게 여기는 균일가 정신.

좋은 품질을 좋은 가격으로!
고객의 기준이 다이소의 기준입니다.

System 시스템

소비자 중심경영

기업이 수행하는 모든 활동이 소비자 중심으로 이루어지는 경영으로써
제품기획, 구매, 홍보, 영업, 생산, 물류, 품질, 서비스 모든 과정에서
소비자의 소리를 들어 소비자의 효율과 권익이 증진됨.

협력사와 상호신뢰하는 파트너십 관계를 구축

불공정거래 예방시스템 구축
협력업체 경영환경 개선
감성소통 강화

Structure 조직구조

사원
- 실무 담당
- 조직 문화 체계 습득

주임-계장
- 실무 담당 및 운영
- 사원관리 및 지원

대리-과장
- 팀장 직책 후보군
- 부서 내 팀 운영

차장-부장
- 부서장 직책 후보군
- 부서 운영

임원
- 실, 부문, 본부 총괄
- 영업, 상품, 물류, 재경, 경영지원, 인사총무, TQC

Shared Value 공유가치

미션
놀라운 가치로
즐거움과 감동을

\+

비전
대한민국 NO.1
생활문화 기업

Shared Value 공유가치

01 **고객중심**
우리는 고객에게 믿음과 신뢰를 주는 상품과 서비스를 제공합니다.

02 **도전정신**
우리는 현실에 만족하지 않고, 더 높은 목표를 지향합니다.

03 **주인의식**
우리는 주인의식을 가지고 개인 보다 전체를 위해 협력합니다.

Style 스타일

다이소 박정부 회장 曰

"
균일가 사업은 마진을 좇는 순간 망한다.
값싼 상품을 찾아 이윤을 먼저 추구하기보다,
싸고 좋은 물건으로 많은 고객이 찾아오도록 해야 한다.
"

Style 스타일

솔선수범의 리더십

박 회장은 여전히 매일 오전 5시 반에 일어나 출근한다. 업무 시간 집중력을 높이기 위해 늦어도 자정이 되기 전엔 잠든다. 일주일에 3번은 유산소 운동과 웨이트 트레이닝으로 몸을 단련한다. 그의 집무실엔 그 어디에도 잠자는 공간이 없다. 한 달에 최소 1~2번은 제주에서 강원 고성까지 전국 다이소 매장을 다니며 직원들을 만난다.

Skill 조직수준

Staff 조직구성원

서비스 마인드를 갖춘 인재
상냥하고, 밝고 친절한 사람을 귀하게 생각합니다.

최고가 되기 위해 노력하는 인재
현재에 만족하지 않고 다방면으로 끊임없이 노력합니다.

열정적인 인재
자신의 일을 사랑하고, 결과뿐만 아니라 과정도 소중히 여깁니다.

긍정적인 인재
어려움 속에서도 희망을 보며 '할 수 있다'고 생각합니다.

정직한 인재
손해 보더라도 끝까지 자신에게 정직한 사람을 지지합니다.

경력단절 여성채용

-2016년엔 경력 단절 여성의 고용을 창출한 기여로 금탑산업훈장을 받았다.

"직영점 점장 99%, 매장 직원 95%가 여성이다. 이 가운데 30~50대 경력단절 여성 비율이 93%(2022년 기준)다. 사회에선 이들을 '경단녀'라고 하지만, 내 눈엔 그들이 귀중한 육아 경험과 살림 센스가 있는 '살림의 귀재들'로 보였다. 생활용품을 잘 알고 아이디어가 많을 뿐 아니라, 몸에 밴 정리와 관리 습관이 우리 업무와 잘 맞는다. 매장 곳곳에서 이들의 센스가 발휘되고 있다."

5.1.4. 조직분석인 7S Model을 이용한 『현대자동차 7S 분석』 실습사례

HYUNDAI

현대 자동차
7S 분석

목차

1. 전략 - Strategy
2. 시스템 - System
3. 구조 - Structure
4. 스타일 - Style
5. 조직 수준 - Skill
6. 조직 구성원 - Staff
7. 공유가치 - Shared valued

현대 자동차의 전략

"고객의 모든 시간을 가치 있게"

- 무한책임정신 - 고객의 안전과 행복에 대한 무한책임정신은 품질경영으로 구현되며, 우리 사회를 위한 무한가치 창조로 이어집니다.
- 가능성의 실현 - 하나의 목표달성에 안주하지 않고 늘 새로운 목표를 향하여, 실패를 두려워하지 않는 도전정신으로 더 큰 미래를 창조합니다.
- 인류애의 구현 - 인류를 위한 가치, 더 좋은 제품과 서비스를 더 많은 사람에게, 더 신속하게 제공하여 인류의 생활을 보다 풍요롭게 합니다.

현대자동차 2020 전략
"자동차를 인간의 생애와 함께 나아가는 평생의 동반자로 인식."
인간 중심적이고 환경 친화적인 혁신 기술과 포괄적 서비스를 기반으로 최상의 이동성을 구현하여 삶을 더욱 편리하고 즐겁게 영위할 수 있는 새로운 공간을 제공.

"고객의 모든 시간을 가치 있게"

사람과 사람, 사람과 기술이 자유롭게 소통하는 역동적 미래. 그 핵심에 고객 중심의 미래 혁신 계획인 '2025 전략'이 있음. 이 전략의 궁극적 목표는 '고객의 모든 시간을 가치 있게 만드는 것'.

- 스마트 모빌리티 디바이스 - 새로운 모빌리티 디바이스로 제품을 다각화해 끊김 없는 이동의 자유로움과 미래 전동화 시대 선도.
- 스마트 모빌리티 서비스 - 현대자동차는 새로운 플랫폼과 콘텐츠로 맞춤형 고객 서비스와 가치를 선사.
- H2 솔루션 - 수소는 현대자동차그룹의 새로운 아이덴티티. 수소연료전지차량(FCEV) 개발을 넘어, 수소 연료전지시스템 기술을 고도화하고 영역을 확대해 그룹의 수소 생태계 이니셔티브를 주도하는 것을 목표.

현대자동차 2025 경영전략

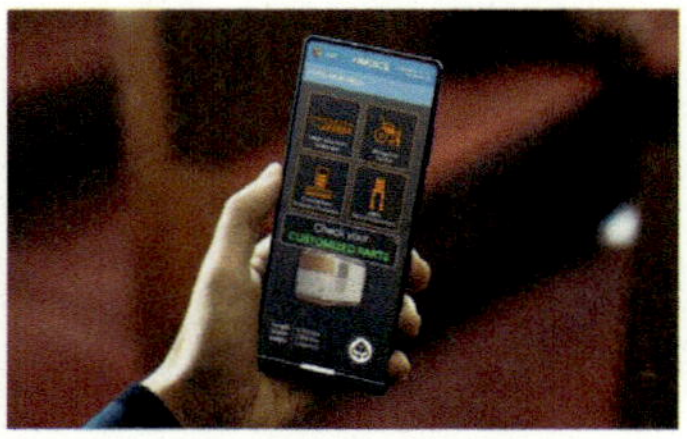

스마트 모빌리티 디바이스	▪ UAM(Urban Air Mobility) ▪ PBV(Purpose Built Vehicle) ▪ 로보틱스(Robotics) ▪ 라스트마일 모빌리티(Last Mile Mobility)
스마트 모빌리티 디바이스	▪ 버추얼 개발 프로세스 도입 확대 ▪ 스마트 팩토리 구축 ▪ 전 권역 비대면 판매 및 서비스 채널 확대
스마트 모빌리티 서비스	▪ 통합 모빌리티 플랫폼 구축 ▪ 지역 커뮤니티 기반의 신규 사업 모델을 추가 ▪ 교통 약자 및 교통 문제 해결 등을 통해 사회적 가치를 제고
H2 솔루션	▪ 수소연료전지시스템 브랜드 'HTWO'를 선보이며 수소 생태계 확장 ▪ 전 수송 영역에서 기존 내연기관을 대체할 계획

현대 자동차의 시스템

이사회 운영

현대 자동차는 매 분기마다 정기 이사회 및 각종 위원회를 개최하여 법령과 정관에 규정된 사항이나 회사 경영에 관한 주요 사항을 결의합니다. 이사회 또는 위원회의 의결이 필요한 사항이 발생할 경우에는 수시로 개최되며, 이사회 의장 또는 이사회에서 달리 정한 이사가 소집합니다. 이사회 소집 시에는 이사회 규정에 따라 회의일로부터 7일 전까지 각 이사에게 개최시기, 장소 및 안건을 통지하고 있으며, 결의는 관계 법령에서 달리 정하는 경우를 제외하고 이사 과반수의 출석과 출석이사 과반수의 찬성으로 하고 있습니다. 이사회는 과반수를 사외이사로 구성하여 사외이사에게 모니터링과 견제 기능을 부여하고 경영참여 기회를 제공함으로써 이사회의 운영 효율성을 제고합니다. 또한, 이사회에서는 윤리/준법경영, 리스크 관리 등 회사 운영과 직결된 중대한 사안에 대하여 감독하는 기능을 수행하고 있습니다.

이사회 운영

이사회는 정기적으로 개최하는 것을 원칙으로 하여 매 분기마다 개최하고 있으며, 임시이사회는 필요한 경우 관련 규정에 따라 수시로 소집할 수 있습니다. 이사회는 개별이사의 출석 여부와 안건에 대한 찬반여부 등 활동내역 등의 내용을 정기보고서를 통해 공개하고 있으며, 관계 법령에 명시된 일부 예외적인 경우를 제외하고 이사 과반사의 출석 및 출석한 이사의 과반수 찬성을 통해 결의합니다.

2021년 이사회 운영 현황

개최	의결사항	보고사항
9회	19건	14건

2021년 이사회 참석률

평균 참석률	사내이사 참석률	사외이사 참석률
94%	86%	100%

이사회 평가

이사회 운영/활동 평가

매년 이사회의 역할과 책임, 구조, 운영 등 다방면의 주제로 구성된 30가지 항목에 대하여 사외이사에 의한 이사회 운영 평가를 실시합니다. 각 평가 항목에 대한 사외이사의 의견을 반영하고 이사회에서 평가 결과에 대해 논의하며 이사회 운영을 지속적으로 개선하고 있습니다. 또한, 매년 사외이사의 적극적인 직무 수행을 도모하기 위해 성실성, 공정성, 전문성 등의 기준으로 내부 임원에 의한 자체평가를 실시하며, 평가 결과는 사외이사 재선임 시 고려되고 있습니다.

이사 및 경영진 성과평가 및 보상

이사의 보수는 주주총회에서 결의된 한도 내에서 집행되며, 보수위원회의 심의를 거쳐 결정됩니다. 또한, 경영진의 보수는 리더십, 전문성, 회사 기여도 등의 성과평가를 바탕으로 결정됩니다.

CEO 보상 및 산정 기준

CEO의 성과 평가 및 보상 시 매출액, 이익률, 순현금유동성, 부채비율, 시장점유율 등 재무 평가 결과와 더불어 주가, ESG, 브랜드력 등에 대하여 동종사 간의 비교 평가 결과를 반영하고 있습니다. 2021년 기준, CEO의 보수는 977백만 원이며, 기본급 694백만 원 상여 270백만 원, 기타 근로소득 13백만 원으로 구성되어 있습니다.

이사회 의사결정 프로세스

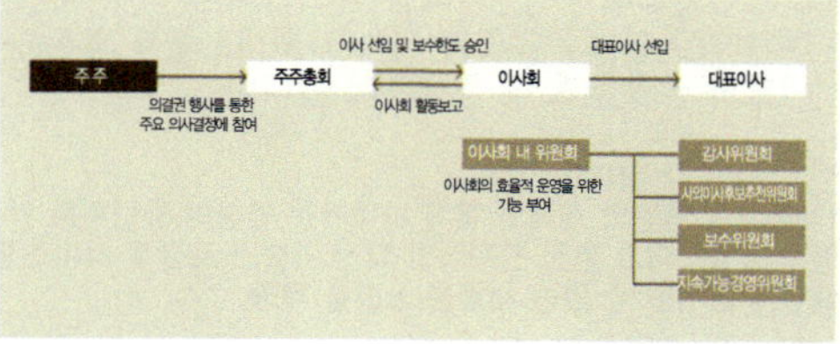

이사회 보수 지급 기준

구분	지급 기준
사내이사	• 급여 : 주주총회 결의로 정한 이사보수한도 범위 내에서 현대자동차 임원 급여 표 및 임원임금 책정기준을 기초로 하여 직무·직급, 근속기간, 리더십, 전문성, 회사 기여도, 인재육성 등을 종합적으로 반영하여 지급 • 상여 : 임원보수지급기눈(성과 인센티브)을 기초로, 계량지표로는 매출액 및 영업이익 등의 사업실적 및 사업목표 달성 정도, 비계량지표로는 경영진으로서의 성과 및 기여도, 대애외 경영환경 등을 종합적으로 고려하여 지급 • 기타근로소득 : 회사 규정에 따른 진료비, 학자금 등 복지지원 비용 및 장기근속 포상금 등
사외이사	• 주주총회 결의로 정한 이사보수한도 범위 내에서 독립성 및 투명성을 보장하기 위하여 고정 보수로 지급하며, 경영성과에 연동되는 별도의 경영성과급은 지급하지 아니함.

보수 내역

(단위: 백만 원)

구분	CEO[1]	사외이사	이사회	직원[2]	CEO-직원 보수 비율
인당 평균 보수액	977	102	1,339	96	10.22배

※ 상세 내용은 금융감독원 전자공시시스템에 공시된 2021년 사업보고서를 참조 바랍니다.

[1] CEO : 장재훈 대표이사 사장 기준

[2] 직원 : 등기임원을 제외한 전체 임직원(미등기임원 및 직원)

현대 자동차의 스타일

비전

지속 가능한 성장을 위한 목표와 현대자동차가 추구하는 미래를 제시합니다.

휴머니티를 향한 진보 Progress for Humanity

우리는 진보가 인류에 대한 깊은 배려와 맞닿아 있을 때 비로소 의미를 가진다고 믿습니다.

휴머니티는 우리를 하나로 만들고, 우리의 관계를 더욱 단단하게 해줍니다.
그리고 무엇에 힘을 쏟아야 할지 알려주며, 혁신을 향해 나아가야 할 지향점을 제시해줍니다.

이러한 원칙으로 우리는 관계를 더 강하게 하고,
서로를 공감하게 하여 더 가치있는 삶을 제공합니다.

우리는 인류를 위해 옳은 일을 하고자 존재합니다.

현대 자동차의 구조

부문별 주요 계열회사
완성차 부문 : 1개사, 철강 부문 : 3개사, 건설 부문 : 5개사
부품 부문 : 7개사, 금융 부문 : 3개사, 기타 부문 : 9개사

현대 자동차의 조직 수준

소프트웨어 중심 자동차

-소프트웨어 경쟁력에 18조 원 투자, IT 중심 모빌리티 기업으로 적극 전환
-차세대 공용 플랫폼 개발, 통합 제어기 적용으로 SDV 전환 및 보급에 박차

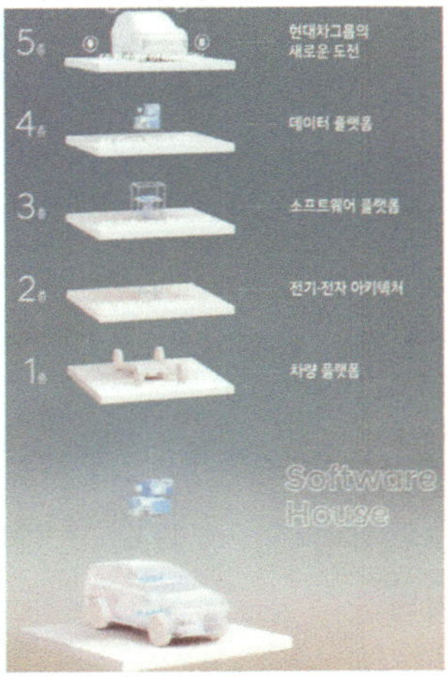

2021 지속가능경영 성과

구분	성과	기관
다우존스 지속가능경영지수 (DJSI)	• 2019년부터 DJSI 코리아 지수 편입 • 2021년 DJSI 월드 지수 편입	Member of Dow Jones Sustainability Indices
탄소정보공개 프로젝트 (CDP)	• Climate Change B등급 • Water A-등급	CDP DISCLOSURE INSIGHT ACTION
중국사회과학원 CSR평가 (CASS-CSR)	• '2021 중국 기업사회책임 발전지수 평가'에서 6년 연속 자동차기업 부문 1위 선정	CASS CSR
iF 디자인 어워드	• 2021 현대자동차 지속가능성 보고서, '2022 iF 디자인 어워드' 수상 (커뮤니케이션 부문)	iF DESIGN AWARD 2021

2022년 1Q 기준

일반 현황

233조 9,464억 원
총자산

117조 6,106억 원
매출액

신용등급

Baa1	BBB+	AA+
Moody's	S&P	NICE신용평가

현대 자동차의 조직 구성원

유연하고 창의적인 조직 문화와 조직원을 육성하는 것이 중점

- **수평적 조직문화** – 총 6단계의 임원 직급을 역할 기반의 4단계로 축소하고 일반적 직급에는 기존 직위/연공에 따라 사원은 G1, 대리를 G2,과장을 G3, 차장/부장을 G4로 구분하고 G1, G2는 '매니저'로, G3, G4는 '책임 매니저'로 단순화
- **자율 출퇴근제 공장에도 확대**
- **복리후생 프로그램** - 총 13개의 복리후생, 그 중 사내 어린이집, 육아휴직, 배우자 출산휴가 등이 있고 모두 유급휴가
- **임직원 다양성 증진 프로그램**
- **수시 채용 제도 안정화** – 2020년부터 정기 공채를 폐지하고 국내 기업 최초로 수시 채용으로 전면 개편 후 2022년부터 안정화. 이후 비대면 채용을 활성화, 직원추천 제도, 인턴 채용의 비중을 크게 하는 등 MZ세대와 발 맞춰 가는 채용 방식을 추구.

현대 자동차의 공유가치

현대자동차그룹 모든 구성원에게 내재되어 있는 핵심가치는 더 나은 미래를 향한 구체적 행동 양식 임.

- **고객 최우선** - 최고의 품질과 최상의 서비스로 모든 가치의 중심에 고객을 최우선으로 두는 고객감동의 기업 문화를 조성
- **도전적 실행** -현실에 안주하지 않고 새로운 가능성에 도전하는 열정과 창의적 사고로 반드시 목표를 달성
- **소통과 협력** - 타 부문 및 협력사에 대한 상호 소통과 협력을 통해 "우리"라는 공동체 의식을 나눔으로 시너지 효과를 창출
- **인재 존중** - 우리 조직의 미래가 각 구성원들의 마음가짐과 역량에 달려 있음을 믿고 자기계발에 힘씀, 인재 존중의 기업문화를 조성
- **글로벌 지향** -문화와 관행의 다양성을 존중하며 모든 분야에서 글로벌 최고를 지향하고 글로벌 기업 시민으로서 존경받는 개인과 조직이 되고자 함

5.2. 외부환경 분석기법

본 책에서 소개하는 외부환경 분석기법으로 거시환경분석기법인 PESTLE, 현재와 미래의 대응방안을 도출할 수 있는 산업구조분석인 5Force이다.

5.2.1. 제시되는 실습사례는『PESTLE 방법론을 이용한 Last-mile Logistics 현황과 전략과제 연구』

PESTLE 방법론을 이용한 국내 Last-mile Logistics 현황과 전략과제 연구

Presentation Index & Contents

1. 서 론
1)연구 배경 및 목적
2)전략 추진 체계

2. 연구설계
1)연구 대상 및 기간
2)연구 방법론 PESTLE

3. 본 론
1)한국의 라스트마일 물류 현황
2)PESTLE 분석

4. 결 론
1)전략적 시사점
2)향후 연구계획

Last mile Brainstorming

▶ 연구프로젝트를 시작하기 앞서 라스트 마일 물류(Last mile logistics)와 최종 소비자 만족에 대한 Brainstorming을 통하여 Key words를 도출 및 정리 함
▶ 도출된 Key words를 대상으로 Worldcloud를 이용, 자주 언급된 단어들을 재차 정리하여 본 연구의 전략방향을 정립

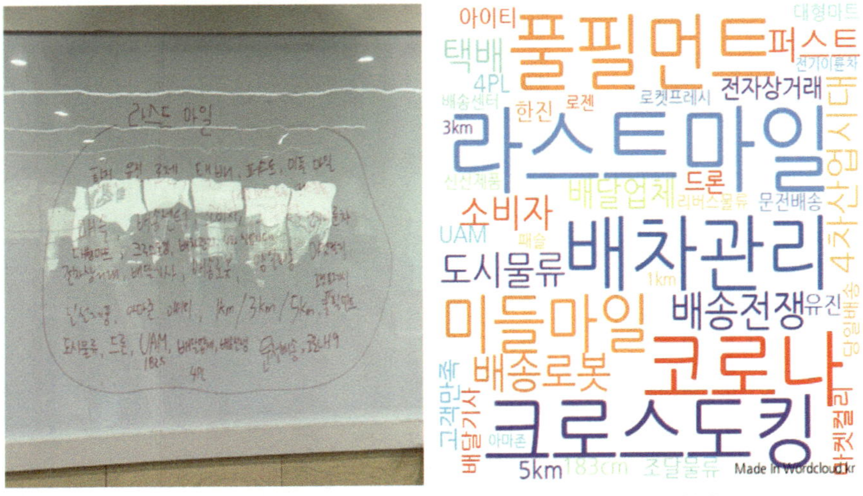

[Last mile logistics & End consumer에 대한 Brainstorming 실례]

Team Introduction 연구팀 소개

금 프로젝트의 성공적 연구를 위하여 ○ ○ ○ 학과 학생 7명으로 연구진을 구성하였고, 연구원들의 경험과 스킬 등을 반영하여 책임과 역할(R&R), 연구책임자(PM)를 각각 임명함.

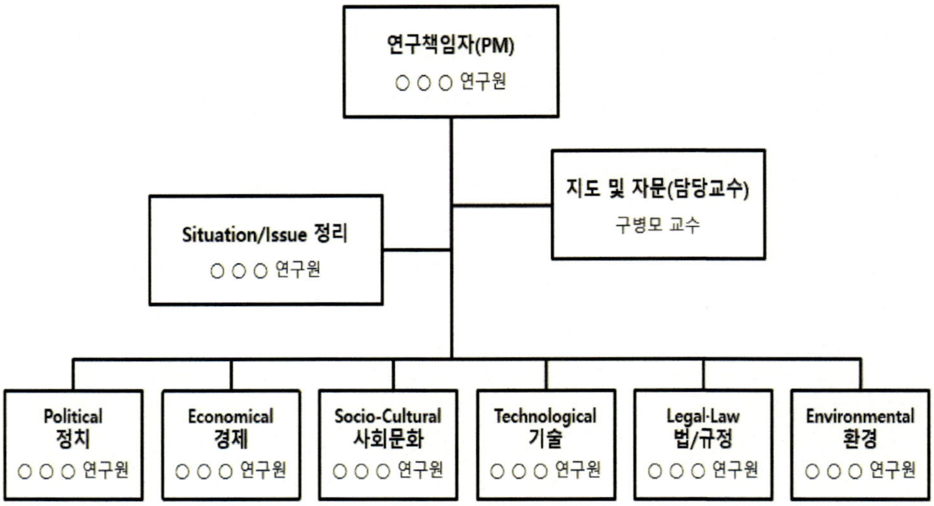

[연구진 조직도 및 R&R]

1. 서론

[연구 배경 및 목적]

불과 몇 년 전 까지만 해도 제조업체들은 자사의 생산기지를 중심으로 그 인근에 보관 창고를 짓고 대리점이나 중간 물류센터로 출고하기 용이한 형태로 상품을 적재해 공간 및 시각 활용을 최적화하기 위해 노력 했었음. 이른바 **퍼스트 마일 물류**의 최적화.

정보 통신 기술의 발달과 전자상거래 활성화로 배송 서비스의 이용도는 상승세를 보이고 있음. 코로나19 팬데믹 사태를 기점으로 인터넷, 스마트폰을 통해 **비대면 배송 서비스를** 이용하는 소비자 수와 그에 따른 횟수도 점점 증가하고 있음. 2020년은 2019년 대비 20.93% 증가했고 특히, 생활/건강과 식품 카테고리는 전년도 대비 50% 증가라는 폭발적인 성장세를 보였음.
또한, 한국통합물류협회에 따르면 2000년도 까지만 해도 연간 2.4회에 머물렀던 1인당 택배 서비스 이용 횟수가 2021년 기준 70.3회로 증가하고 있는데, 이는 최종 소비자와 물류회사 간의 접촉 빈도 또한 폭증하고 있음을 단적으로 보여주고있음.

하지만 택배 물동량과 매출에서 급성장이 이루어지고 있음에도 불구하고 택배 단가는 2021년도 대비 -5.6%라는 감소세를 기록했는데, 이는 타사와의 경쟁에서 우위를 점하기 위해, 각 업체는 최대한 가격을 낮춰 부를 수 밖에 없었음.
또한, 전자상거래 발달로 **소포장, 라스트 마일 딜리버리**(전체 물류 프로세스 중 53% 차지)가 늘어난 점도 하나의 수익 악화 원인으로 꼽을 수 있음. 따라서 국내 택배사의 단가 낮추기 경쟁은 한계에 다다르고 있음.

이와 같이 택배단가 출혈경쟁을 진행하는 와중에도 **퀵커머스**라는, 당일배송을 넘어선 3세대 배송서비스마저 나타나고 있음.

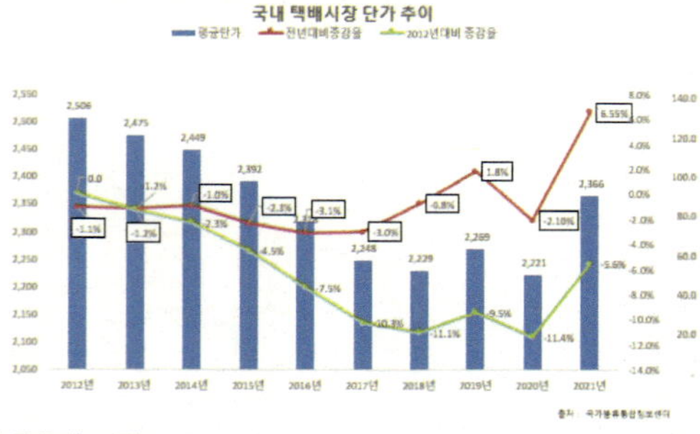

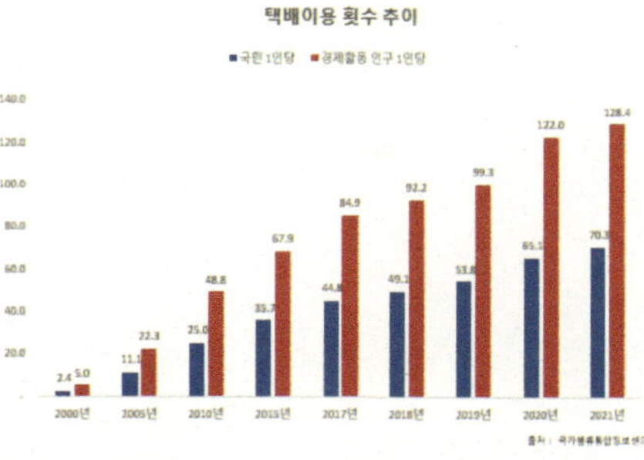

본 프로젝트 팀은 라스트 마일단계에서 발생하는 환경적 요인과 서비스 요인을 PESTLE 기법으로 분석하여 구체적으로 살펴보고, 배송 서비스 마지막 단계에서 최종 소비자의 만족을 위한 전략과제를 제시하고자 하는 것을 목적으로 연구하였음.

[전략 추진 체계]

본 연구의 체계적인 진행과 필요한 주요 산출물의 도출·관리를 위해 7단계의 추진 체계로 접근하였으며, 이를 단계적으로 실행하기 위해 7개의 모듈로 구분 및 전문화 하여 추진함.

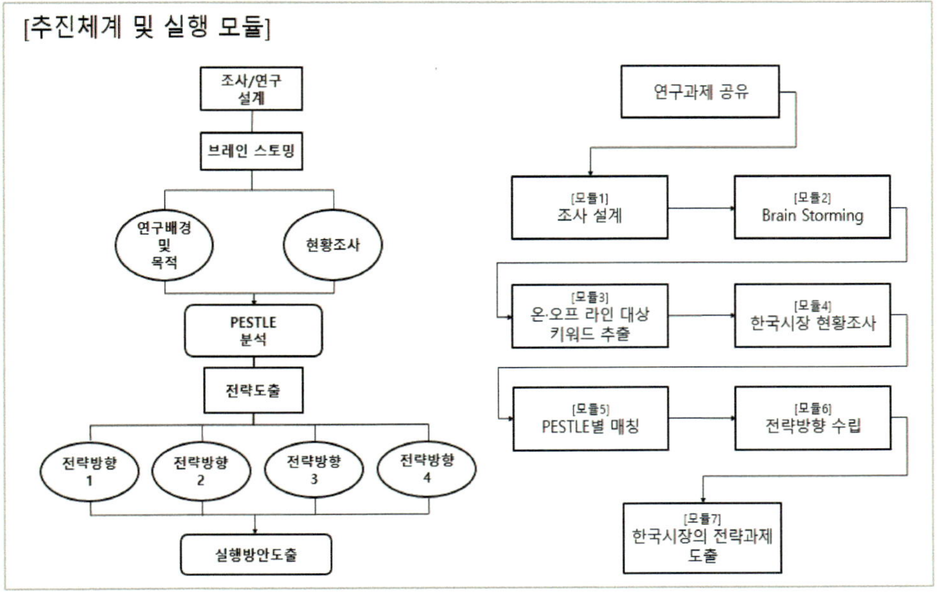

2. 연구설계

[연구대상 및 기간]

연구대상

기술적 측면에서 물류와 IT기술의 만남·감성적 측면에서 고객만족과 감동 등을 모두 포함하며 중요성이 더욱 높아지고 유통산업의 미래전략으로 서비스측면에서 안전과 편의성이 높은 새로운 배송 서비스를 제공하는 라스트마일 딜리버리를 연구대상으로 함.

연구기간

2024년 3월 30일 연구 프로젝트를 Kick-off, 5월 1일 까지 7단계의 수행 모듈에 준하여 한국의 라스트마일 물류 현황을 짚어보고 전략과제를 도출함.

		30th Mar ~ 1st May				
		Week1	Week2	Week3	Week4	Week5
조사 및 연구설계	OOO 등 8명	■				
Brain-storming	OOO 등 8명		■			
On/Off line에서 키워드 추출	OOO 등 8명		■	■		
한국시장 현황 조사	OOO 등 8명				■	
Issue Tree 기법을 이용 PESTLE별 매칭	OOO 등 8명				■	
전략방향 수립	OOO 등 8명			■	■	
한국시장의 전략과제 도출	OOO 등 8명					■

[연구방법론 PESTLE 소개-개념]

- ▶ 외부환경 분석은 지속적인 경쟁우위 확보, 기회와 위협의 정의, 다른 조직과 협업 측면에서 매우 중요함. 이와 같은 외부환경 분석기법으로는 PEST, STEEP, PESTLE이 있는데 모두 ETPS로 알려진 Aguilar의 사상을 원조모델(the original form)로 함.
- ▶ 이는 정치(Political), 경제(Economical), 사회문화(Social/Culture), 기술(Technological), 법(Legal/Law), 환경(Environmental) 사회현상 및 환경 전반을 아우르는 객관성이 검증된 전략기법 임.
- ▶ PESTLE 기법은 기업입장에서 2가지의 기본적 기능, 4가지 필요한 때를 제공해주며 보통 5단계를 통하여 분석.

PESTLE 분석 5단계
Analysis 5 Phase

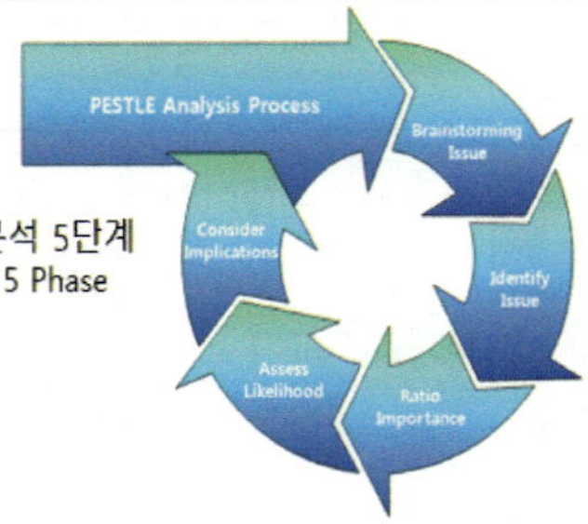

단계별 핵심 내용	1단계	조직에서 제어할 수 없는 외부의 핵심이슈를 목록 화
	2단계	각 이슈에 대한 시사점을 광의측면으로 정의
	3단계	조직입장에서 광의 이슈에 대하여 상대적 중요도 순으로 정리 ex) Critical, Extensive, Important, Significant, Moderate 등
	4단계	3단계의 이슈를 발생가능 순으로 정리 ex) Certainty, Extremely likely, Potential, Remote, possibility, Will not transpire 등
	5단계	4단계 까지 정리된 이슈를 조사하여 요약

PESTLE 기법의 2가지 기본 기능과 3가지 필요한 때

구 분	핵심 내용
기본제공 기능	기업경영을 둘러싸고 있는 환경을 정의할 수 있음
	기업이 불확실한 미래의 상황과 환경을 예측할 수 있는 데이터나 정보를 제공 함
필요할 때	새로운 상품이나 서비스를 출시하고자 할 때
	새로운 지역이나 국가에 진출하고자 할 때
	시장 확장을 위하여 새로운 유통경로를 검토할 때

[연구방법론 PESTLE 소개-요소별 핵심 조사 내용]

기업입장에서 2가지의 기본적 기능, 4가지 필요한 때를 제공해주는 거시환경 분석 방법론인 PESTLE은 요소별 핵심 조사 내용을 반영하여 연구의 목적에 부합되는 내용을 도출해 낼 수 있음

PESTLE 구성 6대 요소	핵심 조사 내용
Political (정치)	민영화, 산업구조조정, 좌우파의 정책성향, 여론 등 입법 前 국회계류 중인 법안, 녹색물류, 스마트 창고, M&A(인수합병)
Economical (경제)	환율, 금리, 무역수지, 신용경색 정도, 가계부채, 가처분소득, 인플레이션 증가 및 감소율, 경기 성장률, 소비수준 등 시장규모, 매출 등 손익(계산서), 자산 등 재무상태(표), 경쟁사 등장
Socio-cultural (사회/문화)	인구통계, 사회문화, 문맹률, 교육수준, 고령화 정도 나이, 지역별 인구분포도, 인구이동 등 라이프스타일(AIO), 행동양식, 규범, 사회전반의 가치
Technological (기술)	디지털통신, 생명공학, 바이오 공학, 에너지 및 의학, 지적재산권 등 물류4.0기술, 4차산업혁명 핵심기술, 국토교통부에서 인증하는 신기술
Legal-Law (법/규정)	탈규제화, 시장자율경쟁, FTA, 법률 재개정, 법률의 일몰 등 물류부문 각종 인증제도, 샌드박스 규정
Environmental (환경)	기후변화, 대기오염, 지구온난화, 자원고갈, 미세먼지, 공해 등 리버스물류 영역 (반품, 회수, 재활용)

3. 본론

[한국의 라스트마일 물류 현황]

국내시장 택배물동량 추이

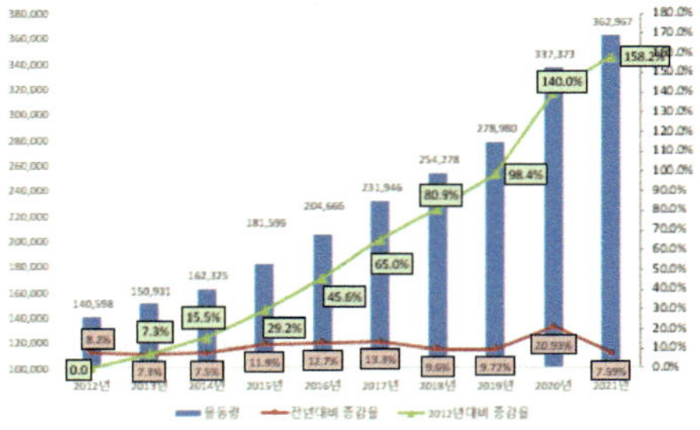

1. 택배물류 산업, 대표적 생활 밀착형 물류 서비스 업으로 부상

· 최근 정보통신기술의 발달에 의해 전자상거래와 홈쇼핑 시장의 급격한 성장과 유통기업의 온라인판매 비중 증가를 바탕으로 이용횟수, 물동량, 매출액 분야에서 매년 새로운 기록을 경신해 나가고 있음.
· 2011년 이후 6년간 연평균 10.1%의 지속적인 증가세를 보이고 2016년 20억 개를 돌파했음. 2021년 총 택배 물량은 36억 2천 만개로 조사 되었고, 2020년(33억7천 만개) 대비 7.59% 성장함.

2. 지난해 시장 규모 7.5조 추산

· 국내 라스트마일 시장은 택배, 유통사의 자가물류(ex. 쿠팡 로켓배송), 음식배달 서비스로 급격히 성장한 이륜차 배송시장으로 구분됨.
· 2020년 택배기업 전체 매출을 8조로 추정 했을 시, 전체의 44%를 차지.
· 코로나로 인한 Ontact 시기는 온라인 쇼핑의 폭발적 성장 뿐 아니라 상품 품질 보존(신선식품), 교환 및 반품, 오프라인 픽업, 멤버십을 통해 다양한 고객의 수요를 충족하기 위해 경쟁이 가속화 되고 있음.

3. 라스트 마일을 선점하기 위해 나선 기업들

· 현재 당일배송, 편의점 택배, 새벽배송 등이 주요서비스로 실행되고 있음.
· 정보통신 기술발달로 인해 신선제품, 생필품 등을 온라인에서 구매하는 소비자가 증가함에 따라, 쿠팡은 로켓프레시 서비스로 신선식품 주문 시 다음날 아침 7시까지 수도권 배달을 시행하고 있고, 마켓컬리는 새벽배송이라는 이름으로 밤 11시 이전 주문에 대해 다음날 아침 7시까지 배송. LOTTE는 신선식품 주문 시 물류 센터에서 30분 이내 배송을 시행. 신세계는 쓱배송 서비스로 전날 오후 6시까지의 주문을 다음날 새벽/오전까지 배송.

4. 라스트 마일 딜리버리 트렌드

· 스마트폰을 이용하여 언제 어디서든 손쉽게 상품을 구매하게 되면서 요구되는 역량은 Speed로 바뀌어 가게 되고 고객 서비스 대응을 위한 풀필먼트(Fulfilment, 주문 후 이뤄지는 주문 이행 과정)센터로 변화함.
· 메가시티화와 다빈도 소량 배송의 급증은 도심내 소규모 분산물류 시설도입을 촉진 시키고있으며 이미 선진국에서는 다양한 도심 물류 고도화전략을 시도중임.
· 운송수단에서의 혁신도 활발히 이루어지고 있으며, 배송형태 및 배송지의 인구밀도에 따라 드론, 무인택배함과 연계된 자율주행 차량, 소형로봇 혹은 자전거 택배 등으로 라스트마일 딜리버리를 강화.

유통/택배업계 라스트마일 딜리버리 동향

업태	업체	서비스	서비스 상세
이커머스	쿠팡	로켓 프레시	신선식품주문시 익일 오전7시까지 수도권에서 전국으로 배송 영역 확대
	네이버	풀필먼트 강화	스마트스토어 상품 배송 경쟁력 강화를 위해 CJ대한통운 물류 협력
	SSG. COM	쓱배송	새벽배송. 전날 오후6시 주문 시 익일 새벽/오전배송
	마켓컬리	샛별배송	밤11시 이전 주문 시 익일 오전 7시 배송 (20년 매출액 1조 추정)
	배달의민족	B마켓	앱주문 시 배달원이 물류센터에서 피킹 후 배송 (서울 전지역 확대 계획)
오프라인유통	롯데마트	30분배송	신선식품 주문시 물류센터 피킹 후 30분 이내 배송 (서울)
	홈플러스	퀵배송SVC	개별점포를 자체 물류 센터로 활용하여 배송시간 단축
	CU, GS25	40분배송	'요기요'앱으로 편의점 제품주문 시 'Vroong'라이더 배송
택배	CJ	네이버 협력 등	대규모 배송처리능력과 확고한 시장지배력을 기반으로 신규 화주 유치/협업
	한진	홈픽 제휴	GS칼텍스, SK에너지, 스타트업 '줌마' 3사 협력 (C2C배송)
	롯데	편의점택배	세븐일레븐에 국제우편 접수. Fedex픽업. 특송프로세스 수행

출처: 물류신문

[PESTLE 구성 요소별 핵심내용 분석]

한국의 라스트마일 물류는 공급자와 소비자가 공유하는 Digital Transformation을 핵심 기반으로 변화하는 소비문화, 친환경, 생활물류를 반영하여 Big Trend 화하는 것으로 정리할 수 있음.

구분	핵심내용
Political (정치)	· **디지털 융합산업 지원 정책** → 모빌리티 산업 R&D 지원, 로봇 산업 규제 법안 개선 활동 진행 예정 · **이커머스 기업과 지방자치단체 협업** → 11번가, 지자체, CU 편의점 협의-무인택배함을 설치해 안심배송 서비스 '11Pick' 제공 → 정부 또한 우정사업 본부를 통해 무인 우편 창구 운영
Economical (경제)	· **전자상거래 시장 급증** → 인터넷쇼핑몰과 소셜커머스 등 온라인 시장 활성화 → 전체 물류에서 전자 상거래가 차지하는 비중이 기하급수적으로 증가 · **경제 성장률 증가** → 급속히 증가하는 전자상거래로 인한 글로벌 물류 시장 규모가 2024년 까지 연평균 7.5% 성장 추정 · **기업간 경쟁 심화** → 이커머스 시장 전년도 대비 11%증가. → 다양한 고객 니즈 충족을 위해 라스트 마일에 대한 투자가 지속적으로 증가
Socio-cultural (사회/문화)	· **소비문화의 변화** → 비대면 문화 확산으로 소비 패턴 변화 (언 택트, 구독 소비문화, 홈 코노미) · **배송강국 대한민국** → 세계 최고 수준의 배송 속도. → 당일배송, 익일배송 서비스를 당연시 여기는 현상 · **친환경 소비에 대한 소비자 인식** → 소비자 3명 중 1명 "물건 살 때 친환경 기업인지 확인"
Technological (기술)	· **4차 산업 혁명! 물류 4.0 기술** → ABCD(Artificial intelligence , Blockchain, Cloud computing, Big Data) 4차 산업 핵심, 유통 · 물류 시스템 확대 · **국토교통부에서 인증하는 신기술** → '나선형 삼각 바퀴 기반' 로봇 활용 라스트 마일 서비스 확산
Legal-Law (법/규정)	· **데이터3법** → 데이터 이용 활성화를 위해 가명정보 개념 도입 > 배차 · 배송 알고리즘 개발 · **생활물류법** → 택배 사업 허가제에서 등록제로 전환 → 택배 사업 종사자 보호, 택배 사업자 등록, 생활 물류서비스 산업 제도화, 산업의 육성 관리, 소비자 권익증진 기대
Environmental (환경)	· **온실가스와 미세먼지 발생** → 온라인 유통 · 배송 서비스 다양화에 따라 도심 내 배송트럭 운행 증가 · **과대 포장으로 인한 오염물질 배출** → 일회용품, 포장재 사용 증가. → 플라스틱 생활폐기물 발생량 전년대비 14.6% 증가(2020년 기준)

[PESTLE 방법론을 이용한 전략과제 도출]

PESTLE 요소와 Key words를 매칭한 후, Issue Tree 기법을 이용하여 전략방향 4개를 수립하였고, 4개의 전략방향을 실행하여 한국의 라스트마일 물류 서비스 강화를 견인할 수 있는 전략과제 12개를 도출함.

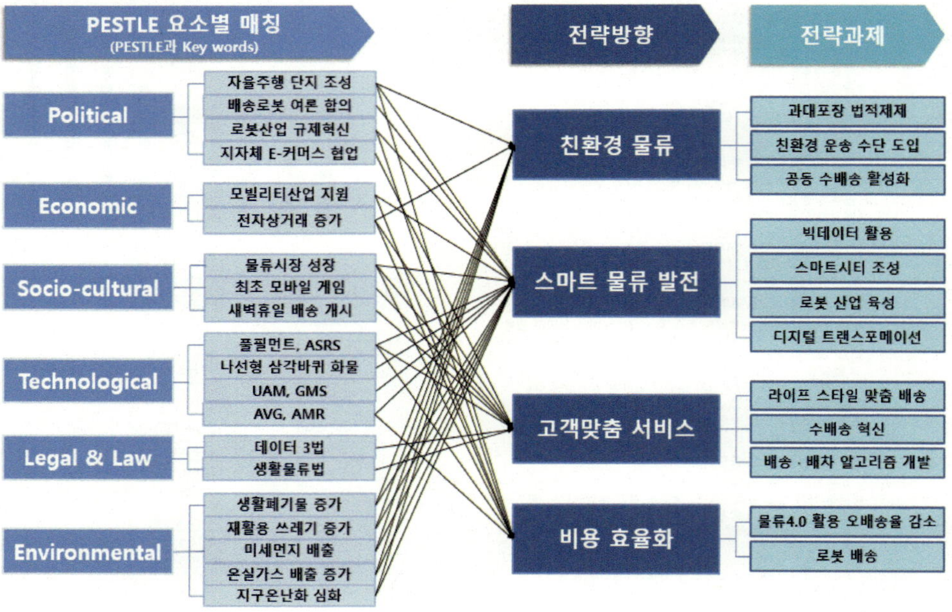

4. 결론

[전략적 시사점]

한국의 라스트마일 물류 현황과 전략과제 도출을 위한 브레인 스토밍, Key words 조사와 PESTLE 요소별 Matching, 이를 통한 전략방향수립과 실행과제를 연구하면서 기업 측면, 소비자 측면, 기업과 소비자 공통 측면의 전략적 시사점을 도출하였음.

1. Greensumer를 고려한 라스트마일 서비스
·기후변화를 예방하고 공급자와 소비자가 친환경에 공헌할 수 있는 리버스물류에 강한 기업을 소비자는 선호함

2. 고객 맞춤 물류 서비스
·1인가구 비율이 27%에 육박하는 라이프 스타일의 다변화를 반영한 맞춤서비스 제공

3. High Technology기반의 Benefit 공유 서비스
·데이터 3법, Logistics4.0을 결합하여 공급자와 소비자가 Benefit을 공유할 수 있는 배송시스템의 개발

[향후 연구계획]

한국산업기술융합학회의 2022년도 전반기 학술대회 논문 투고를 준비하면서, 짧지 않은 기간 동안 8명의 팀원이 혼연일체되어 수행한 「**한국의 라스트마일물류 현황과 전략과제**」를 연구하면서 본 연구에 대한 부족한 부분도 느꼈지만,
연구할 수 있는 기회가 주어 진다면 「**효율적인 재고관리와 라스트마일 배송경로 최적화를 위한 물류와 빅 데이터의 결합**」 분야를 연구하여 산업측면과 학문측면에 좀더 기여하고 싶다는 욕심을 갖게 되었음.

5.2.2. 비즈니스모델 캔버스(BMC, Business Model Canvas)와 산업구조분석(5Force)를 이용하여 『국내대표 전국24시콜화물의 화물정보망 사업모델 분석』 팀 프로젝트로 실습한 결과물

독자의 지식, 기술, 태도와 비교하여 두루 얻는 연구의 시간이 될 것이다.

국내대표 『전국24시콜화물』의 화물정보망 사업모델 분석

Presentation Flow & Contents

1. 서론
   1) 연구 개요
   2) 국내 FIN산업 구조분석(5FA)
2. BMC Analysis
   1) Target Customer
   2) Offering Value
   3) Business Infra
3. Financial Structure
4. 결론

연구 개요

□ **프로젝트의 배경 및 필요성**

- 4차산업혁명 핵심기술의 급속한 실용화, ICT기술의 발달 등으로 물류부문에서도 공유경제와 Start-up 생태계가 활성화되고 DX(Digital Transformation)가 Big trend로 자리잡아가고 있음.
- KOPO의 유일한 스마트물류과가 Logistics O2O Business model을 분석하여 동 분야의 DX와 Start-up의 가능성을 선도하고자 함

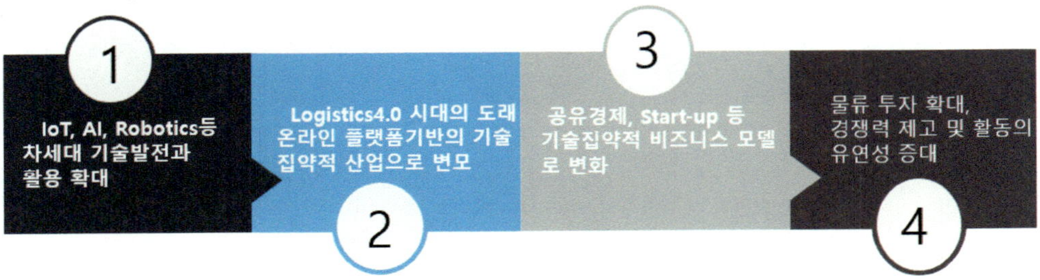

물류O2O 국내 대표기업인 「㈜전국24시콜화물」의 온라인 기반 화차매칭(국내에서는 FIN; Freight Information Network, 화물정보망이라 함) 비즈니스 모델을 연구조사 함

□ 연구 목표

- 산업구조분석으로 알려진 5-Forces분석 기법을 이용, 국내 화물정보망 산업의 구조를 파악
- 분석효과가 널리 검증된 Business Model Canvas 기법을 수단으로 ㈜전국24시콜화물의 온라인 기반 화물과 차량 매칭 비즈니스 모델의 내부역량을 분석

□ 연구의 범위

산업구조분석 (5Forces)

- 산업 내 경쟁
- 공급자 교섭력
- 구매자 교섭력
- 잠재적 진입자
- 대체재의 위협

Business Model Canvas

(주)전국24시콜화물

해당산업의 현재와 미래를 예측할 수 있는 5-Forces 산업구조분석과
내부 측면의 역량을 확인 할 수 있는 Business Model Canvas 분석기법을 이용하여
「㈜전국24시콜화물」의 비즈니스 환경과 내부역량을 분석하고 전략적 시사점을 도출

산업구조분석

□ 산업구조분석(5Forces Model) 기법이란?

Michael E. Porter의 이론으로 5가지 경쟁 세력을 고려하여 산업의 현재와 전망을 분석

산업내 경쟁	공급자의 교섭력	잠재적 진입자	구매자의 교섭력	대체재의 위협
-경쟁업체 수, 경쟁의 유형, 제품차별화, 퇴출장벽 요인 산업 비용 구조 -경쟁의 강도 파악과 기업 활동의 위험도 분석	-원재료 및 상품을 공급하는 공급 업체의 영향력 -공급업체분석을 통한 기업의 수익성 & 위협도 분석	-소요자본 규모, 규모의 경제성 기존판매망의 견고성 원가구조, 규제정책 -진입장벽의 난이도 파악 기업의 수익성 및 위험도 분석	-시장전략에 가장 중요한 분석 대상 -경쟁업체가 많고 품질 및 서비스 수준의 고도화, 전문화로 공급자 부담이 증가	-ICT와 비즈니스 수단의 다양화, 전문화 등에 따른 대체품의 경쟁력이 높아짐

□ ㈜전국24시콜화물이 속한 국내 화물정보망(FIN) 산업구조 분석 결과

산업 내 경쟁 (上)	공급자의 교섭력 (中)	잠재적 진입자 (中)	구매자의 교섭력 (上)	대체재의 위협 (中)
-동종업계 MS 최고 기업으로, 특히 5T 이하 화물운송 영역에 경쟁력이 탁월 -화물정보망 이용 차주의 지속적 증가에 따른 현재-미래 산업내 경쟁 고도화 예상 -화물나누리, 「화물마당」	-물류 소프트웨어를 개발 및 자사 고객 대상 공급 -기업으로부터 제품을 공급 받아 물류 O2O 플랫폼을 운영하는 형태 -전국24시콜화물은 자체 개발한 프로그램을 개발 및 보유	-물류업 특성상 낮은 진입장벽과 IT기반 역량 보유 기업의 쉬운 진출에 따른 위협 가능성이 높음 -기존 물류 플랫폼 B2B사업 확장 대기업의 사업 진출 -신규진입자의 즉시 진출은 어려움	-반복적이고 지속적인 물류 플랫폼 이용자들의 확보를 위한 노력 -국내 화물정보망 산업은 화주, 화물 중심의 거래 형태	-화물정보망 이용 차주의 지속적 증가 -산업내 물류 플랫폼 서비스 제공사들의 존재로 대체제의 위협은 중간 정도 -공유경제 서비스의 활성화 정도에 따라 위협증가 예상

물류 ICT기술 및 소프트웨어의 수요 증가에 따라 공급자의 교섭력이 중요해지고 있음.
또한 기존의 대기업들과 IT기업들의 진입은 잠재적 진입자의 증가와 물류 플랫폼 이용자의 교섭력 증가에 긍정적 요인으로 작용할 것이며, 이는 대체재의 위협 상승을 부추기는 영향을 초래

Business Model Canvas

□ ㈜전국24시콜화물의 Mobile 어플리케이션과 Business Model Canvas의 연구 방향

Mobile App.

고객들의 접근성과 안정적인 화물정보망서비스 제공을 위하여 Mobile 어플리케이션을 사용

BMC 기법

사업에 포함되어야 하는 9개 주요 사업 요소를 가시적으로 정의하고 시각화 하는데 사용

BMC 분석기법을 이용하여 CS·CR·DC·VP·KR·KA·KP·CS·RS 9개 Elements를 분석하고 「㈜전국24시콜화물」의 전략적 방향을 제시

1. Target Customer

① Customer Segments(상품 또는 서비스를 제공하는 시장 및 대상을 조사)

「㈜전국24시콜화물」의 핵심고객이 존재하는 시장세분화는 물류산업을 대상으로 하고, 핵심고객은 실화주, 차주, 운송주선사(화물 주선업자) 임

화주

화주 및 계약화주로 부터 화물운송을 위탁 받은 화물운송주선 사업자 등

차주

개인사업자, 운송사 등
1톤~25톤 트럭, 탑차, 윙카, 장축 등
다양한 차량 소유 차주
(핵심고객은 5톤 이하 차주)

「㈜전국24시콜화물」의 주요 Customer는 화주와 차주로, 2021년 기준 약 9만명의 차주와 1만2천명 정도의 화주를 확보하고 있음

② Customer Relationship(고객 유지를 위해 고객에게 제공하는 유무형의 수단)

「㈜전국24시콜화물」의 적지 않은 고객유지 및 유치전략 중 차주 대상 복리후생이 잘 마련되어 있음

전국24시 콜화물
화물운송 1588-7924

㈜전국24시콜화물
이용차량 부착 스티커

인증된 회원구분을 위한 스티커로 스티커가 있어야만 쉼터 이용 가능

뿐만 아니라, 광고 효과 창출을 통한 M/S 증대 목적

고문변호사 운용 및 지원
고문변호사 알선을 통한 업무 중 발생하는 법률적 분쟁을 해결 및 지원

부적절한 이용사 지속 모니터링 및 조치
욕설 및 잦은 탈퇴, 정보망이용료 미납 등 부적절한 사유 발생 시 조치를 통한 화물정보망 서비스의 품질 관리

365일 연중무휴 24시간 콜센터 운영
빠른 화물 등록 등 서비스 이용자들의 편의 도모

㈜전국24시콜화물 차주 전용 전국쉼터
전국 10개의 쉼터 운영, 휴게실 및 샤워장 등 편의시설 무료 제공

이외의 CRM 전략으로 화물복지카드(삼성카드 제휴), 실적신고대행서비스 등 다양한 차주 중심의 복지제도 운영을 통하여 브랜드 충성도 향상까지 동시에 도모

③ Distribution Channels(고객에게 계획한 유무형의 가치 제공 경로, 의사소통을 진행하는 수단)

「㈜전국24시콜화물」은 통신판매중개업자로서 모바일 어플 및 24시 콜센터를 핵심채널로 함

- 모바일 어플(화/차주 공용) 2011년 개발이후 2016년에는 안드로이드와 아이폰을 지원하면서 접근성 높임
- PC용 호환 에뮬레이터 공유 → 다양한 기기로 서비스 이용
- 화물 등록 및 배차 관련 서비스 이용 가능
- 설문조사, 매뉴얼 제공 → 가치 제공 & 품질개선에 힘씀
- 자체적으로 SNS활용하여 정보공유 및 개선사항 논의

- 화주 프로그램 → 오더 등록, 고객관리 등 다양한 기능 이용

CID Capture Tel Server
- 고객에게 전화가 오면 화주프로그램에 콜 정보가 자동으로 뜸 → 인터넷전화선과 PC를 연결하여 업무의 효율성 향상

24시간 콜센터 운영
- 이용자들의 편의와 빠른 화물 등록 등 서비스 제공에 힘씀

제시된 다양한 강점 이외에 고객과 대표적 소통채널인 홈페이지 공지사항의 업로드 주기가 길어 소통채널의 한계와 쏠림의 문제로 작용할 수 있고, 이는 고객과 소통의 불균형을 초래 국내시장 MS 1위임에도 의사소통의 악화 요인이 될 수 있음

2. Offering Value

④ Value Proposition(목표 고객에게 어떤 차별화된 가치를 제공할 것인지를 결정하는 수단)

「㈜전국24시콜화물」 만의 스마트폰 어플리케이션으로 핵심고객이 필요한 화물과 차량을 중개

화물검색 및 등록 화물정보망 서비스의 주요 기능 제공	위치 반경 오더 검색, 부가서비스, 음성 오더기록 제공 →2014년 특허, 녹음된 음성 정보를 이용한 시스템을 통해 구현된 서비스	화주 및 차주를 위한 거래정보 및 주요기능을 제공	쉽고 편한 화주프로그램, App을 이용하는 이용자 지원과 동시에 재 이용률 향상

「전국24시콜화물」은 핵심고객이 필요로 하는 업무 전반에 이용자 중심으로 구성된 통합 모바일 등 온라인 기반 플랫폼을 운영, 타 사업자와 차별화된 가치를 제공

3. Business Infra

⑤ Key Resource(비즈니스 수행에 반드시 필요한 핵심 자원)

국내 최초 FIN 서비스 제공과 전국24시콜화물 어플을 통해 확보한 네트워크 규모 및 브랜드 인지도가 핵심자원

콜센터 상담 중심의 TRS 배차 방식

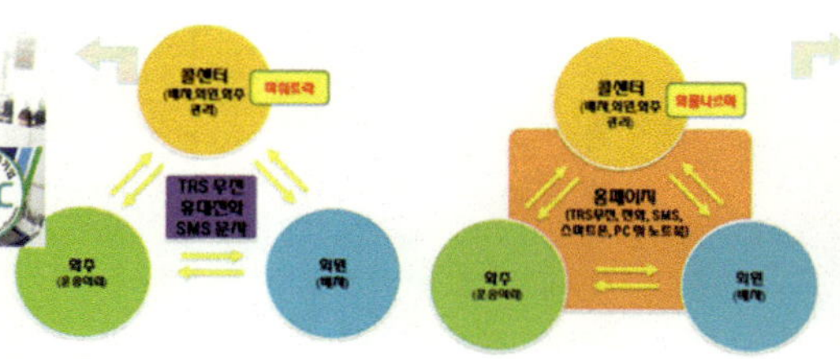

스마트폰/인터넷 배차 방식

최근에는 SK브로드밴드 등 IT기업의 제품을 아웃소싱 해오고 있음. 이러한 경험을 바탕으로 어플리케이션을 개발하는 등 관련 저작권 확보와 IT기술력을 함양하며, 화주 및 차주에게 안정적인 화물정보망 서비스를 제공

3. Business Infra

⑥ Key Activities(Business를 성공적으로 수행하는데 필요한 핵심적인 유무형의 활동)

차량 · 옥외 및 Wing을 수단으로 브랜드 노출 최대화, 화주와 차주들의 버즈(Buzz) 마케팅을 핵심활동으로 활용

윙바디 광고 : 열리는 덮개를 가진 적재함의 측면에 광고 게시

옥외 광고 : 건물 외벽에 광고 게시

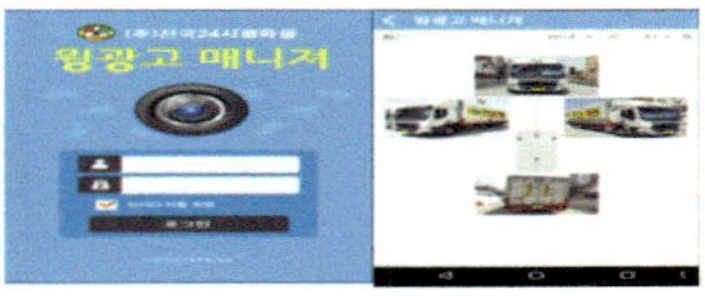

윙광고 매니저 : 참여 트럭 수 관리, 그들에 대한 효율적 관리 진행
→의무적으로 짝수 월 마다 사진 업로드 후 담당자의 확인 뒤 광고비 지급받음

「㈜전국24시콜화물」은 버즈마케팅 효과를 얻고, 차주의 생활패턴을 적극적으로 파악, 타 기업에 비해 윙 및 옥외광고에 집중, 이를 활용 네트워크 참여자 수 확보와 브랜드 인지도 제고 활동으로도 활용

⑦ Key Partnerships(기업이 자사의 부족한 부분을 보완하기 위해 타 기업과 파트너십을 형성)

「㈜전국24시콜화물」은 자사의 강점을 확대하기 위해 SK브로드밴드 및 삼성카드와 제휴

-통신&인프라 고도화 구축에 관한 상호교류협약 체결
→ 오픈 API를 자사 시스템에 연동, 고객이력관리 등 기능구현 가능
-LBS기반 화물 관제시스템 도입 → T-map과 연동 이를 통해 운송 과정에 대한 실시간 가시성 확보 & 고도화된 네트워크 인프라 구축

화물운송 삼성카드 BIZ

6대 생활 업종 1% 할인
주유 리터당 80원 할인
세무지원 서비스 할인

전국24시콜화물 화물복지 삼성카드

화물차 유가보조금 할인
주유 리터당 40~100원 할인
고속도로 통행료 10% 할인

-불규칙하고 복잡한 화물 운송 후 번거로운 운송료 결제과정을 간소화
-다양한 혜택을 제공

자사의 약점을 강화하기 위한 파트너십 체결을 통해 기존회원들에게 다양한 혜택을 제공하여 서비스 이용 만족도와 브랜드 충성도를 높이고, 신규 화/차주를 유치하는 수단으로도 활용

4. Financial Structure

⑧ Cost Structure(기업의 비즈니스를 유지하는데 상대적으로 많은 비용이 지출되는 유무형의 것)

본 기업은 광고 선전에 영업비용의 17%를 들이고 있고, 경상연구개발비는 매년 2~3%씩 꾸준히 유지

영업비용

	2020		2019		2018		2017	
인건비 및 상각비	9,386,274,623	61%	7,942,198,432	59%	7,779,949,760	59%	8,761,762,165	64%
광고선전비	2,686,737,743	17%	2,551,546,046	19%	2,486,907,652	19%	2,334,096,685	17%
경상연구개발비	323,111,474	2%	302,696,140	2%	367,030,440	3%	377,306,015	3%
그 외	2,985,868,749	19%	2,736,133,810	20%	2,530,650,827	19%	2,262,772,772	16%
합계	15,381,992,589	100%	13,532,574,428	100%	13,164,538,679	100%	13,735,937,637	100%

매년 2~3% 정도의 R&D 투자는 긍정적이지만
이의 경상연구개발비 化는 기술의 사업화측면과
재무건전성 확보에 부정적 영향을 초래할 수 있음

⑧ Cost Structure(기업의 비즈니스를 유지하는데 상대적으로 많은 비용이 지출되는 유무형의 것)
감가상각비의 51%가 차주들을 위한 쉼터 운영에 투자되고 있음, 이는 경쟁사 比 강점으로 작용함은 물론 공급자의 교섭력을 높일 수 있음

[인건비 및 상각비 세부사항]

	2020	2019	2018	2017
급 여	6,676,760,807	5,992,133,269	5,609,994,120	5,285,659,499
퇴 직 급 여	1,628,245,952	982,464,315	1,143,631,363	2,404,098,749
복리후생비	305,258,061	278,719,734	282,115,222	250,225,699
세금과공과	340,245,222	294,815,661	242,231,945	230,425,592
감가상각비	**339,254,713**	**259,338,547**	**302,051,544**	**395,138,620**
지급임차료	91,903,388	105,586,094	169,258,982	165,549,942
무형자산상각비	4,606,480	29,140,812	30,666,584	30,664,064
합계	9,386,274,623	7,942,198,432	7,779,949,760	8,761,762,165

[감가상각비]

	2020	2019	2018	2017
토지				
건물	**-162,170,000**	**-158,794,000**	**-151,579,000**	**-140,513,000**
시설장치	**-10,098,000**	**-11,871,000**	**-11,675,000**	**-16,994,000**
차량운반구	-45,566,000	-29,374,000	-37,271,000	-58,451,000
비품	-113,596,000	-50,703,000	-94,153,000	-176,856,000
구축물	-7,825,000	-8,596,000	-7,373,000	-2,325,000
기타의유형자산	-	-	-	-
건설중인자산	-	-	-	-
합계	-339,255,000	-259,339,000	-302,052,000	-395,139,000

⑨ Revenue Streams(비즈니스의 지속적인 영위를 위한 핵심 수익 및 수익 구조)

차주 회원의 월 정보이용료 또는 건 별 수수료가 「㈜전국24시콜화물」의 핵심 수입원

	2020	2019	2018	2017
매출액(영업수익)	24,153,918,717	23,643,267,661	22,568,532,266	20,352,830,390
영업이익	8,771,926,128	10,110,693,233	9,403,993,587	6,616,892,753
당기 순이익	6,517,173,022	7,887,144,630	7,066,622,045	4,781,084,657
판관비(영업비용)	15,381,992,589	13,532,574,428	13,164,538,679	13,735,937,637

	2020	2019	2018	2017
영업활동 현금흐름	10,644,079,149	9,777,521,442	9,314,080,945	9,534,914,107

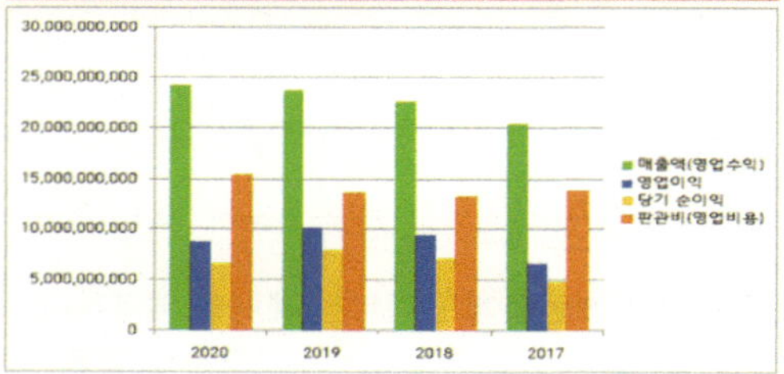

- **매출액 증가를 위한 판관비의 증가로 영업이익은 다소감소하고 있으나, 36%대 영업이익 실현으로 견실한 이익구조를 보여줌**
- **그러나 영업활동으로 인한 현금흐름은 매년 개선되고 있으나 50%를 넘지 못하고 있어 영업활동의 강화가 요구됨**

⑨ Revenue Streams(비즈니스의 지속적인 영위를 위한 핵심 수익 및 수익 구조)
부채비율은 200% 미만으로 적당하나, 당기의 유동비율은 70%대로 200%이상의 건전성과 100% 이상인 안정성에도 미치지 못하고 있어, 단기부채를 장기부채로 전환할 재무전략이 요구됨

	2020	2019	2018	2017
부채총액	29,031,954,209	23,092,571,480	23,647,867,042	20,153,718,268
자본총액	17,261,168,727	16,943,995,705	13,656,851,075	10,390,229,030
부채비율	**168.19%**	**136.29%**	**173.16%**	**193.97%**

[부채비율] : 부채총액/자본총액 x100

	2020	2019	2018	2017
유동자산	15,087,641,617	12,307,331,568	10,318,084,434	9,710,542,083
유동부채	20,873,222,096	16,415,354,917	15,218,710,948	13,596,170,244
유동비율	**72.28%**	**74.97%**	**67.80%**	**71.42%**

[유동비율] : 유동자산/유동부채 x100
유동자산 < 유동부채 → 갚아야 할 돈이 많다. 마이너스 요인으로 작용

Conclusion

1) Summary on BMC Analysis

- **Target Customer**
  - 화주와 차주를 핵심고객으로 하며 5톤 이하의 차주로 고객을 세분화하고 있음
  - 온라인 플랫폼 이용자인 차주의 업무 편의와 안전 운행을 적극적으로 지원하기 위해 무료 쉼터를 운영
  - 고문 변호사 안내서비스,국내 유일 연중무휴 365일 24시간 콜센터 운영 및 모바일 어플과 설문조사 등을 제공하여 경쟁사 대비 차별화 된 가치를 제공
- **Offering Value**
  - 「전국24시콜화물」모바일 어플을 통해 화물 검색 및 화물 등록, 내 위치 반경 오더 검색, 스마트배차서비스, 전자세금계산서 발행, 가상계좌 제공 서비스, 음성 오더 등록 기능 등 부가적인 서비스를 제공하며 차주와 화주가 각자의 사업을 더욱 효과적으로 영위할 수 있도록 지원
- **Business Infra**
  - 국내 화차 매칭 중개 산업의 선두 주자인「전국24시콜화물」모바일 어플, 상담 응용프로그램을 자체적으로 개발하는 기술력, 차주와 화주를 핵심자원으로 함
  - 차량, 옥외광고 및 윙광고 매니저라는 윙광고 어플 운영 등의 핵심 활동을 펼치며 비즈니스를 성공적으로 수행
  - 부족한 부분을 SK브로드밴드와 통신 인프라 고도화 구축 상호협약, 삼성카드와의 제휴를 통해 자사의 약점을 협력사를 통하여 강화
- **Financial Structure**
  - 차주가 부담하는 정보이용료를 주 수익원으로 하며 매년 매출 향상을 실현하며 36%대의 영업이익을 유지
  - 핵심자원인 차주를 위한 쉼터 운영에 감가상각비의 51%가 활용되는 것은 강점
  - 그러나 영업활동으로 인한 현금흐름은 50%를 넘지 못하고 있고 단기부채가 많아 유동비율이 높은 것은 지속가능 기업을 위한 개선과제

2) Summary on FIN's Structure

조사연구한「㈜전국24시콜화물」을 포함한 국내의 온라인 기반 화차매칭 플랫폼의 컨셉과 운영 구조는 아래와 같이 동일 함, 이는 Mobile 등의 Online으로 성약이 이루어진 후 Offline에서 배송이 되며 Digital Platform이라는 공유공간에서 화주와 차주가 상호부합되는 조건으로 Matching되기 때문임

- **Mobile상의 화물정보망 성약 Concept**

- **화물정보망 운영 Structure**

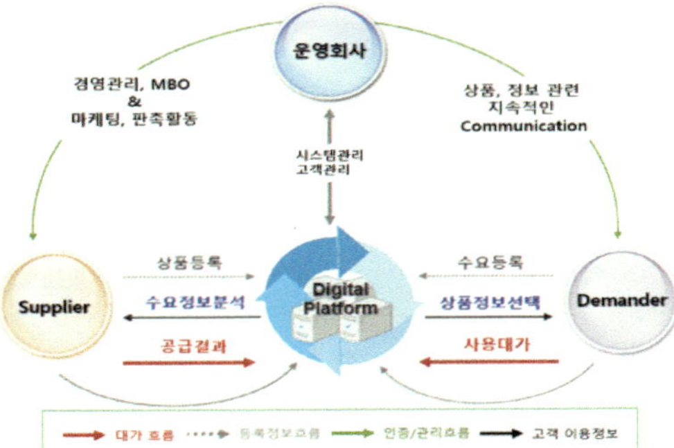

3) Implication

- 콜센터, TRS, Mobile App 사용 등의 진화를 통하여 국내 최초 O2O 온라인 플랫폼 기반의 공유경제 비즈니스모델(화물정보망, Freight Information Network) 서비스를 제공하였음
- 또한 전술한 바와 같이 Target Customer, Offering Value, Business Infra, Finance Structure 부분 9개 요소 대상의 Business Model 분석에서도 많은 강점과 장점을 보유하고 있었음
- 그럼에도 불구하고 4차 산업시대의 핵심기술 중 Logistics 4.0과 유관한 Robotics, Big-data, IoT, Deep-learning 등을 활용한 기술개발, 이를 통한 핵심고객 대상의 편익(Benefit) 제공과 Global 시장 개척이 부진한 것은 국내시장 NO.1 기업이 개선해야할 과제임

5.2.3. 비즈니스모델 캔버스(BMC, Business Model Canvas)와 SWOT를 이용하여 『LX Pantos 분석을 통한 시사점과 전략과제 제안』 팀 프로젝트로 실습한 결과물

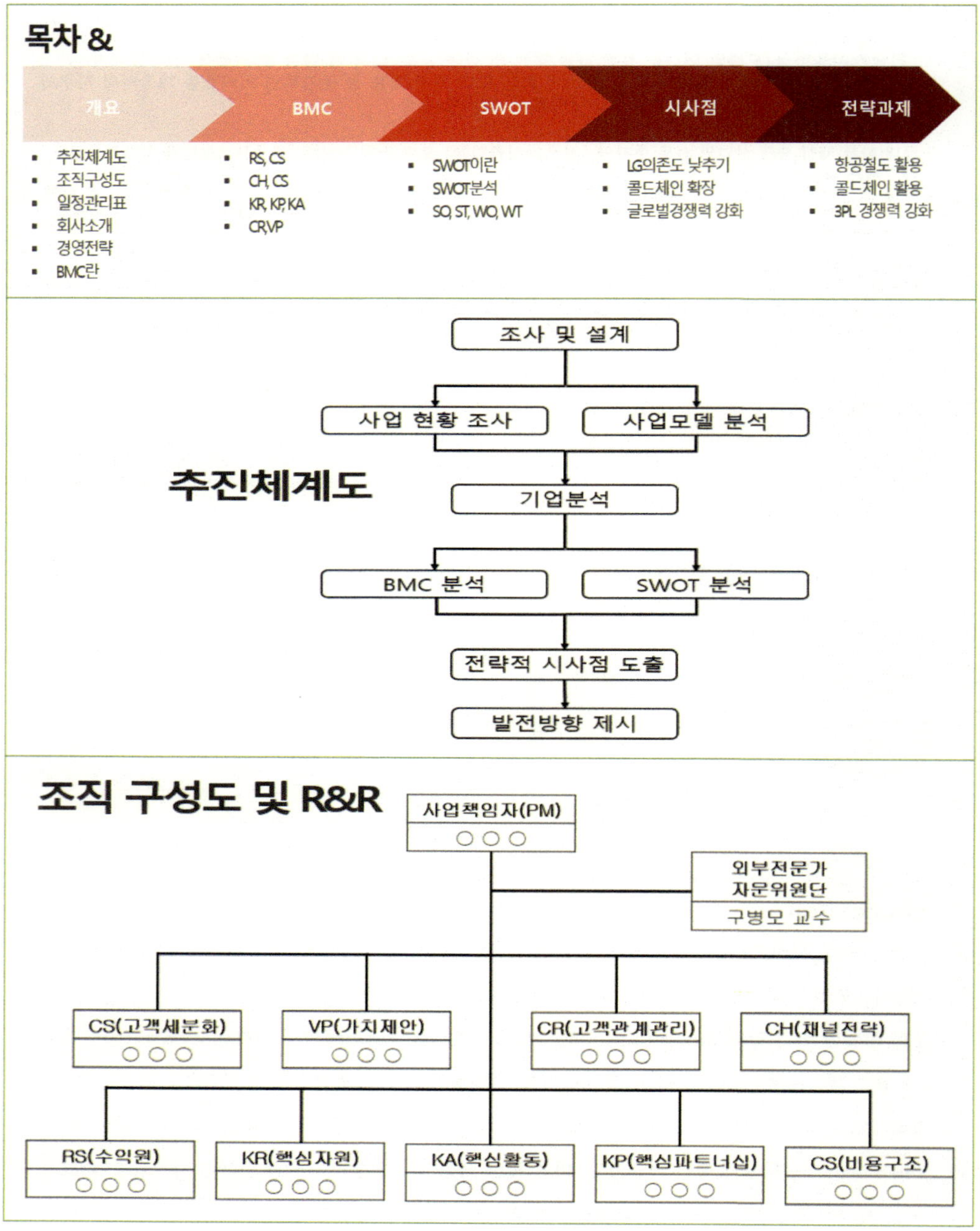

일정관리표

		2024년 4월 00일 ~ 5월 00일				
		1주차	2주차	3주차	4주차	5주차
착수보고	○○○ 등 6명					
BMC 분석	○○○ 등 6명					
SWOT 분석	○○○ 등 6명					
개선방안, 시사점 도출	○○○ 등 6명					
전체 구성 완성	○○○ 등 6명					
발전방향, 전략과제 도출	○○○ 등 6명					
발표자료 제작	○○○ 등 6명					
최종보고	○○○ 등 6명					

연구배경과 목적

연구 배경	본 연구는 철도, 항만, 항공 등 종합물류 운송 서비스와 물류 컨설팅 등의 서비스를 제공하는 국내 최대 물류기업인 LX판토스가 시장에 어떠한 영향을 미치고 있는지와 개선사항은 없는지 살펴보는 데 목적을 두었다.
연구 목적	세계 6위 수준의 운송 노하우와 서비스, 첨단, 대형, 배터리, 위험물, 생동물, 신선식품, 글로벌 중개, 의약품 및 콜드 체인 특화 운송 기술을 보유하고 있는 LX판토스를 분석하고 그 과정에서 얻을 수 있는 다양한 전문 물류 기술, 지식을 습득하며 물류 트랜드를 읽는 능력을 신장한다.

LX판토스 소개

LX그룹 계열의 글로벌 종합물류기업으로 해운, 철도, 항공운송을 하고 있으며 그 외에도 통관, 국제특송, W&D, 물류컨설팅 등을 하고 있음.

연혁

1977년 항공운송 대리점으로 '범한홍산' 설립

1999년 통관업 진출 후 2000년 홍콩을 시작으로 총 35개의 외국 법인 설립

2015년 LG상사의 자회사가 되어 LG 계열로 편입

2020년 LG그룹으로부터 계열분리하여 'LX' 를 설립

2021년 'LX판토스'로 사명 변경

현재

서울시 종로구 새문안로 58에 본사 위치

매출액 **10조 6721억원**

10000명 직원, **13000명** 고객, 물동량 **1,657,738 TEU** 달성

대한민국 물류기업 중 가장 많은 **360개** 지사와 **250개** 물류센터를 보유

14년 연속 항공수출 실적 국내 **1위** (연간 142,000tons)

글로벌 물류기업 해상 부문 순위 세계 **6위** 선정

LX판토스의 경영전략

글로벌 녹색물류 실현

협력사 및 지역사회를 포함한 모든 이해관계자들과 동반 성장

투명하고 체계적인 책임 경영 이행

BMC란?

- 하나의 조직이 어떻게 가치를 창조하고, 전파하며 포착해내는지를 합리적이고, 체계적으로 묘사
- 기업의 비즈니스를 구성하는 핵심 9가지 요소를 분석하는 기업내부 역량 분석기법

비즈니스 모델 캔버스(BMC)

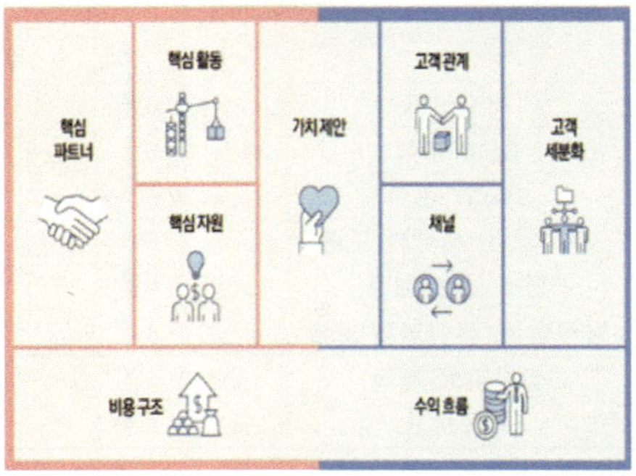

RS 수익원	고객이 가치 제안에 대한 대가를 지불하여 유입되는 자금
CS 비용구조	핵심자원을 획득하고 핵심 활동을 수행하며 핵심 파트너와 협력하는 과정에서 발생하는 지출
CH 채널	기업의 가치를 어떤 경로로 고객에게 전달할 것인지를 결정
CS 고객세분화	효율적인 비즈니스 운영을 위한 특징적인 고객 그룹 정의
KR 핵심 자원	고객에게 가치 제안을 창출하고 실현하기 위해 반드시 필요한 사람, 자금, 유무형 자산
KP 핵심 파트너십	해당 기업을 위해 핵심활동을 수행하거나 핵심자원을 공급하는 사람이나 조직
KA 핵심 활동	고객에게 가치 제안을 창출, 안내, 판매, 실현하기 위해 필요한 행동
CR 고객관계관리	고객을 만족시키고 추가적인 편익을 제공하기 위한 커뮤니케이션
VP 가치 제안	기업이 고객을 위해 창출해내는 가치(제품/서비스 같은 보이는 가치, 사회적/감정적인 보이지 않는 가치)

CS 고객 세분화

화주(Shipper)

- LX판토스는 화주를 대신해 화물의 포워딩 역할 및 화주 기업에 글로벌 풀필먼트 서비스를 제공하고 있음
- 해외 네트워크가 전혀 없는 화주 기업도 판토스를 통해 온라인 판매사업을 수월하게 할 수 있도록 글로벌 통합 물류 서비스를 제공함

운송사(Carrier)

선사	물류센터 구축이 어려운 기업에게 창고를 공동으로 이용할 수 있게 하여, 맞춤형 물류서비스로 빠른 배송과 물류비 절감, 유통망 확대 등 기업의 해외시장 진출을 지원함
항공사	고객사들에게 다양한 산업군별 맞춤 운송 솔루션을 통한 최적의 수출입 물류 컨설팅을 제공함
철도회사	유럽·독립국가연합 네트워크를 보유하여 연계복합운송 서비스로 유럽으로 향하는 화물운송을 지원하며, 선복 확보 그리고 기업들의 수출을 지원함
창고/육상운송	화물 보관, 픽업, 국내 운송, 통관, 해외 운송, 풀필먼트, 반품 등 국내외 운송 서비스를 제공하고 있으며, 국내 포함 전 세계 102개 창고를 운영함

RS 수익원

해상운송

컨테이너 서비스

고객의 화물 규모에 따라 FCL, LCL, 특수컨테이너 서비스 제공

벌크서비스

석유화학, 가스, 석탄 같은 원자재, 철강 등의 벌크화물을 운송

W&D

보관 및 수배송 서비스

운송서비스

일반, 수출/입 운송시 항만/공항에서 고객사 문전까지 one-stop 운송서비스를 제공

항공운송

수송기간에 따라, 화물 종류에 따라 서비스를 택할 수 있음
연간 화물기 1400여대 분량의 항공화물을 처리하고 있음

철도운송

러시아, 유럽, 중앙아시아 지역을 아우르는 내륙 철도 운송 서비스를 하고 있으며
주요 운송 거점에는 법인과 지사를 설립, 서비스 최적화를 이루고 있음

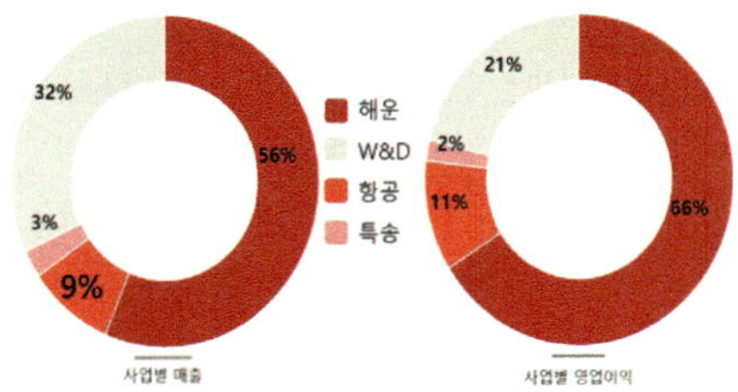

CR 고객관계

자체개발 디지털 물류 서비스 플랫폼 판토스나우(PANTOS NOW)

국내 최초 **해상, 항공, 철도**
서비스를 한곳에서 제공하는 디지털 물류서비스 플랫폼

몇번의 클릭만으로 스케줄과 운임을 **조회**하고 **예약**할 수 있는 서비스

화물 운송 견적, 운송 스케줄 확인, 운송 예약, 화물 위치 추적, 리스크 등
실시간 조회 가능

PC, 모바일 기기 대응으로 **언제 어디서나 이동중에도 확인 가능**한 편의성 제공

여러 물류업체에 전화를 돌리고 이메일을 보내며 견적과 서류를 주고받는
번거로운 과정이 없어짐

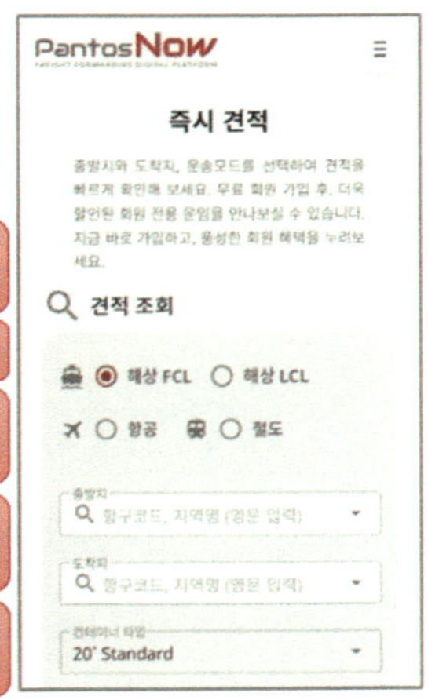

'중소기업 유럽 복합운송 지원사업' 추진을 위한 업무협약(MOU)

물류대란 장기화로 인한
선복 확보난

서방 국가들의 러시아에 대한
제재로 인한 유럽 수출입 물류
리스크

유럽으로 수출하는 중소기업들의 어려움이 큼

러시아·중국까지 해상 운송한 뒤 열차로 환적해 시베리아횡단철도(TSR)
중국횡단철도(TCR)를 타고 동유럽까지 보내는 방식
2022년 말까지 매주 30TEU 내외 중소기업 전용 선복 마련
운임 10~15% 할인

CH 채널 전략

목표하는 고객층과 커뮤니케이션하고 상품/서비스를 거래하는 방법

▶고객에게 상품, 서비스를 어떻게 전달하는가?

▶고객과의 접점은 무엇인가?

	고객 (협력사, 파트너)	외부관계자 및 전문가 (정부, 협회 등)
주요소통채널	· 홈페이지 및 SNS · VOC채널 · 지속가능경영보고서 · 협력사 간담회	· 보도자료 등 언론홍보 · 홈페이지 및 SNS · 지속가능경영보고서 · 간담회, 컨퍼런스 등
해당채널을통한주요활동	· 협력사 ESG 지원 계획 수립 · 동반성장추진 · 공정거래 문화 조성	· 사회공헌 활동 · 재무/비재무 성과 공개

VP 가치 제안

2020년 1월 **TSR을 이용한 한국/중국~유럽 간** 신규 운송서비스 런칭

러시아 최대 철도 물류기업 PJSC TransContainer의 국내 TSR **운송 독점 공급권 확보**

코로나19 해운 물류대란에도 발 빠른 대응
서비스 시작 2년 만에 300FEU에서 2500FEU로 물동량 8배 급증

2022년 러-우크라이나 전쟁 시 실제 활용

TSR(시베리아 횡단 철도)을 이용한 물류망

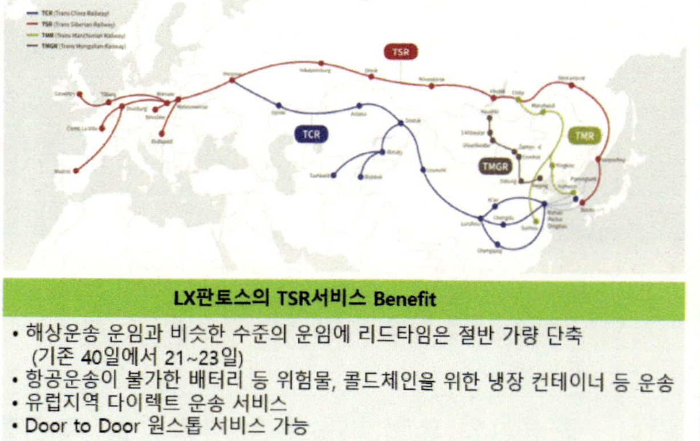

LX판토스의 TSR서비스 Benefit

- 해상운송 운임과 비슷한 수준의 운임에 리드타임은 절반 가량 단축 (기존 40일에서 21~23일)
- 항공운송이 불가한 배터리 등 위험물, 콜드체인을 위한 냉장 컨테이너 등 운송
- 유럽지역 다이렉트 운송 서비스
- Door to Door 원스톱 서비스 가능

- 아주 작은 크기의 반도체부터 초대형 플랜트 장비, 옮기는 과정이 까다로운 특수 화물, 살아 움직이는 생동물, 벌크화물까지 다양한 수송 경험을 보유
- 어떤 화물이라도 차별화된 컨설팅 역량을 통해 최적의 운송 방안을 제안

2009년 독일 ⇒ 아르메니아

·186톤 규모의 초대형 가스터빈 발전기 항공운송
·세계 최대 중량의 항공 운송으로 기네스북 등재

2011년 미국 휴스턴 ⇒ 가이몬

·길이 45m의 풍력발전기용 날개 수십 여기
·특수 트레일러를 동원해 미국 휴스턴에서 오클라호마 주 가이몬까지 총 700마일(1127km) 거리 내륙 운송

2014년 강원도 동해 ⇒ 네덜란드 로테르담

·길이 19km, 무게 1,750톤에 달하는 대형 해저 케이블 약 20,000km 거리 운송
·국내 최초 대형 해저케이블 수출 프로젝트에 벌크선 운송방식 첫 도입

C$ 비용

(단위: 백만 원)

구분	당기(2022)	전기(2021)
무형자산상각비	6,392	6,615
대손상각비	445	388
수도광열비	3,597	3,588
지급수수료	32,820	27,316
통신비	1,916	1,889
기타	10,220	15,561
합계	238,696	234,757

[변동비]
2021년 대비 2022년 운송비용이 약 40% 증가, 이로 인해 운송매출원가 같은 비용이 추가로 발생함에 따라 향후 꾸준한 비용의 증가가 예상됨

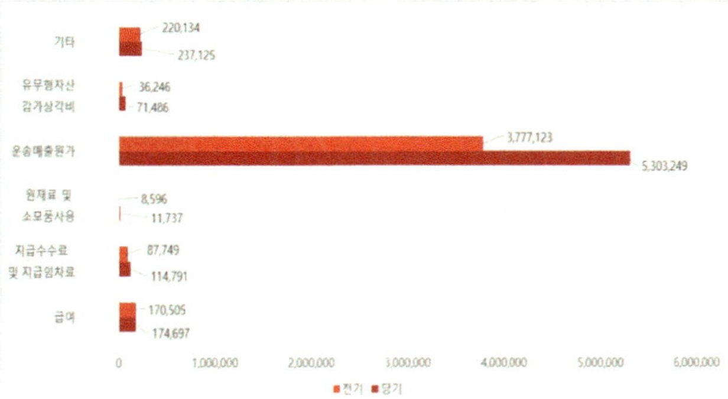

KP 핵심 파트너

물류 IT분야를 공동개발하는 LG CNS, 물류센터 운영솔루션 협업중인 모션투에이아이 , 배송 및 설치 서비스를 대행하고 있는 LG전자 등의 핵심파트너가 있음

LG CNS	모션투에이아이	LG전자
·물류 IT분야 공동 개발 ·운송 과정에서 발생할 수 있는 돌발 상황을 사전에 감지해 운송 리스크를 줄이는 글로벌 비저빌리티(visibility) 관제 시스템을 국내 물류업계 최초로 구축	·물류센터 운영 생산성 향상과 최근 대두되는 물류센터 중대재해처벌법의 대응 솔루션 ·로보틱스 분야 SLAM과 컴퓨터 비전 기술을 이용 물류센터 운영 최적화	·LG전자 베스트샵 가전제품의 배송 및 설치 서비스 제공 ·물류센터에서 보관과 배송을 맡아, LG전자의 재고관리 체계 구축과 전국 단위의 설치물류 서비스를 제공

KR 핵심 자원

국내 2개 사업부와 해외 46개 법인 및 2개 지사, 인적자원으로는 1만명의물류전문가와 13,000여개의 고객사, 전세계 360여개 글로벌 네트워크와 250개 물류센터를 운영

판매조직	인적자원	글로벌 네트워크
국내 2개 사업부	1만명의 물류전문가	전세계 360여 개 글로벌 네트워크
해외 46개 법인 및 2개 지사	13,000여 개 고객사	250개 물류센터 운영

해상운송	항공운송	철도운송
매년 60여개 국내외 선사들 대상 Global Bidding으로 경쟁력 있는 운임 확보	전담 조직 기반 1,700여 고객사 항공 물류 운영 중	블라디보스토크, 상트페테르부르크 물류단지 운영 중

KA 핵심 활동

IoT를 활용하여 가시화서비스 뿐만 아니라 창고관리, 의약품 운송, 화물운송 등을 종합적으로 연계하여 체계적이고 효율적으로 관리

창고관리
1. 스마트 재고관리
2. 기기 활용의 최적화
3. 예측 정비
4. 안전관리
5. 스마트창고 에너지 관리

의약품 운송
1. 배송 물품 상태 확인 및 추적
2. CEIV Pharma 획득 (의약품 항공운송 인증)
3. ISO 13485 인증 획득 (의료기기 품질관리 시스템)
4. 자동 공급 및 예측 발송
5. 맞춤 배송 주소

화물운송
1. 위치 및 상황
2. 안전관리
3. 운송 수단 관리
4. 수명 예측 관리
5. 공급 망 리스크 관리

BMC 결론 및 요약

- 미리 준비한 탄탄한 자원(TSR)을 바탕으로 코로나19나 전쟁 등의 물류대란에도 상승세
- IT 분야 등 미래가치에 대한 투자도 늦추지 않고 있음
- 타사에서 다루기 어려워하는 화물(초대형 화물, 특수 화물, 생동물, 의약품)도 처리가 가능하도록 지속적으로 운송역량을 강화
- 기존의 많은 네트워크, 고객사가 유출되는 일이 없도록 선진 기술 등을 누구보다 빠르게 도입
- 해운 영업이익이 전체의 66%를 차지할 정도로 해운에 큰 강세를 보임
- 해외 네트워크가 없는 화주 기업에게 글로벌 통합 물류 서비스를 제공

SWOT분석이란?

Strength(강점) : 자사와 제품 및 서비스에 <u>긍정적 영향을 주는 내부 환경 요소</u>
Weaknesses(약점) : 자사와 제품 및 서비스에 <u>부정적 영향을 주는 내부 환경 요소</u>
Opportunities(기회) : 자사와 제품 및 서비스에 <u>긍정적 영향을 주는 외부 환경 요소</u>
Threats(위협) : 자사와 제품 및 서비스에 <u>부정적 영향을 주는 외부 환경 요소</u>

SWOT

SO는 M&A 및 해외 사업진출로 기업 경쟁력 강화, **ST**는 모그룹과의 계열 분리로 인한 신규 사업분야 진출, **WO**는 전략적 제휴로 새로운 시장 개척과 약점을 극복, **WT**는 약점과 위협 요소를 헤쳐나가기 위한 방안

SO	ST	WO	WT
•중남미 지역은 철도중심으로 국가 차원의 인프라를 확충 시도. 중남미의 현지 법인을 강화하여 시장을 공략해야 함	•공정거래위원회의 관찰 대상 •경쟁입찰 제도 도입을 통한 중견/중소기업의 일감을 개방으로 LX판토스와 거래 물량을 줄이려 하고 있음 •신규 사업분야에 진출하여 거래선 다변화를 꾀할 계획	•계열 분리 이후 G마켓과의 전략적 제휴를 적극 추진 •국내외 물류 이커머스 경쟁력을 강화하는 계획을 세우고 있다. 이는 LG그룹에 의존하던 수익구조에서 LX판토스의 새로운 시장 개척과 기업 이미지 탈피를 할 수 있을 것으로 보임	•다양한 고객 확보 필요성 •LG그룹의 사정에 따라 LX판토스 역시 기업 상황이 달라 질 수 있음

SWOT 결론 및 요약

내부적인 요소 (S/W)
- LG그룹과의 분리 경영 이후에도 모그룹의 영향이 큼
- 글로벌 시장으로의 진출

외부적인 요소 (O/T)
- 타사와의 인수합병 및 전략적 제휴
- 콜드체인 시장 등 새로운 시장 개척
- 코로나 사태 및 물류대란 이후의 물류시장의 불확실성

LG그룹의 사업만을 수주받는 수익 구조가 아닌
보다 넓고 다양한 수익 구조 창출 및 자회사로서의 이미지 탈바꿈

전략적 시사점

- LG그룹의 매출은 전체 매출 대비 2021년 60.9%, 2022년 56.3%
- 코로나19를 기점으로 급격히 성장한 콜드체인 시장 공략이 필요성: 역량을 이미 갖추고 있어 시장 진입이 비교적 용이
- 세계 철도시장 성장률 세계 1위인 중남미 지역, 특히 남미 최대국인 브라질은 국가 차원의 인프라를 확장시키는 중임

01

LG에 대한 의존도 낮추기

현재 LX판토스는 독자적인 경영을 위하여 LG에서 벗어나 완전한 분리를 통해 고객다양화로 중소기업 제품을 유럽으로 진출할 필요가 있음

02

콜드체인으로의 사업확장

LX판토스는 의약품물류를 히 활발히 하고 있어 이를 냉장 냉동 식품 물류에 활용하여 콜드체인을 확장을 할 수 있을 것으로 보임

03

글로벌 경쟁력 강화

아직 LX판토스가 진출이 더딘 남미로의 진출을 도모하여 기업을 더욱 성장시킬 수 있음

전략과제

항공, 철도 부문 활용

맞춤형 서비스와 차별화 된 솔루션을 통해 항공, 철도 서비스를 최적의 물류 컨설팅 제공 필요

콜드체인 신사업 강화

글로벌 콜드체인시장이 2026년에는 4,380억 달러로 성장하는 가운데, 신선식품 분야를 신사업으로 확장 필요

3PL 회사로서의 경쟁력 강화

3PL회사로 경쟁력 강화를 위해 해외 소재 물류센터를 AI, IOT 등의 기술을 접목해 핵심 자원으로 활용 필요

3PL 회사로서의 경쟁력 강화

국내외 MTV물류센터 확장

WHAT? 판토스가 물류 경쟁력을 확보하기 위해 조성한 스마트 물류센터

GOAL? 스마트 물류센터 모든 공정을 무인화· 3PL 확대하기 위한 물류기술 확보

WHY? 물류 사업 경쟁 방식이 기존 인프라에서 기술력으로 전환 중

Skill? 1.디지털 트윈: 현실세계를 가상화면으로 옮기고 시뮬레이션을 통해 결과를 미리 예측
2.지오펜싱: IoT, GPS기술을 바탕으로 자동 출고분류, 정시도착 여부 예측

Chapter 04 기본목표와 전략목표 수립

잠시 지금까지 학습한 단계를 짚어보기로 한다. 경영전략 수립의 첫 번째 단계는 조직의 최고경영자(기업체의 오너CEO 및 전문경영CEO, 공공기관의 이사장 및 사장, 각종 단체의 장 등)를 비롯하여 전 구성원이 집중하여 이룩한 지난 1년간의 경영실적에 대한 평가와 반성이었다. 이의 목적은 잘 한 점과 잘 못 한 점을 도출해 내는 것이고, 도출된 핵심을 차(次) 년도 전략수립에 반영하는 것이 목적이라고 하였다. 두 번째 단계는 경영환경 분석이었다. 이는 기업 내부와 외부를 둘러싸고 있는 환경을 분석하여 환경측면에서 전략적 시사점을 도출하고, 도출된 전략적 시사점을 차 년도 계획수립에 반영하는 것이라 하였는데, 이를 통하여 조직의 경영전략 수립방향이 구체화 된다고 하였다. 경영전략 수립의 세 번째 단계는 조직 내부의 인·물적 자원, 유·무형 자산 대상의 내부역량분석이었다. 이를 통하여 육성 및 강화할 강점, 제거 및 보완할 약점, 이용할 기외와 위협을 도출 및 정의할 수 있다.

3단계까지 학습하면서 구체화된 차 년도의 전략방향, 강화 및 보완할 자원과 자산이 구체화 되었으므로, 4단계는 3단계 과정을 통하여 도출된 요인과 방향을 기준으로 조직이 생존하기 위한 기본 목표와 성장하기 위한 전략목표를 수립하여야 한다. 바로 경영계획의 수립단계이다

경영계획에는 단기계획, 중기계획, 장기계획이 있다. 단기계획은 차 년도의 경영계획을 중심으로 차차 년도까지의 경영계획을 말하는 것이고, 중기계획은 3년에서 4년 미래의 경영계획을 말한다. 장기계획은 5년 이상의 미래 경영계획을 말한다.

본 책에서 말하는 기본목표와 전략목표는 두 가지 요인을 기준으로 하여 구분하였는데 투자의 높고 낮음과 미래의 기간이 그것이다.

먼저 기본목표는 전략계획에 비하여 상대적으로 투자금액이 높지 않으며 덜 공격적인 2년 이전까지의 단기 경영계획을 의미한다.

두 번째로 전략목표는 기본계획에 비하여 상대적으로 투자금액이 높고 더 공격적이어서 이사회의 및 주주총회 등 이해관계자의 동의가 필요한 것으로 중기 및 장기 경영계획을 의미한다.

1. 기본목표의 개요와 수립

1.1. 기본목표의 개요

기본목표와 전략목표를 본 책의 맥락인 전략이란 기준으로 구분한다면 두 가지 측면에서 설명할 수 있다. 첫 번째는 제품의 수명주기(壽命週期, Product Life Cycle) 측면에서이다. 제품의 수명주기는 시간의 변화에 따른 매출 또는 이익의 정도를 기준으로 도입기(Introduction stage), 성장기(Growth stage), 성숙기(Maturity stage), 쇠퇴기(Decline stage)로 나뉘는데 성숙기 정점에서 쇠퇴기로 넘어가는 단계에서는 여타 단계에 비하여 해당 부문(SBU 또는 제품)에 유무형의 투자보다는 현상유지 쪽에 무게중심이 이동하게 된다. 이와 같이 대상 사업(SBU, Strategy Business Unit)이나 제품(Product)의 시장점유율(MS, Market Share) 향상, 기술경쟁력 제고 등 확장이나 경쟁력 향상에 역점을 두는 것 보다는 이익이 발생하는 수준에서 수립하는 목표가 기본목표라 할 수 있다. 두 번째는 BCG Matrix(Boston Consulting Group Matrix)라 불리는 PPM(Product Portfolio Management)분석기법이다. 이는 사업단위 또는 제품을 시장성장율(MGR, Market Growth Ratio)과 상대적시장점유율(RMS, Relative Market Share Ratio)을 기준으로 현상유지, 투자, 청산을 결정하는 의사결정 전략기법으로, 1사분면부터 별(Star), 물음표(Question mark), 개(Dog), 현금젖소 또는 자금젖소(Cash cow)로 구분한다. PPM에서의 Cash cow는 여타 분면의 사업부문 보다 투자를 낮추고 위험도 낮은(Low risk) 쪽에 비중을 두며 경영한다. 이때에 수립하는 비공격적인 현상유지 중심의 기본목표를 수립하게 된다.

1.2. 기본목표 수립

기본목표는 전술한바와 같이 공격적, 확장적인 사업의 성장측면보다는 현상유지 측면이 강하다. 관리지표 또한 매출 및 영업이익 증가율 정도로 단순화하여 관리한다. 때문에 목표 수립의 기준이나 참고 또한 자사 중심이거나 동일 산업 내에서 찾는 경우가 대부분이다.

자사 중심의 기준으로는 전년 대비 몇 % 신장 할 것인가, 경영진의(사업본부장 및 사업부장, 최고경영자) 의지가 얼마나 강한가, 구성원들의 하고자 하는 욕구가 어느 정도인가, 자본적 지출(CAPEX)이나 설비투자가 많은가 적은가, 전년도에 손실 또는 이익규모가 어느 정도 인가 등의 범위에서 결정된다.

동일산업 내를 기준으로 할 경우에는 우선 유사규모의 경쟁사보다 높게 할 것인가 또는 동등하게 할 것인가, 산업의 시장성장율이 어느 정도인가, 관련 산업의 소비심리가 높은가 낮은가 등을 반영하여 기본목표를 수립한다.

표 4-1 기본목표 수립의 기준 요소와 핵심지표

핵심 관리지표		• 매출향상
		• 영업이익 증가율
기준요소	자사 중심요소	• 전년대비 성장률
		• 경영진의 의지
		• 구성원들의 욕구
		• 자본적 지출 규모
		• 설비투자 규모
	동일 산업요소	• 경쟁사의 정보
		• 산업의 시장 성장률
		• 관련 산업의 소비심리

2. 전략목표의 개요와 수립절차

2.1. 전략목표의 개요

전략목표란 정의한바와 같이 사업의 경쟁력확보와 시장점유율 향상을 위하여 공격적이고 확장적인 투자가 수반되는 경영전략을 전략목표라 하였다. 이는 기본목표와 대별하여 생각할 수 있는 목표로 기본목표의 설명과 같은 맥락에서 제품의 수명주기와 포트폴리오 전략측면에서 이해할 수 있다.

PLC(Product Life Cycle)전략 측면에서 기본목표가 성숙기 이후의 단계라면 전략목표는 상대적으로 투자규모가 요구되는 도입기, 성장기에 해당한다. 또한 PPM전략 측면에서 기본목표가 Cash cow인 3사분면에 해당한다면 전략목표는 1사분면의 Star부문과 2사분면의 Question Mark부문에 해당한다.

1사분면에 위치한 Star부문의 SBU(전략적 사업단위, Strategic Business Unit) 또는 제품(Product)은 동 업종의 시장에서 경쟁력 있게 육성하여 현금을 창출해 내는 Cash cow부문으로 육성하기 위해서 많은 유무형의 투자가 수반되기 때문이다. 또한 2사분면에 위치한 Question Mark부문의 것은 투자를 멈추어 Dog부문으로 이동 후 청산하던지 더 많은 투자를 통하여 Star부문으로 이동시킨 후 중장기적으로 Cash cow로 키우기 위해 소요되는 투자가 대규모이기 때문이다.

[그림 4-1]에서 보여주듯 전략목표는 PPM모델의 (1/4)와 (2/4), PLC모델의 (1)과 (2)이다. 그리고 기본목표는 PPM모델의 (4/4)와 PLC모델의 (3)이 된다.

그림 4-1 기본목표와 전략목표의 구분과 대상

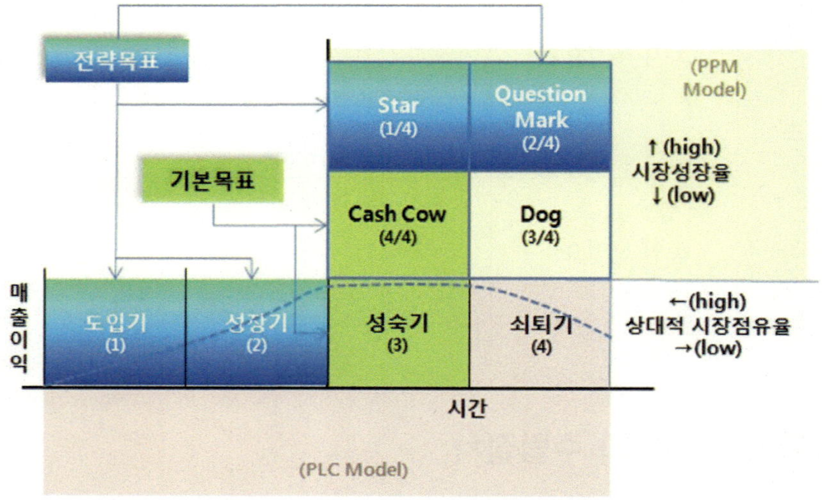

2.2. 전략목표의 수립절차와 대상

전략목표는 기업의 현상유지 보다는 시장확대, 사업재편 등 대규모 투자가 수반되는 경영전략이다. 때문에 기본목표가 기업내부의 임원진과 최고경영책임자 수준에서 의사결정이 되는 것이라면, 전략목표는 주주총회 및 이사회의[1] 등 주주 및 중역진의 의

1) 주주총회(株主總會, General meeting of stockholders)는 회사의 기본 조직과 경영에 관한 중요 사항에 관하여 주주들이 의사를 표시하여 결정하는 최고 의사결정기관으로 이의 권한은 상법 또는 정관에 정해져 있으며 정기총회와 임시총회가 있다. 주주총회의 결정사항으로는 정관의 변경, 자본의 증감, 영업의 양수도, 이사·감사·검사인·청산인의 임명에 관한사항, 주식배당, 신주인수권의 승인에 관한사항 등이다. 이사회의(理事會議, Board of directors)는 회사의 경영에 관한 일체의 권한을 위임받아 회사의 업무집행에 관한 의사결정을 한다. 상법에 규정된 이사회의의 결정사항을 보면 신주의 발행, 사채의 모집, 지배인의 선임 및 해임, 이사와 회사 간의 거래에 대한 승인, 이사의 직무집행을 감독하는 권한 등이다.

사를 필요로 하는 것이 기본목표 대비 상대적으로 요구된다는 특징을 가지고 있다.

대상으로는 대규모 설비투자, 부동산 및 자산의 매각 또는 매입, 기업의 인수 및 합병,[2)] 대규모 구조조정 등 성공 또는 실패의 결과가 기업 경영에 지대한 영향 또는 변화를 가져오는 것을 대상으로 한다.

그림 4-2 전략목표의 수립절차와 대상

수립절차	대상전략의 수립 (투자자본, 효과 중심) → 주총/이사회의 (정기 및 임시) → 전략의 구체화 (전략담당 부서) → 전략의 실행 (공개/비공개)
대 상	일반적으로 주주의 의사결정을 필요로 하는 것으로 성공 또는 실패의 결과가 기업경영에 지대한 영향이나 변화를 가져옴 • 대규모 설비투자 • 대규모 부동산 및 자산의 매각이나 매입 • 기업의 인수 및 합병 • 대규모 구조조정 등

3. 활용할 수 있는 전략기법

본장에서 활용할 수 있는 전략기법으로 시장세분화기법, 서비스 마케팅믹스기법, 제품포트폴리오기법, 제품수명주기전략, 블루오션전략 등을 활용할 수 있다.

표 4-2 전략경영 목표수립 단계에서 활용할 수 있는 전략기법

전략기법	개념	활용 용도 및 특징
STP (시장세분화 전략)	• Segmentation, Targeting, Positioning으로 구성 • 해당 단어의 머리글자를 조합하여 STP로 명명된 시장세분화 기법 • Philip Kotler가 2004년 제시	• 고객의 다양한 Needs와 Wants의 발굴, 고객만족의 극대화 • 동일시장 내에서 Cannibalization의 방지 • 시장에서 새로운 기회의 포착 • 마케팅 및 경영전략 수립에 활용할 수 있는 전략기법

2) 기업의 인수합병(引受合倂, Mergers and Acquisitions)은 신기술의 습득, 신속한 시장진입, 규모의 경제실현, 핵심역량 확보, 영위사업의 재편 등을 통한 경쟁우위 및 기업의 영속성 확보를 주된 목적으로 하고 있다.

전략기법	개념	활용 용도 및 특징
Seven P (확장된 마케팅믹스 or 서비스 마케팅믹스)	• 전통적 마케팅믹스 4P인 Product, Price, Promotion, Place에 Physical evidence, Participants, Process가 가미된 형태의 서비스마케팅 믹스로 P로 시작되는 단어의 머리글자를 따 7P로 명명 • 1981년 Booms와 Bitner가 제시	• 제조품 및 상품 등 유형 제품의 생산 이후 전(全) 단계에 실행할 수 있는 공급자 중심의 전통적 마케팅 전략과 수요자 중심의 마케팅 전략을 구사할 수 있는 마케팅믹스 • 유무형의 산업에 접목할 수 있는 경영 및 마케팅 전략 기법
PPM (제품포트폴리오 전략)	• Star, Question mark 또는 Problem child, Cash cow, Dog 등 4개 요인으로 구성 • Boston box, Boston matrix, BCG matrix라고도 불림 • 1970년 보스턴 컨설팅그룹에 근무하던 Henderson기 개발	• 도표의 X축을 RMS(시장성장율), Y축을 MGR(상대적시장점유율)로 정의하고 1사분면에서 4사분면까지 4개 분면으로 쪼개어 제품 및 SBU를 위치시켜 해당의 것에 대한 육성, 유지, 매각 및 청산 등 의사 결정을 할 수 있는 경영전략 기법
Product Life Cycle (제품수명주기 전략)	• Product Life Cycle의 약자로 제품이 생산되어 시장에서 퇴출될 때까지 제품의 수명주기 단계별로 실행전략을 수립할 수 있는 기법 • 제품 및 서비스의 공급자가 중심이 되는 기법	• 기술개발과 혁신 또는 개선을 통하여 생산된 제품 및 서비스의 생명주기를 도입기, 성장기, 성숙기, 쇠퇴기 등 4단계로 구분하여 각 단계마다 수행해야 할 전략의 실행 방법을 설명하는 경영전략 수립 및 마케팅실행 기법
ERRC (블루오션 전략)	• Eliminate, Reduce, Raise, Create 등 4가지 요인으로 구성 • Red ocean의 반대 개념인 Blue ocean으로도 불림 • ERRC는 2004년 INSEAD 교수인 Kim and Mauborgne 저서에서 소개	• 구매자들에게 비용구조와 가치제안 두 가지 측면에서 호의적인 결과를 도출해 내는 Remodeling에 활용되는 기법 • 현 상태에서 버릴 것, 줄일 것, 올릴 것, 새로 만들 것을 정의하고 실행하여 조직, 비즈니스모델 등을 경쟁력 있게 변화시키는 실행중심의 경영전략 기법

3.1. 시장세분화 전략(STP)

STP Model은 기업이 시장을 세분화하여 새로운 고객을 유치하고 지속적인 수익모델을 낼 수 있는 전략으로 미국의 켈로그경영대학원의 석좌교수인 Philip Kotler[3]가 그의 저서인 「Ten deadly marketing sins: signs and solutions(2004)」에서 제시한 시장세분화

3) Kotler, P. is the S. C. Johnson Distinguished Professor of International Marketing and Northwestern University Kellogg School of Management and the author of thirty books, including Marketing Insights from A to Z and Lateral Marketing.

전략기법인데, 고객의 다양한 Needs와 Wants를 찾아내고 만족시켜 줄 수 있는 고객만족의 극대화, 동일시장에서의 Cannibalization[4]의 방지, 시장에서의 새로운 기회 포착을 STP전략 실행의 목적으로 들 수 있다.

이는 Segmentation(시장세분화), Targeting(표적시장 선정), Positioning(제품의 포지셔닝)으로 이루어지는데 Segmentation은 시장세분화(Segmenting markets), 세분화한 시장의 기술(Describing market segments), 세분시장의 매력도 평가(Evaluating segments attractiveness), 세분화된 시장의 선택과 선택된 세분시장에 자원의 할당(Selecting target segments and allocating resources to segments), 그리고 목표고객의 발견(Finding targeted customers) 등 5단계[5]로 이루어졌다.

표 4-3 시장세분화 5단계

Phase	Main Contents
Phase 1	Segmentation market (시장 세분화)
Phase 2	Describing market segments (세분화한 시장의 기술)
Phase 3	Evaluating segments attractiveness (세분시장의 매력도 평가)
Phase 4	Selecting target segments and allocating resources to segments (세분화된 시장의 선택과 선택된 세분시장에 자원의 할당)
Phase 5	Finding targeted customers (목표고객의 발견 또는 목표화된 고객의 발견)

시장세분화(STP)의 기준은 개인적 특성기준과 제품관련 소비자특성 기준으로 분류한다.[6]

4) Cannibalization(자기시장잠식, 식인화현상)은 자사에서 새로 출시하는 상품으로 인해 기존에 판매하던 제품의 수익이나 시장점유율이 감소하는 현상을 말한다.

5) R. Core, Team(2013). R: A language and environment for statistical computing. R Foundation for Statistical Computing, Vienna, Austria. Online: http://www. R-project. org; Jun, S.(2011). Technology marketing using PCA, SOM, and STP strategy modeling. IJCSI International Journal of Computer Science Issues, 8(1).

6) 김성호(2015). 마케팅정론, 학현사.

개인적 특성기준 요소에는 나이(Age), 성별(Gender), 소득(Income), 직업(Job) 등의 인구통계학적 특성(Demographic characteristics), 기후환경, 생활습관 및 문화적 차이인 지리적 특성(Geographic characteristics), 사회계층(Social class), 라이프 스타일(Life style) 및 개성(Personality)인 심리적 특성(Psychographic Characteristic)을 들 수 있다. 제품관련소비자 특성기준 요소로는 제품의 사용상황,[7] 추구편익,[8] 제품의 사용량,[9] 충성도[10]를 들 수 있다.

시장을 세분화할 때 다음과 같은 6가지 조건을 고려하여야 한다.

첫째, Homogeneous and Heterogeneous(동질성과 이질성)이다. 이는 같은 세분시장 내의 고객들은 마케팅믹스 또는 마케팅 전략에 유사하게 반응하고, 반대인 경우에는 상이하게 반응하도록 하여야 한다는 것을 말한다.

둘째, Measurability(측정 가능성)이다. 이는 대상 시장에 대한 크기, 소비자들의 구매력 및 특성들을 측정할 수 있어야 함을 말한다.

셋째, Market size(시장의 규모)이다. 이는 세분시장은 충분한 이익을 얻을 수 있을 정도의 규모를 갖추어야 함을 말한다.

넷째, Market accessibility(시장에 대한 접근가능성)이다. 이는 상품을 알리기 위한 대중매체나 커뮤니케이션, 유통을 위한 접근가능성이 좋아야 함을 말한다.

다섯째, Market Differentiability(시장의 차별적인 반응)이다. 이는 시장마다 실행한 전략에 대하여 서로 다르게 반응하여야 함을 말한다.

여섯째, Actionability(실행가능성)이다. 이는 세분시장에 전개한 마케팅전략이 실행될 수 있도록 해당 기업은 생산능력, 자금능력, 인적자원능력 등이 있어야 함을 말한다.

3.2. 서비스마케팅믹스 전략(SMM, 7P)

Service Marketing Mix는 7Ps라고도 한다. 이는 확장된 마케팅 믹스 또는 서비스 마케팅 믹스라고도 불리는 마케팅 전략 기법중의 하나이다. 서비스 마케팅믹스는 1965년 Borden이 그의 저서인 「The concept of the marketing mix」[11]에 소개된 것이다. 이는

7) 소비자들은 언제 제품구매에 대한 생각을 하는지, 언제 구매를 하고, 언제 구입한 제품을 사용하는지 등의 집단으로 시장을 세분화 하는 것.

8) 소비자가 추구하는 편익을 기준으로 시장을 세분화 하는 것

9) 제품의 대량 사용자, 소량 확인자 등으로 시장을 세분화 하는 것.

10) 소비자들의 제품에 대한 충성도(Loyalty)를 기준으로 시장을 세분화 하는 것.

11) Borden, N. H.(1965). The concept of the marketing mix, in Schwartz. G., Science in marketing, John Wiley & Sons, New York.

12개 요소인, Product planning(제품기획), Pricing(가격), Branding(브랜드), Channel distribution(유통채널), Personal selling(인적판매), Advertising(광고), Promotion(판촉), Packaging(포장), Display(판매장전시), Servicing(서비스), Physical handling(물리적 취급), Fact finding and analysis(실제발견과 분석)로 구성되었다. 이후 연구와 모방 등의 과정을 거쳐 7Ps가 제시되었다.

7Ps(Seven P) 마케팅믹스 기법은 마케팅개념의 핵심 이론중의 하나로 마케팅믹스인 4Ps보다 더 유용한 Framework이다.12) 이는 Philip Kotler13)가 개발한 전통적인 마케팅 믹스인 4P를 참고하여 서비스 범위인 Participants(참가자),14) Physical evidence(물리적 증거),15) Process(프로세스)16)까지 확장하여 구성된 Framework로 Booms and Bitner17)에 의하여 7Ps로 제시되었다.

표 4-4 전통적 마케팅믹스와 서비스마케팅믹스의 특징과 구성요소

구 분	Kotler	Borden	Booms and Bitner
특 징	• 전통적 마케팅믹스 • 목표고객을 핵심 개념으로 정리	• 서비스마케팅 믹스	• 4P를 참고, 서비스 영역으로 확장한 서비스 마케팅 믹스로 정리
구성요소	• 4가지 • Product, Price, Promotion, Place	• 12가지 • Product planning, Pricing, Branding, Channel distribution, Personal selling, Advertising, Promotion, Packaging, Display, Servicing, Physical handling, Fact finding and analysis	• 7가지 • Product, Price, Promotion, Place, Participants, Physical evidence, Process

12) Rafiq, M., & Ahmed, P. K. (1995). Using the 7Ps as a generic marketing mix: an exploratory survey of UK and European marketing academics. marketing intelligence & planning, 13(9).

13) 필립코틀러(Philip Kotler, 1931년 産), 경제학박사로 미국의 Evanston, IL에 위치한 Northwestern University Kellogg School of Management의 석좌교수이다. 이는 목표고객의 핵심개념으로 4P인 Product, Price, Promotion, Place를 제시하였다.

14) 참가자는 서비스 전달과정에 참여하는 모든 행위자로 직원, 고객 등을 말하는데, 일부 서적에서는 People로 표기하기도 한다.

15) 물리적 증거는 서비스가 전달되는 과정에서 서비스의 수행이나 커뮤니케이션을 촉진하는 유형적인 요소들을 말한다.

16) 프로세스는 서비스의 생산에서 제공까지의 운영시스템, 처리시스템 등 흐름을 말한다.

17) Booms, B. H. and Bitner, M. J.(1981). Marketing strategies and organization structures for service firms, in Donnelly, J. H. and George, W. R. (Eds), Marketing of Services, American marketing association, Chicago, IL.

컨설팅을 수행하거나 자사의 조직내부를 대상으로 전통적 마케팅믹스인 4Ps와 서비스 마케팅믹스인 7 Ps를 이용하여 분석할 일은 매우빈번하게 발생한다. 이와 같은 활용 시 응용 및 적용의 원활화를 위하여 전통적인 마케팅믹스의 핵심 컨셉(Core concept)과 서비스마케팅의 유형을 설명한다.

그림 4-3 전통적 마케팅믹스인 4Ps의 핵심 Concept

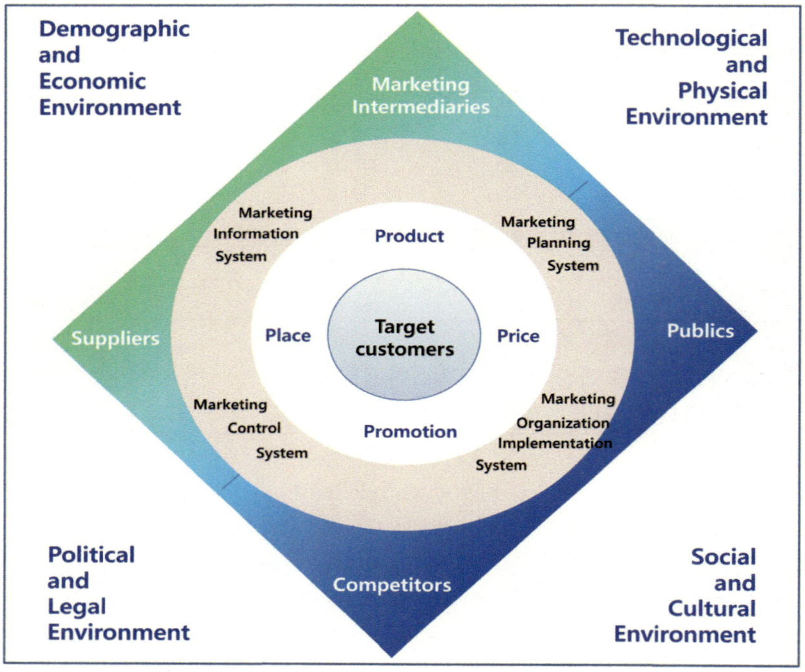

먼저 전통적인 마케팅믹스인 4Ps는 목표고객(Target customers)을 핵심으로 Product, Price, Promotion, Place 전략을 실행한다. 또한 이들은 4시스템인 마케팅정보시스템(Marketing information system), 마케팅 기획시스템(Marketing planning system), 마케팅조직과 실행시스템(Marketing organization and implementation system), 마케팅관리시스템(Marketing control system) 안에 위치해 있다. 4시스템은 마케팅 중재자(Marketing intermediaries), 일반인(Publics, 어떤 제품이라도 구매할 수 있는 가망고객), 경쟁사(Competitors), 공급자(Suppliers) 등 시장(Market) 참여자들이 둘러쌓고 있다. 이와 같은 목표고객(Target customers)은 4Ps가, 4Ps는 4시스템들이, 4시스템들은 시장 참여자들이 둘러쌓고 있고, 시장 참여자들을 둘러쌓고 있는 것은 사회 환경들인 인구 및 경제

적 환경(Demographic and economic environment), 기술 및 물리적 환경(Technological and physical environment), 사회 및 문화적 환경(Social and cultural environment), 정치 및 제도적 환경(Political and legal environment)들이다. 때문에 4Ps를 통한 목적을 달성하고자 할 때에는 이를 둘러쌓고 있는 시스템, 시장 참여자, 사회환경 또한 고려하여야 한다.

두 번째로 서비스 마케팅의 유형은 기업, 서비스 제공자, 고객을 중심으로 이루어지며, 기업과 서비스 제공사 사이에서 내부마케팅(Internal marketing), 서비스 제공자와 고객 사이에는 상호작용 마케팅(Interactive marketing), 고객과 기업 사이에서 외부 마케팅(External marketing)이 발생한다.

외부마케팅(External marketing)은 가장 전통적인 형태의 것으로 기업이 서비스 전달에 대한 약속을 함으로써 고객의 기대를 형성하고 유인한다.

내부마케팅(Internal marketing)은 기업과 직원 사이의 마케팅으로 외부 고객만족을 위한 필수조건으로 잡아가는 추세를 보이고 있는 마케팅이다. 이는 직원을 내부 고객으로 인식하고 그들의 만족을 위한 복지후생, 근무환경, 업무지원 등을 말한다.

그림 4-4 서비스 마케팅의 유형[18)]

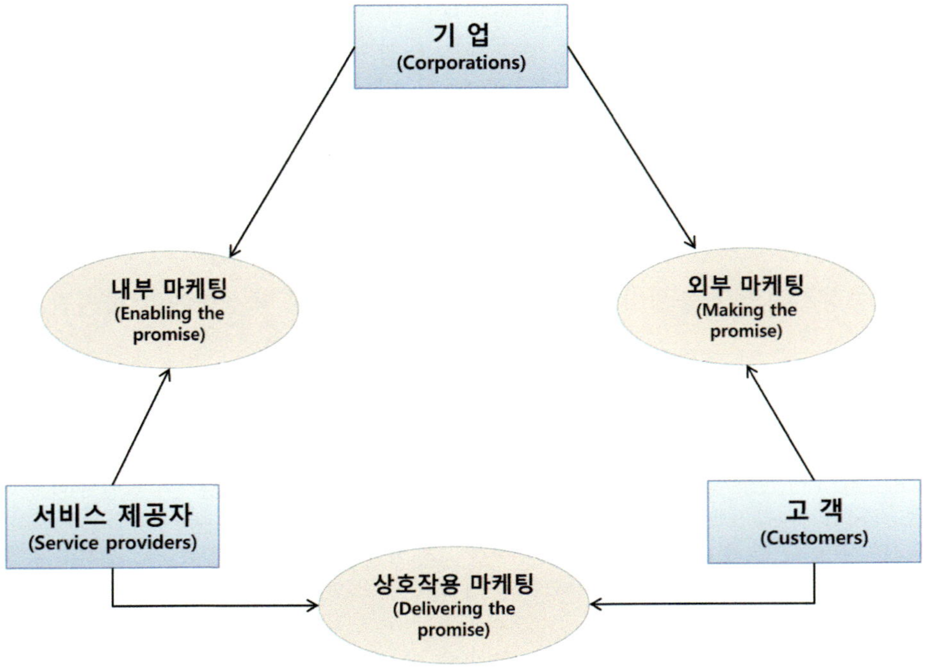

상호작용마케팅(Interactive marketing)은 고객과 현장 접점의 서비스 제공사 사이의 마케팅 활동으로 서비스 마케팅에서 가장 중요한 유형이라 할 수 있다. 이는 기업이 외부 고객에게 약속한 제반 사항을 실천하는 모든 활동이다. 서비스 제공사의 직원과 고객과의 만남을 흔히 진실의 순간(Moment of truth)이라고 하며, 진실의 순간은 고객과 만남의 3~5초 사이에 이루어진다고 알려져 있다.

3.3. 제품 포트폴리오 전략(PPM)

PPM(製品 또는 戰略事業單位 管理技法, Product Portfolio Management)는 미국의 보스턴컨설팅그룹(Boston Consulting Group)에 근무하는 Henderson[19]이 개발한 전략기법으로 Boston Box, Boston Matrix, BCG Matrix라 불리기도 한다. 이는 마케팅 또는 사업전략 수립을 위한 전략적 사고의 틀(Strategic thinking framework)로 시장성장율과 상대적시장점유율을 기준으로 한다.

PPM은 도표를 이용하여 분석하는데 Y축에 시장성장율(MGR, Market Growth Ratio), X축을 상대적시장점유율(Relative Market Share)로 기준하여 이를 고(High)와 저(Low)로 구분한 도표를 4개 분면으로 쪼개고, 쪼갠 4개의 분면에 제품 또는 사업단위를 매치하여 분석하는 기법[20]이다.

- **S(별)** : 시장성장율과 상대적 시장 점유율이 모두 높은(High) 제품 또는 사업단위이다. 이는 중장기적으로 수익을 창출하는 현금창출원이 될 가능성이 높다. 그러나 경쟁사를 대응하고 시장 점유율을 높이기 위하여 지속적인 투자가 필요하다.
- **QM 또는 PC(문제아)** : 본 제품이나 사업이 속한 산업의 시장성장율은 높지만 해당 제품이이나 사업단위의 상대적 시장 점유율이 낮아 경쟁력이 없는 제품 또는 사업단위가 이에 해당한다. 이를 Stars로 육성하기에는 많은 시간과 투자자금이 소요된다. 중장기적인 가능성이 있다면 투자를 통한 Stars로 육성하여야 하지만, 가능성

---

18) 김성호(2015). 마케팅정론, 학현사를 편집하여 인용.

19) Bruce Doolin Henderson(1915년 產), 핸더슨은 그의 아버지가 50년간 소유하였던 Southwestern Company에서 세일즈맨으로 직장생활을 시작하면서 University of Virginia에서 수학하였고 1937년 Vanderbit University를 졸업하였다. 이후 Westinghouse Company에서 일하기 위해 수학 중이었던 Harvard Business School을 그만둠, 그 회사에서 37세의 최연소 나이로 부사장에 오른 후 1959년 퇴사, 서비스관리 컨설팅회사에 수석 부사장으로 입사하여 근무, 1963년 보스턴컨설팅 회사의 CEO로부터 영입되었고, BCG Matrix는 BCG에 근무하던 1970년에 개발되었다. 1980년 BCG를 그만두고 1992년 7월 卒하였다.

20) Ioana, A., Mirea, V., Bălescu, C.(2009). Analysis of service quality management in the materials industry using the bcg matrix method. Amfiteatru Economic Review, 11(26).

이 없는 것이라면 투자를 줄이고 Stars 부문의 것을 육성하기 위한 투자자금 확보를 위한 전략적 의사결정이 필요한데 매각을 통한 투자자금의 확보, 전략적 제휴를 통한 경쟁우위의 제고경영 등이 여기에 해당한다.

- **CC(자금젖소)** : 해당산업의 시장성장율은 낮지만 소속한 산업에서 상대적 시장 점유율이 높은 제품 또는 사업단위로 우유를 공급해 주는 젖소처럼 현금의 창출원이다. 이는 해당 산업의 시장성장율이 한계에 봉착한 것으로 경쟁사 대비 상대적 시장 점유율 유지를 위한 투자 이외의 수익은 Stars, QM 분면의 제품이나 사업단위 육성의 자금으로 이용하여 제2, 제3의 Cash cow를 육성하는 전략이 바람직하다.
- **D(개)** : 3사분면으로 산업의 시장성장율도 낮고, 속한 산업에서의 상대적 시장 점유율도 낮은 제품 또는 사업단위로 수익이 낮을 뿐 아니라, 중장기적으로 볼 때 개선될 가능성도 없어 투자의 가치도 없다. Dogs에 해당하는 제품이나 사업은 가능한 청산이나 처분을 하는 것이 바람직하다.

PPM분석기법을 컨설팅이나 실무에서 활용하고자 할 때에는 먼저 시장조사, 내부 및 각종자료를 통하여 해당기업의 제품과 사업단위를 대상으로 시장점유율과 시장성장율을 분석한다. 분석결과를 각 4사분면에 할당하여 영역별로 위치시킨다. 위치된 제품 및 SBU를 대상으로 투자전략을 도출하는 프로세스로 진행하면 된다.

그림 4-5 BCG matrix scheme

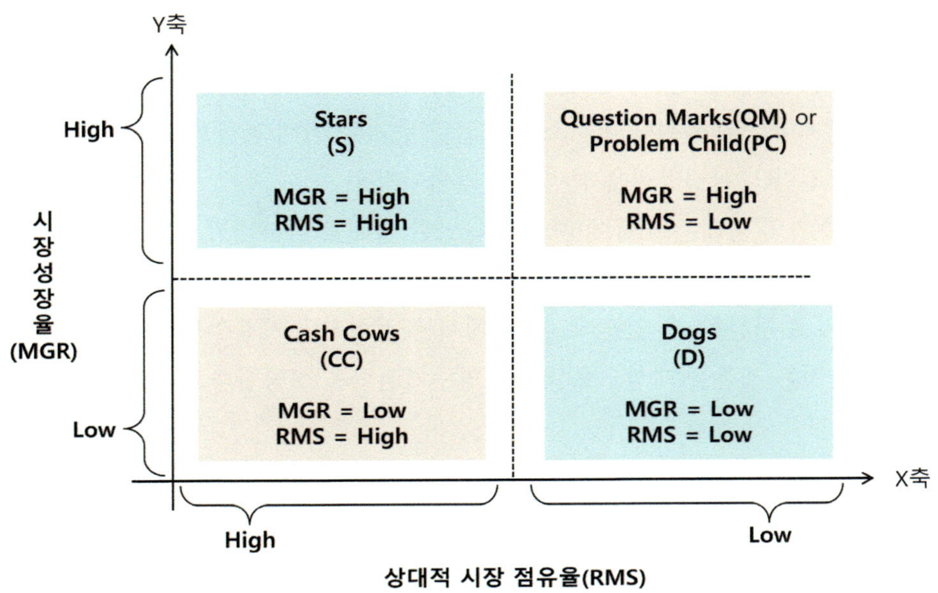

그림 4-6 BCG matrix 실행 프로세스

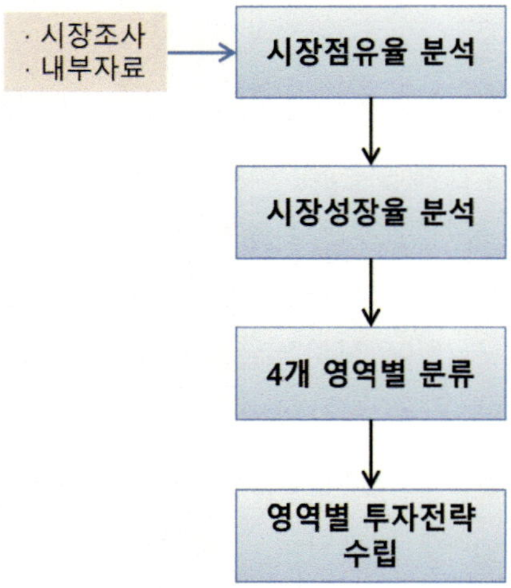

① 지장조사 및 내부 자료를 통하여 해당 제품 및 사업단위(SBU)의 시장점유율을 분석한다.

② 해당 제품 및 사업단위의 상대적 시장 점유율을 분석한다.

③ 분석된 결과를 도면에 준비된 4사분면에 영역별로 분류한다.

④ 분류된 4개의 영역별 분석결과에 부합되는 투자전략을 도출한다.

3.4. 제품의 수명주기 전략(PLC)

제품수명주기전략(製品壽命週期戰略, PLC Strategy, Product life cycle)은 제품이 시장에 출시되는 도입기, 판매량이나 수익이 증가하는 성장기, 시장의 수요가 정적을 찍는 성숙기, 대체제품의 등장이나 수요의 감소 등으로 인해 매출이나 수익이 감소로 돌아서는 쇠퇴기 등 시간과 매출 및 수익과의 관계함수의 변화를 나타내는 공급측면의 개념이다.

이는 제품이 시장에 진입하여 없어질 때 까지를 수명주기로 보고, 이를 4단계로 구분하여 각 단계마다 제품이나 서비스의 공급량 증가를 위해 공급회사에서 각 단계마다 수행해야 할 전략의 실행방법을 설명하는 기법이다[21].

제품수명주기의 형태는 제품에 따라서 다양한 형태를 나타내고 있다. 때문에 단적으로 정의하여 설명할 수는 없다. 일반적으로 특수한 형태의 제품수명주기와 전형적인 제품수명주기로 구분할 수 있는데, 본 책에서는 전형적인 제품수명주기 형태인 S자형(S字形)을 가지는 제품을 대상으로 제품수명주기전략을 설명한다.

21) Day, G. S.(1981). The product life cycle: analysis and applications issues. The Journal of Marketing; Rink, D. R., & Swan, J. E.(1979). Product life cycle research: A literature review. Journal of business Research, 7(3).

그림 4-7 제품수명주기의 특수한 형태[22)]

제품수명주기 형태	형태별 특징
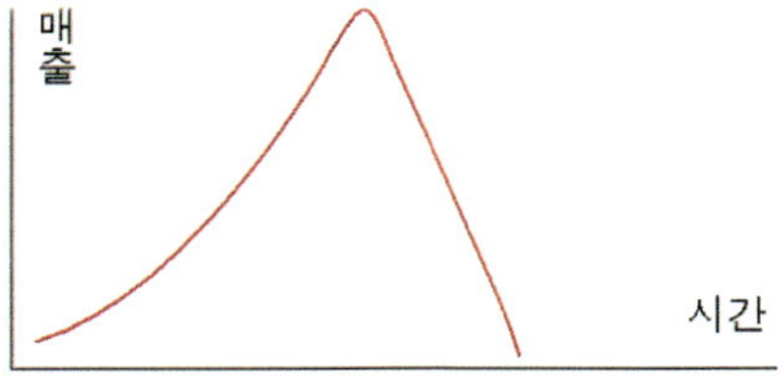	• 일시적 유행상품(Fad)은 짧은 시간 내에 소비자들에게 급속하에 수용 되었다가 매우 빨리 쇠퇴하는 형태의 수명주기를 가진다.
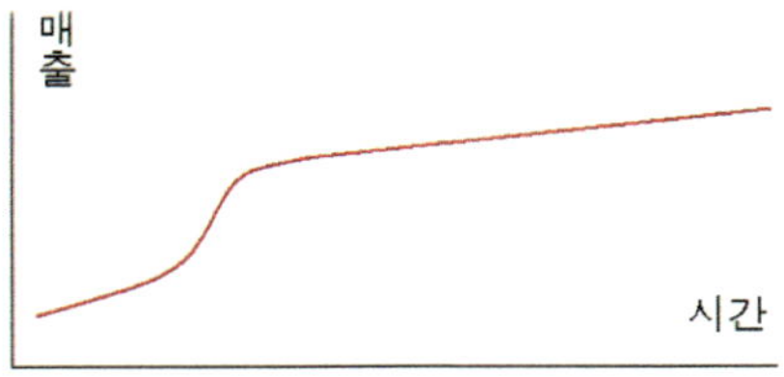	• 장수제품은 출신딘 후 오랜 기간 동안 꾸준하게 소비자들에의 구매되는 형태의 수명주기를 가진다.
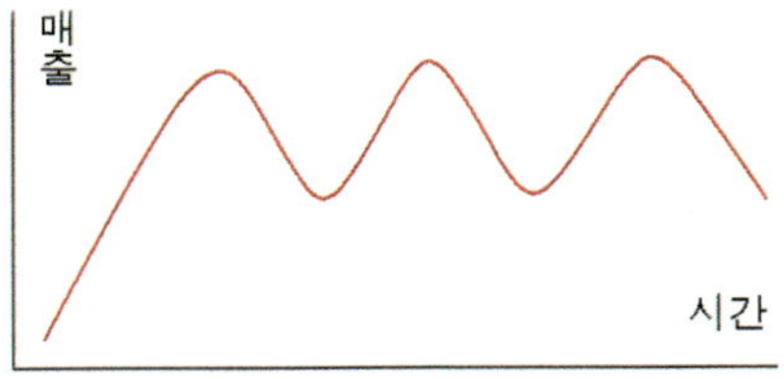	• 순환적 상품은 계절에 따라 증가와 감소가 반복되는 수명주기 형태를 가진다.
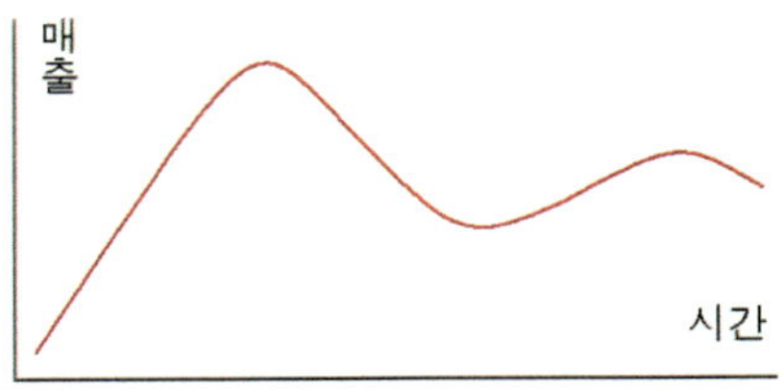	• 스타일 제품의 수명주기곡선은 한 스타일이 출현하면 한때 유행하였다. 일정기간이 지나 다시 유행하는 형태로 오랜 기간 지속되는 형태를 가진다.
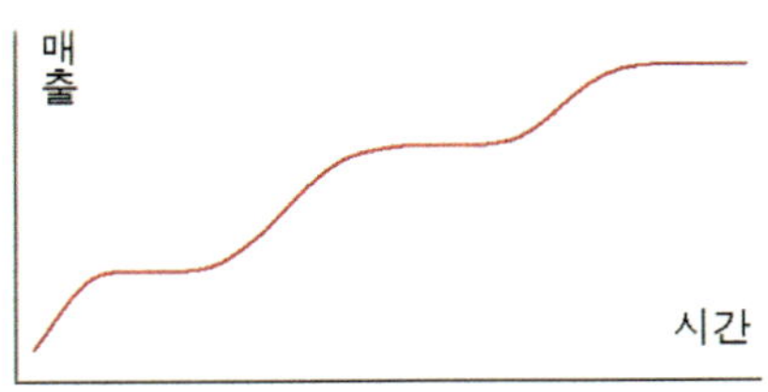	• 연속성장형 제품의 수명주기곡선은 새로운 제품특성이나 용도, 사용자 등을 발견함으로써 매출성장이 연속적으로 이어진다.

22) 안광호·아영원·박홍수(2015). 마케팅원론(제6판), 학현사를 편집하여 인용.

제품수명주기 단계별 실행전략 또는 실행방안은 다음과 같다.

표 4-5 제품수명주기 단계별 마케팅전략과 특성

구 분	도입기	성장기	성숙기	쇠퇴기
전략목표 (Target)	• 인지도 제고 • 구매의 유도	• 선호도 제고 • 점유율 확대	• 시장점유율 유지	• 경쟁력 없는 제품의 철수
핵심성공요인 (KPI)	• 인지도와 구매의 유도	• 선호도와 시장점유율 확보	• 시장점유율 확대 및 유지	• 효과적인 출구 전략
제 품 (Product)	• 초기 제품의 문제 해결	• 품질의 개선 • 새로운 기능 추가	• 제품 다양화 • 시장 세분화	• 제품의 유지 혹은 축소
가 격 (Price)	• 고가격 • 개발비 고려한 가격	• 단계적 인하 • 시장침투 가격	• 경쟁사 대응 가격	• 가격의 할인
촉 진 (Promotion)	• 광고와 다양한 판촉활동의 강화	• 광고를 통한 선호도 제고 활동	• 매출 증대를 위한 다양한 판촉 수단의 사용	• 최저수준 유지
유 통 (Channel)	• 유통경로의 확보 • 선택적 유통 전략	• 유통경로의 확장 • 집중적 유통 전략	• 다양한 유통 경로를 사용	• 이익이 적은 유통 경로의 폐쇄 • 선택적 유통 전략
시장의 크기 (Market size)	• 작은 시장	• 시장의 증가	• 최대 크기의 시장	• 시장크기의 감소
시장 성장률 (MGR)	• 매우느림	• 매우빠름	• 완만하다 정체	• 감소
매출 및 이익 (Avenue and profit)	• 적은 매출 • 손실 또는 적은 이익	• 빠른 매출 증가 • 서서히 증가 및 이익의 개선	• 서서히 증가 • 이익의 최대	• 감소
고 객 (Customer)	• 혁신자 또는 전문적 욕구	• 초기 수용자 및 단순한 욕구	• 다양한 욕구	• 욕구의 감소
경쟁자 (Competitor)	• 없거나 극소수	• 점차 증가	• 안정적 또는 업체의 난립	• 감소

Introduction stage(도입기), 신제품이 시장에 출시되어 성장기 전 단계까지를 말한다. 이때에는 신제품에 대한 소비자들의 인지도와 사용 후에 대한 만족도가 낮아 인지도를 높이는 작업이 필요하다. 전략대안으로는 시장확대전략(Skimming strategy), 시장침투전략(Penetration strategy)을 실행할 수 있다.

성장기(Growth stage), 도입기의 실행전략이 소비자들에게 인식되고 고객들을 만족시키면서 매출이 빠르게 성장하는 시점부터 꼭지점을 찍는 성숙기 도래 전까지의 단계를 말한다. 성장기에는 마케팅믹스(4P) 전략이 필요하다. 제품전략(Product strategy)의 대안으로는 제품의 품질향상과 새로운 속성의 추가, STP 전략을 통한 새로운 표적시장의 개발, 고객의 선택적 수요를 자극하기 위한 제품의 차별화 전략 등을 들 수 있다. 가격전략(Price strategy)은 경쟁사를 대응하고 매출액을 신장할 수 있는 저가격전략과 기존가격 유지전략을 구사하여야 한다. 판촉전략(Promotion strategy)은 이미지 광고에서 제품선호 광고로 전환하여야 하며, 판매촉진비용은 도입기와 동등 이상으로 편성하고 집행한다. 유통전략(Place strategy)은 성장성을 대응 할 수 있도록 유통경로를 확대하여 증가하는 시장을 커버하여야 한다.

성숙기(Maturity stage), 매출의 성장률이 둔화되면서 매출이 꼭지 점을 찍을 때까지의 단계를 말한다. 이때의 고객들은 제품의 구매와 사용에 관한 경험이 상당히 축적되어 까다로운 취향과 선호도를 보인다. 또한 시장의 성장은 둔화되며 고객들의 Needs 및 요구수준 또한 높아져 마케팅전략의 수정이 필요한 단계가 된다. 성숙기 단계에서는 성장기에 비하여 수립된 계획에 부합되는 결과를 예측할 수 있는바, 원가를 고려하여 공격적인 마케팅전략과 방어전략을 구살할 필요가 있다. 즉 새로운 소비자의 유인, 재이용율 증대와 같은 시장개발. 품질, 특성, 스타일 등 제품의 개선. 정체된 매출의 신장을 위한 가격할인, 경품제공이나 콘테스트, 다양한 부가서비스의 제공 등이 그것이다. 또한 시장성장율이 낮거나 정체되는 단계이므로 시장점유율(Market share)를 증대시키는 전략이 필요하다.

쇠퇴기(Decline stage), 매출이 꼭지 점을 찍고 감소하는 때부터 시장 수요의 포화, 신기술의 출현, 사회적 가치의 변화, 고객의 욕구변화 등으로 제품이 시장에서 사라지는 단계를 말한다. 이때에는 최대한 성숙기를 연장하는 전략으로 현금창출을 최대화하는 것이 최상의 전략이다. 이후 철수 및 수확전략을 구사하여야 한다.

3.5. 블루오션 전략(ERRC)[23]

Blue Ocean Strategy(블루오션 전략) 또는 리모델링 전략으로 불리는 ERRC는 INSEAD 대학원[24] 교수인 Kim and Mauborgne의 저서인 「Blue ocean strategy」로 2004년 소개되었다.[25]

블루오션 전략인 ERRC Framework은 구매자들에게 비용구조와 가치제안 두 가지 모두에서 호의적인 영향을 창출한다. 비용절감은 산업경쟁 요인의 제거(Eliminating)와 감소(Reducing)를 통하여 만들어지고, 고객의 가치는 기존 산업에서 절대 제공되어 지지 않았던 요인의 증가(Raising)와 창출(Creating)에 의하여 제공되는데 이들의 관계는 [그림 4-8]과 같다.

그림 4-8 비용과 고객가치, Blue Ocean의 관계

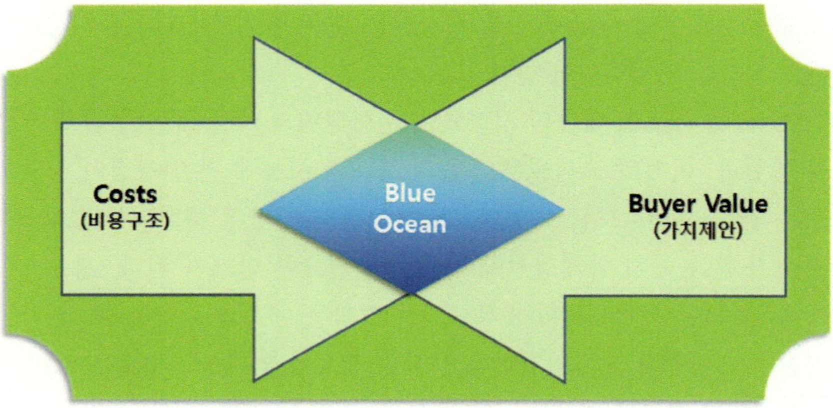

블루오션 전략 Framework은 4가지 핵심 요인으로 구성되는데, Eliminate, Reduce, Raise, Create가 그것이다.

---

23) Kim, W. C., Mauborgne, R.(2004). Blue ocean strategy. If you read nothing else on strategy, read these best-selling articles.

24) INSEAD는 Institut Européen d'Administration des Affaires(프랑스어) 또는 European Institute of Business Administration(영어)의 머리글자로 프랑스에 본교가 있다. 그 외 프랑스의 Fontainebleau, 중동의 Abu Dahbi, 아시아의 Singapore에 캠퍼스가 있으며, 경영학 석사 및 박사 프로그램을 메인으로 운영하고 있다.

25) Mohamed, Z. A.(2009). Analysis of the Use of the Blue Ocean Strategy; Case Study Analysis on 14 Different Agencies.

Eliminate 요인들은 더 이상 가치가 없는 제거의 대상을 말하고, Reduce 요인들은 헛되이 고객을 유지하고 비용구조를 증가시켜 감소시켜야 하는 요인을 의미한다.

Raise 요인들은 고객을 개발하는 것들로 증가시켜야 하는 것을 말하고, Create 요인들은 새로운 가치의 근원을 부가하는 것으로 창출해야 하는 요인을 의미한다.

표 4-6 ERRC Framework의 개념

ERRC	개 념	
Eliminate	• 제거 • 버리기	• 현 상태의 기업내부 또는 산업에서 제거 또는 버리기 할 요인들
Reduce	• 감소 • 줄이기	• 현 상태의 기업내부 또는 산업에서 감소 또는 줄이기 할 요인들
Raise	• 증가 • 올리기	• 현 상태의 기업내부 또는 산업에서 감소 또는 올리기 할 요인들
Create	• 창출 • 새로 만들기	• 현 상태의 기업내부 또는 산업에서 창출 또는 새로 만들기 할 요인들

레드오션은 산업의 경계가 정의되어 있고 이미 잘 알려진 시장을 말하는데, 경쟁사들이 많아 경쟁이 치열하다는 산업의 특성을 가지고 있다. 반대로 블루오션은 현재 존재하지 않거나 알려져 있지 않아 경쟁자가 없는 시장으로 아직 시도된 적이 없는 광범위하고 많은 잠재력을 지닌 시장을 의미한다. 여기에 적용하는 전략이 각각 레오오션전략과 블루오션전략으로 〈표 4-7〉과 같은 차이가 있다.

표 4-7 Red Ocean과 Blue Ocean Strategy의 차이

구 분	Red ocean strategy	Blue ocean strategy
차이 내용	• Compete in existing market space (기존 시장에서의 경쟁)	• Create uncontested market space • 비 경쟁시장의 창출
	• Beat the competition (경쟁에서 승리)	• Make the competition irrelevant (경쟁 무관요인의 확보)
	• Exploit existing demand (기존 수요의 개척)	• Create and capture new demand (새로운 수요의 창출)
	• Make the value/cost trade-off (가치와 비용의 균형 유지)	• Break the value/cost trade-off (가치와 비용의 균평 파괴)

구 분	Red ocean strategy	Blue ocean strategy
	• Align the whole system of a company's activities with its strategic choice of differentiation or low cost (차별화 또는 저비용 구조 중 하나를 전략적으로 선택)	• Align the whole system of a company's activities in pursuit of differentiation and low cost (차별화와 저비용을 동시에 추구)

4. 활용한 전략기법의 실습사례 연구

실습사례로 시장성장율과 상대적시장점유율를 수단으로 제품의 진퇴를 의사결정하는 제품포토폴리오전략인 PPM과 기존 시장의 경쟁강도를 최소화할 수 있는 블루오션 전략인 ERRC, 서비스산업의 필수 방법론인 7S로 알려진 서비스마케팅믹스를 소개한다.

4.1. 제품 포트폴리오 전략(PPM)

4.1.1. PPM을 이용한『BCG Matrix 기법을 활용한 국내의 택배산업 분석』팀 프로젝트로 실습한 결과물

장치산업이라고 하는 택배산업의 특성, 택사사별 영업이익률 등이 반영된 PPM 분석 결과인지 고려하여 실습사례를 연구하여 주기 바란다.

BCG Matrix 기법을 활용한 국내의 택배산업 분석

목차 1. 선정배경
2. BCG Matrix
3. 기업별 BCG Matrix 분석
4. 시사점
5. Q & A

1.선정배경

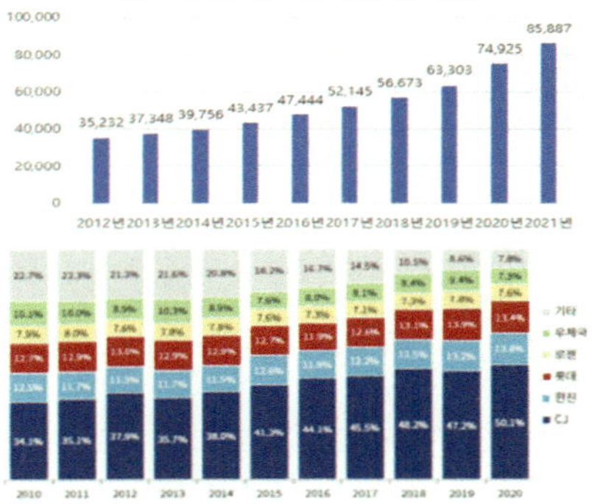

매출액 및 각 사별 시장 점유율 추이

- 코로나19 이후 비대면 생활의 일상화로 소비문화의 중심이 오프라인에서 온라인으로 빠르게 전환
- 그에 따라 온라인구매활동의 후방에서 물리적 이동을 담당하는 택배산업에 대한 수요가 급증하는 추세
- 2022년 한국토지주택공사에서 발표한 연구자료에 따르면 펜데믹 장기화시, 물류·택배 산업은 적어도 향후 10여년 동안 지속적으로 성장할 것으로 전망

- 2022년 한국토지주택공사에서 발표한 연구자료에 따르면 펜데믹 장기화시, 물류·택배 산업은 적어도 향후 10여년 동안 지속적으로 성장할 것으로 전망
- 현재 코로나와 공생을 모색하는 '위드 코로나'단계에 있는 가운데, 택배업계 내부에서는 각자 어떠한 마케팅과 사업전략을 통해 경쟁사보다 우위를 점하고자 하는지 본 실습을 통해 알아보고자 함

2. BCG Matrix

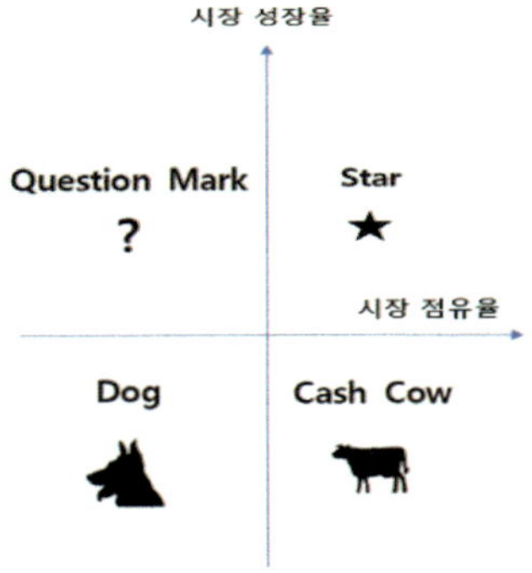

Star: 시장성장률과 상대적 시장 점유율이 모두 높은 사업단위. 경쟁사 대응 및 성장세 유지를 위해 지속적 투자 필요. 시장성장률이 둔화되면 Cash Cow로 이동.

Question Mark: 시장성장률은 높으나 상대적 시장점유율이 낮아 경쟁력이 낮은 사업단위. 성장을 위해서는 대규모 투자를 과감하게 단행해야 함. 투자성공시 Star로, 실패시 Dog로 이동.

Cash Cow: 시장성장률은 낮지만 상대적 시장 점유율이 높은 사업단위. 과감한 투자보다는 현재의 시장점유율을 유지할 수 있는 다양한 전략 구사 후 수확을 거두는 방법 선택가능. Cash Cow는 기업차원에서 중요한 현금의 창출원이며, 이 사업군에서 얻은 수입으로 별과 물음표에 있는 사업부 지원해 육성가능.

Dog: 시장성장률도 낮고, 속한 산업에서의 상대적 시장점유율도 낮은 제품 또는 사업단위. Dog에 해당하는 사업부는 매각 등을 통해 시장에서 철수하는 전략을 사용하는 것이 바람직. 철수전략을 통해 마련한 자금으로 성장가능성이 높은 물음표나 별에 위치한 사업부 지원.

국내택배기업의 BCG Matrix 분석결과

※ 택배사별 위치 분위는 학생으로 구성된 Team Project의 결과로 본 책의 저자 의지와는 무관함

Star
시장성장률과 상대적 시장 점유율이 모두 높은 (High) 제품 또는 전략적 사업단위 임

- 택배업계 부동의 1위(최근 3년 평균 시장점유율 48.6%, 2위와 격차 35%)
- 동종업계 내 후발주자들 보다 3자 물류시장에 뛰어든 이커머스 기업 쿠팡의 도전이 유일한 위험요소 ▶ 그동안 쿠팡은 배송물량의 30%를 택배 전문업체들에 위탁해 처리했으나 2022년 상반기부터 3자 물류 시장에 참여해 물량 전체를 직접 소화하겠다는 경영방침 하에 자체배송을 확대하는 중 더 나아가 자체 배송량을 소화하는 데 만족하지 않고 수조원을 투입해 구축한 물류시스템을 다른 e커머스 사업자의 물건을 배송하는 데도 활용할 예정, 따라서 CJ대한통운과 쿠팡의 택배단가경쟁은 불가피할 것으로 예측됨.
- 물량 대부분을 대형 화주인 네이버에 의존. CJ그룹 산하 쇼핑몰인 CJ온스타일의 역량을 강화해 자체 물류를 늘릴 필요 있음.

Question Mark
시장성장률은 높지만 해당 제품이나 사업 단위의 상대적 시장 점유율이 낮아 경쟁력이 없는 제품 또는 사업단위가 이에 해당함

- 현재 택배업계 2위 (최근 3년 평균 시장점유율 13.4%, 2023년까지 택배시장 점유율 20%를 달성해 경쟁사인 롯데택배를 누르고 업계 2위를 견고히 할 계획)
- ㈜한진의 전체 매출 중 택배사업이 53.1%차지
- 전사적 물류전략: 1) ESG(환경·사회·지배구조)경영, 2) 디지털 전환,
  3) 고객 가치 극대화, 4) 글로벌 역량 확대 및 강화
- M&A: 한진의 물류사업방향에 적합한 스타트 업과의 M&A체결 검토
- 활용도 낮은 부동산 매각, 회사채 발행 등으로 현금을 창출해 최대 1조 2000억원까지 투자 재원을 마련할 계획(■ 대전 스마트 메가 허브 터미널 구축, ■ 택배터미널 확충 및 자동화, ■ 하역창고 국제특송 물류 거점 확보 및 장비확충, ■물류 플랫폼 구축 및 운영시스템 개선, ■ 노후 장비 교체 등 시설물 개선 등에 투자

Cash cow
시장성장률은 낮지만 소속한 산업에서 상대적 시장 점유율이 높은 제품 또는 사업단위로 우유를 공급해 주는 젖소처럼 현금의 창출원

- 현재 택배업계 3위(최근 3년 평균 시장점유율 13.2%)
- 작년 사업보고서 택배사업은 매출액 약 1조1140억원 롯데 글로벌로지스의 매출액의 34% 차지
- 롯데택배는 전국 주요 지역 16개 허브 터미널과 35개 지점, 1000여 대리점 국내 최대 규모의 네트워크 기반
- 매년 200시간의 친절서비스 교육을 제공하여 고객들에게 사랑과 신뢰를 받는 최고의 택배 서비스를 제공
- 세븐일레븐/롯데마트 등 전국 1만여 택배취급점 이용가능
- 카카오페이와 택배 APP을 통해 전략적 동맹 등 B2C택배에서도 국내 최고의 시스템과 물류네트워크로 고객사의 물류 경쟁력을 높임
- 롯데백화점 , 롯데아울렛을 바탕으로 전국 최고의 의류 택배
- 이커머스 대응이 늦었지만 여전한 캡티브 마켓(계열사 물류) 보유

Dog
산업의 시장성장률도 낮고 , 속한 산업에서의 상대적 시장 점유율도 낮은 제품 또는 사업단위

- 현재 택배업계 4위(최근 3년 평균 시장점유율 7.5%)
- 전국 310여 개 지점과 7200여 개의 영업소 네트워크를 운영
- 소비자가 가장 추천하는 브랜드 택배서비스부문 5년 연속 1위
- 지속가능경영: 1)ESG경영체제 수립 및 ESG위원회
  2)택배차량 전기차 지원
  3)소외계층에 대한 지속적인 봉사활동
  4)안전보건경영시스템 ISO45001 인증 획득
- M&A: 플라스틱 필름 제조 및 판매업을 영위하고 패션사업을 펼치는 코웰패션, 전자부품 제조사 모다이노칩 등의 자회사를 두고있는 대명화학그룹에 인수 됨
- 이번 매각을 통해 오프라인을 대표하는 택배물류기업에서 온라인 리테일 채널로의 구조적 변화 노력

4. 시사점

코로나19 장기화로 인한 이커머스로의 소비행태 전환은 물류시장의 양적·질적 성장을 가져오고 있음.
특히 우리나라는 전체 소매거래에서 온라인이 차지하는 비중이 전세계에서 가장 높고 성장속도도 매우 빠른 수준.

그럼에도 불구하고 한국기업평가에 따르면 포스트 코로나 시대의 물류업의 사업환경 전망은 중립적.
성장성과는 별개로 산업경기 전반에 대한 불확실성은 여전히 높은 수준.

물류업계의 향후 신용도 관련 주요 요인은 택배 단가 인상 및 전방 물류수요 회복을 통한 수익성 개선 여부, 투자 확대 과정에서의 재무부담 통제 여부임.
택배업체들은 2021년 이후 적극적으로 택배단가 인상을 추진하고 있고, 그 성과에 따라 수익성의 개선 여부가 결정될 것으로 판단. 전방산업의 물동량 회복세 지속 여부에 따른 여타 사업부문의 실적 회복 여부도 중요한 관찰 요인. 또한 각 업체에서 택배 메가허브터미널, 자동화 물류센터, 선박 등 물류업계 전반에 걸쳐 대규모의 인프라 투자가 진행 중이므로 투자 성과의 발현과 투자스케줄의 적절한 관리, 투자재원 확보 등을 통해 적정 수준에서 재무부담이 통제되는지 여부에 대해서도 지켜봐야 함

4.1.2. PPM을 이용한 『B마트, 네이버, 카카오, 쿠팡 대상의 BCG Matrix 분석』 팀 프로젝트로 실습한 결과물

핵심어들의 이해여부, 분석을 통한 전략적 시사점 도출여부 등을 고려하여 실습사례를 연구해주기 바란다.

Fulfillment Service

물류전문업체가 물건을 판매하려는 업체들의 위탁을 받아 배송과 보관, 포장, 재고관리, 교환 및 환불 서비스 등의 모든 과정을 담당하는 물류 일괄 대행 서비스.

물류 전문업체가 아닌 네이버, 쿠팡, 배달의민족 최근 카카오까지 풀필먼트를 한다고 하는 이유?

⬇

기업들, 풀필먼트를 정의하는 범위가 제각각!

※ 기업별 위치 분위는 학생들의 팀 프로젝트 실습물로 본 책의 저자 의지와는 무관함

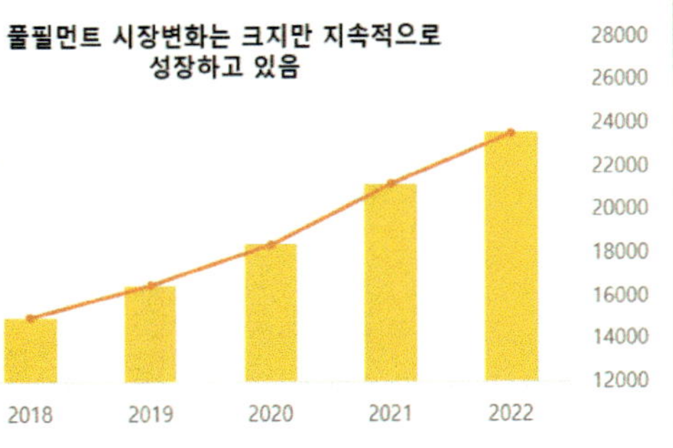

NAVER

연합군형 풀필먼트

STAR 시장성장률↑ 상대적 시장점유율↑

시장성장률과 상대적 시장 점유율이 모두 높은(High) 제품 또는 전략적 사업 단위로 중장기적으로 수익을 창출하는

현금창출원이 될 가능성이 높지만, 경쟁사(ex.Coupang)를 대응하고 시장 점유율을 높이기 위하여 지속적인 투자가 필요

네이버가 조단위의 투자 대신 스타트 업 기업들에 투자해 NFA(Naver Fulfilment Alliance)를 구축한 것이 대표적인 예

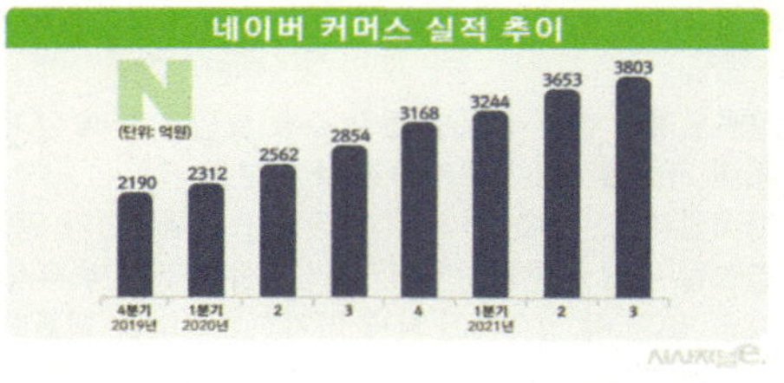

NFA 참여 기업들은 거점형 물류센터를 운영하는 등 물류 시스템을 갖추고 있기 때문에 네이버 커머스 약점을 보완하기에 충분

네이버, 현재 시장점유율을 높이기 위해 후발주자이기 때문에 공격적으로 사업을 확대하기 보다는 검색을 무기로 제휴를 통해 이커머스를 공략

---

kakao i LaaS

공유형 풀필먼트

Dog 시장성장률↓ 상대적 시장점유율 ↓

풀필먼트 시장은 현재 레드오션으로 수익이 낮을 뿐 아니라 중장기적으로 볼 때 개선될 가능성이 없어 투자의 가치가 없음. 풀필먼트 시장은 점유율 차지가 중요한 사업이지만 카카오 아이라스는 점유율을 뺏어오기 힘들 것으로 보여 성장률도 정체될 것으로 예상됨.

카카오 i라스 Kakao i LaaS·Logistics as a Service) 2022년 5월 물류플랫폼 사업 공개, 화주(화물업체)와 회원사(물류센터)를 연결하여 물류 비즈니스의 효율성을 높이는 AI기반 B2B서비스 형 소프트웨어(SaaS) 플랫폼

▶물류 사업은 기본적으로 보관과 운송이 핵심으로 카카오가 카카오 모빌리티의 카카오T를 기반으로 화물 이동에 관련된 물류사업을 추진할 것으로 보는 시각多

▶최근에는 카카오 엔터프라이즈를 필두로 한 보관 영역의 다양한 시도들이 이뤄지고 있는 것으로 보임

(카카오 I lass의 창고매칭, OM,WM 서비스 모두 물류기반을 기반으로 하는 플랫폼)

= 향후 카카오엔터프라이즈가 카카오와 관련된 물류사업의 전체 주도권을 쥐고 갈 수 있음

현재 카카오 엔터프라이즈는 물류관련 기업들과 추가 SI를 위한 스킨십을 지속적으로 하고 있음

향후 관련 물류 기업들이 카카오 엔터프라이즈에 전략적 투자

= 카카오 엔터프라이즈의 물류사업 진출은 더욱 명확해질 것으로 예상

---

coupang

제국형 풀필먼트

Cash Cow 시장성장률↓ 상대적 시장점유율↑

쿠팡의 풀필먼트 시장의 점유율은 높지만 경쟁업체에 비해 성장률을 낮음. 시장성장률이 한계에 봉착한 것으로 보여지며 시장점유율 유지를 위한 투자나 다른 사업의 육성을 해 새로운 Cash Cow를 찾아야함.

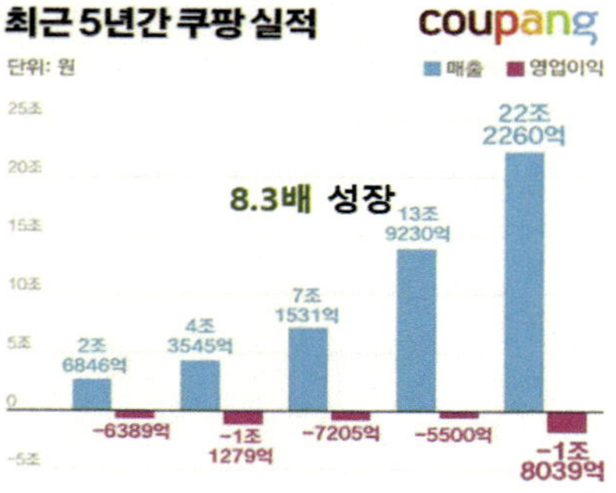

▶현시점 쿠팡은 더 이상 '확장성 ' 에 두려움이 없는 단계까지 도달했기 때문에 '최적화'가 중요함.

▶쿠팡이 무한대로 물류 확장을 감행하면 매출과 비례하는 비용이 발생하여 매출과 비용이 함께 비례해서 올라가는 비율을 줄이는 것을 목표로 해야함.

제2의 Cash Cow

최적화 측면에서 인공지능과 로봇을 활용한 방법론이 대두됨

대량의 데이터를 바탕으로 수요를 예측하고,

높아진 고객 요구사항에 지속적으로 대응하는 것이 필요함

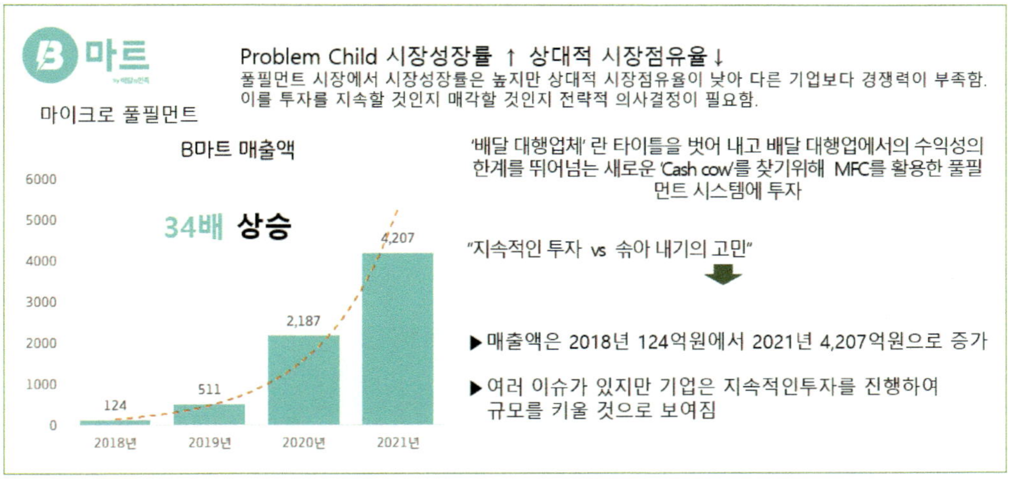

4.2. 블루오션 전략(ERRC)

다음은 학생들의 자기경영을 위하여 학기초 자기자신을 대상으로 제거 및 감소시킬 요소, 증가 및 새로이 육성해야할 부문에 대한 실습사례이다. 크게 2가지 유형으로 분류하여 실습사례를 연구할 수 있다.

4.2.1. 유형1 : K학생의 실습사례

Eliminate (제거)

- 미루는 버릇 : 시간이 많이 남았다고 생각하며 할 일을 뒤로 미루는 습관을 버려야 함.
  결국 할 일이 쌓여 끝내지 못할 가능성이 높기 때문임.
- 회피하는 성격 : 좋아하는 일만 할 수는 없음.
  싫어하고 잘 하지 못하는 일이라도 피하지 않고 맞서서 해결하는 능력을 키워야 함.

Reduce (감소)

- 신중함 : 고민하는 시간을 줄이고 작은 행동이라도 실행에 옮겨야 함.
- 후회 : 지나간 일에 연연하며 후회하기보다는 실수를 자양분으로 삼아서
  앞으로 있을 일에 대비하는 자세가 필요함.
- 걱정 : 아직 일어나지 않은 일을 걱정하며 미리 대비하는 것도 중요하지만,
  부정적으로만 생각하기보다 긍정적으로 생각하며 현재의 일에 적극적으로 임해야 함.

Raise (증가)

- 외국어 능력 : 특히 영어회화 실력을 길러야 하고, 가능하다면 자격증까지 취득하는 것이 좋음.
- 끈기 : 시간이 걸리더라도 시작한 일을 끝내기 위한 끈기를 길러야 함.
  끝을 맺어서 어떠한 형태로든 결과를 남기는 것이 좋음.
- 발표 능력: 학교 및 직장에서는 내가 만든 결과를 남들과 공유하는 것이 중요함.
  그러므로 청중 앞에서 내가 하고 싶은 말을 얼마나 잘 전달할 수 있는지가 중요함.

Create (창조)

- IT분야 지식 : 스마트 물류 산업에서 필요한 지식을 습득해야 함.
- 자격증 : 취업에 필요한 다양한 자격증을 습득해야 함.
- 계획성 : 효율적으로 과제를 끝낼 수 있음은 물론, 성취감을 느낄 수 있도록 계획을 세워서 일과를 수행해야 함.
- 도전정신 : 현실에 안주하지 않고 새로운 것에 도전하고, 새로운 사람을 만나는 것을 두려워 하지 않는 도전정신을 길러야 함.

4.2.1. 유형1 : LEE 학생의 실습사례

Eliminate

- 걱정부터 하는 습관
- 쉽게 시도하지 않는 성격
- 참을성 없는 성격
- 안주하려는 성격
- 하던 것만 하려는 습관
- 나서지 않는 성격

Reduce

- 직설적인 화법
- 충동적인 행동
- 비효율적인 시간 줄이기
- 비판적으로 생각하기
- 다혈질인 성격
- 계획이 틀어지면 공격적이게 되는 성향

Raise

- 프레젠테이션 등 퍼블릭 스피킹 경험을 늘려서 긴장감 없애기
- 전문성 기르기- 자격증 따기
  (물류관리사, 유통관리사, SJPT, OPIC, TOEIC), IT관련 공부, 관심분야 조사하기
- 성실함, 꾸준성 기르기
- 말하기 능력키우기-핵심만 말하기
- 정신적 독립

Create

- 새로운 도전 시도하기
- 창의성 기르기-다양한 분야에 관심 가지기
- 운동 체력 기르기
- 메모하는 습관
- 새로운 기술을 활용하기
- 독서하는 습관(영어, 일본어, 한국어 책 등)
- 여유를 가지기

4.2.2. 유형2 : PARK 학생의 실습사례

What is 'ERRC'

블루오션의 방법론이다.

ERRC는 Eliminate, Reduce, Raise, Create 4가지 요소의 약자로
서비스의 내부/외부적 환경분석 후
불필요한 요소를 제거하거나 감소시키고,
필요한 부분을 증가,창조 시키는 전략도구이다.

ELIMINATE

-제거해야 할 요소

◇자기연민
◇한가지 일에만 몰두하여 그것에만 집중하여 주변을 보지않는 습관.

RAISE

-증가,강화해야 할 요소

◇취업을 위한,관련 직종 공부
◇취업을 위해 기업에 대한 이해도 ↑
◇긍정,성실
◇어학공부(영어)

REDUCE

-축소,감소 시켜야 할 요소

◇취미생활에 몰두
◇불필요한 소비

CREATE

-창조해야 할 요소

◇자격증 따기 & 자소서 작성
◇체력기르기

요 약

나의 ERRC를 분석해 본 결과

취업이나 직장생활에서 실수/실패한 것에 대한 자책감을 무의식 중에 자기연민을 하는 것이 스스로의 감정을 부정적으로 만들기 때문에 자기연민을 제거 해야하고, 어떠한 것에 집중하여 주변을 돌아보지 않아 불이익을 보는 경우가 있었던 것을 교훈으로 자기연민과 한가지에만 몰두하는 습관을 **제거해야 할 것이다.**

또 현재는 취업을 위해 새롭게 배우는 공부에 집중을 하기 위해서,
취미생활에 몰두하는 행동이나,불필요한 소비를 위해 할애하는 시간을 **축소,감소 시켜야 할 것이다.**

증가,강화해야 할 요소로는 취업을 위한 관련 직종의 공부,취업을 위해 희망취업 회사에 대한 공부를 통하여 이해도를 높이고, 취업을 위해 어학 공부로 영어능력을 강화하고,일상에서 긍정적이고 성실한 생활을 해야할 것이다.

창조해야 할 요소로는 위와 기술할 것 과 동일하게 취업을 위해 자격증 취득,자소서 작성이 있고
여태 못하였던 체력기르기가 있다.

4.2.3. 유형2 : CHEON 학생의 실습사례

제거해야 할 요소

Elimanate (제거)

목표 달성을 방해하여 없애야 할 업무는?

- 게으름 제거
- 안일함 제거
- 불규칙성 제거
- 우유부단함 제거
- 침대에 누워있지 않기
- OTT로 드라마, 영화 보는 시간 제거

Reduce (감소)

시간을 낭비하는 것으로, 줄여야 할 요소는?

- 학생 마인드 감소
- 부정적 마인드 감소
- 늦잠 감소
- 친구들과의 모임 감소
- SNS 활동시간 감소

강화해야 할 요소

Raise (증가)

목표 달성을 위해 좀 더 집중해야 할 일은?

- 부지런함
- 집중력
- 효율성
- 원하는 직무에 대한 자세한 분석
- 필요한 자격증에 대한 정보와 계획
- 시험 공부량 & 공부시간 증가

Create (창조)

새롭게 추진해야 할 부분은?

- 분석적으로 결론 내리는 습관
- 미리미리 끝내는 습관
- 계획 세우기 습관
- 독서 시간 만들기
- 체력 기르기
- 자기소개서 쓰는 연습하기
- 원하는 회사에 대한 정보분석

요약

증가해야 할 성격적 부분은 집중력, 효율성, 계획적인 부분을 키워야 함을 알 수 있었고 행동적 부분으로는 방향성을 찾기 위한 분석, 공부에 대한 행동을 키워야 함을 알 수 있었다.

**감소시켜야 할 성격적 부분은 게으름, 미루는 부분이며,
행동적 부분으로는 불필요하고 습관적인 만남, SNS 사용 임을 알 수 있다.**

4.3. 서비스마케팅믹스 전략(SMM, 7P)

서비스마케팅믹스는 전통적인 마케팅믹스로 알려진 4P에 3P가 추가되어 구성된 마케팅전략기법으로 7P라고도 칭한다. 팀으로 구성하여 도출된 실습결과물을 연구하여 독자님들의 것으로 만드시길 바란다.

4.3.1. 첫 번째 공유할 실습사례는 『교보문고 서비스마케팅 분석』

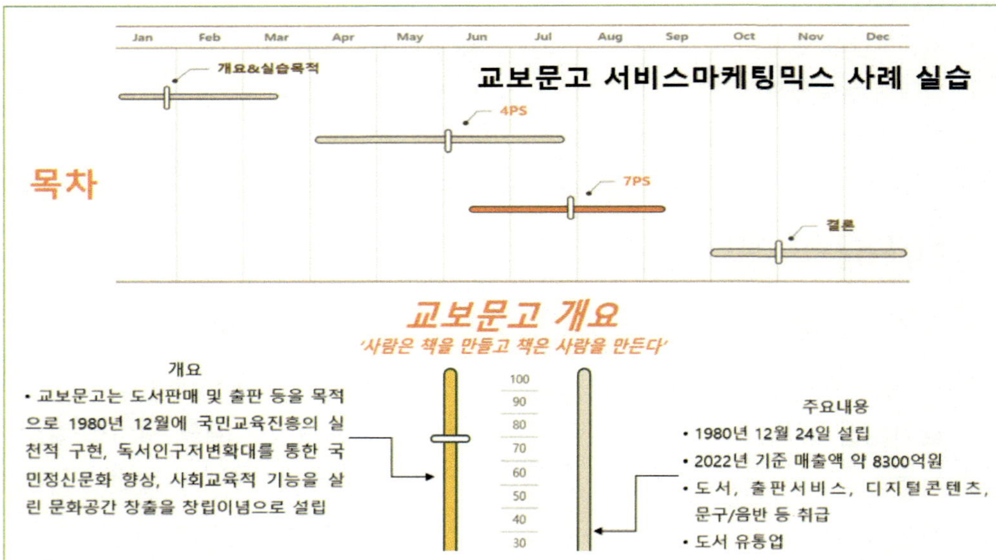

실습의 배경과 목적

• 경영전략강의에서 배운 마케팅믹스인 4ps와 확장 믹스인 7ps를 가지고 교보문고의 마케팅 목표를 알아내고, 기업이 설정한 시장표적에 마케팅 활동을 집중시키기 위해 사용하는 모든 투입변수 등을 분석함

마케팅믹스 정의

마켓팅 목표의 효과적인 달성을 위해 마케팅 활동에서 사용되는 여러 가지 방법을 전체적으로 균형 있게 조정, 구성하는 일이다.
4Ps는 기업 측면, 판매자 입장에서 제시됨
• Product: 상품, 서비스
• Price: 정가, 할인
• Place: 위치, 재고, 수송
• Promotion: 판매촉진, 광고

7ps는 서비스 산업과 지식 집약적 산업에 적합한 모델로 기존 4P's에 통제 가능한 변수로 프로세스(process), 사람(participants), 물리적 증거(physical evidence)의 3가지 변수를 추가시킴
• Process: 서비스가 수행되는 과정과 흐름을 말하며, 고객의 대기관리, 고객 접촉점 관리 등이 있음
• Physical Evidence: 내외부 환경, 서비스를 커뮤니케이션하고 수행하는 유형적 요소로 제품의 패키지, 매장의 분위기 등이 있음 Participant: 직간접적으로 소비자와 관련된 모든 사람을 말함

교보문고 4PS

[PRODUCT]

주요 판매 품목: 도서, 출판서비스, 디지털콘텐츠, 문구/음반 등
Sam: eBook 구독 서비스

- 월 9,900원으로 원하는 eBook을 무제한으로 이용 가능한 디지털콘텐츠 구독 서비스
- Sam 전용 단말기 등도 개발, 판매하고 있다.

[PRICE]

도서 정가제
2003년 2월부터 서점들이 출판사가 정한 도서의 가격에 임의로 할인율을 적용해 판매하지 못하도록 하는 제도를 말한다

바로드림 10%할인
급하게 책이 필요하거나 책을 받기까지 하루 이상 기다리는 고객들의 불편을 해소할 수 있다

[PLACE]

일일 최대 출고량 28만권 입고량 약 10만권	자동창고	자동분류시스템
평일 00시 이후 자동주문시스템에 의해 부족한 도서는 출판사로 주문 보유중인 도서는 출고 지시	스태커크레인 등 자동화설비에 의한 자동 창고 운영으로 업무 효율성 증대	DPS, DAS, PAS 등을 이용한 자동 분류로 대량 물류처리가 가능

[PROMOTION]

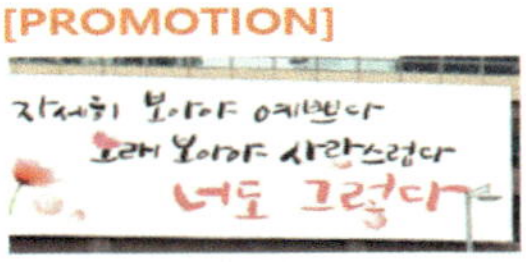

교보문고가 아닌 책 속 글귀를 소개함으로써 자연스럽게 교보문고의 브랜드 이미지를 따뜻하게 각인시키는 홍보마케팅의 일환

손 글쓰기 문화 확산캠페인
우리 일상에서 화면을 클릭하고 자판을 두드리는 것에 익숙해 질수록 깊게 생각하고 직접 소통하는 시간은 줄어들고 있다. 디지털 소통의 부작용에 대한 해법으로 손 글쓰기가 널리 확산될 수 있도록 2015년부터 캠페인을 진행하고 있다. 손 글쓰기 대회를 통한 감성적 문화 확산 캠페인 등을 통해 대한민국의 예술문화 발전을 지원하고 있다.

교보문고 7PS

[PROCESS]

교보문고 바로드림

온라인 결제 기반으로 고객이 대기시간 없이 바로 서적을 수령할 수 있도록 하는 서비스

바로주문 O	온라인으로 서적 주문 후 1시간 뒤 매장에서 바로 픽업 가능한 서비스
바로주문 S	모바일에서 원하는 책을 직접 찾아 온라인 결제 → 매장 바로드림 zone에서 수령
바로주문 P	온라인으로 주문 후 1시간 뒤 무인 픽업박스에서 수령 (비대면 서비스)

[PEOPLE 또는 PARTICITANTS]

교보문고 전자도서관 고객

국내 최대 전자도서관 구축	국내 최대 출판사 제휴	국내 최대 콘텐츠 보유	국내 최초 대여형 전자도서관	신속한 콘텐츠 제공
약 3,200곳의 전자도서관 운영	약 27만종의 콘텐츠 보유 (2021년 기준)	국내 4,580 곳의 출판사 공급 계약	초기 구축 비용 없이 대출 건당 과금 방식 동시 대출 가능	매월 약 2천종의 신규 콘텐츠 업데이트

기업, 공공기관, 공공도서관, 초중고, 대학교, 아파트, 연구소 등에서 전자도서관을 사용할 수 있다.

[PHYSICAL EVIDENCE]

교보문고 시그니처 향 (The Scent Of Page)

<향기마케팅의 장점>

✓ 매장에 진열된 상품을 더 고급스러운 상품으로 인식하도록 함
✓ 고객의 감성 자극
✓ 사물이나 공간, 브랜드의 이미지 형성
✓ 오래도록 기억하게 만듦 (각인)

- 2015년부터 고유의 향인 'the scent of page(책향)'을 매장에 전개
- 2017년부터는 책향을 상품화하여 향수, 디퓨저, 향초 등을 온오프라인샵에서 판매, 월 매출 1억원을 기록할 만큼 인기
- 온라인에서는 경험할 수 없는 오프라인만의 차별화된 서비스를 고민하다 교보문고만의 향기를 개발

교보문고 7PS 분석 결론

교보문고는 단순한 도서 유통 뿐만 아니라 대한민국을 대표하는 지식 및 예술문화콘텐츠 기업으로서 다양한 지식 및 예술문화콘텐츠를 통해 사람과 지식, 사람과 문화 등을 연결, 스스로 생각하는 힘과 문화적 역량을 키우는 것을 지원하고 있다.

개인은 물론 기업, 공공기관, 연구소와 같은 단체들을 위한 대여 시스템, 고객의 대기시간 단축을 위한 바로드림, 바로 배송과 같은 서비스를 제공한다.

또한 변화하는 시대에 맞춰 오프라인 서비스를 넘어 eBook 등 디지털콘텐츠 부문에 힘을 쏟고 있으며, 운영부문에도 자동화 시스템을 발빠르게 도입하는 등 고객의 편리함을 위해 노력하고 있다.

4.3.2. 공유할 실습사례는『NEXTLEX 서비스마케팅믹스(7S) 사례분석』실습

NETFLEX 서비스마케팅믹스 사례분석

실습 배경 및 목적

- AI 기술의 발달로 인하여 가상공간에서 머무르는 시간이 늘어나고 있음
- 그에 따라 발달한 OTT서비스 기업을 조사함으로써 무형 서비스의 발달에 대하여 연구하고자 함
- 세계적 기업이자 업계 1위인 넷플릭스에 대한 조사로 최근 OTT서비스 마케팅에 대하여 파악하고자 함
- 4p마케팅 믹스에서 7p서비스 마케팅 믹스로 발전한 마케팅 기법에 대하여 알아보고자 함

4P 마케팅 믹스와 7P 서비스 마케팅 믹스

- 4P는 기업의 product, price, place, promotion을 분석한 마케팅 전략 기법
- 7P는 4P에 participants, process, physical evidence의 3가지 요소를 추가 분석하는 마케팅 전략 기법

회사개요

-전세계 OTT시장 점유율 1위 기업

-넷플릭스 1분기 매출액 10조7500억원

-22년 기준 넷플릭스의 글로벌 구독자 수는 약 2억 2,300만 명

연혁

-1998 Netflix 도메인 등록 Netflix.com

-2007 넷플릭스 스트리밍 서비스 출시

-2016 Netflix가 전 세계에서 사용 가능

Place

: 소비자에게 제품을 전달하는 과정

데이터를 플랫폼으로 옮기고 플랫폼에서 소비자가 시청함으로써 콘텐츠가 소비됨

또한 자체 컨텐츠 제작에 제작비와 제작비의 20%를 제공하고 만들어진 컨텐츠의 저작권을 넷플릭스가 소유하게 됨

전세계에 플랫폼 서비스를 제공하고 있음

언제 어디서든 시공간 제약 없이 스마트폰 하나로 접속할 수 있음

Promotion

: 마케팅활동으로 TV, 지하철, 팝업광고등을 진행

- 無약정, 無위약금. 해지도 쿨하게 언제든지
- 하나의 요금으로 즐기는 끝없는 콘텐츠의 세계
- 모든 디바이스에서 무제한 시청

티비광고, 지하철 광고, 옥외광고, 팝업 광고 등으로 컨텐츠 홍보

Product

: 기존 컨텐츠와 함께 자체제작 컨텐츠를 소비자에게 제공

Price

: 가격에 따라 멤버십 서비스를 차별화하고 있음

월간 구독 멤버십

	광고형 스탠다드	베이직	스탠다드	프리미엄
월 요금	5,500원	9,500원	13,500원	17,000원
영상 화질	매우 좋음	좋음	매우 좋음	가장 좋음
해상도	1080p	720p	1080p	4K+HDR

서비스마케팅 믹스(7S)

Participants

: 고객을 정확하게 파악하여 고객에 맞는 마케팅 전략 사용

주 고객층을 세분화하면 : 어린이, 10대, 성인 그 중에서도 18~24세가 가장 큰 고객

앞서 말한 광고 요금제를 이용하여 젊은 고객층을 타겟팅 할 수 있음

Process

: AI기술을 활용하여 락인 효과를 거둠

그 외 : 고객의 TV프로그램 및 영화 요청에 응하여 신규 컨텐츠를 도입, 데이터 분석을 통해 인기 컨텐츠와 비인기컨텐츠의 서비스 제공기간을 조절함

Physical evidence

: 2차 생산을 통하여 오프라인 시장에서의 영향력을 높임

- 넷플릭스의 상징 검은색과 빨간색을 사용하여 가볍지 않은 느낌을 줌
- 자체제작 컨텐츠의 2차 생산물 제작과 판매로 친근한 느낌을 주고 고객들의 기억에 오래 남는 효과를 주고 있음

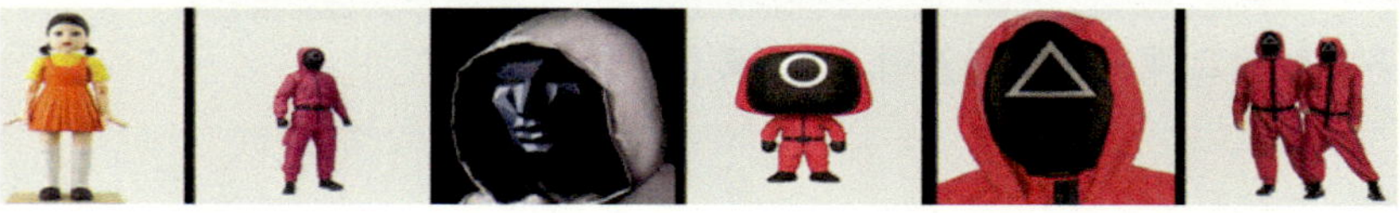

결 론

: 7p 서비스 마케팅 믹스 기법을 사용하여 마케팅 전략을 더욱 세분화 함으로써 기업의 마케팅 전략을 발전시킬 수 있다는 것을 확인 할 수 있음

- 4P 마케팅 믹스에서의 넷플릭스의 핵심전략은 product라고 볼 수 있음
- 자체컨텐츠에 자본력을 더해서 퀄리티 높은 컨텐츠를 생산하고 있음
- 업계 1위 답게 다른 플랫폼에 비해 더욱 인기있고 관심도 높은 작품을 제작하기에 유리함
- 컨텐츠에 맞는 독보적인 홍보방식으로 일상에서 자연스럽게 컨텐츠를 접할 수 있게 함
- 넷플릭스의 핵심 마케팅 기법은 7P중 Physical evidence와 관련되어 있는 것을 확인 할 수 있음
- 컨텐츠를 제공하는 것에서 끝나는 것이 아니라 컨텐츠와 관련된 상품을 만들어 내고 판매를 함으로써 수익원을 다양화 하고 있음
- 가상공간의 플랫폼에 국한되지 않고 오프라인 시장에서의 영향력 또한 높이고 있는 것을 확인 할 수 있었음
- 넷플릭스의 2차 상품 생산은 넷플릭스를 이용하는 고객들 뿐만 아니라 넷플릭스를 이용하지 않는 고객들까지 유입시킬 수 있는 방안으로 활용될 수 있음

4.3.3. 다음은 『7P 마케팅전략으로 본 CJ 대한통운-택배, 물류기술 사업부문을 중심으로』 실습사례

7P 마케팅믹스 전략으로 본 CJ 대한통운

-택배, 물류기술 사업 부문을 중심으로-

목차 및 전략추진 체계도

1. 서론
주제선정배경 및 실습기간
CJ 대한통운
자사 물류기술 TES

2. 본론
마케팅 믹스 7P
CJ 대한통운 택배부문 X 7P

3. 결론
기업 경영 측면의 시사점

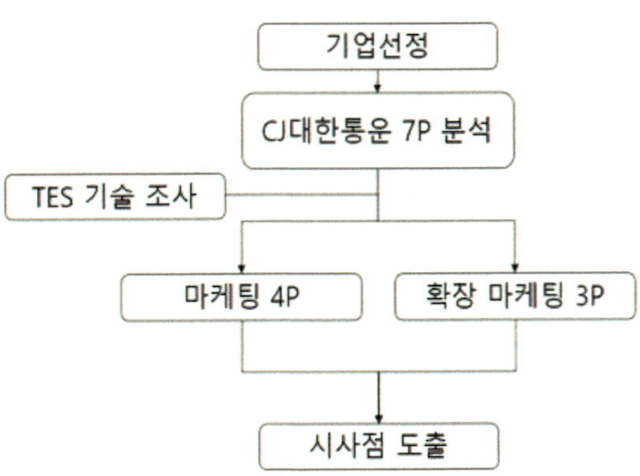

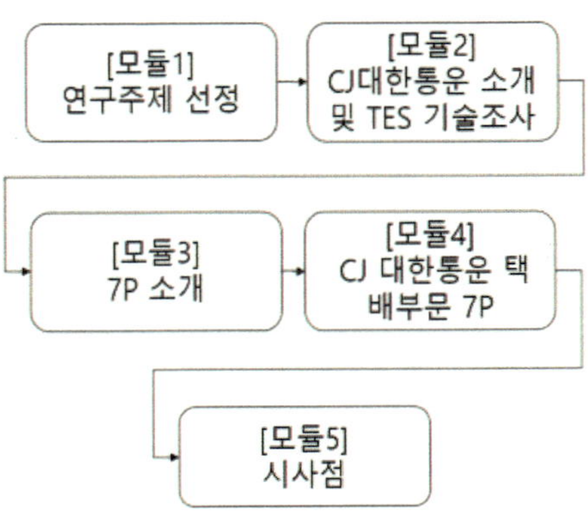

주제 선정 배경

물류 트렌드를 알아보기 위해 국내 1위 라스트 마일기업인 CJ대한통운을 7P 마케팅믹스 기법을 활용해 분석하였고 향후 기업이 긍정적으로 나아가기 위한 기업경영측면에서의 시사점을 도출

수행일정

2024년 0월 00일 연구 프로젝트를 Kick-off, 0월 00일까지 일정표와 같이 5단계의 수행 모듈에 준하여 프로젝트를 진행

[일정표]

		00th Mar ~ 00th May				
		4/00	4/00	5/00	5/00	5/00
연구설계 및 R&R	○○○ 등 3명					
CJ 대한통운 7P	○○○ 등 3명					
CJ 대한통운 TES	○○○ 등 3명					
PPT 제작	○○○ 등 3명					
시사점 도출	○○○ 등 3명					

CJ대한통운 연혁

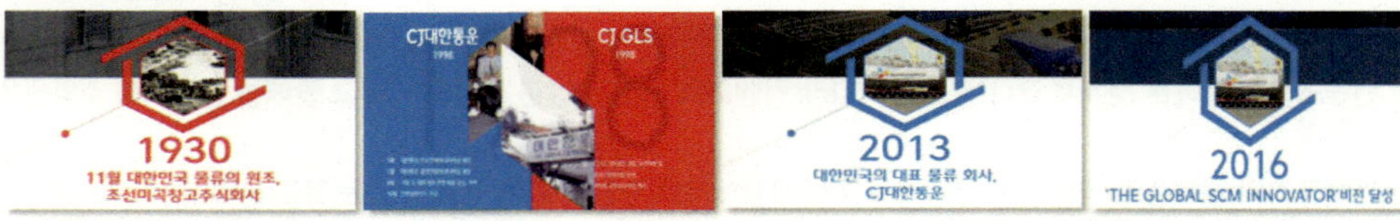

CJ대한통운은 1930년 11월 15일 설립된 이후 지금까지 국내 물류업체 중 최대 거점을 바탕으로 글로벌을 연결하는 광범위한 글로벌 물류 네트워크를 통해 글로벌 종합 물류 서비스를 제공

CJ대한통운 사업

CJ대한통운은 최첨단 물류기술 TES와 광범위한 글로벌 물류 네트워크를 기반으로 글로벌을 하나로 연결하여 CJ대한통운만의 차별화된 ONE-STOP 물류 솔루션을 제공

이커머스 물류	택배	프로젝트 물류
CJ대한통운의 이커머스 환경에 최적화된 e-풀필먼트 솔루션 보유 보관, 주문, 배송, 재고관리 까지 One-Stop 으로 최고의 물류 서비스제공	270여개 서브터미널 18,000대의 운송차량 아시아 최대규모 Mega-hub 곤지암	국내 최고의 종합물류연구원과 TES역량을 통해 스마트물류 산업으로 변모 Digitalization 기술 역량 확보
계약물류	**포워딩 & 국제특송**	**항만하역 & 운송**
국제적 규모의 Logis Park 등탄 TES기반 물류 자동화시스템과 SCM 컨설팅으로 국내 계약 물류 선두	수출입 전 과정에 걸친 종합 물류 서비스와 전세계 220여 개국 연결 국제특송 서비스	국내 최대 물류 인프라와 산업군별 노하우를 기반으로 고객 맞춤 서비스 제공

TES (기술, 엔지니어링, 시스템&솔루션)

TECHNOLOGY(기술)
- 기술경쟁력이 곧 물류산업의 경쟁력임을 인식하고 첨단 미래물류 기술을 지속적으로 연구 개발하여 글로벌 물류를 선도함

ENGINEERING(엔지니어링)
- 물류 빅데이터 분석, 거점 네트워크 및 수배송 시뮬레이션, 물류센터 및 설비 시뮬레이션 등을 기반으로 고객의 물류 운영을 최적화할 수 있는 솔루션을 제공

SYSTEM & SOLUTION(시스템&솔루션)
- 물류 IT 시스템을 기반으로 창고관리, 포워딩, 통관, 수배송, 택배 등 다양한 서비스를 제공하며, 공급망 전반의 Visibility를 확보하여 예측 가능 하고 안정적인 End-to-End 솔루션을 제공

CONSULTING(컨설팅)
- CJ대한통운 고유의 컨설팅 방법론을 바탕으로 물류 특화 기술 및 IT 솔루션을 접목하여 고객의 물류비 절감과 운영 최적화를 실현하는 종합적인 솔루션을 제시함으로써 고객 의 사업경쟁력 강화를 지원

기술

2020년 6월, CJ 대한통운은 산업통산자원부 주관의 국책과제로 추진하는'로봇산업핵심기술개발사업'의 사업자로 선정

AI로봇 디팔레타이저

- 규격이 일정하지 않은 박스들이 함께 쌓여 있거나 나란히 정렬되지 않은 상태에서도 작업이 가능
- 3D 이미지 센싱, 인공지능(AI) 딥러닝 기술을 적용해 동일한 모양이 아닌 박스들도 연속해서 처리할 수 있는 시스템을 구현
- 파렛트 위에 쌓아놓은 상자들의 높이에 차이가 있거나 모양이 다르더라도 1회 작업에 2개까지 동시에 피킹할 수 있어 기존 파렛타이저 대비 생산성이 우수

스마트 패키징

- 주문 정보에 따라 적합한 상자 크기를 추천해 첨단 제함기로 상자를 자동 제작
- 비전 스캐너(Vision Scanner)로 상자 속 빈 공간을 측정하고 필요한 완충재 수량을 산출
- 자동 투입기를 통해 상자 안에 완충재를 보충한 뒤 상자 크기별 맞춤형 테이핑 작업을 수행

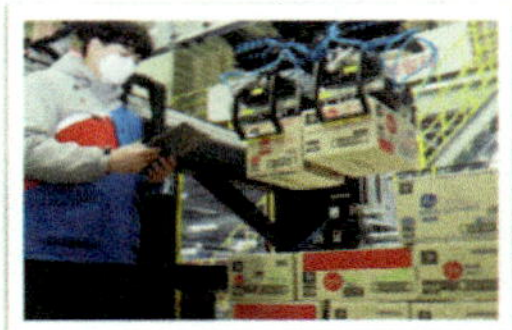

엔지니어링

TES 물류연구소는 빅데이터 분석 기반의 네트워크 및 물류센터 설계 최적화를 통해 새로운 사업적 인사이트를 발견

디지털 트윈 구축

- 물류센터내에 설비가 다양해지고 프로세스가 복잡해지면서 기존 시스템으로는 모든 상황을 한눈에 파악하고 효율성을 높이는 것이 불가능해짐
- 현실 물류센터와 동일한 환경의 가상세계 물류센터를 구축해 운영 현황을 모니터링하고 재현
- 기존 물류센터 비효율 제거, 효율성 향상은 물론, 물류 설비의 위치, 작업속도, 작업자 동선 등을 시뮬레이션을 통해 검증, 프로세스 개선 시행착오를 크게 줄일 수 있음

수송복화 알고리즘 시스템

- 허브터미널, 서브터미널, 물류센터, 물류거점 등을 오가는 수송차량(대형트럭)의 빅데이터를 분석해, 가장 효율적인 운송 네트워크와 운영정보를 제공하는 시스템
- 단순한 매칭 프로그램이나 사람의 경험으로 운영하던 기존 방법과 달리 출발지, 도착지, 이동거리, 차량크기, 화물정보, 물동량 등 수송차량과 관련된 정보들을 종합 분석한 솔루션을 제공
- 빅데이터를 기반으로 필요한 고정·임시 차량수에 대한 분석 및 예측을 할 수 있어 운영효율을 극대화

시스템 & 솔루션

CJ 대한통운은 세계 최고 수준의 물류 IT 시스템을 기반으로 창고관리, 포워딩, 통관, 수배송, 택배 등 다양한 서비스를 제공하며 공급망 전반의 Visibility를 확보하여 예측 가능하고 안정적인 End-to-End 솔루션을 지원

Hello 화물정보망

- 최대 인프라와 첨단 물류IT시스템을 결합하여, 주선가맹점과 화주의 화물 운송 의뢰와 운송가맹점, 차주의 운송 결과를 원격으로 처리 및 조회를 지원하고, GPS/GIS 기술을 이용한 차량, 화물 관제를 지원
- CJ대한통운 화물정보망은 화물 운송 업무를 현장에서 파악, 공차율을 감소시키며, 전국적인 네트워크를 이용하여 취합 실시간 화물, 차량정보를 주선가맹점, 화주, 운송가맹점, 차주 등에게 필요한 정보를 제공하는 서비스

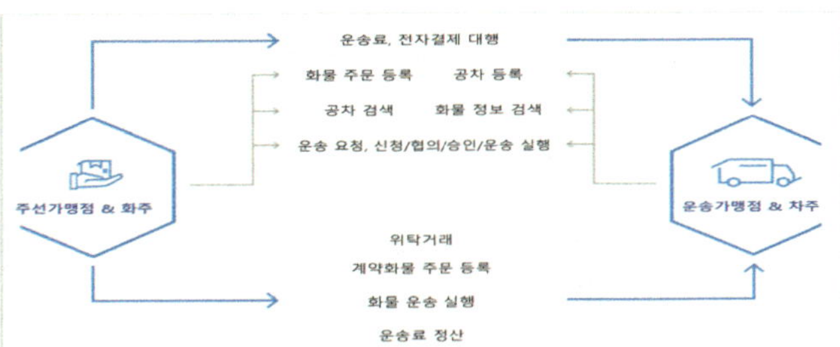

CJ대한통운의 택배

본론

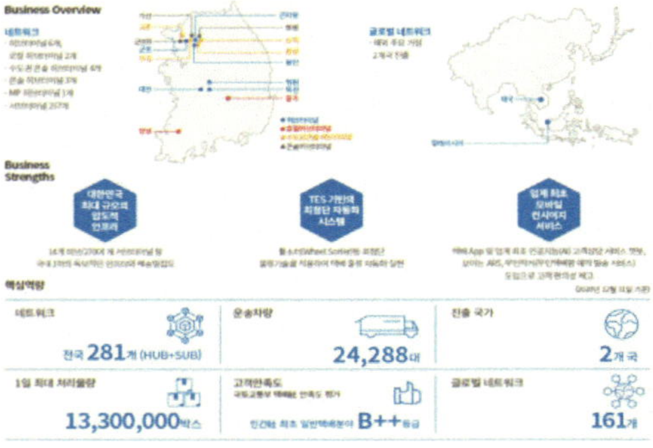

택배 사업부문은 국내 1위의 독보적인 인프라와 배송망 밀집도, 최첨단 물류기술을 바탕으로 고객의 상품을 집화부터 배송까지 안전하고 신속하게 처리하고 있음

270여 개 서브터미널과 18,000여 대의 운송차량, 업계 최초의 모바일 컨시어지 서비스를 운영, 차별화된 서비스를 제공함과 동시에 아시아 최대 규모의 Megahub 곤지암을 통해 더 빠르고 안정적인 고객 서비스를 제공

전통적 마케팅 믹스 4P

마케팅 믹스 4P는 새로운 제품이나 서비스를 시장에 성공적으로 안착시키기 위한 구체적인 마케팅 계획 수립에 쓰이는 하나의 의사결정 프레임워크로 1960년 제롬 맥카시(Jerome E. McCarthy) 교수의 저서에서 처음 소개

Product

고객에게 실제 판매(제공)하는 상품을 의미하며 마케터는 단순히 상품 그 자체만 고려할 것이 아니라 상품이 고객에게 전달되고 나서 사용되고 폐기되는 전반적인 수명주기(Life Cycle)를 고려해야 함

Price

고객이 상품을 구매하기 위해 지불하는 가격을 의미하며 기본적으로 가격은 고객이 상품에 대해 얼마만큼 가치를 인식하는가에 따라 결정되므로 이는 마케팅 계획 수립에 중요한 요소 중 하나임

Place

고객이 제품을 경험 또는 이용하거나 혹은 구매할 수 있는 공간으로 통상 물리적 공간(Physical Location)을 의미했으나 지금은 고객과 제품 간 접점(Touch Point) 전반을 의미함

Promotion

홍보/촉진 활동은 흔히 아는 광고활동(Advertising)를 비롯하여 세일즈 프로모션이나 PR 활동, 고객관계관리 등을 모두 아우름 이는 고객과의 커뮤니케이션 전반을 의미

CJ대한통운의 택배 4P 전략

product (제품)	**고객 맞춤형 특화 서비스 제공** 당일택배, 새벽배송(수도권) 3시간배송(수도권) **그 외 특별 택배** Onemail(우편물 전문택배) The 명품택배(VIP) 특별배송 서비스, 퍼펙트 택배(고가제품 계약 택배) 보험택배(보험사 계약택배) 기숙사 / 특산물 / 마라톤택배
Price (가격)	**택배 판매가 상승과 운영효율을 높여 수익성 개선** 매출액 10조 4,151억원 영업이익 3,072억원 기록 (2018년 대비 2019년 매출액은 11% 증가) **시장점유율 48.2% , 연간 처리물량 12.2억 Box** 규모의 경제에서 선두 역할
Place (장소)	**아시아 최대 규모 CJ대한통운 Megahub 곤지암** 더 나은 고객 서비스를 위해 연면적 30만m(축구장 40개 넓이)의 CJ대한통운 Megahub 곤지암 구축 **전국 운영 네트워크** 허브터미널 6개, 로컬 허브터미널 2개 수도권 콘솔 허브터미널 4개 서브터미널 270개
Promotion (판매촉진)	**ESG 최상의 고객 서비스** CJ대한통운은 고객이 가장 추천하는 기업 1위를 고수 국가브랜드 경쟁력지수 1위 등 서비스 품질에 관한 최고의 자리 고수 **CSV 상생경영** 실버택배, 드론재난구호 등 CSV 활동으로 상생경영 **스포츠 후원** 슈퍼레이스 챔피언쉽 , 남자 골프 선수 후원

마케팅 믹스 7P

4P 전략은 물건을 만들어 파는 제조업에는 쉽게 적용 될 수 있지만 서비스업에는 다소 한계가 있어 Booms and Bitner 가(1981) 3가지 P를 추가하여 Service Marketing 개념을 도입하였고, 추가된 3P는 People(사람), Processes(프로세스), Physical Evidence(물리적 증거)로 특히 서비스 산업에서 주로 활용됨

People
상품만 가지고서 마케팅 활동을 할 수 없으며 마케팅 활동은 상품을 만들고, 판매하고, 운영하는 사람들에게 의존하므로, 적절한 인적자원을 확보하는 것이 중요함 여기서 말하는 사람이란 이해관계자를 의미하며 단순히 회사 외부의 고객을 넘어서 회사 내부의 고객(ex. 종업원)까지 포함한 고객들을 의미

Process
고객에게 제공하는 서비스는 대개 고객이 직접 활동에 참여하기에 서비스가 전달되는 방법/과정 또한 고객이 지불하는 가격의 일부분임 즉, 서비스에서 이를 어떤 과정과 절차를 거쳐 제공하느냐는 서비스 그 자체와 떼려야 뗄 수 없는 것이므로 어떻게 서비스와 제품을 제공할 것인지 생각해야 함

Physical Evidence
:비록 고객이 지불하는 대상은 무형적인 서비스일지라도 거의 모든 서비스는 물리적인 결과물(산출물)을 포함함. 예를 들어 미용실의 경우, 미용 서비스는 무형적인 형태의 서비스이지만, 서비스가 끝나고 나면 고객의 헤어스타일이 일종의 물리적 증거처럼 남게 되어 해당 브랜드의 대표 이미지가 되기도 함 따라서, 물리적 증거 또한 정의를 내리는 범위에 따라 서비스 이용 전 고객이 구매의사결정에 활용하는 요소(브랜드 이미지, 매장 이미지 등) 모두를 포함하기도 함

CJ대한통운의 택배 3P 전략

people (사람)	**택배기사의 장기근속으로 서비스 품질 향상** 개인사업자인 택배기사에게 업계 최고의 연봉과 정규직과 유사한 복지제도를 운영 **TES물류기술연구소** 연구원들은 agv(고정노선 이송로봇)와 AMR(자율주행 이송로봇) 무인지게차, 로봇팔 등 사람과 상생하는 기술 개발
process (과정)	**업계 최초 모바일 컨시어지 서비스** 택배 App 및 업계 최초 인공지능 (AI) 고객상담 서비스 챗봇 , 보이는 ARS 무인락커 도입으로 고객 편의성 제고 **10분 이내 가까운 거리에서 고객과의 만남 준비** 3.2만 개의 택배취급점과 18,00명의 택배 기사들이 10분 이내 근거리 만남 준비 (편의점 , 다이소 등)
physical evidence (물리적 증거)	**배송안전 신경 쓴 'CJ대한통운 로고'** 독일 iF 디자인 어워드 2017에서 기업 아이덴티티 브랜드 부문 본상 수상 **자사 택배 송장 정보를 바탕으로 만든 '일상생활리포트' 발간** 각종 택배 기록을 담은 '물류생활'파트를 비롯해 총 5개의 파트로 구성되어 있어 택배로 전달된 일상생활 제품의 트렌드를 볼 수 있음 CJ대한통운에서 배송한 25억5천만 상자의 물품정보를 731가지 기준으로 분류한 국내 최초 택배 빅 데이터 분석 **수송 복화(왕복) 및 연계노선 분석/설계, 배송 자원 및 경로 최적화 시뮬레이션** 유류비 배송 시간을 절감

기업 경영 측면의 시사점 본론

- CJ 대한통운의 물류혁신 성공 사례는 자사의 이익만을 대변하는 것이 아니라 해당 사슬 전체의 효율성을 도모하기 위해 노력하는 자세는 물론 SCM에 대한 전문적인 지식과 물류기업으로써의 핵심 역량을 통하여 3자물류가 아닌 TES 위주의 4자 물류 제공 업체로써 스마트 물류 확산하려는 노력으로부터 기인한 것
- TES 물류기술연구소에서 개발한 휠소터(wheel sorter)등의 최첨단 물류기술을 적용한 택배물류 자동화를 실현하고 있고 업계 최초 모바일 컨시어지 서비스를 제공함으로서 업계를 선도하고 있다.
- 현재도 1등 기업으로서 우리나라 택배시장을 이끌고 있지만 택배노동자들의 근무환경문제가 개선되어야 기업이미지와 영업이익면에서 더 발전할 것으로 생각된다.
- 현재 해외에 2개국 (태국,말레이시아) 에 진출을 해 있는데 앞으로 라스트마일 국제물류를 위해 해외진출도 한번 생각해 보자

Chapter 05 목표달성 전략 수립

1. 목표의 개요와 구분

1.1. 목표의 개요

목표(目標, Goal)는 개인 및 조직이 달성하고자 하는 장래의 상태이다. 즉 목표는 행위 주체에 따라 개인이 될 수도 있고, 조직이 될 수도 있고, 조직의 구성원이 될 수도 있다. 본 책에서의 목표는 개인 또는 조직 구성원의 목표가 아닌 조직단위로 정의한다. 또한 목표를 나타내는 수많은 영어 표현 중 Goal 또는 Target으로 한정한다.

조직에서의 목표는 조직과 조직구성원들이 나아가기 위한 방향성이고 함께 달성해야할 공유가치이기도 하다. 대표적인 목표의 기능에는 다음과 같은 것들이 있다.

첫째, 앞의 1장에서 학습한바와 같이 사명, 비전, 목표, 전략, 전술 및 정책 순으로 전략경영의 단계와 전략수준이 전개되는데 목표는 비전(Vision) 달성을 위한 징검다리 역할을 한다.

둘째, 목표는 조직의 나아갈 방향을 제시해 준다. 목표는 계량화되어 있고, 계량화되어 있는 목표는 기업단위, 사업본부 및 사업부단위, 팀 단위, 마지막으로 조직 구성원 개인단위로 계량화 되어 있는 목표달성을 위하여 KPI가 부여되고, 부여된 KPI 관리는 강약(强弱)의 정도, 규모(規模)의 정도 등을 짚어주는 기능을 하기 때문이다.

셋째, 목표는 조직 구성원들에게 일체감을 갖도록 하고 동기부여의 기능을 한다. 목표는 조직 단위 간, 개인 단 달성해야 할 의무인바 노력, 개선, 혁신, 협업 등을 통하여 일체감을 갖도록 하고, 달성 및 달성의 정도에 따라 성과급 및 인센티브 지급, 직급 승진 및 직책[1]을 임명 등이 이루어지기 때문이다.

---

1) 직급(職級)은 승진, 연봉조정 등의 기준이 되는 조직 내의 계급이다. 예를 들어 개인이 기업에 입사하면 신입사원-대리-과장-차장-부장-임원(이사, 상무, 전무)순으로 승진하게 되는데 이때 대리, 과장, 차장, 부장 등이 직급이 된다. 기업에 따라서는 S1, S2, S3 또는 J1, J2, J3 등과 같이 직급관리를 하는 경우도 있다. 직책(職責)은 책임과 권한을 부여받으며 기업 내 조직의 장을 말한다. 예를 들어 팀장(인사팀장, 기획팀장, 재무팀장 등), 본부장(경영지원본부장, 마케팅본부장, 운영본부장 등) 등을 말하는데 최근의 인사발령은 성과중심이 강하여 차장직급이 부장직급을 팀원으로 두는 팀장으로 직책을 임명받는 사례도 비일비재하다.

넷째, 목표는 사회의 단체 및 개인들로부터 정당성을 인정받을 수 있고, 함께하고 싶어 하는 준거의 기능을 한다. 목표는 앞의 3장 경영환경 분석에서 학습했던 활용할 수 있는 전략기법 중 7S(Seven S)의 7가지 구성요소 중 조직구성원들에게 알리면 알릴수록, 공유하면 공유할수록 가치가 높아지는 Share Value의 대상이다. 이를 접하는 사회는 사회단체는 해당 조직을 구체적으로 인정하는 기능을 하며 개인들은 입사하여 함께하거나 행사에 함께하고자 하기 때문이다.

다섯째, 목표는 조직의 이해관계자들에게 우호적 생각을 갖거나 판단을 하도록 한다. 조직의 성장과 확장을 구체적으로 보여주는 목표는 주주, 투자자 등에게 호의적이고 우호적인 생각과 판단을 하게하여 투자유치, M&A 등 대규모 자금집행에 긍정적인 결과를 초래하는 기능을 한다.

표 5-1 목표가 하는 기능

구 분	핵심내용
목표의 개요	개인 및 조직이 달성하고자 하는 장래의 상태
목표의 기능	• 비전달성을 위한 징검다리 역할 • 조직의 나아가야할 방향을 제시 • 조직 구성원들에게 일체감을 갖도록 하고 동기를 부여 • 사회의 단체 및 개인들로부터 정당성을 인정받고 함께 하고 싶어 하는 준거 기능 • 조직의 이해관계자들에게 우호적 생각이나 판단을 유도

1.2. 목표의 구분

조직의 경영목표는 현상유지에 비중을 두는 기본목표인지, 확장이나 시장점유율 향상과 같이 공격적인 전략목표인지에 따라 실행전략은 달라진다. 본 책에서는 현상유지에 중점을 두고 주로 조직의 내부대상으로 수립되는 기본목표 달성전략과 중장기적으로 조직의 외부대상으로 펼쳐지는 전략목표 달성에 필요한 공통 요인인 성장전략, 경쟁전략, 혁신전략을 대상으로 하여 학습한다.

1.2.1 성장전략

성장전략(成長戰略, Growth strategy)은 현상유지 보다는 조직의 지속적인 성장을 위하여 최적의 방안을 모색하는 것으로 여기에는 제품, 서비스, 조직, 인력, 공정, 기술 등 유무형의 자원과 자산 등 모든 것이 대상이 될 수 있다.

성장전략의 요인을 어디에서 찾는가에 따라 내부성장전략과 외부성장전략으로 구분하는데, 내부성장전략은 성장의 요인을 조직의 내부에서 찾는 것이고 외부성장전략은 성장의 요인을 조직의 외부에서 찾는 것을 말한다.

내부성장전략(內部成長戰略, Internal growth strategy)은 조직에서 보유하고 있는 내부의 유무형자원이나 자산을 활용하여 제품 또는 시장 등을 다변화하여 조직을 성장시키는 전략이다. 이는 조직 내의 R&BD 부서에서 연구개발된 제품과 기존의 유통채널을 활용하여 성장하는 방식으로 새로운 기술과 개발된 노하우가 사내에 축적된다. 조직내 R&BD가 활성화되며 연구개발 의욕을 향상시킬 수 있다. 혁신적인 기술개발의 경우 Blue Ocean(블루오션) 시장을 개척하여 창업자적 이득을 선취(先取)할 수 있다는 장점이 있다. 반대로 한정된 조직내부의 유무형자원 만의 활용으로 투자비용과 위험부담이 높다. 시장의 Needs time(요구시기)에 대응하지 못하는 출하시기(Launching time)로 기회를 상실할 수 있다는 단점이 상존한다.

표 5-2 내부성장전략의 장점과 단점

구 분	장 점	단 점
IGS (내부성장전략)	• 기술개발 및 운영노하우 축적 • 조직 내 R&BD의 활성화와 연구개발 의욕 향상 • 혁신적인 기술개발을 통한 창업자적 이득의 선취(先取)	• 투자비용과 위험부담의 상존 • 제품의 출하시기가 장기화 또는 기회의 상실

외부성장전략(外部成長戰略, External growth strategy)은 내부성장전략과 대별(對別)되는 말이다. 이는 조직에서 보유하고 있지는 않지만 자사 및 타인자본을 이용하여 내부자원에 의존하지 않고 외부자원을 이용하여 조직을 성장시키는 전략이다.

외부성장전략은 신제품의 출하시기가 촉박하여 내부자원으로 대응이 어려운 경우, 신제품 사업을 경영할 적임자가 내부에서 찾기 어려운 경우, 필요한 신기술 획득이 촌각을 다투는 경우, 예상 공헌도 대비 낮은 가격으로 취득할 수 있는 기술 및 기업 등이 있는 경우, 확고한 시장점유를 유지하고 있는 기업을 통하여 시장지배력을 확보하고자 하는 경우, 기업의 상장을 우회적으로 하고자 하는 경우 등에 채택된다.

외부성장전략의 장점으로는 시장진출 및 신사업 시기를 단축 할 수 있다. 투자비용과 위험을 감소시킬 수 있다. 기존의 자사 생산제품과 시너지 창출을 할 수 있다. 새로운 분야의 시장을 선점할 수 있다. 짧은 기간에 사업을 성공적으로 재편 할 수 있다. 반대로 외부에서 확보된 요인을 활용한 성장전략에는 자사에서 개발할 때 보다 수익성이 낮을 수 있다. 조직 내 R&BD부서의 연구개발 의욕저하를 초래할 수 있다. 인수합병의 경우 승자의 저주(Winner's curse)[2]에 봉착하거나 합병 후 전략(PMIS, Post merger integration strategy)[3] 중 하나인 인사 및 노동조합문제가 자칫 복잡해 질 수 있다. 일반적으로 대규모의 투자금액을 필요로 한다. 조직 내 신속한 의사결정이 안될 경우 타사에게 기회를 선점당할 수 있다.

표 5-3 외부성장전략의 필요요인과 장단점

구 분	핵심내용
외부성장전략의 필요요인	• 출하시기가 촉박하여 내부자원 만으로 대응이 어려울 때 • 내부에서 신제품 또는 신사업 경영적임자가 없을 때 • 경영전략에 필요한 신기술 획득이 촌각을 다툴 때 • 예상 공헌도 대비 낮은 가격으로 취득이 가능할 때 • 확고한 시장점유를 유지하고 있는 기업을 통하여 시장의 지배력을 확보하고자 할 때 • 우회적으로 기업을 상장하고자 할 때
외부성장전략의 장점	• 시장진출 및 신사업 시기를 단축할 수 있다 • 투자비용과 위험을 감소시킬 수 있다 • 기존의 자사 생산제품과 시너지 창출을 할 수 있다 • 새로운 분야의 시장을 선점할 수 있다 • 짧은 기간에 사업재편을 성공적으로 할 수 있다
외부성장전략의 단점	• 직접 개발할 때보다 수익성이 낮을 수 있다 • 조직 내 R&BD부서의 연구개발 의욕저하를 초래할 수 있다 • 인수합병의 경우 승자의 저주에 봉착할 수 있다 • PMI(Post Merger Integration)에 차질이 발생할 수 있다 • 일반적으로 대규모의 투자자금을 필요로 한다 • 조직 내 신속한 의사결정이 안될 경우 타 조직에 기회를 선점당할 수 있다

2) 승자의 저주(勝者의 詛呪, Winner's curse)는 Capen, E. C., Clapp, R. V., Campbell, W. M.(1971). Competitive bidding in high-risk situations. Journal of petroleum technology, 23(06)에서 발표한 것으로, M&A 등에서 경쟁에서는 이겼지만 승리를 위하여 과도한 비용을 지출하여 오히려 위험에 빠지거나 커다란 후유증을 겪는 경우를 의미하는 M&A용어이다.

3) 기업을 인수한 후 통합하는 기업합병 전략을 말한다.

외부성장전략 또한 내부성장전략과 같이 장점과 단점을 가지고 있으나 외부성장전략을 채택할 수밖에 없는 필요 요인들은 장점 쪽의 특성을 보유하고 있다.

1.2.2. 경쟁전략

경쟁전략(競爭戰略, Competitive strategy)은 특정제품과 시장에서 경쟁기업에 대하여 경쟁우위에 위치함으로써 조직 경영의 목적달성을 위한 전략을 말한다. 따라서 경쟁전략은 경쟁우위전략이라 할 수 있다.

Michael Eugene Porter(1985)는 그의 저서인 「Competitive advantage: creating and sustaining superior performance」[4]에서 경쟁전략의 핵심 개념으로 3가지 전략을 제시하였다. 첫 번째는 Cost Leadership(원가우위), 두 번째가 Differentiation(차별화), 세 번째는 Cost Focus(원가 집중화)와 Differentiation Focus(차별화 집중화)를 설명하는 Focus(집중화)가 그것이다.

여기에서 원가우위전략과 차별화전략은 기업이 광의의 측면에서 경쟁우위전략으로 선택할 수 있는 전략이고, 집중화전략은 협의의 측면에서 선택할 수 있는 전략으로 분류 및 설명하고 있다(〈표 5-4〉 참조).

그림 5-1 포터의 경쟁우위 핵심 3가지 전략

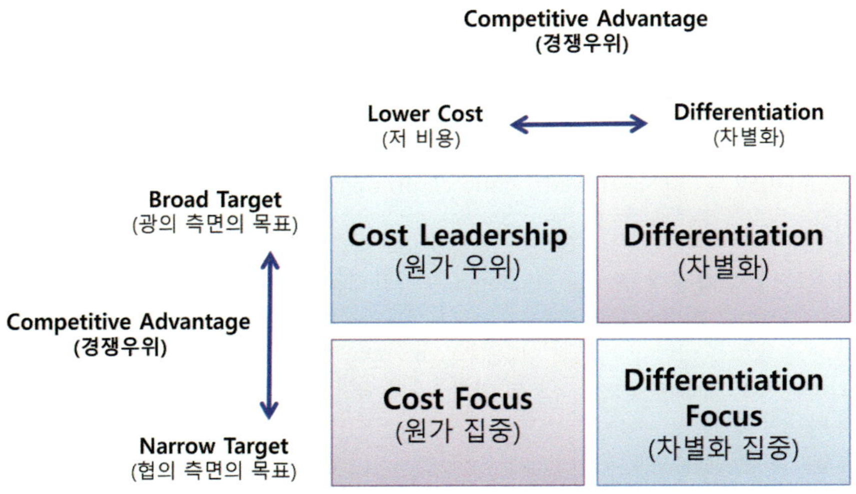

4) Porter, M. E. (1985). Competitive advantage: creating and sustaining superior performance. 1985. New York: Free Press.

본 책에서 학습하는 경쟁전략은 설명한 바와 같이 포터의 경쟁우위전략 3가지를 핵심으로 다룬다.

원가우위전략(原價優位戰略, Cost leadership strategy)은 기업이 생산한 제품이나 서비스의 품질, 디자인, 기능 등 원가를 제외한 다른 요소에서는 시장 내 경쟁사와 대등소이 하지만 원가를 낮추어 시장 지배력을 확대하는 전략이다.

원가우위전략이 성공하기 위해서 기업에서는 첨단 생산설비와 이의 운영시스템, 저원가 기반의 글로벌 자원확보(Global sourcing)와 공급망관리 시스템(Supply chain management system)의 구축이 필요하다. 마이클 포터(1985)가 제시하는 원가우위요소로는 규모의 경제[5], 경험곡선효과[6], 제품설계, 생산설비, 원재료, 투입요소 등이 있다. 원가우위전략은 대부분의 기업에서 채택할 수 있는 전략으로 더 저렴하게 공급할 수 있는 경쟁기업의 출현이나 기술의 진부화가 될 경우 우위가 열위가 되어 고객 및 시장 점유율을 잃을 수 있다.

차별화전략(差別化戰略, Differentiation strategy)은 고객이 타사의 제품이나 서비스에 비하여 더 비싼 가격을 지불하더라도 구매하도록 하는 전략을 말한다. 차별화는 시장 및 고객에게 먹히는 자사만의 독특하고 유니크(Unique)한 요인을 말하는데 기술우위의 차별화, 제품위주의 차별화, 지역 및 시장위주의 차별화, 유통채널 우위의 차별화, 생산위주의 차별화, 원자재 우위의 차별화, 의사소통 위주의 차별화, 디자인 위주의 차별화, 브랜드 이미지 우위의 차별화, 고객서비스 위주의 차별화 등 타사 대비 편익(Benefit)이나 경제적 효용(Efficiency)을 더 줄 수 있는 유형 및 무형의 모든 것을 말한다.

차별화전략을 구사할 때에는 차별화전략의 함정에 빠지지 않도록 하여야 하는데, 차별화 전략의 함정[7]으로는 가치 없는 차별화, 수요와 괴리된 너무 심한 차별화, 너무 높은 가격 프리미엄, 가치사슬(VCM, Value chain management)보다는 제품에만 집중, 시장세분화의 실패 등을 들 수 있다.

집중화전략(집중화전략, Focus strategy)은 시장세분화전략(STP, Segmentation, targeting,

---

5) 규모의 경제(規模의 經濟, Economy of scale)는 투입량을 증가시킬 때 산출량이 투입증가율 이상으로 증가하는 것을 말하는 것으로 규모의 경제 3가지 원천으로 기술적 특성, 투입요소의 비분할, 전문화의 이득이 있다.

6) 경험곡선효과(經驗曲線效果, Experience curve effect)는 1968년 보스턴컨설팅 그룹에서 사용 및 발표된 기업의 경쟁전략 중 하나이다. 이는 생산공정에 참여자들이 반복적인 생산활동과 교육, 경험 등으로 작업의 효율성을 높이는 것으로 낭비와 비효율적 요소를 제거하여 생산성을 향상시키는 것인데 규모의 경제, 특수화의 이익, 학습효과 등에 얻어진다고 볼 수 있다. 학습곡선효과(學習曲線效果, Learning curve effect)라고도 한다.

7) 김영수(2014). 전략경영론, 학현사.

positioning)에 의하여 세분화된 특정고객, 특정제품, 특정지역 등에 원가우위전략 또는 차별화전략을 집중적으로 구사하는 전략을 말한다.

집중화전략이 특정고객이나 시장에 한정하여 집중하는 전략이라면, 원가우위 및 차별화전략은 시장전체를 대상으로 하는 전략이라는 차이점이 있다.

표 5-4 3가지 핵심전략의 특징 비교

전략 구분	개념	경쟁요인
Cost leadership (원가우위전략)	원가를 제외한 가격은 경쟁사와 대동소이 하나 저렴한 원가로 승부를 거는 전략	규모의 경제, 경험곡선효과, 생산 설비와 이의 운영시스템, 저원가 제품 확보가 가능한 공급망 관리 등
Differentiation (차별화전략)	타사의 제품, 서비스에 비하여 더 비싼가격으로 구매를 성사시키는 전략	경쟁사 대비 독특하고 유일한 디자인, 브랜드이미지, 기술력, 고객서비스 등
Focus (집중화전략)	세분화된 특정고객, 특정 제품, 특정지역에 원가 우위전략 또는 차별화 전략을 집중적으로 구사하는 전략	객관적인 기준에 의한 시장 세분화, 세분화 대상에 적합한 차별화 또는 원가우위전략의 올바른 선택

1.2.3. 혁신전략

혁신전략(革新戰略, Innovation strategy)은 경영의 환경변화에 대하여 선행적이고 능동적으로 대응하고 경쟁우위를 확보하기 위하여 새로운 제품, 새로운 서비스, 새로운 운영기법, 새로운 생산 공정기술 및 조직 구성원의 의식이나 역량 등을 본질적으로 변화시키는 것을 말한다. 광의 측면에서 외형의 차이, 품질의 차이, 조직 내에서 경영활동 시간의 차이, 과거에서 비롯되어 새롭거나 전례가 없었던 변화 등을 의미하기도 한다.[8)]

이는 조직의 혁신 담당부서 또는 몇몇 부서의 변화로 할 수 있는 것이 아니다. 또한 기존의 유형 또는 무형의 것에 변화를 가미하는 정도의 것을 혁신이라 할 수 없는 것으로 새로운 발상에 의한 새로운 시도를 말한다.

경영혁신은 자원의 효율적 활용으로 시작되는 1970년대, 다운사이징 및 전사적 품질관리로 대별되는 1980년대, BPR 및 식스시그마로 대별되는 1990년대, IC 및 3P(People, Process, Product) 등 기업전반을 대상으로 하는 전사적 차원의 경영혁신으로 불리는 2000

8) Birkinshaw, J., Hamel, G., Mol, M. J.(2008). Management innovation. Academy of management Review, 33(4); Hargrave, T. J., Van de Ven, A. H.(2006). A collective action model of institutional innovation. Academy of management review, 31(4); Van de Ven, A. H., Poole, M. S.(1995). Explaining development and change in organizations. Academy of management review, 20(3).

년대 등 경영혁신은 시대와 경영환경에 부합되게 기법과 전략을 통하여 변화되었다.

그림 5-2 경영혁신의 시대적 흐름도

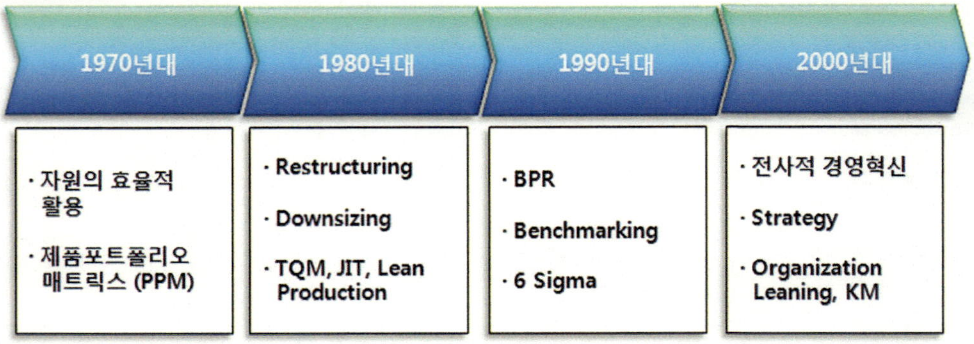

조직 전체 차원에서 시행되는 전사적 경영혁신의 대상은 3P로 대별되는데 People innovation, Process or Structure innovation, Product or Service innovation이 그것으로 [그림 5-3]과 같이 표현할 수 있다.

그림 5-3 전사적 경영혁신의 대상 3P

전사적 경영혁신의 3P의 People Innovation에는 조직 및 인사, 기업문화혁신을 말하며 상세내역으로는 성과급제, 직급체계, 교육 및 학습체계, 의식개혁 등이다. Process Innovation에는 Operational Excellence와 Customer Intimacy인데 상세내역으로는 ERP(전사적 자원통합관리), SCM(공급망관리), CRM(고객관계관리), R&BD, KMS(지식경영) 등이 그것이다. Product Innovation은 Restructuring과 Stretching이다. 상세내역에는 구조조정, 재무구조개선, 기존사업 경쟁력 강화, 신규유망사업진출, 연구개발 인력강화와 사업구조 고도화, 사업영역의 글로벌화, 고부가가치사업 확대, 경영자원의 글로벌 소싱 등을 들 수 있다.

이와 같은 전사적 경영혁신인 3P외에 주목하고 심혈을 기울려야 할 부분이 기술혁신이다. 기술혁신은 좁게는 조직의 비즈니스 연구와 개발 분야이다. 이 R&BD 전략은 조직의 현재 기술수준(Present technical level)과 가고자 하는 미래의 수준(Future technical level)이 검토되고 이를 토대로 New Process(신공정), New Operational Methods(신운영기법), New Product(신제품) 등을 구현하고자 하는 것을 목적으로 진행한다.

현재수준(PTL, Present Technical Level)의 분석단계에서는 조직이 현재 처해있는 기술적 수준이나 상황이 분석되며 조직이 목표로 하는 수준에 이르기 위하여 투입 및 활

그림 5-4 조직의 R&BD 혁신전략의 개념[9)]

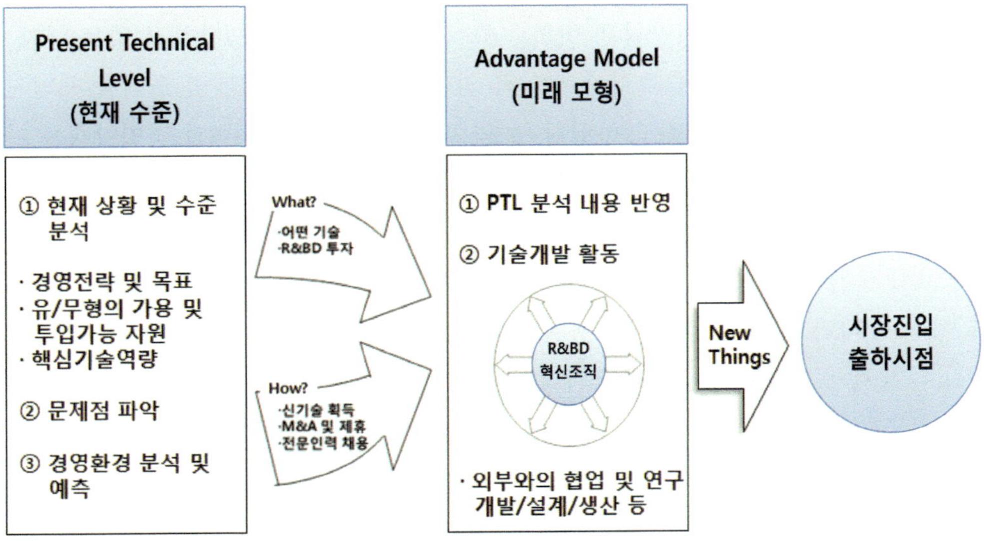

9) 조형래 · 유정상 · 안연식(2014), 기술경영, 학현사의 내용 및 그림을 편집하여 인용.

용 가능한 유무형의 자원과 핵심역량을 분석한다. 도달하고자 하는 미래수준(FTL, Future Technical Level)은 현재수준에서 내포하고 있는 단점과 약점, 개선 및 보완할 점을 반영하여 개선모형(Advantage model)을 도출하여 [그림 5-4]와 같이 적용 및 운영하는 것이 일반적인 조직의 R&BD 혁신전략이다.

2. 실행전략의 개요와 필요성

실행전략(實行戰略, Action plan)이란 하나 또는 그 이상의 생각(Idea)이나 목적(Goal)을 성취(Achieve)하는데 필요한 구체적인 계획(Plan)이나 절차(Process)를 말한다. 여기서 또다시 이미 학습했던 제1장의 그림1-7(전략경영의 단계와 전략수준)을 회상(Review)해 보자. 경영전략수립은 단답형으로 수립되지도 않을 뿐 아니라 반복학습을 통한 의식(Mind)속에 구조화(Frame work)를 만들게 하는데 도움이 되기 때문이기도 한다. 최상위단계의 전략수준은 사명인데 이는 조직이 중장기적으로 나아가야할 방향이라고 하였다. 다음이 비전인데 이는 조직이 중장기적인 관점에서 Mission(사명)에 부합하여 추진해야 할 가시화된 과제라 하였다. 다음이 조직의 비전과 사명을 포함한 이행 과제인 목표(Goal)라 하였고, 그 다음이 전략으로 조직의 사명과 목표를 추구하기 위한 방법이나 수단이라 하였다. 실행전략(Action plan)은 바로 상위에서 4번째 단계인 전략을 성취하는데 필요한 구체적인 계획이나 절차를 말하는 것이다. 또한 본 장(Chapter)의 모두에서 경영방침은 비전-목표-전략의 일부씩을 포함하고 있는 단계 및 내용으로 계량화나 숫자, 슬로건이 선언적 의미와 혼합된 각 단계별 조직을 책임지고 있는 경영자의 경영방향이라고 하였다. 위와 같은 제1장의 그림1-7과 경영방침을 기억하고 실행전략에 접근하면 이해는 물론 실전에 응용하는데 전혀 무리가 없을 것이다. 전략경영의 4번째 전략수준인 「전략」은 기업전략, 사업부전략, 기능별전략, 제품별 전략으로 구분된다고 하였던바와 같이 실행전략은 기업의 사업부에 따라, 기능부서에 따라, 제품에 따라 달리 수립되고 실행된다. 또한 실행전략은 [그림 5-5]에서 전략을 실행하기 위한 행동지침인 전술에 해당한다고 할 수 있다.

하나 또는 그 이상의 생각이나 목적을 성취하는데 필요한 구체적인 계획이나 절차인 실행전략은 다음과 같은 3가지 기능을 가지고 있다.

첫째, 상위전략과제인 전략과 목표를 정량화 시킨다. 정성적인 표현이나 선언적 의미의 문구 등을 계량화 할 수 있는 숫자로 표현하여 측정할 수 있도록 한다.

둘째, 목표에 도달할 수 있는 절차와 방법을 보여준다. 목표를 달성하기까지의 소요

기간과 담당자가 해야 할 행동지침을 제시하여 가시성을 제공해 준다.

셋째, 개인이나 조직단위의 성과평가를 할 수 있는 이정표(Milestone) 기능을 한다. 구체적인 계획이자 절차인 실행전략은 기간단위 성과평가를 위한 기준이나 단위로 활용할 수 있다.

그림 5-5 제1장의 전략경영의 단계와 전략수준 회상도

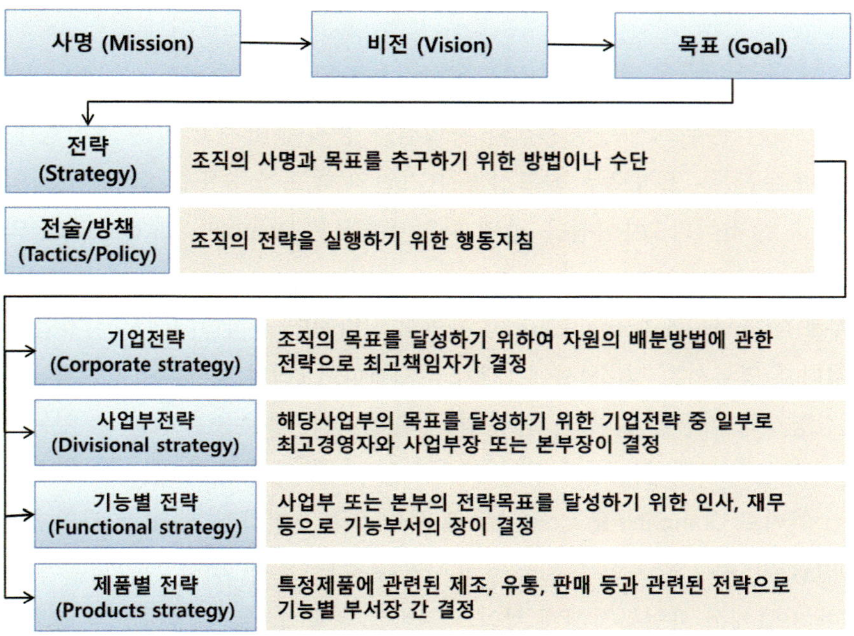

3. 실행 조직의 설계

수립된 경영목표를 달성하기 위해서는 부문조직, 전사조직 모두 기업이 소유한 모든 인적·물적 자원, 유형·무형의 자산을 집대성한 후 조정 및 배분을 통하여 실행조직을 꾸려야한다.

실행조직은 정기적인 과업수행을 위한 상설조직과 비정기적인 과업수행을 위한 임시조직으로 구분한다. 일반적으로 기업에서 실행조직이라 하면 매년 반복적으로 수립 및 실행하는데 소용되는 조직으로 상설조직을 말한다. 반면 비정기적인 과업수행을 위하여 필요한 때에 꾸려지며 TF Team(Task force team)으로 통칭되는 임시조직이 있다. 이는 여러 가지 요인과 형태로 운영될 수 있겠지만 조직을 꾸리는 목적에 따라 4가지를

들 수 있는데 기업 내부의 단기과제를 수행하기 위한 조직, 기업 외부에서 경영자원을 획득하기 위하여 운영되는 조직, 기업 내외부의 과제를 전략적으로 진행하기 위한 조직, 기타 경영자의 필요에 의하여 꾸려지는 조직이 그 것이다.

본 책에서는 상설조직과 임시조직 중 기업의 경영계획을 실행하는데 소용되는 동태적 환경[10]에 대응 및 지향하는 상설조직을 대상으로 운용할 수 있는 사업부 및 본부조직, 팀조직, 매트릭스조직, 라인스텝조직, 혼합조직을 학습 및 소개한다.

3.1. 사업부 및 본부조직

사업부조직과 본부조직은 공통적과 차이점을 동시에 가지고 있는 조직형태이다. 먼저 공통점으로는 두 조직모두 최고경영자(기업의 대표이사 또는 회장)와 책임과 경영을 분담한다는 것이다. 차이점을 보면 사업부조직은 Company in Company의 형태를 가지고 있다.

사업부조직(Divisional organization) 이외의 일반적인 조직형태에서는 기업의 전략 및 기획부서나 운영부서는 전(全)사에 1개가 존재한다. 그러나 사업부조직에서는 사업부장이 최고경영자의 위임을 받아 기획, 운영, 산출까지 전 부문을 수행할 수 있는 독립부서를 산하에 거느리고 책임을 지고 경영하는 형태이므로 기업 안에 있는 또 하나의 작은 기업이라는 의미로 Company in Company로 차이점을 표현하였다. 이런 사업부조직은 전략적 사업단위(SBU, Strategy business unit)가 복수인 조직, 취급상품(제품이나 서비스)이 다양한 기업에서 사업부장에게 책임과 권한을 대폭적으로 위임하고 운영하는 조직에서 효율적으로 운영할 수 있는 조직형태이다. 때문에 경영지원, 생산지원 등의 지원 부문을 대상으로 하는 것 보다는 생산기능, 운영기능, 품질기능 등과 같은 기능부문을 대상으로 사업부로 편제하여 기획, 운영, 실적관리까지 할 수 있는 조직으로 운용하는 것이 전문성과 효율성, 선의의 경쟁유발과 책임경영 등 두 마리 토끼를 잡을 수 있다.

본부조직(Headquarter organization)은 사업부조직과 같이 Company in Company 형태가 아니라 기획, 운영, 실적관리와 같은 조직은 기업 내부에 독립된 별도 조직으로 운

---

10) 조직을 설계할 때는 조직이 직면하고 있는 내부 및 외부환경에 부합되게 설계를 하여야한다. 이와 같이 외부환경에 따라 내부구조가 다르다는 것을 밝힌 학자가 Burns와 Stalker이다. 이들은 The management of innovation(1961)을 통하여 동태적환경과 정태적 환경으로 구분하였는데 정태적환경은 문서화와 절차가 최소화 되어있고, 의사결정 구조가 분권화 되어있으며 토론이나 상호작용을 통한 갈등해소 및 우발적인 환경에 대한 유연한 대응을 한다는 특성을 가지고 있는 조직이다. 반면 정태적 조직의 특성은 문서에 의한 의사소통, 주로 경영자에 의한 의사결정, 정보의 쌍방향 소통이 제한되어 있고 규정된 상황만 적절하게 대응하는 기계적인 특성을 가지고 있는 조직이다.

영하고 재무, 마케팅, 물류 등과 같이 기능 부문만을 떼어내어 주로 운영의 책임과 이에 수반되는 권한만을 부여한 것이 본부조직이다. 우리가 접할 수 있는 전문경영인인 CFO(Chief financial officer, 재무최고 책임자), CMO(Chief marketing officer, 마케팅최고 책임자), CLO(Chief logistics officer, 물류최고책임자)가 여기에 해당하는 직책이다.

그림 5-6 사업부와 본부조직 형태의 예

(사업부 조직)

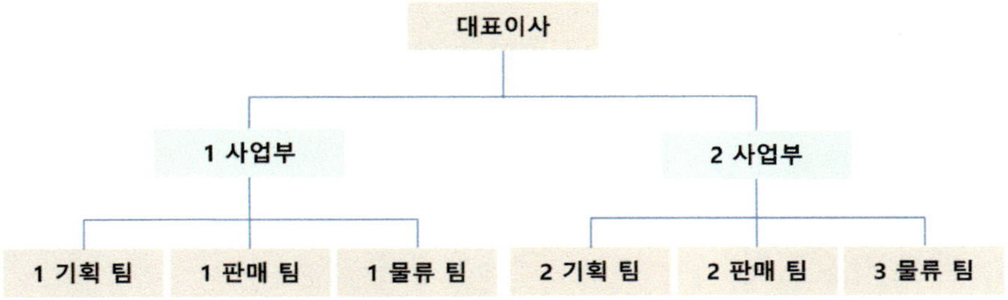

(본부 조직)

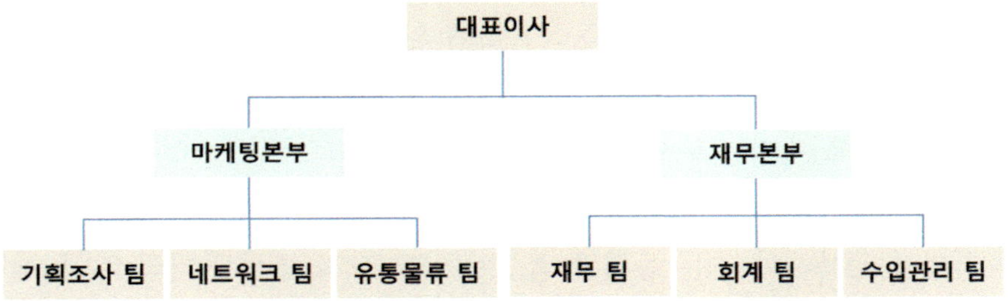

3.2. 팀조직

팀조직(Team organization)은 현재 국내 전역의 공·사 조직에서 가장 일반적으로 보여주는 조직운영형태이다. 이는 일본의 전통적인 조직형태인 본부(本部)-부(部)-과(課)-계(係)에서 보여주는 의사결정시간을 위한 장시간의 소요와 책임과 권한의 다단계 분산이라는 단점을 장점으로 전환하려는 미국 중심의 조직운용형태이다.

팀조직의 장점으로는 신속한 의사결정, 매트릭스조직이나 혼합조직 등에서 보여주는 이중적인 명령이나 보고체계의 제거, 성과창출과 평가의 용이성 등을 들 수 있다. 반면 단점으로는 팀장 간의 심한 경쟁으로 인한 갈등표현과 비협조, 구성원들의 능력에 의존하는 팀 성과 창출 등을 들 수 있다.

그림 5-7 팀조직 운영형태의 예

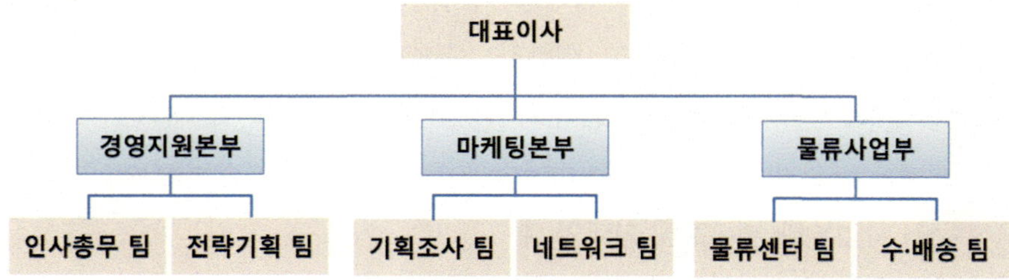

팀조직은 사업부 및 본부 제(制)를 시행하는 기업, 혼합조직[11]을 운영하는 기업에서 공통적으로 운용하는 조직으로 보통 사업부조직. 본부조직, 혼합조직의 산하에 편제하여 운영하는 형태를 띠고 있다.

3.3. 매트릭스조직

매트릭스 조직(Matrix organization)은 기능별조직과 사업부조직을 혼합한 형태의 조직으로 이들의 장점은 취하고 단점을 극복하기 위한 조직이기도 한다. 이 조직은 동일한 사업에 종사하는 구성원이 둘 이상의 상위부서에 속하는 조직적 특성상 보고부서도 둘 이상이고 지시를 내리는 부서도 둘 이상이다.

본 조직은 제품 또는 서비스 자체로 고객의 Needs를 충족시켜 주어야 할 뿐 아니라 지역적 차이를 극복해야 하는 등의 유연성이 있는 조직 특성상 다국적기업에서 많이 운용하고 있다. 국내의 조직에서는 본사와 공간적으로 이격된 지역의 조직인 지사, 지점, 물류센터, 지역본부 등을 상대로 본사의 복수부서가 관여하는 형태의 매트릭스 조직이 운영되고 있다. 지역의 조직인 현장의 사업장은 예산, 마케팅 및 영업, 인사 및 총무, 유통 및 서비스를 모두 담당하는 반면 본사부서는 기능중심으로 독립된 형태로 구성되다 보니 기능부서의 상위부서인 사업부장 또는 본부장의 관할로 지역의 사업장(조직)이 소속될 수밖에 없기 때문이다. 매트릭스 조직의 장점으로는 동태적이며 복합적인 기능을 수행할 수 있다. 인적자원을 효율적으로 사용할 수 있다. 인건비와 같은 고정비와 생산량에 비례하여 자원을 투입하므로 변동비가 절감된다. 반면 단점으로는 복

11) 혼합조직(混合組織, Mixed organization)은 한 조직에 기능이나 부서를 분리하여 각자 대표제를 운영하여 대표이사가 2명인 조직, 본부제와 사업부제를 병행하는 조직, 팀제와 부(部)제를 병행하는 조직 등 장점 있는 조직을 여러 형태로 접목 및 혼합하여 운영하는 형태를 말한다. [그림 5-6]의 팀조직 운영형태는 본부제와 사업부제(事業部制)를 병행하는 기업에서의 팀조직을 보여준다.

수 상위부서장의 지시를 받고 보고를 해야 하므로 구성원은 혼란스러울 수가 있다. 복수 상위부서의 서로 다른 업무를 우선적으로 처리하도록 지시를 받았을 때 우선순위 업무를 선택하는데 어려움이 발생할 수 있다. 또한 구성원들은 잔무(殘務)가 많이 발생할 수 있다. [그림 5-8]은 경영지원본부, 마케팅본부, 물류사업본부 등 본사의 3개 본부로 부터 지시를 받는 매트릭스 조직의 예이다.

그림 5-8 매트릭스 조직 운영형태의 예

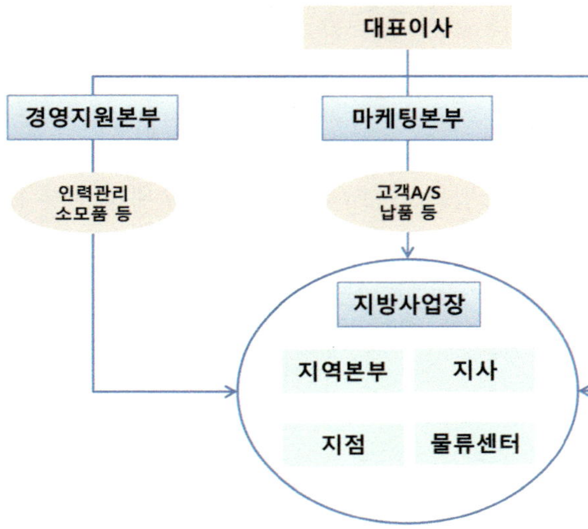

3.4. 라인스텝조직

라인스텝조직(Line-staff organization)은 라인조직(Line organization)과 스텝조직 (Staff organization)이 혼합된 혼합조직의 일종으로 라인조직의 장점을 스텝으로 극복하고자 하는 조직운용 형태이다. 라인조직은 최고경영자와 하위계층이 Direct(직접)로 연결된 형태로 직계조직 또는 군대조직이라고도 하는 조직이다. 지시와 보고가 신속하게 이루어지는 장점도 있으나 기업의 규모가 커지고 복잡해지면 최고경영자의 활동에 한계가 발생할 수밖에 없다는 단점이 있다. 스텝조직은 라인조직과 최고경영자 사이에 최고경영자의 지시를 라인조직에 전달하고 라인조직의 보고를 취합 정리된 형태로 최고경영자에게 보고하는 기능을 담당하는 기획조정실, 비서실, 경영기획실 등의 조직을 운용하는 형태이다.

본 조직의 장점으로는 업무가 분산된 각 라인조직의 보고 내용을 종합적인 의사결정

그림 5-9 라인스텝 조직의 예

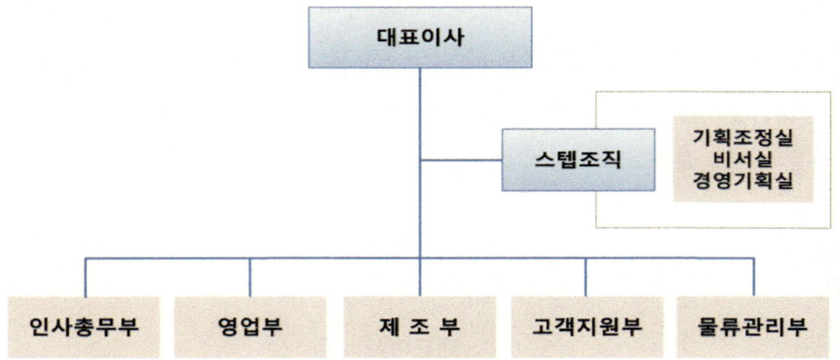

정보로 취합·가공되어 보고되므로 정보의 축적과 활용이 용이하다. 또한 최고 경영자는 취합·가공된 정보를 취급하는 스텝으로부터 업무의 우선순위는 물론 조언을 들을 수 있어 시간의 효율적 사용과 자신의 업무에 전념할 수 있다. 단점으로는 스텝조직이 라인조직에 군림한다는 오해의 소지가 있고 이로이한 라인조직과 스텝조직 간에 갈등이 발생할 수 있다. [그림 5-9] 라인스텝조직의 예에서 대표이사 산하의 부서는 부(部)가 아닌 팀조직으로 해도 무방하다.

3.5. 혼합조직

혼합조직은 앞단의 각주에서 이미 설명한바와 같이 한 조직에 기능중심의 일부 부서를 분리하여 각자 대표제를 운영하여 대표이사가 2명인 조직, 본부제(本部制)와 사업

그림 5-10 각자 대표제를 운용하는 혼합조직의 예

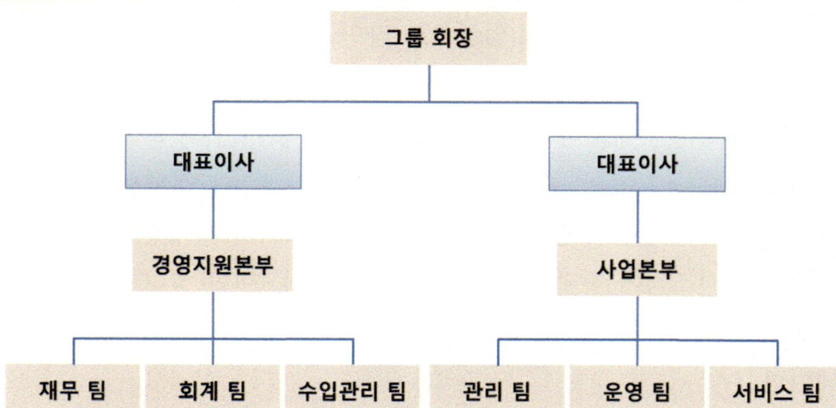

부제(事業部制)를 병행하는 조직, 팀제와 부(部)제를 병행하는 조직 등 장점 있는 조직을 여러 형태로 접목 및 혼합하여 운영하는 형태를 말한다.

앞 단의 매트릭스 조직의 예시(例示)가 본부제와 사업부제의 혼합형태 조직이라고 하였는바 참고하기 바란다. 또한 팀제와 부제의 혼합은 사업부조직과 본부조직, 팀제, 라인스텝조직 등 어디에서 활용할 수 있는 유연한 조직운용 형태가 강점이다. 본 책에서는 혼합조직의 예로 각자 대표제를 보여주고자 한다.

4. 활용할 수 있는 전략기법

활용할 수 있는 전략기법과 전략경영 방법론으로 전략적 제휴, 인수합병 전략, 프랜차이즈 경영전략, 공급망 관리전략, 제품계열전략, 품질 초격차전략을 제시하고 학습한다.

전략기법	개념	활용용도 및 특징
Strategic Alliance (전략적 제휴)	• 기술, 생산, 자본 등의 기업 기능에 복수의 기업이 상호협력 관계를 유지하여 시장 내 다른 기업에 대하여 경쟁적 우위를 확보하려는 경영전략기법	• 자사의 약점과 시장 내 위협 요인을 외부의 기업과의 제휴로 극복하려는 지렛대 전략이라 할 수 있음
Mergers and Acquisition (인수합병)	• Mergers(합병)과 Acquisition(인수)의 합성어 • 다른 기업의 주식이나 자산을 수단으로 경영권을 획득하여 복수 기업이 법률적·사실적으로 하나의 기업으로 합쳐지거나 기업경영지배권에 영향을 가져 오는 일체의 경영행위를 하는 경영전략 기법	• 기업의 성장, 신규시장진입, 위험 분산 등의 목적으로 자본력을 확보한 기업만이 할 수 있는 경영전략 기법임
Franchise Management System (프랜차이즈 경영시스템)	• 본부와 가맹점 간의 파트너십을 핵심으로 하는 네트워크 기반의 비즈니스 모델 • 상표, 서비스 표, 휘장을 소유한 본부가 가맹점에 광고, 교육 및 경영관리를 해주고 계약을 통하여 금전을 수수하는 경영전략기법	• 본부의 검증된 시스템을 경쟁무기로 저비용, 짧은 기간 동안 사업의 확장, 규모의 경제를 달성할 수 있는 본부와 가맹점 간의 상생경영전략임
Product Line Strategy (제품계열화)	• 기존제품의 Image와 Positioning을 이용하여 가격 및 제품계열을 상향 또는 하향으로 확장하여 경쟁력을 찾고자하는 마케팅 기법	• 기존제품이 확실한 수요층 또는 시장점유율을 확보하고 있을 때 더 효과적으로 전개할 수 있는 시장진입 기법 • 3개 믹스전략인 마케팅믹스와 촉진믹스를 결합하여 활용할 때 강력한 힘을 발휘할 수 있음

전략기법	개념	활용용도 및 특징
Supply Chain Management (공급사슬 관리)	• 공급사슬관리 또는 공급망 관리라고 함 • 한 개의 완제품이 생산되어 최종 소비자에게 판매될 때까지의 전 과정을 대상으로 최적의 효율을 찾기 위하여 기획(SCP), 실행(SCO), 환류(SCF)까지의 일련의 활동을 관리하는 생산관리 및 공급 전략	• 공급사슬에 참여하는 유통기관 전체의 체적화를 통한 수요예측 정확도 향상, 납기단축, 서비스 품질 향상, 비용절감 등을 달성하기에 부합되는 전략임
Six Sigma (식스시그마)	• 1987년 모토로라에서 개발 • 제품의 품질, 판매 및 구매, 회계 등 조직의 제 프로세스에 대한 총체적 경쟁력 강화를 위한 것으로 전형적인 Top-down 방식의 강력한 전개와 구성원들의 자발적인 참여의식을 요구하는 경영전략 기법	• 식스시그마는 백만개 중 3.4개의 불량·99.9997%의 수율을 의미 • 6σ의 접근방법인 DMAIC의 이해와 프로세스의 활용이 중요 • 품질개선에 최적화된 경영전략 기법

4.1. 전략적 제휴전략(Strategic Alliance)

전략적 제휴(戰略的 提携, Strategic alliance)는 기술, 생산, 자본 등의 기업기능에 복수의 기업이 상호협력관계를 유지하여 시장 내 다른 기업에 대하여 경쟁적 우위를 확보하려는 경영전략 기법이다.

전략적 제휴의 형태는 크게 8가지로 구분할 수 있고,[12] 점유비가 높은 것부터 차례로 들면 다음과 같다. 첫 번째는 Equity Joint Venture(자산의 합작투자)로 23%, 두 번째는 Joint Development Agreement(공동개발계약)로 22%, 세 번째는 Licence Agreement(인허가 사용계약)로 19%, 네 번째는 Mixed Modes(해결방안의 혼합)로 13%, 다섯 번째 Cross-licensing & Technology Sharing(인허가 상호사용 및 기술 공유)로 8%, 여섯 번째 Customer-Supplier Partnership(수요 및 공급자간 파트너계약)으로 6%, 일곱 번째 R&D Contract(연구개발 계약)로 4%, 여덟 번째는 Other(기타)로 5%이다.

전략적 제휴는 자원의 확보와 위험의 분산, 노하우 습득과 시장지배력 강화라는 장점이 있는가 하면, 의사결정의 자율성 감소, 보유자원 및 정보의 노출, 제휴파트너가 경쟁자로 전환될 수 있다는 단점 등 뚜렷한 양면성을 가지고 있다. 단점을 최소화하고 전략적 제휴의 장점을 극대화하기 위한 성공조건으로는 첫째, 전략적 제휴에 참여하는 기업은 상호 경영의 독립적 관계를 유지하여야 한다. 둘째, 상호 지분을 공유한 제휴

12) Mowery, D. C., Oxley, J. E., Silverman, B. S.(1996). Strategic alliances and interfirm knowledge transfer. Strategic management journal, 17(S2).

그림 5-11 전략적 제휴의 형태

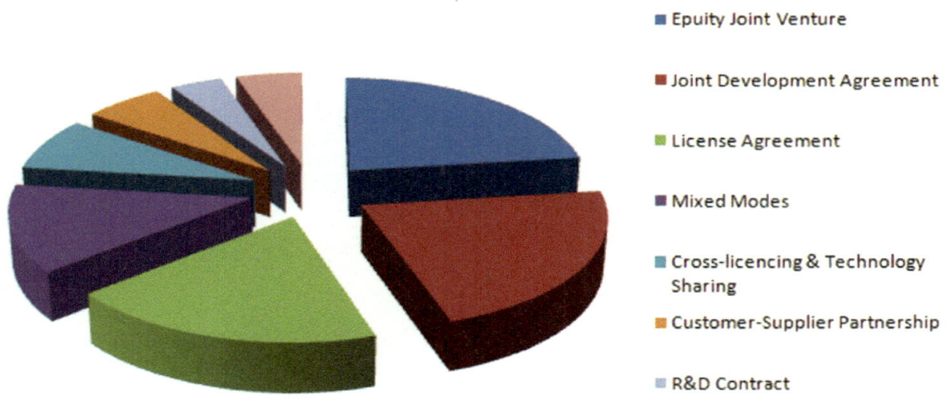

(Equity-based alliance)의 경우 상호 통제권과 경영성과를 공유하려는 자세와 태도가 요구된다. 셋째, 제휴관계가 유지되는 동안 일방적인 독주나 일방적인 비협조를 지양하고 상호 지속적인 공헌과 기여를 해야 한다. 넷째, 제휴로 인한 수익은 극대화하고 비용은 최소화하는 노력이 필요하다.

이와 같은 단점을 최소화하기 위한 성공조건을 상호 유지하고 지키는 것도 중요하지만 제휴파트너를 모색하는 단계에서 다음에 유념하여 파트너를 선정하는 것은 더 중요하다.

첫째, 제휴에 참여하는 기업들은 Compatibility(양립성)를 살펴야 한다. 전략, 조직구조 및 기업문화 측면에서 경영스타일이 유사한 기업을 파트너로 우선 고려하여야 한다는 것이다.

둘째, 제휴는 상호 보완적 능력(Capability)을 가지고 있는 파트너를 선정하는데 그 목적이 있다. 즉 핵심역량을 보유한 기업들 간 협력적 관계를 맺는 수평적 제휴가 바람직하다는 것이다.

셋째, 제휴참여 기업들 간의 상호 헌신과 몰입(Commitment)이 가능하거나 그런 자세를 견지하는 기업을 파트너로 우선 고려[13]하여야 한다.

13) 박재기 · 김장훈 · 신미숙(2016). 글로벌마케팅, 도서출판 청람을 편집하여 인용.

표 5-5 전략적 제휴의 장단점, 성공요건, 제휴파트너 선정기준

구 분	주요항목	핵심내용
전략적 제휴	개 념	• 기술, 생산, 자본 등의 기업기능에 기업이 상호 협력관계를 유지하여 시장 내 다른 기업에 대하여 경쟁적 우위를 확보하려는 경영전략 기법
	단 점	• 의사결정의 자율성 감소 • 보유자원 및 정보의 노출 • 제휴 파트너가 경쟁자로 전환될 수 있음
	장 점	• 자원의 확보와 위험의 분산 • 노하우 습득과 시장 지배력 강화
	성공조건	• 제휴에 참여하는 기업은 상호 경영의 독립관계 유지 • 지분공유 제휴의 경우 상호 통제권과 경영성과를 공유하려는 자세 유지 • 제휴관계 기간 동안 상호 지속적인 공헌과 기여 노력 • 상호 수익은 극대화 하고 비용은 최소화하는 노력 경주
	파 트 너 선정기준	• 제휴 참여기업들은 상호 양립성을 살펴야 함 • 상호 보완적 능력을 소유한 기업을 파트너로 해야 함 • 제휴 참여기업들 간 상호 헌신과 몰입을 견지

4.2. 인수합병 전략(Mergers and Acquisition)[14)]

인수합병(引受合併, M&A, Mergers and Acquisition)은 Mergers(합병)과 Acquisition(인수)의 합성어로 한 기업이 다른 기업의 주식이나 자산을 취득하면서 경영권을 획득하여 두 개 이상의 기업이 법률적으로 사실적으로 하나의 기업으로 합쳐지거나 기업경영지배권에 영향을 가져오는 일체의 경영행위로 경영전략 기법의 하나이다.

M&A의 협의의 의미는 기업 간에 인수합병을 뜻하는 것이고 광의의 의미로는 회사분할, 기술제휴, 공동마케팅 등 전략적 제휴까지 확대하여 볼 수 있는데, 본 책에서는 협의의 의미로 범위를 한정한다. 단 전략적 제휴 범위 및 내용은 전항의 3.1로 학습한다면 M&A의 광의의 의미측면에서 학습한 결과를 얻을 것으로 믿어 의심치 않는다.

M&A의 목적은 크게 경영전략적 측면, 영업적 측면, 재무적 측면으로 구분하여 다음과 같이 정리할 수 있다.

첫째, 경영전략적 측면이다. 이는 기업성장의 기본방향을 정하는 것으로 어떠한 사업을 어떠한 방법으로 전개해 나갈 것인가에 대한 방법론적 문제이다. 경영전략적 측면에는 기업성장과 지속성 유지, 세계화(Globalization)를 통한 경영전략, 연구개발

14) 윤종훈, 이호준, 법무법인 한결, 화인 경영회계법인(2007). M&A 전략과 실전사례, 매경출판.

(R&BD)의 효용성 제고 등이 핵심목적이 된다.

둘째, 영업적 측면이다. 여기에는 신규시장 진입에 따른 시간단축, 신규시장 진입 시 마찰회피, 규모의 경제효과(Economics of scale) 창출, 시장지배력의 증대(Market share) 등이 주요 목적이 된다.

셋째, 재무적 측면이다. 핵심 목적으로는 위험분산 효과의 제고, 자금조달 능력의 확대, 조세절감 등이 해당된다.

표 5-6 인수합병 전략의 목적

구 분	사업측면	목 적
M&A전략	경영전략 측면	• 기업의 성장과 지속성 유지 • 세계화를 통한 경영전략 • 연구개발의 효용성 제고
	영업적 측면	• 신규시장 진입 시간단축 • 신규시장 진입 시 마찰회피 • 규모의 경제효과 창출 • 시장 지배력의 증가
	재무적 측면	• 위험분산 효과의 제고 • 자금조달 능력의 확대 • 조세절감

M&A는 목적과 의사동의 여부 등에 따라 분류하는데 거래의사에 의한 분류, 결합 형태에 의한 분류, 교섭방법에 의한 분류, 결합주체에 의한 분류, 법적형식에 의한 분류, 결제수단에 의한 분류로 구분할 수 있다.

표 5-7 인수합병 전략의 목적

구 분	내 용			
거래의사에 의한 분류	우호적 M&A		적대적 M&A	
결합형태에 의한 분류	수평적 M&A	수직적 M&A	구조개편 M&A	복합적 M&A
교섭방법에 의한 분류	개별교섭		공개매수	
결합주체에 의한 분류	국내기업이 해외기업 M&A (In → Out)		해외기업이 국내기업 M&A (Out → In)	
법적형식에 의한 분류	자산취득	주식취득	합병	위임장 쟁탈
결제수단에 의한 분류	현금	주식교환	LBO	복합

거래의사에 의한 분류의 우호적 M&A와 적대적 M&A, Friendly M&A(우호적 M&A)는 매수기업의 매수활동이 매수 대상회사 경영진의 동의하에 진행하여 쌍방의 협의에 의하여 매수조건 등이 결정되는 M&A를 말한다. Hostile M&A(적대적 M&A)는 매수기업이 매수 대상기업의 의사에 반(反)하여 경영지배권을 강제적으로 빼앗는 것을 목적으로 하는 M&A로 시장매집, 위임장 대결, 공개매수 등의 방법으로 진행한다.

결합형태에 의한 분류의 Horizontal M&A(수평적 M&A)는 동일한 제품이나 용역 또는 서로 경쟁관계에 있는 제품이나 용역을 생산하거나 공급하는 관계에 있는 회사간에 지배권의 취득을 통하여 결합하는 M&A를 말한다. Vertical M&A(수직적 M&A)는 다른 업종을 영위하는 회사 간의 M&A를 말하는데 양 당사회사는 제품이나 용역의 실질적 또는 잠재적 공급관계 있는 것이 보통이다. Conglomerate M&A(복합적 M&A)는 양 회사가 서로 다른 업종관계에 있지만 그 업종 간에는 수평적이든 수직적이든 아무런 관계가 없이 복수의 회사 간에 이루어지는 M&A를 말한다. Restructuring M&A(구조개편적 M&A)는 위의 3가지와 달리 기업의 영업활동, 재무구조, 주주구성 등을 변경하고자 하는 경제적 동기에서 이루어지는 M&A를 말한다.

교섭방법에 의한 분류에서 개별교섭에 의한 M&A는 매수회사가 매수 대상회사와 개별적인 매수교섭에 의하여 체결된 매수계약에 의하여 M&A가 이루어지는 경우로 우호적 M&A의 경우 대부분 여기에 해당한다. 공개매수에 의한 M&A는 유가증권시장 밖에서 일정한 기간 동안 일정한 가격으로 공고한 후 주식을 대량으로 매수하는 방식으로 우호적 M&A는 물론 적대적 M&A에서도 활용되고 있다.

결합주체에 의한 분류에서 국내 M&A는 국내 기업 간의 인수합병을 말하여, 국외 M&A는 국내 기업이 해외기업을 인수 합병하는 In → Out형과 해외기업이 국내기업을 인수 합병하는 Out → In형으로 구분된다.

결제수단에 의한 분류에서 현금매수는 기업인수의 대가로 현금을 지급하는 방식의 인수방법으로, 이 방법의 경우 기업매수를 신속하게 종결할 수 있고 절차도 복잡하지 않은 장점이 있으나 기업매수에 막대한 자금이 소요되는 단점이 있다. 주식교환매수는 인수대가로 인수회사가 보유하거나 새로 발행하는 주식, 전환사채, 신주인수권부사채 등의 유가증권을 교부하고 피인수기업의 주식을 취득하는 방법이다. Leverage Buyout(LBO) 매수는 인수회사가 PC(Paper company, 서류로만 존재하는 회사)를 설립한 후 Junk Bond(정크본드)[15]를 발행하여 인수자금을 조달하거나 금융기관으로부터 자금을 조달

---

15) Junk란 단어가 쓰레기를 의미하듯 신용등급이 낮은 기업이 발행하는 고위험, 고수익의 회사채로 고수익 채권, 열등채라고도 부른다. 이는 신용도가 낮은 회사가 발행한 채권으로 원리금 상환에 대

하여 기업을 인수하고 인수 후 인수대상기업의 자산을 매각하거나 동 기업의 이익금으로 차입금을 상환하는 매수방법이다.

[그림 5-12] M&A 체계도를 통하여 좀 더 상세한 M&A의 종류, 종류별 M&A방법과 M&A Tree를 학습하도록 한다.

그림 5-12 M&A 체계도

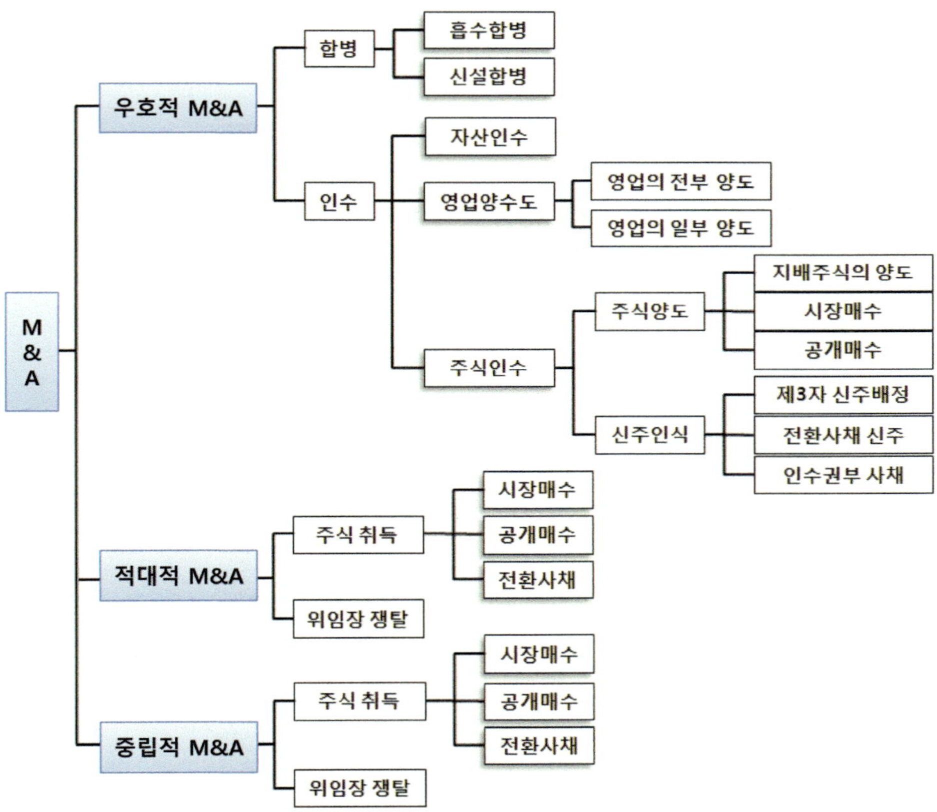

기업의 M&A는 신속한 의사결정과 Dynamic(역동적)하게 움직이는 가변성을 갖고 있어 의사결정에 앞서 치밀한 사전계획과 검토가 필수적이다. 특히 인수대상과 검토내용에 대한 비밀유지가 되어야 하며, M&A를 추진하는 동안 매수 대상기업의 특성을 무시하고 진행하는 경우 실패의 확률이 매우 높다. 또한 지나치게 신중하고 다단계의 의사결정으로 시간경쟁에서 뒤지는 경우 다른 기업에게 주도권일 빼앗길 수도 있으므로

한 불이행 위험이 큰 만큼 이자가 높기 때문에 중요한 투자 대상이 되기도 한다.

절차에 의한 시기적절한 의사결정이 핵심으로 작용한다.

M&A의 과정은 정형화되어 있지는 않지만 보통 5단계로 이루어진다. 첫 번째 단계로 M&A의 전략수립과 대상기업의 선정, 두 번째 단계로 교섭과 기본합의서의 작성, 세 번째 단계로 기업실사 및 대상기업의 가치평가, 네 번째 단계로 최종협상 및 계약서의 조인, 마지막으로 다섯 번째 단계는 합병대금의 지불 및 사후관리의 단계이다. 5단계를 근간으로 M&A 진행절차의 세부적 흐름은 [그림 5-13]과 같다.

그림 5-13 M&A 절차의 세부 흐름도

M&A 진행단계	진행 단계별 핵심 업무
전략 수립	· M&A 추진 안(案) 수립 · 기업성장 중점 대상 분야 선정 · 실무 추진 팀 구성
대상업체 기초조사	· 선정 기준 설정 : 업종, 제품, 규모, 재무상황 등 · 인수 후보기업의 물색(중개업체 활용)
대상업체 선정	· 후보기업 중 목표기업 선정
대상기업 가치평가	· 목표기업 평가 : 조직, 생산, 판매, 재무구조 등 (전문기관의 자문 및 평가 의뢰)
대상기업 결정	· 인수방법 및 조건 결정, 인수자금 조달계획 수립
정밀조사 실시	· 인수대상기업의 제시자료 근거로 실사 후 가격 협상 및 합의 (회계사 등 전문기관에 실사 의뢰)
접촉 및 교섭	· 대상기업의 대주주와 접촉 · 인수가격, 인수 및 지급방법 등 기본사항 협의
기본합의서 체결	· 본 계약체결 전 실사일정 및 향후 추진일정 등의 기본사항 합의
합병계약 체결	· 계약서 작성과 자금조달 및 대금결제 방법 등을 결정
대금지급 및 사후관리	· 합의서 상의 일정에 따라 대금 지급 · 합병 후 사후관리절차 수행

4.3. 프랜차이즈 경영전략(Franchise Strategy)

프랜차이즈 시스템은 사업형태의 측면에서 볼 때 기업혁신의 다양한 효과를 위한 수단, 지속가능한 중소규모의 새로운 사업의 발견, 큰 조직의 유연한 구조조정, 해외시장으로의 사업 확대 수단으로 할용 되고 있는 미국 및 유럽뿐 아니라 전 세계적으로 가장 잘 알려진 사업형태[16]이다. 최근에는 조직의 경계, 업종의 경계, 산업의 경계, 사회의 경계를 허무는 경제변화의 중심 주체로 잡아가고 있다.

표 5-8 프랜차이즈 시스템의 정의

구 분	주요내용
비즈니스 모델	• 본부의 유·무형자원 및 자산을 사용하는 대가로 가맹점이 지급 하는 금전을 수익모델로 하는 온라인 및 오프라인 비즈니스
거래 주체	• 특허, 기술, 노하우 등 유무형의 자원이나 자산을 보유·지원 하는 본부와 이를 유상으로 사용하는 가맹점
거래의 성립	• 본부와 가맹점의 계약 • 계약의 주체에 따라 제조업자-소매업자 프랜차이즈 시스템, 제조업자-도매업자 프랜차이즈 시스템, 도매업자-소매업자 프랜차이즈 시스템, 상표허가자-소매업자 프랜차이즈[17] 시스템으로 분류
사업 형태	• 하나의 본부와 복수의 가맹점 형태로 구성되는 네트워크 사업
지원 및 지급	• 본부는 가맹점의 영업에 필요한 제반의 유·무형을 지원 • 가맹점은 지원 받은 대가로 금전을 본부에 지급[18]
명 칭	• 본부 : 가맹본부, 본사, 본점, Franchisor • 가맹점 : 대리점, 영업소, 지점, Franchisee, Agency, Branch
취급 상품	• 유형의 제품이나 무형의 서비스 • Franchisor가 제조한 제품을 유통 및 판매하는 제품유통형[19] 프랜차이즈와 외식업 및 서비스 부문에 활용되는 포괄형 프랜차이즈로 구분

16) Sydow, J.(1998). Franchise system as strategic networks: Studying network leadership in the service sector. Asia Pacific Journal of Marketing and Logistics, 10(2); Stanworth, J.(1996). Dispelling the myths surrounding franchise failure rates-some recent evidence from Britain. Franchising Research, 1; Felstead, A.(1991). Franchising: a testimony to the "enterprise economy" and economic restructuring in the 1980s?; Hopkins, D. M.(1996). International franchising: standardization versus adaptation to cultural differences. Franchising Research, 1.

17) 최근에 가장 일반적인 프랜차이즈 형태로 제조업자나 도매업자가 아닌 본부가 소매상의 성공적인 사업을 위하여 상호나 상표, 표준화된 매뉴얼을 제공하는 프랜차이즈 형태로, 패스트푸드, 호텔체인, 레스토랑 등과 같은 외식업 및 서비스 업종에서 많이 볼 수 있다.

프랜차이즈 시스템(Franchise system)은 본부[20]와 가맹점[21]간의 파트너십(Partnership)을 핵심으로 하는 네트워크(Network) 기반의 비즈니스 모델이다. 이는 본사가 가맹점으로 하여금 자기의 상표, 서비스 표, 휘장 또는 그 밖의 브랜드 등의 영업표지를 사용하여, 본부가 제시하는 품질이나 영업방식에 부합되게 상품 또는 용역을 판매 및 제공하도록 하면서 이에 필요한 경영 및 영업활동에 대한 광고, 교육, 경영관리를 지원하고 가맹점 사업자는 이에 대한 대가로 가맹본부에 금전을 지급하는 계약에 의한 계속적인 거래관계를 이루는 경영전략 기법이라고 정의할 수 있다.

설명한 바와 같이 본부와 가맹점의 파트너십(Partnership)을 핵심으로 운영되는 경영전략 기법이 프랜차이즈 시스템이지만, 본 책에서는 프랜차이즈 시스템을 기획, 계획, 운영, 관리 등의 주체 인 Franchisor인 본부를 중심으로 전략기법에 활용할 수 있는 내용을 다룬다.

프랜차이즈는 시스템을 주관하는 본부입장에서, 사업을 운영하는 가맹점의 입장에서 느낄 수 있는 다음과 같은 장점과 단점을 가지고 있다.

프랜차이즈 시스템이 조직의 경계, 업종의 경계, 산업의 경계, 사회의 경계를 넘어 발생지인 미국뿐 아니라, 유럽 및 전 세계에서 경제변화의 중심 전략으로 도입된 배경을 이론적 측면에서 설명할 수 있는데, 자원부족이론(Resource scarcity theory), 대리이론(Agency theory), 거래비용이론(Transaction cost theory), 탐색비용 이론(Search cost theory), 소유권 재조직 이론(Ownership redirection theory)이 그것이다.

자원부족이론(資源不足理論, Resource scarcity theory)은 기업이 활용할 수 있는 자원인 자본, 인력, 관리역량, 시장정보, 특정지역에 대한 지식 등은 유한할 수밖에 없는데, 이와 같이 유한하고 부족한 자원을 보완하고 강화할 수 있는 것이 프랜차이즈 시스템이 될 수 있다[22]는 이론이다.

---

18) 가맹점에서 본부에 금전을 지급하는 형태는 브랜드 사용료, 기술사용료, 전산시스템 사용료 등과 같은 직접적인 사용대가 지급형태에서 원재료 공급, 유통 및 물류서비스 제공을 통한 본부의 수익 확보와 같이 간접적인 금전의 지급형태로 다양화 되고 있음.

19) 제품유통형 프랜차이즈(Product distribution franchise)의 예로는 자동차 딜러, 주유소 등을 들수 있고, 포괄형 프랜차이즈(Comprehensive franchise)에는 외식업체, 편의점, 약국 등을 들 수 있음.

20) 본부(本部), 업종에 따라 본사, 가맹본부, 본점 등으로 불리고 영어로는 Headquarter, Franchisor로 표기한다.

21) 가맹점(加盟店)은 업종에 따라 대리점, 영업소, 지점 등으로 불리며 영어로는 Franchisee, Agency, Branch로 표기한다.

22) Oxenfeldt, A. R., Kelly, A. O.(1969). Will successful franchise systems ultimately become wholly-owned chains. Journal of retailing, 44(4); Combs, J. G., Castrogiovanni, G. J. (1993, August).

표 5-9 프랜차이즈 시스템의 장점과 단점

구분	사업주체	주요내용
장점	Franchisor (본부)	• 사업의 확장이 용이 함 • 규모의 경제효과를 누릴 수 있음 • 본부의 검증된 시스템을 적은 비용으로 신속하게 확산시킬 수 있음 • 경영상의 위험을 분산시킬 수 있음 • 표준화된 매뉴얼로 운영관리를 효율적으로 할 수 있음 • Franchisee의 창의적인 아이디어를 사업에 반영할 수 있음
	Franchisee (가맹점)	• 고객에게 일관성 있는 상품과 서비스를 제공할 수 있음 • 브랜드 및 제품에 대한 고객의 인지도가 높음 • 창업성공의 가능성을 높일 수 있음 • 표준화된 매뉴얼의 제공으로 경영과 관리가 용이함 • 적은 자본으로 창업할 수 있음 • 본부로부터 교육훈련, 경영관리, 광고, 공동구매 등 지속적인 지원을 받음
단점	Franchisor (본부)	• 부진한 가맹점의 폐점조치가 직영점에 비하여 어려움 • 가맹점의 소재지나 지역에 따라 관리가 약해질 수 있음 • 개점하기 전까지 가맹점주의 경영적 소질을 검증할 수 없음 • 본부와 가맹점, 가맹점 간 갈등발생시 해결이 쉽지 않음
	Franchisee (가맹점)	• 가맹점 운영의 독립성이 약함 • 본부에 대한 의존도가 높아질 수 있음 • 본부의 광고 및 판매촉진 확대 시 비용부담이 증가함 • 사업의 성과와 무관한 로열티 및 수수료 납부 시 비용 부담이 될 수 있음 • 계약서의 일부내용이 불합리할 수 있음

대리이론(代理理論, Agency theory)은 대리이론 또는 대리인 이론으로 번역할 수 있다. 이에 의하면 조직은 조직관련 비용을 최소화하기를 원하는데 Franchisee(가맹점)는 본부의 시장 개척비용, 유지관리비용, 직원인건비 등의 최소화에 기여할 뿐 아니라 이익창출로 만회하여 준다[23]는 이론이다.

거래비용이론(去來費用理論, Transaction cost theory), 거래비용은 시장참여의 정도

FRANCHISING STRATEGY: A PROPOSED MODEL AND EMPIRICAL TEST OF FRANCHISE VERSUS COMPANY OWNERSHIP. In Academy of Management Proceedings (Vol. 1993, No. 1, pp. 7-11). Academy of Management.

23) Bergen, M., Dutta, S., Walker Jr, O. C.(1992). Agency relationships in marketing: A review of the implications and applications of agency and related theories. The Journal of Marketing, 1-24; Shane, S. A.(1996). Hybrid organizational arrangements and their implications for firm growth and survival: A study of new franchisors. Academy of Management Journal, 39(1).

와 방법 등 무엇을 하든지 비용이 존재한다. 또한 기업이 단독으로 시장과 거래할 때의 비용과 조직을 조직하고 유지하는 비용과 비교하여 거래비용이 적은 쪽을 선택하여 운영하게 되는데 직영 Franchisee 보다 가맹점을 선택하여 운영하는 것이 거래비용을 줄일 수 있다고 보는 이론[24]이다.

탐색비용 이론(探索費用理論, Search cost theory)은 기업에서 점포 또는 사업장을 확장하고자 할 때에는 전략수립에 반영할 정보수집과 분석을 위하여 시장조사 등 탐색을 하며, 이럴 경우 탐색비용이 발생하게 된다. 이런 경우 프랜차이즈 시스템 경영을 활용하면 기업의 시장탐색비용을 절감할 수 있다는 이론[25]이 탐색비용 이론이다.

소유권 재조직 이론(所有權再組織理論, Ownership redirection theory)은 기업의 조직을 재편하거나 변화를 주고자 할 때의 근거로 프랜차이즈를 운영한다는 이론이다. 이 이론에 의하면 성공적인 판매망을 구축하고자 하는 초기 단계의 회사에서 비용부담을 줄이는데 최적의 조직형태가 프랜차이즈라고 한다. 그러나 초기와 다르게 어느 정도 성장단계에 도달하게 되면 자본금의 부담감이 적어진 본부가 운영하는 직영점의 숫자가 상대적으로 증가하게 되는데 이는 가맹점의 소유권을 본부가 거둬들이는 것 보다는 직접시장을 개척하고 설립을 통한 확장이 증가 한다[26]는 것이다.

프랜차이즈 경영시스템의 성과창출 및 가맹점과의 관계강화를 위한 핵심 요인으로는 본부 관리자의 리더십, 본부와 가맹점과의 커뮤니케이션, 본부의 가맹점에 대한 교육훈련, 본부의 브랜드이다[27]. 또한 이러한 핵심요인을 통하여 본부와 가맹점의 관계가 강화되고, 가맹점은 더 본부에 몰입하게 되어 경영성과가 향상된다.

이러한 본부는 가맹점들의 재계약의도를 향상시켜 조직을 강하게 하여 궁극적으로는 내부 및 외부고객을 만족시키는 프랜차이즈 조직이 되어 영속기업의 토대를 확보하게 된다. 이를 인과관계 모델로 나타내면 [그림 5-14]와 같다.

---

24) Williamson, O. E.(1989). Transaction cost economics. Handbook of industrial organization, 1; Coase, R. H.(1937). The nature of the firm. economica, 4(16).

25) Minkler, A. P.(1992). Why firms franchise: A search cost theory. Journal of Institutional and Theoretical Economics (JITE)/Zeitschrift für die gesamte Staatswissenschaft.

26) Lillis, C. M., Narayana, C. L., Gilman, J. L.(1976). Competitive advantage variation over the life cycle of a franchise. The Journal of Marketing; Dant, R. P., Kaufmann, P. J.(2003). Structural and strategic dynamics in franchising. Journal of Retailing, 79(2); 노기엽(2013). 프랜차이즈창업경영론, 학현사.

27) 구병모, 여기태(2011). 물류프랜차이즈 본사와 대리점의 성과향상 및 관계 유지·강화를 위한 요인 도출에 관한 연구. 한국물류학회, 21(1).

그림 5-14 성과창출 및 관계강화를 위한 인과관계모델

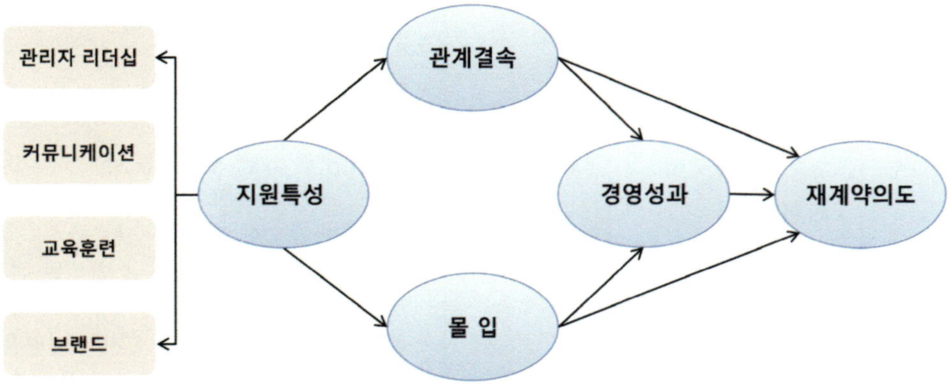

프랜차이즈 본부와 달리 가맹점은 입지에 따라 경영성과가 좌우되므로 본부는 가맹점 개설 시 주위 상권을 분석하여 자사 가맹점 간 Cannibalization(자사상품을 인한 자사의 매출 감소현상) 현상을 사전에 제거하여 본부와 가맹점이 성과를 공유할 수 있는 상권분석전략이 필요하다.

상권(商圈, Commercial supremacy)은 점포로부터 고객을 유인하게 되는 지리적 영역을 말 하는데 1차 상권, 2차 상권, 3차 상권으로 구분한다. 공간적 기준으로 한 1차 상권은 구매고객의 75% 전후가 분포되어 있는 공간적 범위를 말하고, 2차 상권은 25% 전후의 구매고객이 분포되어 있는 범위로 보통 점포로부터 0.5Km~1Km 이내의 거리를 말한다. 3차 상권은 점포로부터 1Km 범위 밖을 말하는데 대형점포의 경우에는 공간적 기준을 띄어 넘는 고객의 이동현상을 보여주기도 한다.

상권을 분석하는 이론으로는 체크리스트 법(Checklist method), 유추 법(analogy method), 소매인력 모델(Reilly's model of retail gravitation), 구매자 유인의 법칙(Huff's probability formulation)이 있는데 접근성 및 입지 조건이 좋은 점포와 나쁜 점포의 요인은 〈표 5-10〉과 같다.

표 5-10 접근성 및 입지조건이 좋은 점포와 나쁜 점포의 요인[28)]

구 분	좋은 점포의 요인	나쁜 점포의 요인
주요내용	• 유동인구가 많은 곳 • 접근하기 용이 한 곳 • 대형 사무실보다는 5층 이하 사무실이 많은 곳 • 편의시설이 있는 곳 • 출근길 보다는 퇴근길 방향에 있는 곳 • 주차장이 있는 곳 • 코너상가 • 대규모 아파트단지 중심상권 • 중소형 아파트단지 상가 • 낮은 저지대 중심지 • 권리금이 있는 곳 • 주변에 노점상이 있는 곳 • 비어있는 점포가 없는 곳 • 아파트 초입 • 버스정류장이나 지하철역을 끼고 있는 대로변	• 상권이 필요이상으로 확대된 곳 • 4차선 이상의 도로가 상권을 양분하는 곳 • 유통인구가 그냥 지나가는 곳 • 주변 점포가 기술 또는 저가상품 위주인 곳 • 업종이나 주인이 자주 바뀌는 곳 • 주변 점포의 간판이 낡거나 변색된 점포가 있는 곳 • 점포 전면이 좁거나 간판 설치가 어려운 곳 • 주변 도로가 지저분한 곳 • 건너편에 상가가 활성화 되지 않는 곳 • 언덕 위나 상가의 연속성이 끊긴 곳 • 주변에 공터가 있는 곳 • 막다른 골목 • 권리금이 없는 곳 • 주변에 큰 규모의 통일업종이 있는 곳 • 보도 폭이 좁은 곳

4.4. 제품계열 전략(Product Line Strategy)

제품계열전략(製品系列戰略, Product line strategy)은 기존제품의 Image(이미지)와 Positioning(포지셔닝)을 이용하여 가격 및 제품계열을 상향 또는 하향으로 확장하여 경쟁력을 찾고자하는 마케팅 기법이라고 정의 할 수 있다.

고객의 요구를 만족시키기 위해 제공되는 공급측면의 속성과 수요측면의 편익의 집합체로 고객의 필요나 욕구를 만족시키기 위해 제공되는 모든 것을 제품이라고 한다. 이 제품에는 4가지 차원이 있는데 핵심제품, 실제제품, 확장제품, 잠재제품이 그 것이다.

핵심제품(Core product)은 제품의 가장 기본이 되는 차원인데 제품의 본질을 말하는 것으로 무형의 제품이다. 실제제품(Actual product)은 핵심제품을 구체화 시킨 것으로 유형의 제품이다. 확장제품(Augmented product)은 핵심제품과 실제제품에 부가하여 제공하는 것으로 부가적인 서비스와 편익으로 무형의 것이다. 잠재제품(Potential product)은 제품의 차원 중에서 가장 넓은 개념으로 상용화되지 않은 미래에 나올 제품의 컨셉

28) 오세조 · 윤홍근 · 이수동 · 변명식 · 임영균(2006), 도서출판 두남.

(Concept)이나 제품의 아이디어 까지 포함하는 무형의 것이다. 각 차원별 속성의 종류는 [그림 5-15]를 참조하기 바란다.

그림 5-15 제품의 4가지 차원

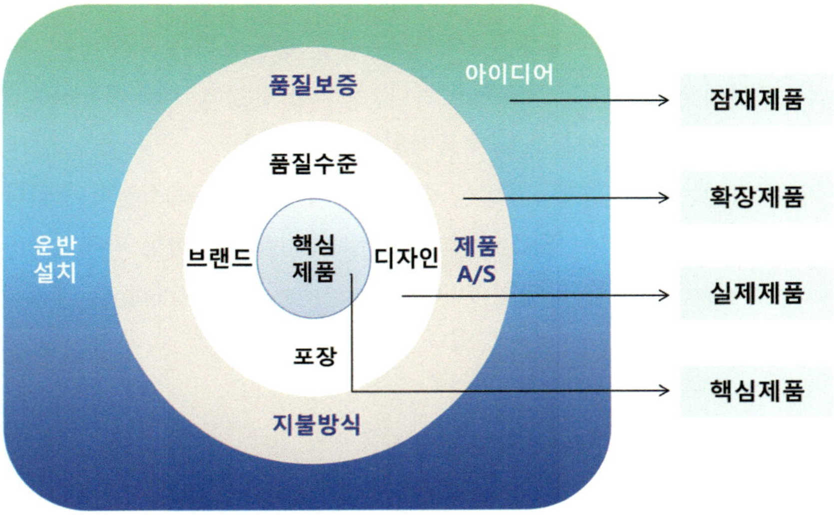

또한 제품계열전략을 이해하고 응용하기 위하여 알아야 할 것이 있는데 제품믹스(Product mix)이다.

경영전략이나 마케팅 업무를 담당하고 있거나 담당하고 싶다면 동 분야에 어떠한 믹스전략이 있는지 정도는 알아야할 것이다.

경영 또는 마케팅전략에 활용되는 믹스전략에는 본 제품믹스를 포함하여 3개의 믹스전략이 있다. 4Ps전략으로 알려진 마케팅믹스, 생산된 상품의 판매 및 광고 전략으로 알려진 촉진믹스, 그리고 본 제품믹스이다. 3개의 믹스전략 모두 각 4가지 요소로 구성되어있는데 상세내역은 〈표 5-11〉과 같다.

제품믹스의 첫 번째는 With of Product Mix(제품믹스의 폭)이다. 이는 기업이 취급하는 제품계열의 수를 말한다. 두 번째는 Length of Product Mix(제품믹스의 길이)이다. 이는 기업이 취급하는 제품의 총 개수를 말한다. 세 번째는 Depth of Product Mix(제품믹스의 깊이)이다. 이는 한 개의 제품계역 내에서 취급되는 품목 수를 말한다. 첫 번째에서 세 번째까지의 것이 취급 또는 생산되는 제품에 관련 된 것이라면 네 번째는 제품믹스 상의 제품들이 생산단계에서, 판매를 위한 단계에서 얼마나 관련되어 있는가를 나타내는 Consistency of Product Mix(제품믹스의 일관성)이다. 제품믹스의 일관성의 예로는 생산단계의 공장 內 생산시설,[29] 생산된 제품의 유통채널[30]등을 들 수 있다.

제품계열(製品系列, Product line)은 동일한 욕구를 충족시키거나 일정 영역의 가격 범위를 가지고 동일한 유통경로를 통하여 판매되는 등의 상호 밀접한 관계가 있는 상품군을 말하는 것으로 기업 내에서 서로 관련된 개별 제품들의 집합을 의미한다. 즉 서로 유사한 기능을 갖고 있는 제품들이거나, 동일한 생산설비를 이용하는 제품들이거나, 동일한 고객에게 판매되는 제품들이거나, 동일한 유통경로를 이용하는 제품들로 제품믹스의 일관성이 높은 제품들을 제품계열이라고 한다.

제품계열 전략에는 현재의 제품계열을 중심으로 확대전략과 축소전략이 있다.[31] 제품계열 확대전략에는 상향 확대전략(Stretching upward strategy), 하향 확대전략(Stretching downward strategy), 양방향 확대전략(Stretching both-ways strategy), 계열 확충전략(Filling in the product line strategy)이 있다.

표 5-11 3개의 믹스전략과 전략별 구성 요소

3개 믹스 전략 종류	구성 요소
제품 믹스	• Width of product mix(제품믹스의 폭) • Length of product mix(제품믹스의 길이) • Depth of product mix(제품믹스의 깊이) • Consistency of product mix(제품믹스의 일관성)
마케팅 믹스	• Product(제품) • Price(가격) • Promotion(판매촉진) • Place(유통 또는 물적유통=Physical distribution, 물류)
촉진 믹스	• Sales promotion(영업촉진활동) • Personal selling(인적판매활동) • PR(Public relation, 홍보) • Advertising(광고)

29) 복수개의 제품을 생산하는데 동일한 생산시설을 사용하는 일관성이 얼마나 되는지 여부로 동일한 생산시설을 많이 사용할수록 제품믹스의 일관성이 높은 것이다.

30) 판매를 위한 또는 판매된 복수개의 제품 유통을 하는데 동일한 유통경로를 이용하는 일관성이 얼마나 되는지의 정도로 이 또한 동일한 유통경로를 많이 사용할수록 제품믹스의 일관성은 높은 것이 된다.

31) 김성호(2015). 마케팅 정론(제2판), 학현사를 편집하여 인용.

그림 5-16 제품계열 전략의 종류와 정의

<table>
<tr><th colspan="2">구 분</th><th colspan="2">특징 및 내용</th></tr>
<tr><td rowspan="4">계열 확대</td><td>Stretching upward
(상향 확대전략)</td><td>• 현 제품보다 고가격 고품질 제품을 출시</td><td>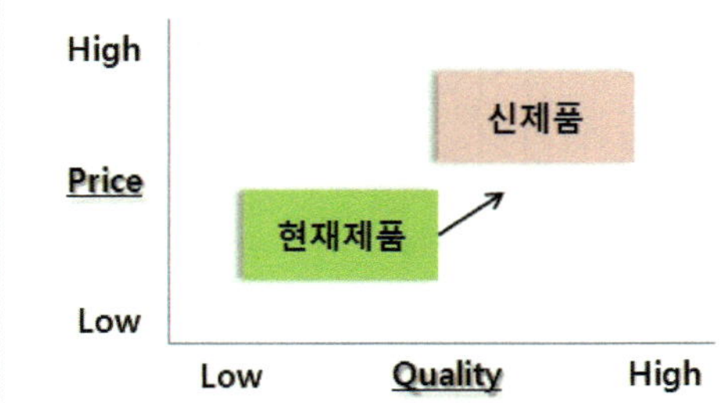
</td></tr>
<tr><td>Stretching downward
(하향 확대전략)</td><td>• 현 제품보다 저가격 저품질 제품을 출시</td><td>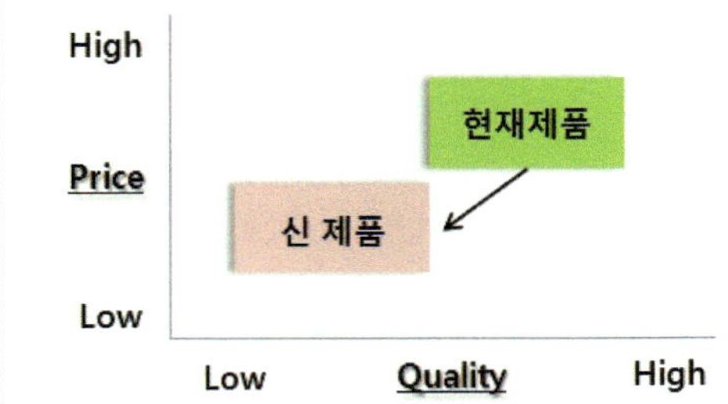
</td></tr>
<tr><td>Stretching both-ways
(양방향 확대전략)</td><td>• 현 제품보다 고가격/고품질 저가 격/저품질 제품을 양방향으로 출시</td><td>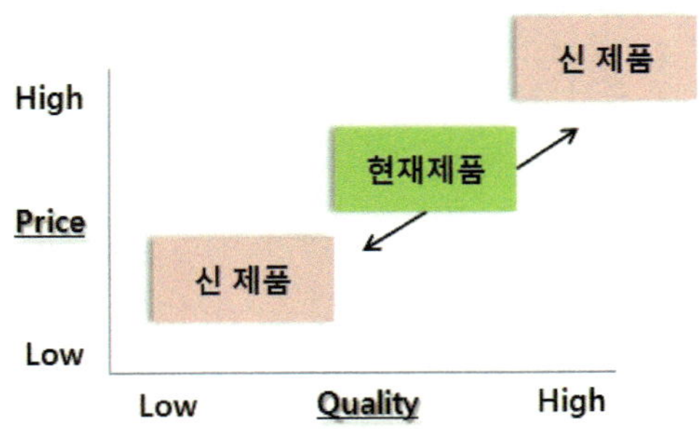
</td></tr>
<tr><td>Filling in the product line (계열 확충전략)</td><td>• 현 제품과 다른 제품을 출시
• 1~4 중 하나 또는 복수도 될 수 있음</td><td>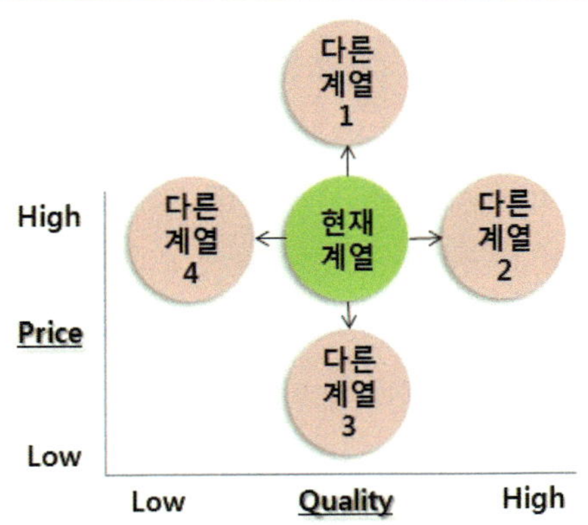
</td></tr>
<tr><td>계열 축소</td><td>계열 내 일부 품목의 수를 축소하는 전략</td><td colspan="2">• 시장반응의 냉대
• 계획 대비 생산원가의 심각한 부담</td></tr>
</table>

[그림 5-16]에서 보는바와 같이 상향 확대전략은 현재의 제품에 비하여 고가격, 고품질의 제품을 추가로 출시하는 것으로 고급시장의 증가나 높은 이익을 실현하고자 할 때 사용하는 전략이다.

하향 확대전략은 현재의 제품에 비하여 가격 및 품질을 낮게 하여 제품을 출시하는 전략으로 시장의 요구나 경쟁사의 제품을 효율적 또는 선제 대응하기 위하여 사용하는 전략이다.

양방향 확대전략은 현재의 제품보다 고품질 및 고가격, 저품질 및 저가격의 제품을 상향 및 하향에 양방향으로 출시하는 전략으로 저가를 선호하는 고객, 고가를 선호하는 고객 등 두 마리 토끼를 잡으려고 할 때 사용하는 전략이다.

계열 확충전략은 제품의 가격이나 품질을 이용한 확대가 아닌 현재의 제품계열에 현재의 제품과 다른 또 하나의 제품을 추가로 생산하는 전략이다.

제품계열 축소전략은 계열 내 일부 품목의 수를 줄이는 전략으로 계획 대비 시장반응의 냉대, 생산원가의 부담 등의 문제가 심각할 경우에 사용하는 전략이다.

4.5. 공급망 관리 전략(Supply Chain Management)

공급사슬관리(供給사슬管理, SCM, Supply chain management)는 한 개의 완제품이 생산되어 최종 소비자에게 판매 될 때까지의 전 과정을 대상으로 최적의 효율을 찾기 위하여 기획(SCP, Supply chain planning), 실행(SCO, Supply chain operation), 환류(SCF, Supply chain feedback)까지 이루어지는 일련의 활동을 말하는 것으로 공급사슬관리 라고도 한다.

부품(Parts) 및 가공품(Processed goods)의 공급업자(Supplier)로부터 완제품 생산업자(Manufacturer), 유통업자(Distributor), 보관업자(Warehouse businessman), 판매업자(Sales businessman), 최종소비자(Consumer)에 이르는 전(全) 과정에서 재화(Goods), 정보(Information), 자금(Finance)의 흐름(Flow)을 전체적 관점에서 최적화를 목적[32]으로 관리하는 전략기법이다. 이들의 범위와 정의를 그림으로 나타낸 것이 [그림 5-17]이다.[33]

SCM 전략의 올바른 이해와 실행을 위해 도움을 주고자 물류(Logistics)와 SCM의 범위와 정의에 대하여 짚어보기로 한다.

---

32) 여기서 최적화의 목적이란 원가최소화를 통한 원가우위확보와 고품질을 통한 고객만족 구현이다.

33) Bardi, E. J., Coyle, J. J., Novack, R. A.(2006). Management of transportation. Thomson/ South-Western; Coyle, J. J., Bardi, E. J., Langley, C. J.(1996). The management of business logistics (Vol. 6). St Paul, MN: West publishing company.

그림 5-17 Supply Chain Management의 범위와 정의

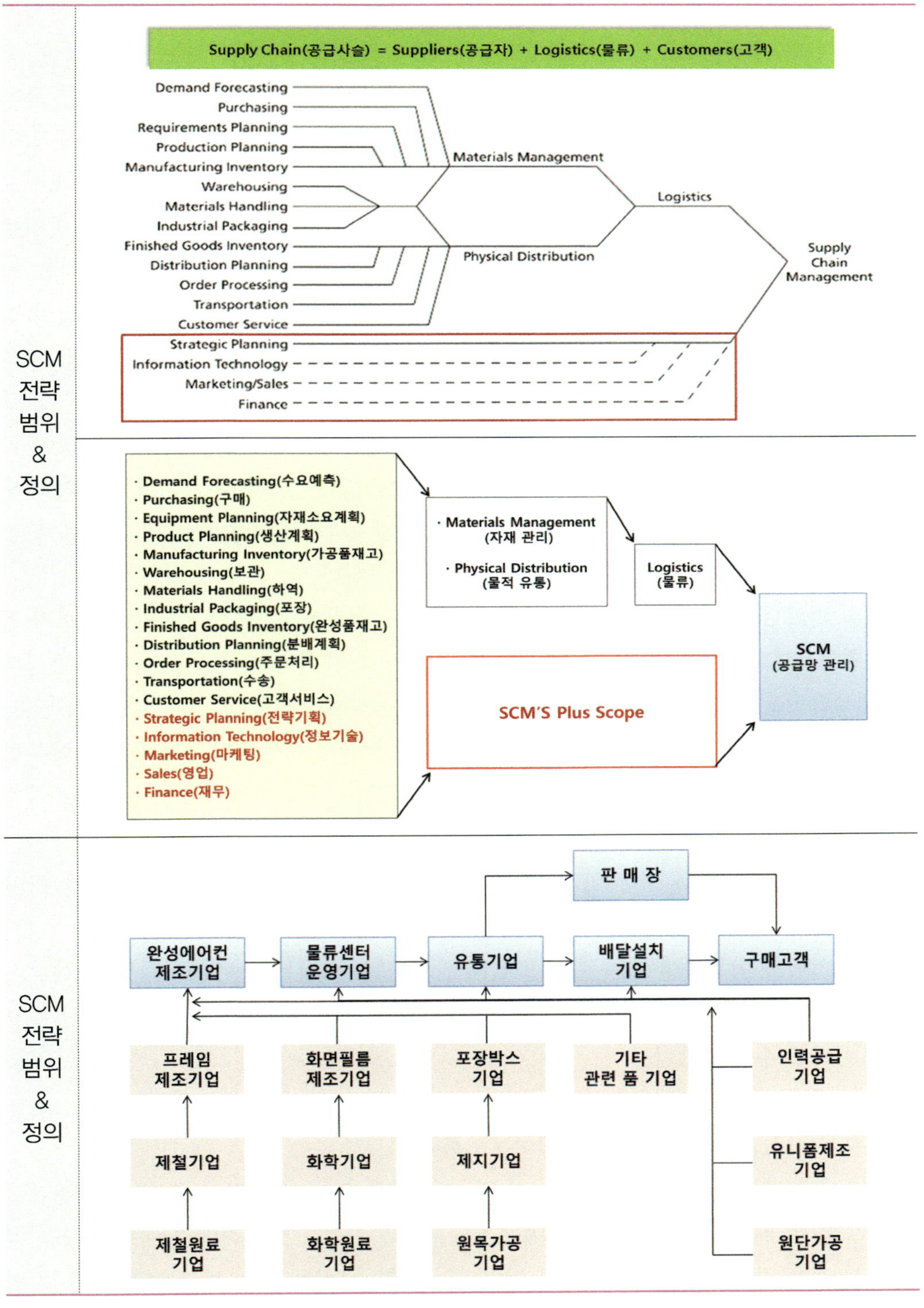

전술(前述)한바와 같이 SCM(Supply chain management)는 SC라는 약술어가 보여주고 있듯 부품, 부분품, 가공품 등의 공급에서 완제품의 생산, 완제품과 소비자 사이의 유통 및 물류센터, 크로스도킹 터미널 등을 거쳐 최종소비자에 이르는 공급, 생산, 소비까지의 전체과정(Full process)을 대상으로 하는 부분최적보다는 전체 최적화를 목적으로 확장된 공급사슬관리 전략이다. Logistics(물류)는 고객의 요구에 부응하기 위하여 원자재, 재공품, 완제품, 서비스 및 관련정보를 원산지부터 소비지까지 효율적이고 효과적으로 이동하고 보관할 수 있도록 계획, 실행, 통제하는 과정으로 SCM의 범위보다는 부분체적을 집중적으로 관리하는 활동 및 운영기법이다. 즉 SCM은 공급사슬 內 파트너들 간의 업무 프로세스를 통합하여 관리하는 것으로 [그림 5-17] 상단그림의 적색 박스부분과 하단 그램의 적색 글씨 부분이 Logistics이외의 범위로 이는 물류를 아우르는 폭 넓은 개념이라고 할 수 있다.

[그림 5-17]에서 보여주는 바와 같이 SCM(공급사슬관리)의 범위는 하나의 제품이 완성되어 출고될 때까지에 관여하는 모든 범위가 효율화와 경쟁우위를 위한 개선의 대상이 된다. 때문에 거시측면의 경영환경, 산업 내 경영환경에 대한 조사와 분석을 통한 전략방향 수립과 실행전략 수립을 위한 전략이 요구된다.

또한 파트너 기업 간, 각 기업 내에서 유·무형의 정보를 주고받을 수 있는 정보기술, 영업활동 지원을 위한 마케팅과 판매에 필요한 영업, 재화 및 정보의 흐름으로 발생하는 재무활동은 물류활동의 범위에 비하여 추가되는 SCM의 전략 및 활동의 범위가 된다.

한편 글로벌소싱(Global sourcing)이 일반화된 작금의 경영환경에서 SCM 전략수립에 유용하게 활용 할 수 있는 또 하나의 전략기법으로 VCA(Value chain analysis, 가치사슬분석)을 추천한다.

통상적으로 Logistics(물류)와 SCM(공급사슬관리)를 구분할 수 있는 요소들을 모아 〈표 5-12〉의 비교표를 통하여 이해를 돕고자 하였다.

SCM 기법을 이용하여 전략을 수립할 때 간과하면 안 되는 것이 SCM의 주요 이슈이다. 취급제품이나 업종, 전략수립의 방향이나 범위 등에 따라 요구되거나 필요한 주요 이슈는 다를 수가 있겠다.

본 책에서는 이슈중의 핵심인 수요예측(Demand forecasting), 채찍효과(Bullwhip effect), 위험분산(Risk pooling)에 대하여 짚어보도록 한다.

수요예측(需要豫測, Demand forecasting)은 상품 또는 항목별 수요량 등의 관계를 기초로 하여 월별, 계절별 등 각종 예측조사결과를 종합하여 미래에 판매될 수량을 예측하는 것을 말하는 것으로 매출 및 영업이익 계획, 설비투자 및 생산계획, 구매 및 인력수급계획 등 기업경영을 위한 사업계획 수립에 중요한 기초자료가 된다.

수요예측모델(Demand forecasting model)은 정량적 모델(Quantitative model)과 정성적 모델(Qualitative model)로 나누고, 정량적 모델에는 이동평균법, 지수평활법, 인과형 모형이 있다. 정성적 모델에는 델파이법, 시장조사법, 전문가/패널 이용법[34]이 있다.

이동평균법(Moving average method)은 과거 일정기간의 실제수요를 바탕으로 미래의 수요를 예측하는 기법이다. 여기에는 단순이동평균법과 각 시계열 마다 가중치를 다르게 부여하여 예측하는 가중치이동평균법이 있다.

표 5-12 Logistics와 SCM의 비교[35]

구 분	Logistics(물류)	SCM(공급사슬관리)
조 직	기업경영의 통합	공급사슬의 통합
전 략	계획이나 활동 미리 결정	유영한 대응을 위한 계획 조정능력 강조
관리초점	물류의 최적화	기업 간 최적화
성과표준	공급업자 기준	고객 기준
파트너 연계	단기 계약	장기 계약, 전략적 제휴
계약환경	법적 계약	신뢰 바탕
관계목적	유리한 기회 포착	관계유지에 의한 상호이익
조달목적	최소 비용	최고 가치(품질, 서비스, 가격, 혁신)
공급업자	많은 공급업자 활용	최고의 공급업자 등 선택적 활용
자재확인	자재 검수	공인된 공급업자
기업환경	대립	상호이익
운 송	최소비용의 서비스 목표	신뢰성 확보, 요구에 응하는 서비스
재 고	Push 시스템[36]	Pull 시스템[37]
정 보	산업표준, 성과보고	ERP, 인터넷 연계, 공급사슬분석
비용/서비스	Trade-off(상충관계)	서비스 수준 향상과 비용절감을 위한 리엔지니어링
비용관점	취득비	Total cost of ownership(총 소유비용)

34) Richard, J. T. (1994). Principles of inventory and materials management. PTR Prentice Hall.

35) 양창호(2016). 물류와 SCM의 이해, 박영사.

36) Push 시스템은 고객 주문 예측에 의해서 시작되는 Process이다.

37) Pull 시스템은 고객 주문에 의하여 시작되는 Process이다. 즉 공급사슬관리에서 Push와 Pull 시스템은 고객의 실제 주문오더로 처리하느냐, 고객주문을 예측하여 처리하느냐의 차이인 것이다.

$$\text{단순이동평균법} = \frac{X_1 + X_2 + X_3,\ \cdots,\ X_n}{n}$$

$$\text{가중치이동평균법} = W_1X_1 + W_2X_2 + W_3X_3,\ \cdots,\ W_nX_n,\ \sum_{i=1}^{n} W_i = 1$$

지수평활법(Expenetion smoothing method)은 현재 직전의 예측수량과 실제 수요량과의 차이로 발생하는 오차부분을 보완 및 수정하여 반영하는 기법이다. 이는 시계열 자료가 누적되지 않은 경우에 효과적으로 활용할 수 있으며, 평활상수 α는 0.1~0.3 사이가 적합하다.

그림 5-18 수요예측 모델

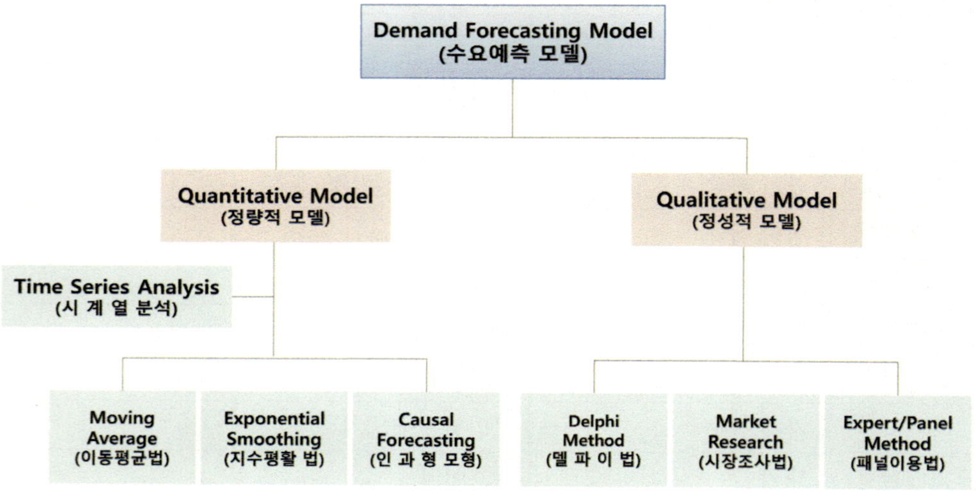

$$F_t = \alpha Y_{t-1} + (1-\alpha)F_{t-1}$$

새로운 예측수량 = (α × 전기 수요량) + [(1 − α) × 전기의 예측수량]

예) 지난달의 예측치(F_1)가 100, 수요(Y_1)가 120인 경우 평활지수(α) 0.2를 사용하여 금월의 수요(F_2)를 예측 한다면, F_2= 0.2 × (120 − 100) = 4인데, 지난달이 100이므로 예측수량은 104가 된다.

인과형모형(Causal forecasting method)은 수요 Y와 밀접한 관련성이 있는 독립변수 X를 찾아 수요(Y)와 변수(X)를 가장 잘 설명할 수 있게 수학적 모형으로 나타낸 것으로 회귀분석 모형이 대표적으로 인과형 모형에 해당한다. 여기에는 수요와 밀접한 관련성이 있는 독립변수(X)가 단수 개인지 또는 복수 개인지에 따라 단순선형회귀모형과 다중선형회귀모형으로 나눈다.

$$Y = a + bX$$ (단순선형회귀모형)

단순선형 회귀모형은 독립변수 X가 1개로 우측과 같은 모형이다.

$$Y = a + bX_1 + cX_2$$ (다중선형회귀모형)

다중선형 회귀모형은 독립변수 X가 2개 이상으로 우측과 같은 모형이다

델파이법(Delphi Method)은 다수의 전문가 의견이 소수 전문가 의견보다 정확하다는 논리에 근거한 전문가 대상의 설문조사 기법이다.

그림 5-19 Delphi Method(델파이법) Process

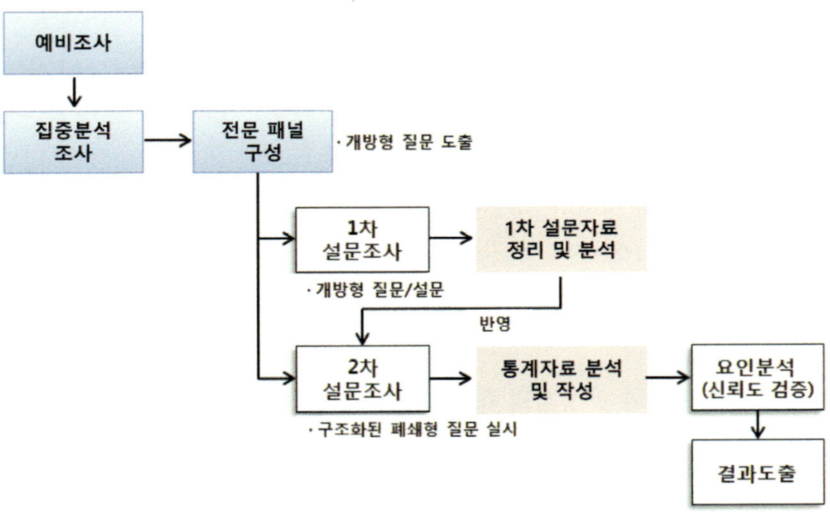

1단계 (사전준비 단계)	• 조사내용의 명확화 및 전문가 선정, 전체 조사과정의 설계 • 10명 이상의 전문가를 확보 : 참여 전문가의 시각을 다양화함으로써 시각편향에 따른 왜곡현상을 방지하는데 유리
2단계 (설문조사 단계)	• 설문지 작성-발송-회수, 분석내용 정리하여 2차 설문지 작성 및 발송-회수, 최소 2회 이상 반복 실시 • 일반적으로 1차 설문지는 개방형 설문내용으로 구성하여 다양한 정보를 수집, 수집된 정보는 2차 설문작성의 자료로 활용
3단계 (평가·정리 단계)	• 설문결과를 최종적으로 평가 및 정리 • 각종 통계기법을 활용하여 목적내용을 도출, 필요시 전문가 대상으로 세미나를 개최하여 대면 Delphi도 병행

표 5-13 Market Research Method의 종류

구 분	탐색적 조사	확인적 조사
조사의 특징	• 필요한 정보가 구체적이지 못함 • 조사과정이 상대적으로 유연하고 구조적이지 못함 • 정성적 자료가 대부분임	• 필요한 정보가 무엇인지 구체적으로 규정됨 • 조사과정이 공식적이고 구조화 • 표본이 크고 대표성을 확보할 있고, 정량적 자료임
예상 성과물	• 본 조사이후에 확인적 조사를 통하여 조사결과의 보완이나 객관성 확보작업이 필요	• 도출된 결과를 의사결정 정보로 사용해도 큰 무리 없음

시장조사법(Market research)은 수집된 모집단 중에서 대상 샘플을 정하고 설문 및 대면조사 등을 통하여 조사하는 방법이다. 여기에는 통찰력과 이해를 얻을 수 있는 탐색적조사와 구체적인 가설을 검증하고 관계를 검토하는 확인적조사가 있다.

전문가 또는 패널 이용법(Expert or Panel method)은 입고 및 출고, 판매와 구매 쪽 직무를 담당하면서 수치에 감각이 있는 조직의 임원진, 영업사원을 대상으로 하거나 외부 전문가를 이용하여 예측하는 기법이다. 패널(Panel) 대상 조사에는 단발성 조사로 끝나는 횡단조사[38]용 패널과 복수의 조사 대상인 종단조사[39]용 패널이 있다.

채찍효과(Bullwhip effect)는 공급사슬관리에서 발생하는 문제점으로 제품에 대한 수요정보가 공급사슬상의 유통기관을 거슬러 가면서 수요의 변동량이 증폭되는 현상을 말한다.

채찍효과의 발생원인과 발생결과 대응방안[40] 다음과 같다.

발생 원인으로는 첫째, Multiple Demand Forecasting(다중 수요예측)이다. 이는 공급사슬상에 참여하는 기업인 소매상, 도매상들이 개별적으로 수요를 예측하는데 기인한다. 둘째, Order Batching(일괄주문)이다. 인 공급사슬 참여 기업이 제품 수요가 발생할 때마다 주문을 하는 것이 아니라 일정기간 또는 일정량만큼 쌓일 때까지 모았다가 하는데 기인한다. 셋째, Price Fluctuation(가격변동)이다. 이는 판촉기간 전과 직후에는 수요가 감소하고 판촉기간에 제품의 수요가 급증하는 데에서 기인한다. 넷째, Rationing

38) 횡단조사(Cross-sectional research)에는 대상 모집단으로부터 단지 하나의 표본이 추출되는 단일 횡단조사(Single cross-sectional research)와 둘 이상의 표본을 구성하는 다중 횡단조사(Multi cross-sectional research)가 있다.

39) 종단조사(Longitudinal research)는 모집단 내 표본이 되풀이해서 조사에 참여하는 것을 말한다.

40) 진현웅(2011), 공급사슬관리의 주요 개념과 활용, 도서출판 청람을 편집하여 인용.

and Shortage Gaming(할당 및 공급부족)이다. 이는 수요가 적은 경우 실제 수요보다 적은 양의 주문을 함으로써 수요를 더욱 축소시키는 공급자에 의한 할당의 문제와 수요가 많은 경우 실제 수요보다 많은 양을 주문함으로써 수요를 더욱 확대시키는 공급자에 의한 삭감의 문제에 기인한다.

발생결과 다음과 같은 결과가 초래된다. 첫째, 공급사슬 참여자 모두에게 과다한 재고가 발생한다. 둘째, 수요예측의 정확도가 감소한다. 즉 공급사슬 상류(제조기업)에 위치한 기업의 수요 변동 폭을 증가시키며 수요예측의 정확도 감소를 초래한다. 셋째, 불충분하거나 과도한 생산능력을 유지한다. 일반적으로 생산기업의 생산능력은 최대수요와 평균수요 사이에 위치하는 현상을 초래시킨다. 넷째, 고객서비스 수준을 감소시킨다. 공급사슬 참여 위로 갈수록 심화되는 채찍현상의 결과는 고객리드타임의 증가, 주문 충족도 감소를 초래하여 고객의 불만족 현상을 야기 시킨다. 다섯째, 생산직원들의 잔업을 증가시키고 긴급배송 등의 비용을 증가시킨다.

채찍효과의 대응방안은 채찍효과의 발생원인과 대응하여 〈표 5-14〉와 같이 제시한다.

표 5-14 Bullwhip Effect(채찍효과)의 발생원인과 대응방안

발생원인	대응방안
Multiple demand forecasting (다중수요예측)	• 최종 소비자의 수요정보 공유 • 상류 참여자의 하류 참여자 재고 제어력 강화 • 중간 참여자의 최소화
Order batching (일괄주문)	• 주문시스템 자동화를 통한 주문정보 공유 • 배송스케줄의 합리화(주기적 배송 등) • 소량 다(多) 빈도 주문의 시스템 화
Price fluctuation (가격변동)	• 가격변동 마케팅전략의 사전 공유를 통한 수요예측 기반 사전 주문 강화
Rationing and shortage gaming (할당 및 공급부족)	• 공급능력 및 재고에 대한 정보 사전 공유 • 판매기록과 시장 점유율 등을 고려한 제품할당 • 계약서 등 제도적 장치를 이용한 거품주문의 제거

Risk Pooling(위험감소)은 공급사슬에 산재해있는 각종의 불확실성을 하나로 모음으로써 전체에 대한 불확실성에 효율적으로 대응할 수 있게 하는 것을 말한다. Risk Pooling의 유형으로는 수요예측, Physical Distribution(물류), 유통센터의 통합, 리드타임 통합, 생산능력 통합 형태가 있으며 내역은 〈표 5-15〉와 같다.

표 5-15 Risk Pooling(위험감소)의 유형과 주요 내용

Risk pooling 유형	대처 방안
수요 예측	• 중간단계에서 수요예측을 단행 • 수요예측의 정확도 향상 활동 강화
물류 관리	• 지역별 전담물류센터를 지양하고 공동 대응개념으로 운영하여 과부족 현상을 상호 보완 및 상쇄시스템 구축 • 재고의 중앙 집중 관리로 안전재고와 평균재고를 감소시킴
위치 통합	• 지리적으로 분리되어 운영되는 재고를 하나의 장소에서 통합 보관 및 관리함으로써 지역별 수요의 변동성을 감소시킴
리드타임 통합	• 고객 소재지를 기준하여 최단 반경의 물류센터를 통한 배송으로 리드타임의 감소를 구현
생산능력 통합	• 제품믹스의 일관성을 최대화 하여 설비의 생산성 향상, 운송차량의 차량 1대당 효율성을 제고함

4.6. 품질 초격차 전략(Six Sigma)

1987년 모토로라에서 개발된 Six Sigma는 제품의 품질, 판매 및 구매, 회계 등 조직의 제 프로세스에 대한 총체적 경쟁력 강화를 위한 것으로 전형적인 Top-down 방식의 강력한 전개와 구성원들의 자발적인 참여의식을 요구하는 세계적인 기업들이 채택하고 있는 경영전략 기법 중의 하나이다.[41] 6σ(Six Sigma)의 σ는 프로세스의 산포를 나타내는 척도인데 통계적인 용어로 데이터를 중심으로부터 떨어진 거리인 표준편차를 의미하고, 6σ는 어떤 규격이 상한과 하한이 있다고 볼 때 분포의 중심과 규격상한, 중심과 규격하한 사이의 각각의 거리가 표준편차의 6배나 될 정도로 불량률이 낮은 상태, 즉 100만 개 중에 0.002개의 불량품 Level(수준)[42]을 의미한다. Six Sigma는 품질경영의 발전과 일련의 맥을 함께하는 경영기법인데 모토로라에서 개발되었지만 GE그룹에 의하여 발전 및 그 효과가 검증된 것이기도 하다.[43] Six Sigma와 품질경영의 변천과정은

41) Barney, M.(2002). Motorola's second generation. In Six Sigma Forum Magazine 1(3); Schroeder, R. G., Linderman, K., Liedtke, C., & Choo, A. S.(2008). Six Sigma: Definition and underlying theory. Journal of operations Management, 26(4).

42) σ Level은 공정업무, 즉 업무의 Process의 능력을 나타내는 통계적 측정단위이다. σ Level이 증가할수록 품질이 좋아지고, 원가는 줄어들고, 고객의 만족도는 높아진다는 것이다. 본 σ Level로 측정하는 것에는 Defect Per Unit(DPU, 제품당 결점수), Part Per Million(PPM)이 있다.

43) Pyzdek, T., Keller, P. A.(2014). The six sigma handbook, McGraw-Hill Education.

[그림 5-20]과 같은데, QC(Quality control)는 품질관리, SPC(Statistical process control)는 통계적 공정관리, QA(Quality assurance)는 품질보증, TQM(Total quality management)은 전사적 품질경영, SPC는 통계적 품질관리, TQC는 전사적 품질관리, IT(Information technology)는 정보기술, 6σM(Six sigma management)는 식스시그마 경영을 각각 의미한다.

그림 5-20 품질경영의 변천과정과 6σ

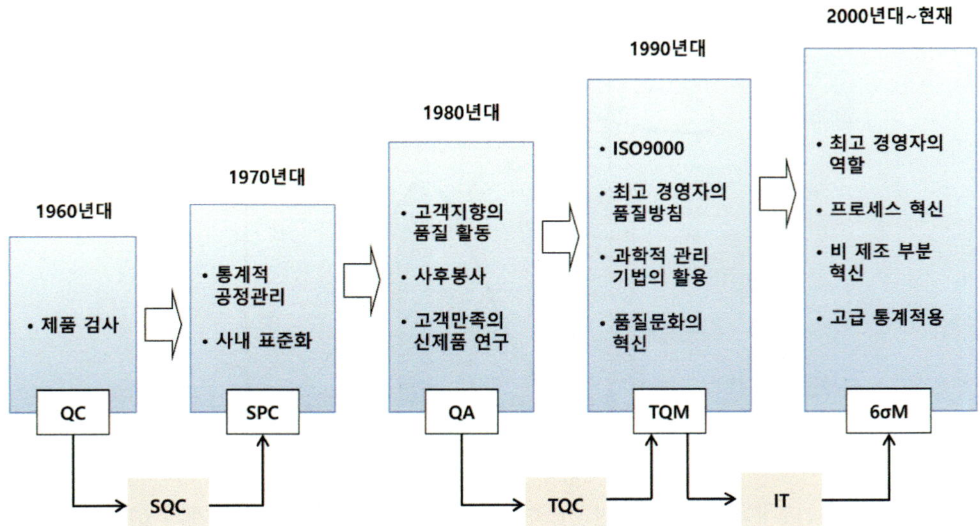

표 5-16 Sigma의 정량적 의미

Sigma	의미		PPM[44]	수율
	철자 오류 사례	부채 사례		
6σ	소형 도서관의 모든 책에서 1개의 철자 오류	10억 달러당 2달러의 부채	3.4	99.9997%
5σ	사전 1개 세트에서 1개의 철자 오류	10억 달러당 570달러의 부채	233	99.977%
4σ	30페이지당 1개의 철자 오류	10억 달러당 63,000달러의 부채	6,210	99.379%
3σ	1페이지당 1.5개의 철자 오류	10억 달러당 2.7백만 달러의 부채	66,807	93.32%

또한 Sigma(σ)의 Level 관계를 품질과 비교하여 [그림 5-21]과 같이 정리·비교표에서 확인할 수 있듯이 6σ는 백만 개 중에서 3.4개가 불량이며 이를 수율로 나타내면 99.997%가 불량품이 없다는 것이다. 즉 불량률이 0.0003%라는 것이다.

그림 5-21 6σ의 정량적 의미

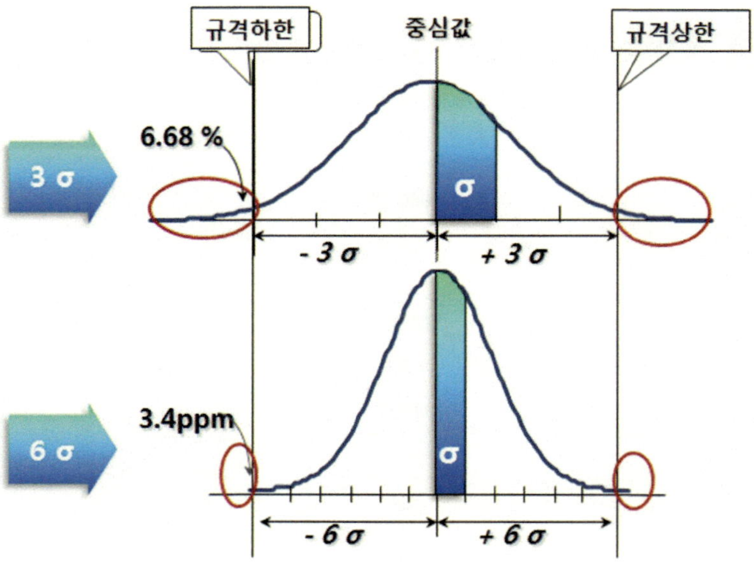

- 6는 산포를 나타내는 척도로서 산포(σ)가 작아져 주어진 규격 내에 6개의 6가 들어갈 수 있는 수준을 6σ라고 한다.
- 비즈니스 상의 운영을 일백만회 하여 3.4회의 결함만이 발생되도록 시스템을 구축하는 것이 66 운영시스템이다.
- 3.4PPM은 3.4DPMO를 의미하며 DPMO[45] 값은 평균치가 ±1.5σ이동을 전제로 계산된 수준이다.

6σ(Six Sigma)의 계급은 크게 4계급으로 구분한다. 최상위의 Champion(참피온)에서 그다음 단계들인 Master Black-belt(마스터 블랙벨트), Black belt(블랙벨트), Green belt(그린벨트) 가 그것인데, 마스터 블랙벨트는 임원, 블랙벨트는 부장급, 블랙벨트는 과·차장급, 그린벨트는 대리에서 과장급이 주로 해당되는데 조직의 특성에 따라 식스

44) PPM(Part per million) 백만분의 1을 의미한다. 예를 들어 1PPM을 품질관리 측면에 적용한다면 100만개 생산품 중에서 불량품이 1개라는 의미이다.

45) DPMO(Defect per million opportunities)는 백만기회당 결함수(百萬機會當缺陷數)를 말한다.

시그마 경영기법을 성공적으로 수행할 수 있는 직급 자를 리더로 선정하되 팀원의 직급 등을 고려하여 배치하는 것이 조직 운영에 효율적이다.

표 5-17 Six Sigma 계급과 계급별 자격 및 주요 역할

4계급	Champion	Master Black-belt	Black belt	Green belt
자 격	• 리더십을 소유한 임원	• 기술과 조직 숙련이 최고 수준 • 실무와 지식, 리더십을 갖춘 부장급의 변화 주도자	• 기술수준이 높은 상태 者 • 리더십과 통계 지식을 갖춘 과장에서 차장급 관리자	• 6σ의 개념부터 완성까지 할 프로젝트 리더 • 직무지식과 경험을 갖춘 대리에서 과장급 관리자
역 할	• 프로젝트 팀에 전략적 방향 제시 • 프로젝트 간의 진행상황 점검 • 블랙벨트와 팀원들에게 동기부여 • 팀 자원 효율적 활용 • 선의의 경쟁을 유도 • 우발적 상황 발생시 팀의 R&R을 재조정 • 최고 경영층과 커뮤니케이션	• 팀원이 아닌 상태에서 여러 팀을 지원 • 방법론과 팀 활동 과제를 제시	• 팀 활동의 재조정 • 팀과 조직 간 커뮤니케이션 • 팀에 참여하여 지식과 전문성 활용, 구성원과 의견공유 및 지식 습득, 팀 목표 달성을 위한 활동지원	• 훈련을 통하여 경험과 노하우 습득 • 팀에 참여하여 팀 작업을 수행

6σ(Six Sigma)를 이용한 문제 개선을 위한 접근방법은 DMAIC이다. D(Define)는 고객정의, 핵심비즈니스 프로세스에 의한 CTQ[46] 정의 등을 하는 첫 번째 단계가 된다. 다음의 M(Measure)은 핵심 비즈니스 프로세스를 통해 나오는 산출물의 현재 수준을 측정하는 두 번째 단계이다. 세 번째 단계는 데이터와 프로세스 Map을 분석하여 문제의 근본원인을 분석하는 A(Analyze)단계이다. 네 번째 단계는 개선계획을 도출-선정-설계하고 개선활동을 실행하는 I(Improve) 단계이다. DMAIC의 마지막은 C(Control)단계로 개선활동을 제도화하고 지속적으로 모니터링 하는 다섯 번째 단계가 된다.

46) CTQ(Critical to quality)로 핵심요구 품질을 말한다.

표 5-18 DMAIC의 핵심 내용 요약

구 분	핵심 요약 내용	
	요약 1[47]	요약 2
D (define)	• Define the goals of the improvement activity	• 프로젝트 대상의 고객을 정의 • 핵심비즈니스 프로세스에에 의한 CTQ (핵심요구품질)을 정의
M (measure)	• Measure the existing system	• 핵심 비즈니스 프로세스를 통해 나온 산출물의 현재 수준을 측정
A (analyze)	• Analyze the system to identify ways to eliminate gap between the current performance of the system or process and the desired goal	• 데이터와 프로세스 Map을 분석하여 문제의 근본원인을 도출
I (improve)	• Improve the system	• 개선계획을 도출-선정-설계 및 실행
C (control)	Control the new system	• 개선활동 결과의 제도화 • 지속적인 모니터링

지금부터는 Six Sigma의 실무를 3가지로 구분하여 학습한다. 첫 번째는 6σ의 추진 조직도이다. 두 번째는 6σ 경영의 성공요인과 성공했을 경우의 효과, 실패요인과 실패의 핵심문제를 제시한다. 세 번째는 문제개선 방법론인 DMAIC을 단계별로 설명을 통하여 학습하도록 한다.

첫 번째는 6σ 경영의 추진 조직도이다.

6σ의 추진 조직도는 일반적으로 Champion(챔피온)을 최고 정점으로 두고, 다음에 PO(Project owner)를 두는데, 챔피언과 프로젝트 오너(Owner) 사이에 추진 사무국을 두어 정보의 공유·평가·모니터링 및 6σ 경영활동에 지원을 하도록 한다. 그 다음에 MBB(Master black belt)BB(Black belt)와 GB(Green belt) 순으로 조직도를 구성하는데 [그림 5-22]를 참조하기 바란다.

두 번째는 6σ의 성공요인과 실패요인이다. 성공요인의 핵심은 크게 3가지로 정리할 수 있다. 첫째, 최고 경영자의 의지와 지원이다. 프로젝트에 참여하는 구성원들의 열정과 노력이 있다 하더라도 최고 경영자의 의지가 없거나, 의지는 있으나 인적 및 물적 지

47) Pyzdek, T., Keller, P. A.(2014). The six sigma handbook, McGraw-Hill Education의 원문을 기술하여 DMAIC의 핵심내용을 이해하는데 도움을 주고자 하였다.

그림 5-22 6σ 추진 조직도

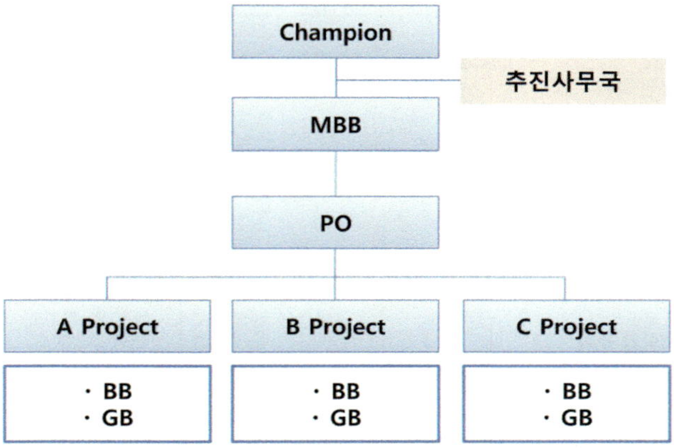

원이 없다면 성공의 길은 멀어 수밖에 없다. 둘째, MBB에서 GB까지 Belt 소유자들의 6σ에 대한 기술과 지식이다. 이는 6σ 경영을 추진하기 전에 충분한 교육과 훈련을 통하여 가능하며, 6σ 경영활동의 진행 중간중간에도 지속적인 보완 및 강화교육은 필요하다. 셋째, 객관적이고 정량화된 평가기준이다. 정량화된 평가결과를 도출해야 만이 현와 목표와의 차이를 분석할 수 있고, 차이를 분석해야만 개선 활동을 할 수 있기 때문이다.

성공했을 때에는 Reliability(신뢰성)측면, Quality improvement variation reduction (품질개선)측면, Total cycle time reduction(전체회전시간의 감축)측면, Total cost reduction(전체비용감소)측면 등에서 뛰어난 효과가 예상된다.

다음은 6σ 경영의 실패요인이다. 실패요인의 핵심은 고객의 기대수준에 못 미치는 조직 내부의 규격과 품질 산포이다. 이를 제거하기 위해서는 Define 단계에서 고객의 요구수준이나 Needs에 대한 정확한 분석과 반영이 필요하다. 기타 6σ 경영의 실패요인으로는 성공요인의 반대개념이라 생각하면 되겠다. 즉 최고 경영자의 의지와 지원이 없는 6σ 경영은 실패할 확률이 매우 높다. 또한 6σ에 대한 기술과 지식이 없는 구성원은 6σ 추진체의 리더(Leader)가 될 자격이 없다. 마지막으로 객관적이고 정량화된 평가를 할 수 없는 기준이라면 추진 사무국은 신속하게 6σ 경영에 참여하는 모든 구성원 뿐 아니라 조직 내 구임직원도 인정할 수 있는 평가시스템을 구축해야 한다.

세 번째는 6σ 경영의 실행 방법론인 DMAIC이다. DMAIC의 핵심요약 내용은 [그림 5-23]을 참고하기 바란다. 본 항에는 DMAIC을 프로세스 순서에 준하여 설명하여 학습 뿐 아니라 실전에서 활용하는데 도움을 주고자 한다.

그림 5-23 DMAIC 설명 진행 프로세스

Phase (추진단계)	Define (정의)	Measure (측정)	Analyse (분석)	Improve (개선)	Control (관리)
Key Question (핵심질문)	개선기회는 무엇인가?	문제와 현재의 징후는?	생각할 수 있는 원인은?	근본원인과 그 해결책은?	성과를 체질화 하려면?
Activity (활동)	· 비즈니스 개선 기회 확인 · 프로세스 문서화와 분석 · 고객요구사항 정의 · 효과적인 팀 구축	· 측정대상의 결정 · 측정관리 · 산포에 대한 이해 · 시그마 성과 정의 · 팀 성과 제고	· 프로세스 계층화 및 분석 · 근본원인 정의 · 근본원인 확인 · 창의성 관리	· 개선방안 도출 · 해결 안 평가와 선정 · 권고방안 발표 · 변화의 실행	· 시범계획 개발과 추진 · 해결안 추진 계획수립과 실행 · 프로세스 통합 · 프로젝트 종료 및 인정

그림 5-24 6σ의 성공요인과 실패요인

구 분		핵심내용
성공	요인	• 정량 또는 계량할 수 있는 평가기준과 결과 도출 • 최고 경영자의 강한 의지와 지속적인 지원 • 고객입장에서의 올바른 문제의 정의 • 우선시 되는 6σ 프로젝트 • 6σ 프로젝트를 추진 및 진행할 수 있는 기술 및 지식 훈련 • DMAIC에 충실한 활동
	효과	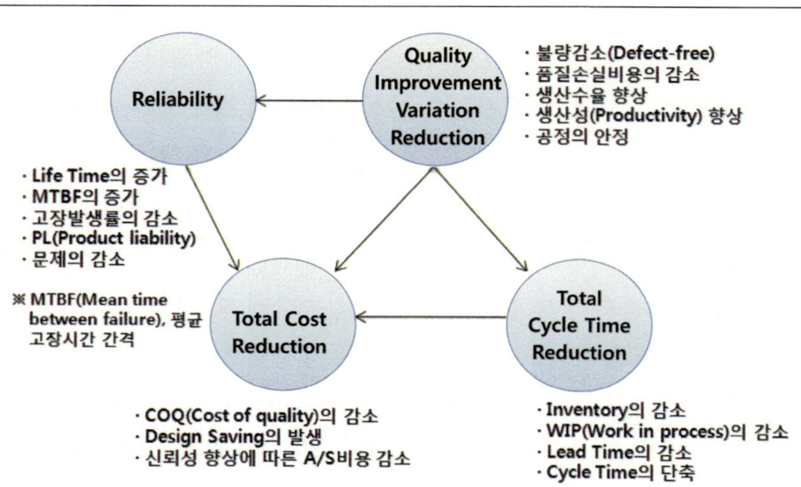

구 분		핵심내용
실패	요인	• 최고 경영자의 의지 및 지원 부족 • 집중되지 않은 산재된 프로젝트 • 중복 또는 유사한 프로젝트의 진행 • 효과 평가기준의 부정확 • 인력구성의 부적절(지나치게 큰 팀 또는 너무 작은 팀) • 실행보다는 구호에 집착하는 팀 활동 • 기술 및 지식 부족으로 인한 6σ의 이해력 부족 등
	핵심	• 실패의 핵심은 고객의 기대에 못 미치는 조직 내의 규격과 산포
		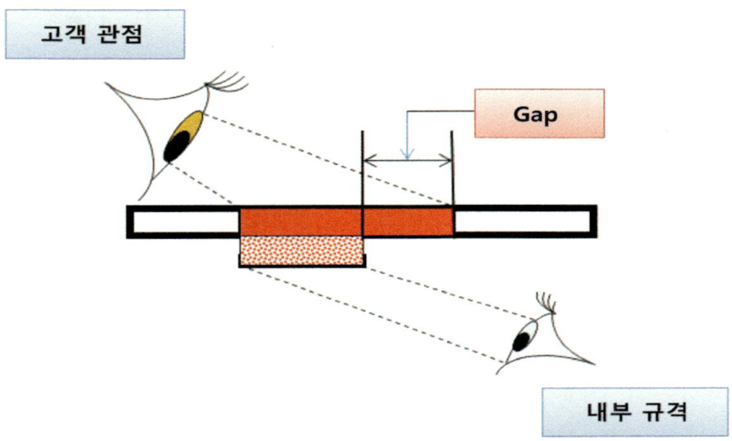

Define(정의) 단계이다.

본 단계에서는 비즈니스 기회의 명확화, 프로세스 분석, VOC(Voice of customer, 고객의 소리) 및 CCR(Critical customer requirement, 고객핵심요구사항) 분석, 팀의 R&R (Responsibility and role)과 Rule(규칙)을 정하고 팀 헌장을 작성하여야 한다.

Team Charter(팀 헌장)는 개선활동이 언제 시작되고, 어떤 자원이 필요한지 나열하고, 개선활동을 전개할 때 개선 팀의 역할이 무엇인지, 개선 활동의 범위, 프로젝트 실행 계획 수립, 그리고 무엇이 문제이고 목표가 무엇인지 명확히 기술한 문서를 말한다. 이를 작성하는 목적 및 효과로는 팀에게 집중적으로 활동해야 할 내용을 제공하며 비즈니스 목적과 일치시킨다. 문제가 무엇인지 명확히 함으로써 비즈니스 개선 기회임을 강조한다. 개선의 목적과 목표를 명확히 한다. 개선 노력의 범위를 제시 초기 업무계획을 확립한다. 책임사항을 명확히 한다. 마지막으로 Communication(의사소통)을 위한 도구를 만든다.

그림 5-25 Define 단계의 프로세스와 핵심내용

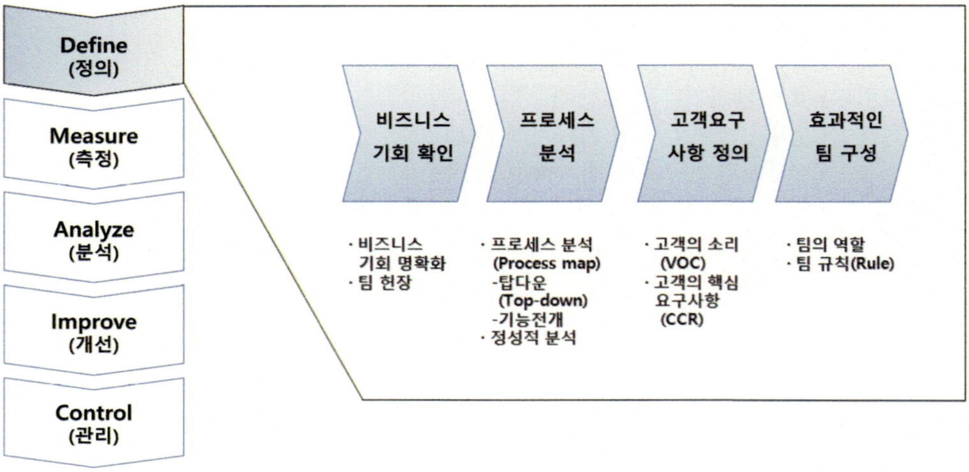

프로세스 분석의 목적은 프로세스 측면에서 비즈니스를 정의하는 중요성을 이해하고 목표 프로세스를 위한 Top-down chart(탑다운 차트)와 Functional Deployment Process(기능별 전개프로세스)를 작성하기 위함이다. 주요 내용으로는 비즈니스를 프로세스 측면에서 보기, 프로세스의 구성요소, 프로세스 Mapping기법, Qualitative Analysis(정성적 분석) 등이다.

고객요구사항의 목적은 팀에 할당되었거나 선택한 프로세스의 CCR(Critical customer requirement, 고객핵심요구사항)을 정의하는 것을 가능하게 하는 것이다. 주요 내용으로는 VOC(Voice of customer, 고객의 소리) 정의 및 해석, 고객중심의 비즈니스 전략 등이다.

Measure(측정) 단계이다.

본 단계에서는 4개의 소 단계로 Measure를 진행한다. 먼저 측정대상 결정 단계에서는 결과척도, 프로세스 척도, 입력척도를 결정한다. 측정관리 단계에서는 측정척도의 운용을 정의하고 데이터 수집방법 및 계획을 수립한다. 또한 측정 시스템을 평가한다. 산포이해 단계에서는 현재 프로세스의 산포를 파악한다. 시그마산정 단계에서는 고객요구사항에 근거한 프로세스의 성과를 파악한다.

측정대상 결정의 주요내용으로는 성과지표, Input(입력)과 프로세스 및 Output(결과) 척도, 척도관계 등이다.

그림 5-26 Measure 단계의 프로세스와 핵심내용

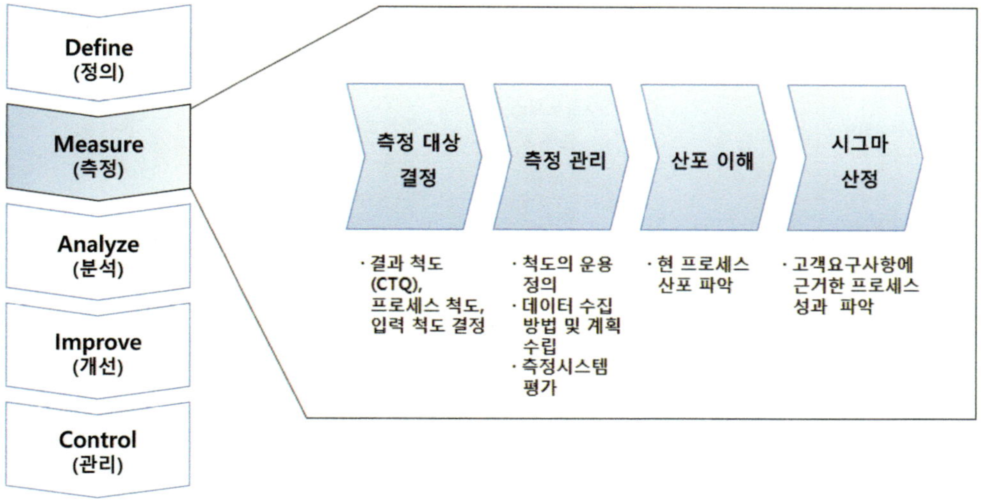

측정관리의 목적은 데이터측정을 위해 데이터 수집 비용을 효율적이고 효과적으로 활용할 수 있게 하는 원칙과 방법론 추구이고, 주요내용은 데이터 수집, 척도의 운용정의, 데이터 측정계획, 원인과 결과 데이터 등이다.

Analyze(분석) 단계이다.

본 단계의 프로세스 층별 및 분석 단계에서는 프로세스 데이터의 분석 및 분제의 명확화 한다. 근본원인 정의 단계에서는 잠재근본 원인인 x변수의 도출과 우선순위를 평가한다. 근본원인 검증 단계에서는 소수핵심인자인 Vital Few의 입증과 개선 시 효과를 추정한다. 마지막으로 창의성 관리 단계에서는 창의성 장애요인 이해와 창의적 사고를 배양한다.

프로세스 층별 및 분석의 목적은 프로젝트 팀이 문제의 근본원인을 분석하고 해결해야하는 구체적인 문제점을 구체적이고 명확하게 프로세스를 분석하기 위함이다. 주요내용으로는 데이터 층별, 정량적 측면의 프로세스 분석, 문제 기술서 작성 등이다.

근본원인 정의의 목적은 불량 또는 문제점의 근본원인을 도출하여 프로젝트 팀이 불량 또는 문제점을 해결하기 위한 방안을 개발할 수 있도록 하는 것이다. 주요내용으로는 산포의 원천, 이시카와 다이어그램,[48] 이슈트리(Issue tree) 등이다.

48) 이시카와 다이어그램은 본 책의 제2장 경영실적 평가와 반성의 「6.2. Fishbone Diagram 기법」을 통하여 이미 학습하였는바 참고 하기 바란다.

그림 5-27 Analyze 단계의 프로세스와 핵심내용

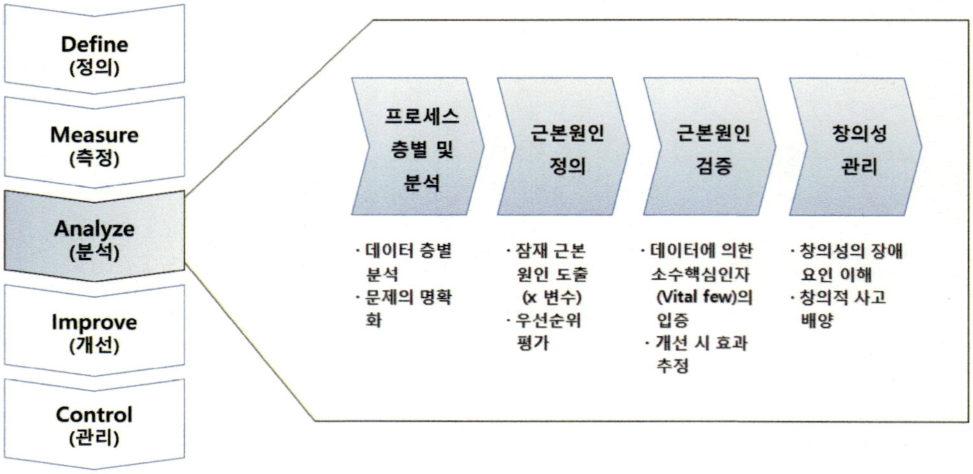

근본원인 검증의 목적은 해결방안을 찾아내기 전에 문제해결에 도움이 되는 근본원인을 계량화하고 타당성을 평가하는 것이다. 주요내용으로는 근본원인의 평가, 산점도, 상관분석, 기초 및 다중 회귀분석 등이다.

창의성 관리의 목적은 문제의 근본원인 해결을 위하여 가장 중요한 것이 창의성의 발휘와 혁신임을 이해하고자 하는 것이다. 주요내용으로는 프로젝트 팀이 현재에 이르게 한 것이 무엇인가, 창의성과 혁신, 창의적 프로세스, 창의력과 창의적 문제해결 모형,[49] 사례연구 등이다.

Improve(개선) 단계이다.

본 단계의 소 단계인 개선 아이디어를 도출단계에서 최적화 실험계획을 수립하고 창의적 아이디어를 통한 해결방안을 구체화한다. 해결방안 평가 단계에서 해결방안을 평가하여 우선순위 도출과 기대효과를 확인한다. 최적 안 발표 단계에서 발표 자료를 준비하고 스토리보드를 작성한다. 다음 변화의 단계에서 변화관리 전략적 지도인 Strategic Map을 작성한다.

개선아이디어 도출[50]의 목적은 프로젝트의 문제해결을 위해 보다 많은 창의적인 아이디어를 강화하는데 사용 가능한 수단과 기술을 프로젝트 팀에 전달하기 위함이다.

49) 창의력과 창의적 문제해결 기법은 본 책에서 이미 학습한 제3장 경영환경분석의 논리력, 창의력, 분석력, 통합력 내용을 참고하기 바란다.

50) 개선아이디어 도출방법은 본 책에서 이미 학습한 Chapter 2 실적평가와 반성의 「연관아이디어 도출전략(Brain stomring)」을 참고하기 바란다.

그림 5-28 Improve 단계의 프로세스와 핵심내용

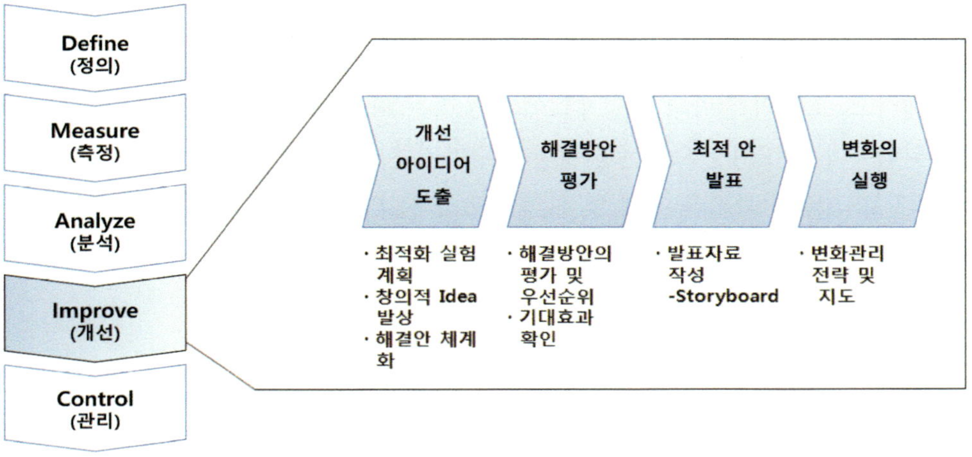

(스토리보드의 사례)

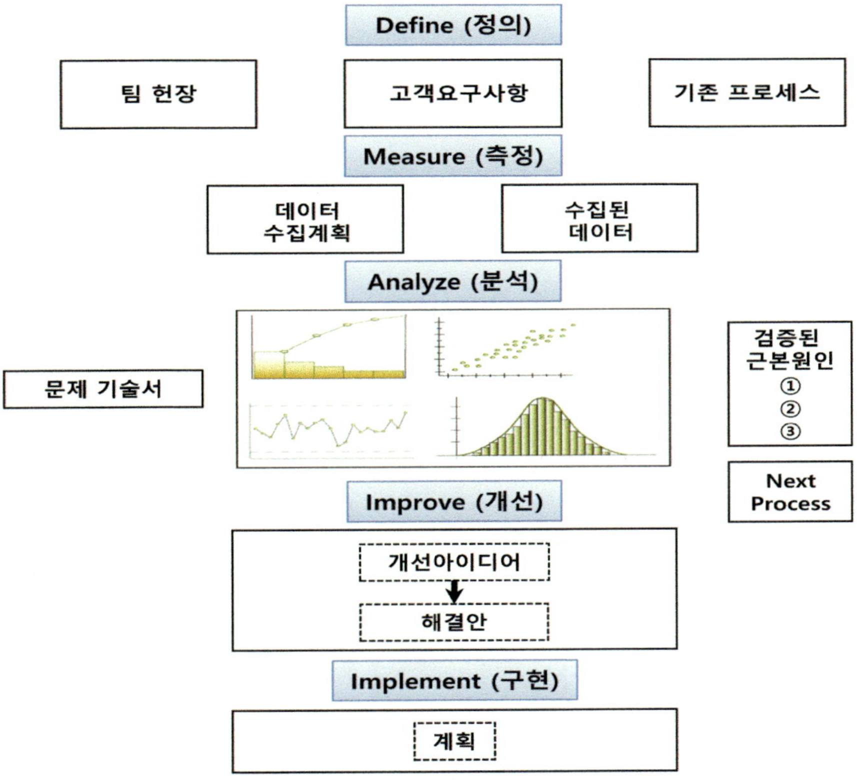

주요내용으로는 아이디어 도출을 위한 준비로 여기에는 전통적 및 비 전통적[51] 아이디어 도출 방법을 적용한다.

해결방안 평가와 산정의 목적은 개선방안을 평가하고 선정하는데 사용되는 방법론을 이해하고, 조직의 전략과 운영계획에 어울리는 최적의 해결방안(Solving method)을 찾기 위함이다. 주요내용으로는 해결방안 평가기준, 해결방안 평가 및 선정 등이다.

발표자료 작성의 목적은 진행 및 진척도의 공유, 의사소통, 보완 등인데 추진결과 및 계획 사항 등을 한눈에 파악하고 이해할 수 있는 스토리보드(Storyboard)를 활용하는 것이 효과적이다.

성공적인 변화의 12가지 동인

1. 책임감 : 변화를 위한 특정한 역할, 목표, 성과측정 파악
2. 적응성 : 과거의 성공 또는 실패의 결과를 기반으로 반영요소를 취하고 행함
3. 의사소통 : 재배치 및 재정열 계획의 가능한 결정을 포함, 후원, 지원, 변화 등을 필요로 하는 구성원들에게 영향을 줌
4. 공유가치 집중 : 조직 및 기술의 집중에 필요한 비전을 명확하게 함
5. 참여 : 변화에 영향을 받은 구성원들을 의사결정 및 실현에 충분히 참여시키도록 보장
6. 리더십 : 변화를 촉진하고 가능하게 할 수 있도록 디자인된 Infra를 통해 리더십을 발휘하도록 함
7. 측정과 결과 : 변화를 통해 측정되는 측정 가능한 개선사항을 결정하고 그 개선의 추이를 인지할 수 있도록 데이터를 분석함
8. 탄력성 : 변화의 수용과 실행을 위한 속도의 전이에 대응함
9. 준비성 : 변화의 영향을 받기 쉬운 개인 또는 집단의 변화에 대한 준비성 평가를 기반으로 변화를 기존 문화 및 작업 환경에 결합시킴
10. 동기부여 : 변화와 일치하는 결과를 달성 및 미달성 개인 및 집단에게 격려 및 보상, Penalty 및 재교육을 진행함
11. Skill 개발 : 모든 개인과 집단들이 변화의 시작에서 종료까지 효과적으로 참여하도록 교육을 전개함
12. 프로젝트 팀 지향 : 조직의 프로젝트 팀 또는 기존의 팀을 이용하여 변화 실현과 주체가 되도록 함

---

51) 비 전통적 아이디어 도출방법으로는 Challenge assumption(가정도전법), Solution mapping(해결방법 맵핑), Mind mapping(마이드 맵핑), Six thinking hats(6개의 생각하는 모자), Lateral thinking(수평적 사고), Random word(무작위 단어), ECRS(제거, 결합, 재배열, 단순화) 등이 있다.

변화의 실행 목적은 프로젝트 팀에 프로세스 변화를 수용하게 하고 조직의 성공을 위한 변화의 중요성을 인지 및 공유하도록 환경조성의 방법을 이해시키기 위한 것이다. 주요내용으로는 성공적인 변화의 12가지 동인, 개인적인 헌신을 통한 변화, 순응을 통한 변화 등이다.

Control(관리) 단계이다.

본 단계는 DMAIC의 마지막 단계이다. 6σ 경영 또는 개선 팀은 프로젝트 팀 단위를 구성하고 프로젝트 정의(Define) 단계에서 개선(Improve) 단계까지 성공적으로 진행하여 왔다. 이후에는 개선결과를 지속적으로 유지 및 활용할 수 있도록 문서화 및 제도화 작업을 할 단계이다. 본 단계에서 이루어지는 것은 본 프로젝트를 진행한 6σ 개선팀이 활용하는 것보다는 조직 내의 다른 팀, 다른 작업 그룹에서 새로운 방법으로 일할 수 있는 조건을 만들어 가는 과정으로 파일럿 테스트, 해결안 실행, 프로세스 통합, 프로젝트 종료 및 팀 해산 등의 단계로 이루어진다.

Pilot test(파일럿 테스트) 단계에서는 파일럿 계획 수립과 실행 및 검증을 한다. 해결안 실행 단계에서는 양산계획 수립, 공정관리 체제 구축, 양산 적용 및 평가 등을 한다. 프로세스 통합 단계에서는 실행했던 대안의 확산과 전파이다. 프로젝트 종료 및 팀 해산 단계에서는 진행과정을 되돌아보며 성과를 정리하고 반성을 한다. 또한 격려 및 동기부여를 위한 성과에 대한 보상을 하며 마무리를 한다.

그림 5-29 Control 단계의 프로세스와 핵심내용

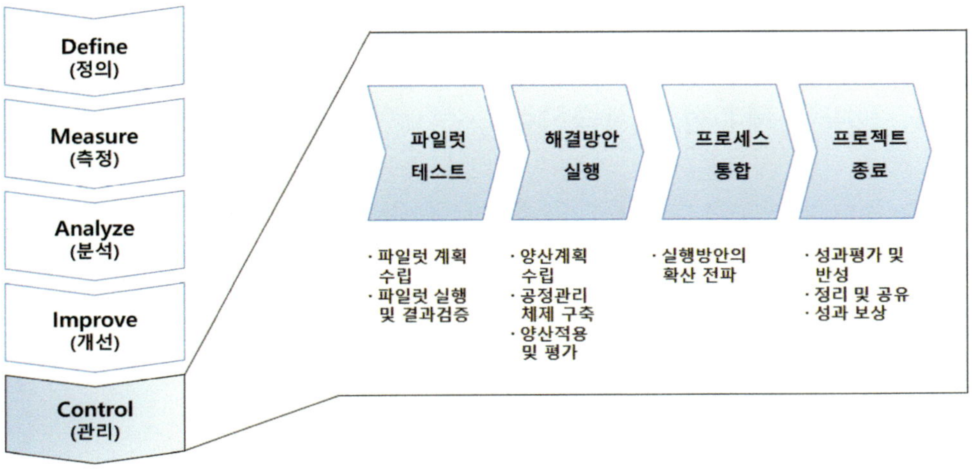

파일럿(Pilot) 테스트의 목적은 해결방안을 검증하기 위해 전체 공정의 10% 전후를 대상으로 계획을 수립하여 유·무형의 자원, 운영상 문제점, 보완 및 강화 대상 등을 찾아 대응하고 현업적용한 문제를 최소화하기 위함이다. 주요내용은 파일럿 테스트의 목적, 사유 및 시점, 파일럿(Pilot) 계획의 요소, 파일럿 실행 및 결과 검증과 다음 단계의 과제의 설정 등이다.

해결방안 실행의 목적은 현업 운영에 과한 폭넓은 해결방안을 준비 및 실행하기 위하여 적용한 해결방안이 프로세스의 수행 과정에서 목적했던 기능을 수행했는지 여부를 검증함이다. 주요내용은 실행계획, 잠재적 문제의 분석, 계획수립, 해결책의 수행 및 평가 등이다.

프로세스 통합의 목적은 성공적인 문제해결을 위하여 현업공정에서 운영할 때 필수적인 문제(Critical problem)와 일련의 계획을 다른 팀이나 작업조직에서 할 수 있도록 하기 위함이다. 주요내용은 프로세스 전파, 해결방안 표준화, 프로세스 관리 개선 등이다.

이상의 Control(관리 또는 통제) 내 소 단계를 거쳐 프로젝트 종료 및 팀의 해산 직전에 Six Sigma 경영을 통하여 얻은 장점과 강점, 단점과 반성할 점 등을 명확하게 성문화하고, 제도화 한다. 주요내용으로는 평가 및 반성, 교훈, 성과보상 등이다.

5. 활용한 전략기법의 실습사례 연구

본 장의 실습사례 연구는 전략적 제휴와 인수합병(M&A) 사례를 공유한다. 전략적 제휴와 인수합병 모두 자사의 약점을 강화하고 경쟁사와 초격차 유지 또는 확대 전략이라는 공통점을 함의하고 있다.

5.1. 전략적 제휴전략 실습사례

5.1.1. 전략적 제휴 실습사례에서는 전략적 제휴의 종류, 방법을 학습하고 공유된 실습사례의 강점과 보완할 점 등을 찾아보도록 하자. 먼저 『CJ대한통운과 차이니아오의 수요 및 공급자간 파트너십 형태의 전략적 제휴』 사례.

수요 및 공급자간 파트너십 형태의 전략적 제휴 사례
-CJ대한통운과 차이니아오 제휴-

제휴사 소개

CJ대한통운

- CJ그룹의 계열사로, 국내에서 가장 인지도가 높은 물류회사
- 3PL, 이커머스, 택배, 포워딩 등 폭넓은 사업영역 구축
- 큰 규모의 물류 인프라

CAINIAO 菜鸟

- 알리바바그룹의 물류 계열사로 알리익스프레스의 물류를 담당
- 알리익스프레스 : 물량, 가성비, 접근성을 앞세워 전세계를 대상으로 B2C 해외 판매에 특화된 알리바바그룹 산하의 온라인 쇼핑몰

AliExpress

- 2023년 3월 양사간 파트너십 체결
- CJ대한통운은 중국에서 한국까지 배송된 상품의 라스트마일 딜리버리를 맡게 됨
- 길게는 1~2주 또는 그 이상이 소요되던 해외직구 상품을 3~5일 내로 받아볼 수 있도록 배송 기간을 단축
- 특히 최근 런칭한 오네(O-NE)'를 기반으로 시너지를 창출함은 물론, 주말에도 해외직구 상품을 받을 수 있도록 일요일 오네' 서비스를 추가할 예정임

※ 오네 = 오네, 내일 꼭오네, 새벽에 오네, 오늘 오네, 일요일 오네 등

제휴배경

- 국내 소비자의 해외 직구 이용 증가, 그 중 중국발 해외직구는 지난해 5,540만 건, 금액으로는 17억 달러로 수입통관 기준 1위(관세청)
- 알리익스프레스는 연예인 마동석을 모델로 기용하는 등 한국을 겨냥한 프로모션 진행
- 이전부터 한국 시장 점유율 확대를 위한 투자 및 프로모션을 진행해 왔음
- 복합기업인 쿠팡과 달리 물류기업인 CJ대한통운은 스스로 물량을 창출할 수 없다는 한계가 있음 → 고정 물량 확보를 위한 고객사 다변화 전략의 일환
- CJ대한통운에서는 2023년 말부터 글로벌 권역 물류센터 운영 사업을 비롯한 국가간 전자상거래 물류 시장 진출을 위한 인프라 확장 등을 추진하고 있었음

제휴효과

- **CJ대한통운**
  - 해외직구 시장의 물량을 확보
  - 물류시설의 가동률을 높임
  - 물동량 증가로 인한 원가 하락 및 매출 상승
- **알리익스프레스**
  - 안정적인 라스트마일 배송망 확보
  - 빠른 배송으로 인한 고객서비스의 질 향상 및 그에 따른 이용자수 증가

5.1.2. 『롯데글로벌 로지스와 티맵 모빌리티의 전략적 제휴』 실습사례

롯데 글로벌로지스와 티맵 모빌리티간 전략적 제휴

롯데글로벌 로지스

- 1988년에 설립
- 2023년 매출액은 2조 8584억
- 택배업에서 업계2위를 차지하고 있음
- 택배서비스, 국내물류서비스, 해운 및 항공 서비스, 3PL서비스 등

티맵모빌리티 소개

- 2020년 설립
- 2023년 매출은 약 2000억
- 위치 기반 서비스인 티맵을 운영
- 티맵 가입자 약 2000만명
- 티맵의 주 서비스로는 실시간 교통정보, 대중교통정보, 친구찾기, 가족안심 서비스 등이 있음

제휴 배경 및 목적

- 2022년 11월 '물류 사업 협력 및 신규 사업활성화를 위한 업무협약'을 체결
- 롯데글로벌로지스가 30년 이상 쌓아온 물류 경험과 티맵 모빌리티가 보유한 디지털 트랜스포메이션, 빅데이터 기술을 결합해 물류시장에 혁신을 주도한다는 것이 양사의 구상이다.

제휴내용 : 공동개발계약

Middle Mile 혁신

수요와 공급에 따라 가격을 실시간 책정할 수 있는 다이나믹 프라이싱, 인공지능(AI) 등

기술을 활용해 미들마일 배차 서비스를 제공하여 보다 저렴하고

신속한 운송 서비스를 선보일 예정

Last Mile 분야 협력

티맵 플랫폼을 활용한 주문 접수나 다양한 배송 모델 개발에 적극 협력

양사의 데이터를 활용한 신규서비스 개발 협업도 이어 나갈 예정

왜 미들마일 시장일까?

- 국토교통부가 추산한 2020년 기준 미들마일 시장규모는 30조원으로, 라스트마일이 7조원으로 평가받는 것에 비해 약 4배 이상 큼 또한 아직까지 블루오션으로 분류되고 있고, IT 불모지로 불림
- 티맵모빌리티는 미들마일시장에 자동화, 전산화를 접목한 배차서비스를 가지고 있는 와이엘피를 약 1000억원에 인수
- 이 제휴를 통해 미들마일 시장으로의 진출과 성장을 하려는 것으로 보임

제휴효과

- 티맵모빌리티의 다이내믹 프라이싱 솔루션을 롯데글로벌 로지스에 제공해 차량 가격 및 배차 시스템을 보다 효율화할 수 있을 것으로 기대됨
- 오랜 경험과 풍부한 인프라를 가진 종합 물류 기업과 고도화된 알고리즘을 가진 플랫폼 기업의 협력을 계기로 물류 시장 혁신에 속도가 붙길 기대됨
- 티맵모빌리티가 진출하려 하는 미들마일 시장의 성장이 더욱 기대됨

5.2. 인수합병(M&A) 전략 실습사례

5.2.1. 인수합병 실습사례에서는 M&A의 분류를 숙지하고 실습하는 것이 포인트이다. 거래의사, 결합형태, 교섭방법, 결합주체, 결제수단 등으로 구분한다.

M&A 체계도

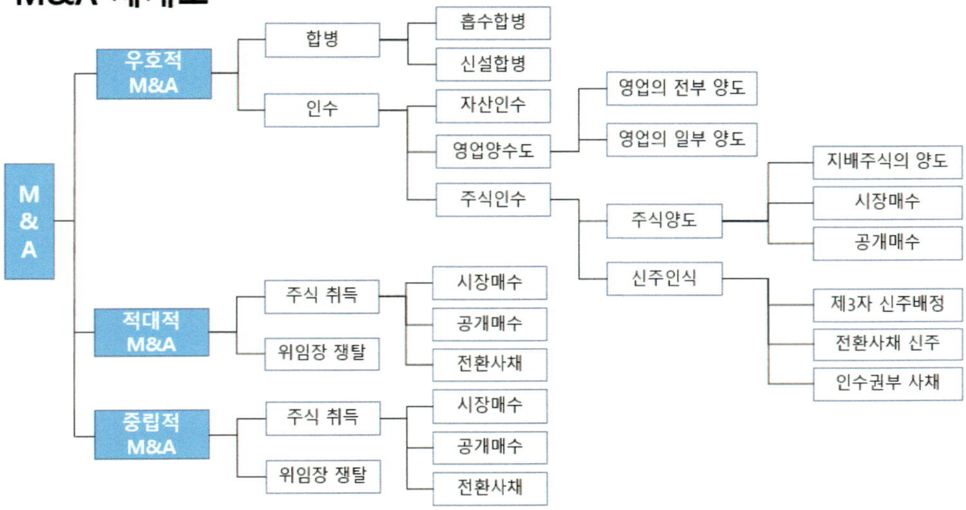

거래의사에 의한 M&A 분류 사례

· **우호적 M&A**
매수기업과 매수 대상회사 경영진의 동의로 인한 쌍방 협의에 의하여 진행

M&A 사례 : 삼성, 하만

하만이 두각을 나타내는 분야는 카 오디오 분야, IoT 솔루션을 가진 심포니 텔레카 인수
하만의 오디오 기술이 삼성의 TV, 스마트폰 등 기기들과 연결되며 제품들의 성능이 개선됨

· **적대적 M&A**
매수기업이 매수 대상기업의 의사에 반하여 경영지배권을 강제적으로 빼앗는 것이 목적

M&A 사례 : 워렌 버핏, 버크셔 해서웨이

버핏은 1962년부터 버크셔 해서웨이에 투자하였지만 당시 구두 약속과 오퍼로 온 약속 매수금액이 달라지자 버핏이 회사를 통째로 사버렸던 사례

결합형태에 의한 M&A 분류 사례

· **수평적 M&A**
동일한 혹은 경쟁 관계에 있는 제품이나 용역을 생산, 공급하는 관계

M&A 사례 : 소니 픽처스 엔터테인먼트, 메트로 골드윈 메이어 스튜디오

2000년대 중반 이후 핵심 사업 부문인 전자 제품 산업에서 경쟁력을 상실해 가면서 엔터테인먼트 영역에 대한 공격적인 투자를 시작하기 위해 독일 베르텔스만과 전략적 제휴를 맺고 MGM을 인수

· **수직적 M&A**
다른 업종을 영위하는 회사 간의 M&A지만 실질적, 잠재적 공급 관계

M&A 사례 : 성운파마코피아, 성운바이오

자체 생산시설이 없지만 영업능력을 가진 매수기업이 보유 기술의 보안 유지 및 안정적인 제품 공급이 어려워져 영업능력이 부족해 공장가동률이 50%인 매도기업과의 M&A로 생산 기반 확보

· **복합적 M&A**
서로 다른 업종관계에 있지만 업종 간 수평적이든 수직적이든 관계없이 복수의 회사 간의 M&A (전략성 연계성이 없는 기업)

· **구조개편적 M&A**
기업의 영업활동, 재무구조, 주주구성 등을 변경하고자 하는 경제적 동기에 의해 이루어지는 M&A

M&A 사례 : 한일진공, 케이피엠테크

케이피엠테크는 13년 해외 거래처 이탈 및 코스닥 거래 정지 등으로 채권단 주도 워크아웃 개시된 기업 재무구조 개선을 위해 출자전환 시행하여 채권단이 지분 37%를 확보하였고, 우량 인수기업 물색을 통해 M&A 추진하고자 하였다.

교섭방법에 의한 M&A 분류 사례

· **개별교섭 M&A**
M&A 사례 : 페이스북, 인스타그램
강력한 경쟁사로 급부상 중인 인스타그램 사전제압, 다른 경쟁사가 인스타그램을 인수하는 것을 막기 위한 방어조치, 인스타그램의 모바일 사용자를 흡수, 광고수익 창출

· **공개매수 M&A**
유가증권시장 밖에서 일정 기간 동안 가격을 공고 후 주식을 대량으로 매수하는 방식
우호적으로 진행할 수도 있지만 적대적 M&A로도 활용 될 수 있음

M&A 사례 : 석유공사, 다나페트롤리엄

당시 9%인 국가석유자주개발률이 사상 최초로 두자리수인 10% 대로 진입 할 수 있을 것으로 전망

결합주체에 의한 M&A 분류 사례

· **국외 M&A In → Out 형**
국내 기업이 해외기업을 인수 합병

사례 : 현대자동차 - 보스턴다이내믹스 , 현대글로비스 - 아담폴 S.A
현대자동차는 전통 제조업에서 벗어나 미래 스마트 모빌리티 사업기회를 창출하여 기업가치를 제고하겠다고 발표함

· **국외 M&A Out → In 형**
해외기업이 국내기업을 인수합병
사례 : General Motors – 대우자동차 , 인터파크, 지마켓, 옥션 – 이베이

GM은 세계에서 몇 손가락 안에 꼽히는 내수규모를 갖고 있는 한국시장에 안착하는 동시에 세계에서 가장 빠르게 성장하고 있는 아시아 자동차시장을 공략하고, 나아가 세계 1위의 입지를 굳히려는 목표

결제수단에 의한 M&A 분류 사례

· **현금매수**
기업인수의 대가로 현금을 지급하는 방식의 인수방법

· **주식교환매수**
인수대가로 인수회사가 보유하거나 새로 발행하는 주식 등의 유가증권을 교부하고 피 인수기업의 주식을 취득하는 방법

사례 : 카카오 – 로엔엔터테인먼트
모바일 음악 콘텐츠의 경쟁력을 확보하는 것이 필요했던 카카오는 유료음원플랫폼인 멜론을 보유하고 있는 로엔을 인수함

· **Leverage Buyout(LBO)**
매수는 인수회사가 PC를 설립한 후 정크본드를 발행하여 인수자금을 조달하거나 금융기관으로부터 자금을 조달하여 기업을 인수하고 인수 후 인수대상기업의 자산을 매각하거나 동 기업의 이익금으로 차입금을 상환하는 매수 방법

사례 : Fila
휠라코리아는 'SBI'라는 회사를 설립해 휠라 본사의 인수작업에 착수했으며, 2003년 3월에는 이에 성공하게 된다. 이후 휠라코리아는 2007년 SBI로부터 글로벌 휠라 브랜드 사업권을 넘겨받아 온전히 휠라 브랜드 전체를 관리하게 됨

5.2.2. 『티빙과 시즌 간 입수합병 사례』 팀 프로젝트 결과물

OTT 플랫폼 티빙-시즌 인수합병 사례

티빙

- CJ ENM의 자회사 OTT 플랫폼
- (23년 7월 월간활성사용자수 기준) 토종 OTT 중 1위, 전체 2위
- 지상파 채널 방송 프로그램을 기반으로 국내외 영화, 드라마, 애니메이션, 오리지널 콘텐츠 등을 제공

시즌

- 올레TV모바일(KT의 OTT 서비스)에서 시작한 OTT서비스
- 2022년 12월 1일 티빙에 흡수합병 됨
- 2022년 12월 31일 서비스 종료

배경 및 목적

- 그간 토종 OTT사는 콘텐츠 투자 확대 및 제작·수급비 증가, 거대 자본력으로 무장한 글로벌 OTT기업과의 치열한 경쟁으로 적자를 기록해왔음.
- 월간활성이용자수(MAU) 증가를 통해 시장 우위를 선점, 수익화 전략으로 이어질 수 있음. 실제로 티빙은 시즌과의 합병을 통해 토종 OTT 1위였던 '웨이브'를 제치고 1위 사업자로 올라설 수 있었음.
- 티빙은 '이상한 변호사 우영우'로 콘텐츠 제작 능력을 입증 받은 KT의 콘텐츠를 안정적으로 제공 받고, KT는 거대한 콘텐츠 유통망을 확보하게 되었음.
- 이 합병으로 500여 만명의 이용자 수를 보유한 티빙을 통해 콘텐츠를 수급할 수 있게 되면서 KT는 제작 역량에 집중할 수 있게 됨.
- KT의 이동통신 서비스와 연계한 다양한 상품을 통해 수익을 올릴 수 있을 것으로 예상됨.

M&A 내용

시즌을 운영하는 케이티시즌을 티빙으로 합병하고,
케이티시즌 지분을 100% 보유한 KT스튜디오지니가 합병법인 지분을 취득해 티빙의 3대 주주 지위를 확보하는 방식으로 진행됨.

티빙이 시즌을 흡수하는 방식으로 이뤄졌으며, 법인명도 티빙을 이어감.

티빙은 합병 이후 기존 시즌 이용자를 겨냥한 다양한 프로모션을 진행하는 등 이용자들을 티빙에 묶어두기 위해 힘씀.

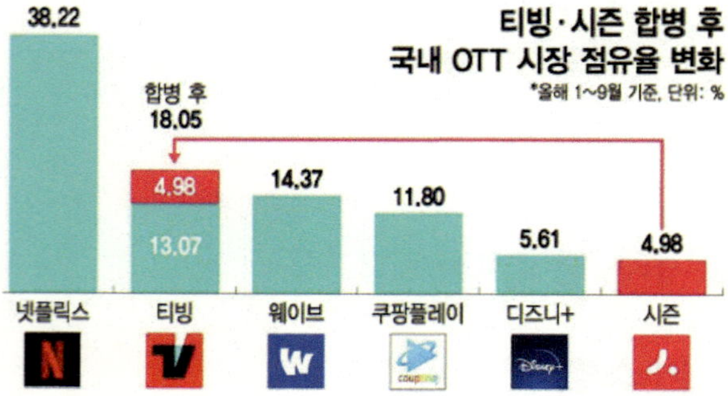

M&A 분류

- 거래 의사: 쌍방 협의에 의한 우호적 M&A
- 결합 형태: 동일한 업종에 있는 회사 간에서 일어난 수평적
- 공개 매수가 아닌 개별 교섭에 의한 합병

느낀점

- 합병은 단순히 경제력이 있는 사업체가 몸집을 불리기 위해 다른 사업체를 사들이는 것이라는 인식을 갖고 있었으나, 수익성이 없는 사업의 처분, 제휴, 영역 확장의 측면에서도 합병을 생각해볼 수 있었음.

- 케이티는 수익성이 낮은 시즌을 처분할 수 있었음은 물론 콘텐츠 제작에 집중할 수 있어 앞으로 수익성이 올라갈 것이며, 티빙은 케이티의 콘텐츠를 공급받고, 시즌의 이용자를 흡수함으로써 국내 오티티 시장에서 경쟁력을 키울 수 있었음.
- 두 사업체 간의 합병은 단순히 티빙의 몸집불리기가 아닌 서로 이득을 보는 티빙과 케이티의 제휴라고도 볼 수 있는 합병이라 생각함.

5.2.3. 이번에는 『e커머스기업 큐텐의 인수합병 사례』이다. 큐텐은 동종시장에서 강자적 지위 확보를 목적으로 티몬, 위메프 등 3개 기업을 인수합병 하였는데 본 사례를 팀 프로젝트 실습사례로 공유

목차

M&A 기업소개 → M&A 배경 및 목적 → M&A 결합방식 → 결론

기업 소개

Qoo10

- 2010년 G마켓 창업자 구영배와 eBay가 공동벤처 형식으로 시작하였음
- 인도네시아,홍콩,일본 등 6개 국가에서 인터넷 쇼핑몰을 운영 중. 본사는 싱가포르에 소재
- 자금력 : 비 상장사로 재무공개된적 없음

타임커머스 TMON

- 2010년 설립된 이커머스 중견기업. 매출액 약 3570억

위메프

- 매출액 2450억

INT

- 인터파크 커머스로 2023년에 법인 변경

배경 및 목적

- 現큐텐창업자 고 영배가

  이베이에 G마켓을 매각할 10년 동안 국내 이커머스 시장에서 경쟁하지 않는다는 계약조건이2022년에 만료됨에 따라 국내 이커머스 3사를 M&A.
- 국내 이커머스 시장에서 쇠퇴하고 있는 티몬, 인터파크, 위메프 3사를 M&A 하여 업계 빅기업인 네이버, 신세계, 쿠팡에 대응해 경쟁에 뛰어 듬
- 이미 쿠팡의 대만 진출이 진행되고 있고 그에 맞서 해외 고객을 다량 보유하고 있는 큐텐도 국내 물류 센터를 거점으로 국내와 해외 시장을 확대될 전망.

큐텐 M&A 동향

2010년	큐텐 설립	
2021년	이베이코리아 예비입찰	본입찰 불참-신세계 인수
2022년	티몬 인수	지분 교환
2023년	3월 인터파크커머스(쇼핑 사업부) 인수	지분 인수
2023년	4월 위메프 인수	지분 인수

M&A 결합방식

- 거래의사 : 우호적 M&A
- 결합형태 : 수평적 M&A
- 결합방법 : ■ 주식교환매수 (티몬 : 큐텐의 자회사 큐익스프레스 지분을 교환)
  ■ 현금매수(위메프 : 경영권, 모바일앱 소유권 큐텐으로 이전 인터파크 커머스)
- 결합주체: In → Out 형

결론

· 해외, 국내 셀러들이 이커머스를 할 수 있는 교두보로 이용 할 수 있는 플랫폼이 될 듯 국내 이커머스 이용자들에게 정착된 네이버와 쿠팡 등 에서 어떻게 국내이용자를 끌어들일지 두고 봐야 할 것 같음.

· 규모의 경제로 상품 구매 경쟁력도 높아지고 물류 자회사를 통해 해외 배송도 활발해질 것이란 기대가 있음

· 해외 고객이 대부분인 큐텐, 국내 상품을 해외 바이어들로 부터 수출 되는 것을 기대.

Chapter 06 전략경영 확정과 공유

1. 공유의 개념과 효과

국어사전을 보면 **공유(共有, Share)**란, '두 사람 이상이 한 물건을 공동으로 소유함'이라고 정의되어 있다. 맞다 경영계획도 해당 기업에 종사하는 임직원 모두가 공동으로 소유하여야 하고 하면 할수록 그 성공의 가능성은 높아진다.

경영계획을 기업의 모든 구성원과 공유할 경우 다음과 같은 긍정적 효과가 있다. 그러나 효과에 가려진 단점 등을 고려하여 공유의 대상, 공유의 시기, 공유의 정도 등을 조정하는 실행전략도 요구되어진다.

첫째, 도달할 목표를 구체화하고 우선순위에 포지셔닝(Positioning) 된다. 경영계획은 단기-중기-장기에 거쳐 수행해야할 목표이므로 공유를 할 경우 목표를 구체화 하고 여타의 것보다 구성원의 마음에 우선순위로 작용하여 집중할 수 있다.

둘째, 투명한 경영을 통하여 노사 간 신뢰성을 제고할 수 있다. 우리는 본 책의 제6장 목표달성 전략수립에서 이미 학습한바 있던 아메바 경영을 떠 올려 보자. 아메바 경영의 추구목적 세 번째가 '전원 참가형 경영의 실천'이었다. 이는 회사의 경영 수치 및 경영 상태를 공유하여 노사관계가 아닌 파트너관계로 경영을 해 나가는 것을 의미하는 효과가 있기 때문이다.

셋째, 전 구성원의 경영의식과 참여의식이 높아진다. 기업의 경영실적이 잘 되도 비상경영, 못 되도 비상경영을 설파하기만 한다면 구성원들의 기업 경영에 대한 의식과 어려움을 극복하려는 참여의식이 향상되는데 한계가 있을 수밖에 없을 것이다.

넷째, 토의문화의 확산과 문제해결을 위한 대안 수립이 용이하다. 경영목표를 달성하기 위해서는 개인 및 조직 단위의 KPI가 달성되어야 전사의 목표도 달성할 수 있다. 때문에 공유가 될 때 서로 다른 개인의 KPI도 공유할 수 있고 더불어 서로 다른 KPI에 대한 구성원들의 생각이나 아이디어가 전달되기 위해서는 토의문화가 자연스럽게 확산된다. 토의를 통한 문제해결 대안은 개인의 노력에 의하여 수립된 개인만의 해결방안보다 더 효과적일 수 있다.

표 6-1 경영목표 공유의 효과

구분	주요내용
공유의 효과	• 도달할 목표를 구체화하고 우선순위에 포지셔닝 됨. • 투명한 경영을 통하여 노사 간 신뢰성을 제고할 수 있음. • 전 구성원의 경영의식과 참여의식이 높아짐. • 토의문화의 확산과 문제해결을 위한 대안 수립이 용이 함. • 구성원들에게 중장기 미래를 생각하는 안목을 배양시켜 줌. • 기타 공유를 통한 부가적인 기업 가치를 창출 할 수 있음.

다섯째, 구성원들에게 중장기 미래를 생각하는 안목을 배양시켜 준다. 경영목표는 기업의 Vision(비전)과 Mission(미션)을 달성하기 위한 전략이므로 개인의 KPI를 달성해야 기업의 경영목표가 달성되고, 기업의 경영목표가 달성되어야 중장기 비전과 미션을 이룰 수 있음을 구성원들은 잘 알고 있으므로 중장기 미래를 생각하는 경영의식과 사고를 갖게 한다.

여섯째, 기타 공유를 통한 부가적인 기업가치를 창출 수 있다.

2. 공유의 대상과 수단

2.1. 공유의 대상

기업의 경영관련 공유의 대상은 대상의 물건(物件)이 무엇(What) 인지와 대상의 성원(成員)이 누구(Who) 인지로 구분할 수 있다. 공유 대상의 물건으로는 경영계획과 계획의 실행결과인 경영성과가 된다. 공유 대상의 성원은 다시 기업의 내부 구성원만으로 할 것인지와 외부 협력사를 포함한 이해관계자까지로 할 것인지로 범위를 구분할 수 있다.

대부분의 기업에서는 경영계획을 수립할 때에는 최소 조직단위에서 출발하여 팀 단위, 본부 및 사업부 등 조직 단위별로 진행된다. 이후 취합된 경영계획의 일부를 보완 및 첨삭 과정을 거쳐 전사 경영계획이 수립되므로 전 구성원을 자연스럽게 참여시키는 경우가 많다. 하지만 목표를 달성하기 위한 실행전략 단계인 진척도(또는 진척율)부터 공유의 대상이 조직의 장과 중역진 등 상위의 직책자(職責者 또는 補職者)를 중심으로 이루어지기 때문에 전 구성원들이 공유하기에는 한계가 많다. 이러한 조직문화의 기업이라면 경영성과를 공유한다는 것은 생각조차 쉽지 않을 수도 있다.

표 6-2 경영목표 공유의 대상

구분		주요내용
대상 물건(物件)		경영계획, 경영성과
대상성원(成員)	기업 내	전 임직원
	기업 외	협력사 및 이해관계자
공유 시기		계획의 수립단계, 계획의 진행단계, 성과도출단계

정부차원에서도 「대·중소기업상생협력 촉진에 관한법률[1]」을 근거로 성과공유제를 시행하고 있으며, 위탁기업과 수탁기업의 효과를 보면 다음과 같다.

표 6-3 법적근거로 시행되는 성과공유제의 유형

성과공유제 유형	주요내용
신제품 및 신기술 개발	모기업과 협력사가 공동으로 신제품 또는 신기술을 개발하거나, 수입제품 및 기술을 국산화하고 그 성과를 공유
해외 동반진출	모기업과 협력사 제품[2] 또는 사업장을 해외에 동반으로 진출
기술이전	기업이 보유한 기술 및 특허, 디자인 등의 지적재산을 협력사에 무상 또는 저가로 제공하고 그로 인한 수익을 공유
공정개선	모기업과 협력사가 골동으로 품질 및 생산 등의 공정을 개선하여 품질, 비용 및 납기 최적화를 통해 생산성 및 원자재 비용절감 등의 성과를 상호 공유
성능개선	모기업과 협력사가 공동으로 기존에 사용 중인 제품 등의 성능을 개선하여 생산성을 향상시키거나 서비스의 제공 시간을 단축시켜 발행상 성과를 공유
원가개선 및 비용절감	모기업과 협혁사가 골동으로 협력사의 원가관리 체계를 개선하거나 생산과정의 Loss(유실) 등을 분석 및 개선하여 발생하는 성과를 공유
관리시스템 개선	모기업과 협력사가 공동노력을 통해 협력사의 생산 및 경영관리 시스템을 개선하여 품질향상, 비용절감 및 납기 향상 등의 성과를 상호 공유
서비스용역 개선	모기업의 시설, 설비 등을 유지 보수하거나 운영 프로세스를 개선하는 등 서비스용역 개선에 공동으로 노력하고 발생하는 성과를 상호 공유

1) 대·중소기업상생협력 촉진에 관한법률 제8조(상생협력 성과의 공평한 배분) 1항 전문으로 정부는 수탁기업이 원가절감 등 수탁·위탁기업 간에 합의한 공동목표를 달성할 수 있도록 위탁기업이 지원하고 그 성과를 수탁·위탁기업이 공유하는 계약모델(이하 "성과공유제"라 한다)의 확산을 위한 시책을 수립하여 추진할 수 있다.

2) 기술, 소프트웨어, 서비스를 포함한다.

위탁기업(委託企業)의 효과로는 신뢰를 기초로 한 협력사 관리가 가능하다. 협력사 역량강화로 경쟁력이 향상된다. 신제품 및 신기술 개발에 유리하다. 외부 아이디어를 활용할 수 있다. 공동 R&D·기술력향상·품질개선 등에 유리하다.

수탁기업(受託企業)의 효과로는 사전계약으로 공정한 거래문화가 정착된다. 기술역량을 강화할 수 있다. 장기계약·물량확보·단가계약이 용이하다. 위탁기업의 노하우 및 인력화용이 가능하다. 매출확대에 따른 투자기반을 획득할 수 있다.

법적근거로 시행되는 성과공유제의 대상이 되는 유형으로는 신제품 및 신기술개발, 해외동반진출, 기술이전, 공정 및 성능개선, 원가개선 및 비용절감, 관리시스템 개선, 서비스용역 개선 등 8가지가 있다. 성과공유의 방법으로는 현금보상, 단가보상, 장기계약, 물량확대, 공동특허, 판매수입공유, 가산점 부여, 입찰기회 제공, 구매우선권 지급[3) 등을 들 수 있다.

이상과 같이 정부차원의 성과공유제의 유형과 공유방법 등을 참고로 짚어 봤다. 이는 유형과 공유의 방법을 참고하고자 하는 단순 학습자료 이상으로 봐서는 안 될 것이다. 왜냐하면 본 책에서의 공유는 수립된 경영전략(경영계획서)을 확정한 이후 실행에 앞서 조직 구성원 또는 협력사를 포함한 이해관계자 정도를 대상으로 하는 것이기 때문이다.

공유의 대상이나 유형을 구분할 때 가장 중요하게 반영할 것은 경영에 직접 또는 간접적으로 참여하는 성원들과 공유하는 것이 공유하지 않는 것보다 효과적인 것은 과감하게 공유하는 것이 훨씬 효과적이라는 것이다.

2.2. 공유의 수단

경영전략을 공유하는 수단은 공유하고자 하는 대상이 누구인가에 따라 달라진다. 공유의 대상이 조직 내의 임직원이면 교육 및 일반회의, 제책(製册), 사내게시 등의 수단을 사용할 수 있다. 공유의 대상이 조직 밖의 협력사를 포함한 이해관계자라면 일반 및 교육적 회의, 주주총회, 투자자만을 대상으로 하는 임시회의(臨時會議) 등을 이용할 수 있다.

3) 윤형호·이지연(2017), 서울시 공기업 성과공유제 도입 방안, 서울연구원.

표 6-4 공유 대상에 따른 수단의 예

구분		주요내용
조직 내 공유	대상	사내의 임원, 팀장 등 구성원 전원
	수단	• 일반회의[4] : Meeting, Convention, Congress, Conference • 교육회의 : Seminar, Workshop, Institute, Lecture, Class • 제책 : 편철하여 전 구성원에게 배부 • 사내게시 : 온라인 사내게시판을 이용하여 공지
조직 외 공유	대상	협력사, 이해관계자
	수단	• 일반회의 : Meeting, Convention, Congress, Conference • 교육회의 : Seminar, Workshop, Institute, Lecture, Class • 주주총회[5] : M&A 등 대규모 투자의 경우 • 임시회의 : 은행 등 투자자만을 위한 계획공유 임시회의

3. 활용할 수 있는 전략기법

수립된 경영전략(경영계획 서)을 공유하는 방법으로 가장 일반적으로 이용되는 것이 기업외부에서 시행하는 Workshop이다. 물론 기업내부의 대강당이나 부서별로 소회의실에서 진행할 수도 있으나, 경영계획 수립의 노고를 치하 하고 최고경영자 및 임

4) • Meeting : 회의 참가자의 활동 목적이 교육 세션에 참가하는 것이고, 기타 기획된 이벤트에 참가할 수 있는 형태의 회의이다.
• Convention : 회의 참가자의 활동 목적이 교육 세션에 참가하는 것이고, 회의 및 토론에 참여하여 사교활동을 하거나 기타 기획된 행사에 참가하는 회의의 형태이다.
• Congress : 유럽에서 주로 사용되는 용어로 Convention과 같은 의미의 회의 형태이다.
• Conference : 토론, 사실규명, 문제해결, 자문 등을 위하여 기획된 회의의 형태이다.
• Seminar : 전문 토론 지도자의 안내로 참가자로 하여금 특정 분야의 경험을 공유하게 하는 회의의 형태를 말한다.
• Workshop : 특정 주제에 대하여 다양한 의견을 수렴하기 위하여 격렬하게 토론을 전재로 모이는 회의의 형태이다.
• Institute : 특정 주제에 대하여 집중적인 교육을 시행할 목적으로 마련된 심화교육 형태의 회의를 말한다.
• Class : 동일한 주제를 갖고 학습을 위하여 정기적으로 만나는 학생 그룹 또는 단체로 배우는 형태의 회의를 말한다.

5) 주주총회(General meeting of stockholders)는 기업의 기본 조직과 경영에 관한 중요 사항에 관하여 주주들의 의사를 표시하여 결정하는 최고 의사결정 기관으로 매(每)결산기에 정기적으로 소집되는 정기총회와 필요에 따라 소집되는 임시총회가 있다. 주주총회의 결정사항으로는 정관의 변경, 자본의 증감, 영업의 양도·양수·합병, 이사·감사·검사인·청산인의 임영에 관한 사항, 주식배당, 신주인수권, 계산 서류의 승인 등에 관한 사항이다.

직원들의 경영계획 달성의지를 부양하고 공감대를 만들 수 있는 개방된 장소에서의 기회이기 때문이다.

수십 명이 참여하는 회의에서 대표적인 공유방법이 Presentation(프레젠테이션) 이다. 또한 경영계획 수립, 진척도 관리에서 필수적인 것이 Project(프로젝트) 관리가 된다.

본 장에서 활용할 수 있는 전략기법과 스킬로 Presentation기법을 제시한다. 이는 어느 형태의 조직이나 과업을 진행할 때, 발표할 때 필수적으로 소용되는 기법이기도 한다.

전략기법	개념	활용용도 및 특징
Presentation 기법	• 프레젠테이션 기법은 시청각 자료를 이용하여 청중들에게 정보전달, 안건소개, 사업설명회, 제안서 발표 등의 행위를 할 때 요구되는 프레젠테이션 4P를 준비하고 행하는 Communication 기법이다. • Presentation 4P는 People(청중), Purpose(발표목적), Place(발표 장소), Preparation(발표준비)을 말한다.	• 발표자가 발표내용과 혼연일체 되어 청중들을 설득시켜 발표 목적을 얻고자 할 때 필요한 핵심수단이다. • 프레젠테이션 4P와 발표자의 옷차림과 외모, 무대사용, Eye contact, 사용언어, 발표시간조절, 질의응답 준비를 함께할 때 발표목적의 성취에 한 걸음 더 다가갈 수 있다.

3.1. 가시성을 이용한 효과창출 기법(Presentation)

Presentation(프레젠테이션)은 시청각(視聽覺) 자료를 이용하여 참석자들에게 정보전달, 안건소개, 사업설명회, 제안서 발표 등을 하는 행위를 말하는 것으로 발표 또는 PT로 줄여서 표현하기도 한다. 이의 목적은 발표장에 참석한 Audience(참석자 또는 청중)를 발표자의 의도에 호응하도록 설득하는 것이다.

호응(好應)이란 무엇일까?, 이는 발표자가 발표하는 대상이 무엇인가에 따라 달라진다. 경영계획을 발표한다면 경영계획을 올바르게 이해하고 질문과 응답을 통하여 구체화 및 인식하게 만드는 것이 된다. 신제품을 소개한다면 제품의 구매를 하게 하는 것이고, 사업설명회를 한다면 투자를 받는 것이 될 것이다. 또한 제안서를 발표한다면 제안내용을 평가하는 평가위원들이 가장 높은 점수를 부여하여 발표자의 제안이 우선협상대상자로 선정되게 하는 것이다. 때문에 발표의 내용은 소개하는 대상에 따라, 발표를 듣는 청중에 따라 시청각 자료를 달리하여야 한다.

발표자(Presenter)가 청중의 호응을 얻기 위하여 반듯이 조사 및 준비, 그리고 분석해야 할 것이 있다. 바로 4P이다. 우리가 마케팅 전략에서 사용되는 마케팅믹스를 4P라고 한다.

표 6-5 프레젠테이션 4P와 4P별 분석 내용

구분	Presentation 4P	분석할 내용
주요 내용	People (참석자)	• 청중은 누구인지 • 이들이 발표 장소에 참석한 이유 또는 목적이 무엇인지 • 참석한 이들에게 발표자는 어떠한 가치나 이익을 줄 것인지 • 발표자가 청중들로부터 얻을 수 있는 것은 무엇인지
	Purpose (발표목적)	• 정보전달 및 소개를 하는 것인지 • 신제품이나 신기술을 소개하는 것인지 • 사업설명회를 하는 것인지 • 기념행사인지
	Place (발표장소)	• 폐쇄적인 실내인지 또는 사방이 개방되어 있는 외부인지 • 손 마이크를 사용하는지 또는 핀 마이크를 사용하는지 • 좌석배치는 어떻게 되어있는지 • 통행로는 뒤에서 앞으로 가는지 또는 다른 방법인지 • 정전·소음·전자장비 등에 이상은 없는지
	Preparation (발표준비)	• 발표 자료는 본인의 것으로 본인에 의하여 좌우할 수 있는 대상 • 자료수집-자료작성-발표자료 준비-리허설 등의 단계를 요구하는 4P 중 가장 중요

프레젠테이션 기법에서도 4P[6)]가 있다. 이는 발표자의 준비(Preparation), 참석한 청중(People), 발표목적(Purpose), 발표장소(Place)를 가리키는데 이들이 조사, 분석 및 분석의 대상 중 핵심이다.

첫째, 참석자 분석이다. 청중은 누구인지, 이들이 발표 장소에 참석한 이유 또는 목적이 무엇인지, 참석한 이들에게 발표자는 어떠한 가치나 이익을 줄 것인지, 반대로 발표자가 청중들로부터 얻을 수 있는 것은 무엇인지를 분석하고 이들에게 부합된 내용의 시청각을 사용한 내용을 준비하여야 한다.

둘째, 발표목적 분석이다. 정보전달 및 소개를 하는 것인지, 신제품이나 신기술을 소개하는 것인지, 사업설명회를 하는 것인지, 기념행사인지에 따라 발표의 내용과 발표자의 외형 또한 부합되게 준비하여야 한다.

셋째, 장소분석이다. 발표 장소는 주변의 환경에 많은 영향을 받고 받을 수밖에 없다. 폐쇄적인 실내인지 또는 사방이 개방되어 있는 외부인지, 손 마이크를 사용하는지 또는 핀 마이크를 사용하는지, 좌석배치는 어떻게 되어있는지, 통행로는 뒤에서 앞으

6) 방용성, 주윤황(2015). 컨설팅방법론, 학현사를 편집하여 인용하였음.

로 가는지 또는 다른 방법인지, 정전·소음·전자장비 및 기구 등에 이상은 없는지 등을 사전에 조사·분석하여 대응 및 유효적절하게 활용하여야 한다.

넷째, 발표자료 준비이다. 위의 3가지는 상대적인 것이지만 발표 자료는 본인의 것으로 본인에 의하여 좌우할 수 있는 대상이다. 이는 발표자료 준비를 위한 자료수집-자료작성-발표자료 준비-리허설 등의 단계를 요구하는 4가지 중 가장 중요한 것이다. 발표자료가 아무리 완벽하더라도 발표자가 너무 긴장하여 전달할 것을 제대로 전달하지 못한다거나, 발표자는 완벽하게 리허설까지 마쳤는데 준비한 내용이 발표목적에 부합하지 않는 내용이라면 낭패가 아닐 수 없다. 성공적인 발표를 위해서는 내용과 발표자의 발표역량이 동시에 충족되어져야 한다.

프레젠테이션 4P 중 가장 중요한 발표준비에 대하여 알아본다. 발표준비는 7단계로 준비하는 것이 실전 대응에 도움이 된다.

그림 6-1 프레젠테이션 발표준비 7단계

7 단계	준비내용	Methods
Phase 1	· 발표목적(Purpose)의 철저한 분석	· 제안요청서(RFP) 분석 · 발표의 성질 분석
Phase 2	· 목적에 부합하는 관련 자료 및 정보의 수집	· 선행연구 조사 · 인터넷 조사 · 전문가 의견조사
Phase 3	· 수집된 정보 및 자료의 분석과 요약	· Issue Tree 기법 · Value Driver Tree 기법 (성과동인체계)
Phase 4	· 발표목적에 부합하는 시청각 발표자료 다자인	· 선행자료 조사 · 전문가 의견조사
Phase 5	· 디자인에 근거한 발표자료 작성	· 전문가 의견조사
Phase 6	· 발표노트 작성 (실전에 사용할 발표 원고)	· 전문가 의견조사
Phase 7	· QNA자료 준비 (발표 후 진행할 질의응답 자료)	· 발표목적 Review · Key Word 정리

1단계는 발표 목적이 무엇인지 철저한 분석과 준비이다. 2단계는 발표목적에 부합하는 자료 및 정보를 수집하는 것이다. 3단계는 수집된 정보와 자료를 분석하고 요약 및 정리하는 것이다. 4단계는 어떻게 효과적으로 전달하여 발표목적을 달성할지 시청각 발표 자료를 디자인하는 것이다. 5단계는 디자인에 근거하여 발표 자료를 작성하는 것이다. 6단계는 실전에서 활용할 발표노트를 제작하는 것이다. 7단계는 과제의 목적에 부합하고 발표내용을 보완 및 강화할 수 있는 질문 자료를 작성하는 것이다.

발표준비 전략에 대하여 알아본다.

먼저 자료정리 전략이다. 첫째, 시간에 따라 정리한다. 시간적인 자료를 준비할 때는 과거-현재-미래, 3년-2년-1년-금년, 1월-3월-7월-금월 등의 순서로 정리하는 것이 청중들의 이해를 구하는데 효과적이다. 둘째, 내용에 따라 정리한다. 유사한 내용이나 유사한 주제 등 유사한 것끼리 나누어 정리하는 것이 청중의 이해력을 활성화시키는데 도움이 된다. 셋째, 인과관계에 따라 정리한다. 원인을 제기했으면 결과를 이어서 정리하는 것이 발표자와 청중이 함께 호흡하는데 효과적이다.

다음은 **시각적 자료작성 전략**이다. 첫째, 하나의 시각화 자료에는 하나의 주제만 제시한다. 여러 주제를 담아 표현하려다 전달하고자 하는 핵심이 흐려질 수 있으므로 핵심을 강조하여 전달하는 것이 효과가 있다. 둘째, 시각화 자료는 데이터(Data) 자료와 함께 사용한다. 그래프나 그림과 같은 시각화 자료만 보여주는 것보다 이들의 근거 자료를 제시하는 것이 객관성과 신뢰성을 높여준다. 셋째, 시각화는 단순하게 구성한다. 복잡하게 만들면 청중을 혼란스럽게 할 수 있으므로 간단하고 명료하게 내용을 구성한다. 넷째, 시각화 내용은 발표내용과 부합되게 구성한다. 발표내용과 관계가 없는 시각

표 6-6 자료정리 및 시각적 자료 작성 전략

구분		주요내용
발표 준비 전략	자료정리 전략	• 오래된 것부터 최근 순으로 시간에 따라 정리 • 유사한 내용 및 주제끼리 내용에 따라 정리 • 인과관계에 따라 정리
	시각적 자료작성 전략	• 하나의 시각화 자료에는 하나의 주제만 제시 • 시각화 자료는 데이터(Data) 자료와 함께 사용 • 시각화는 단순하게 구성 • 시각화 내용은 발표내용과 부합되게 구성 • 그래프나 차트 등 도형을 최대한 활용 • 시각화 자료를 너무 화려하게 하지 않는다.

화 자료는 역효과를 발생시킬 수 있으므로 시각화 자료는 발표내용을 검증하고 구체화시킬 수 있는 것으로 하여야 한다. 다섯째, 그래프나 차트 등 도형을 최대한 활용한다. 백 줄의 문장보다 하나의 그림이 효과적이란 말이 있다. 청중의 입장에서 이들이 쉽게 이해하고 발표자와 호흡을 함께 할 수 있도록 숫자는 그래프로 만들고 문자는 차트나 도형으로 시각화한다. 여섯째, 시각화 자료를 너무 화려하게 하지 않는다. 너무 화려한 색상을 이용한 시각화 자료는 청중들의 가독성을 흐리게 하고 집중보다는 오히려 산만한 결과를 초해하기 쉽다.

발표자의 전달기술이다. 훌륭하게 작성된 발표 자료를 더 효과적으로 전달하는 기술은 발표자로부터 나온다. 손동작 및 몸동작, 옷차림과 외모, 시선 맞추기, 무대사용, 사용언어, 발표시간 조절, 질의응답 등이 그것인데 이들에 대하여 알아본다.

첫째, 손동작과 몸동작이다. 발표자의 태도는 자신 있어야 하고 신뢰성이 묻어나야 한다. 때문에 지나친 손동작은 청중에게 위압감을 줄 수 있으므로 좌우는 자신의 어깨 넓이 범위 내에서 움직이고, 상하는 자신의 배꼽아래 단전에서 턱 부분까지를 범위로 하는 것이 좋다.

표 6-7 발표자의 전달기술

구분	주요내용		
발표 전달 기술	• 손동작과 몸동작 • 옷차림과 외모	• 시선 맞추기 • 무대사용	• 사용언어 • 발표시간 조절 • 질의응답

때문에 레이저 포인터(Laser point)나 볼펜 등을 손에 쥐고 설명하는 곳을 지시하는 포인터로 불필요한 손동작을 피하는 도구로 사용하는 것이 자신감 있고 신뢰성을 주는 발표자의 자세에 유리하다. 몸과 표정동작이 경색되면 청중들도 딱딱해질 수밖에 없으므로 몸동작은 유연하게 표정은 미소가 있는 부드러움이 좋은 분위기를 만들어 낸다.

둘째, 옷차림과 외모이다. 발표는 자신의 개성을 발산하는 곳이 아니다. 발표 장소에 부합하는 정장, 캐주얼, 구두 착용 등 옷차림과 외모를 발표 장소에 걸맞게 달리 준비하여야한다.

셋째, 시선(視線) 맞추기이다. 이는(Eye contact) 청중이 발표자와 함께하는지, 발표내용을 이해하는지 못하는지, 따분한 진행인지 아닌지 등을 알 수 있는 수단이다. 또한 참석자의 지위(地位)를 더 높여주고 높은 관심을 갖게 해주는 효과가 있으므로 모든 청중과 골고루 시선 맞추기를 하는 것이 중요[7]하다.

넷째, 무대사용이다. 발표무대는 보통 바닥보다 높은 교탁이 있는 형태와 없는 형태 두 가지가 있다. 교탁이 있으면 교탁을 범위로 활용하고 없다면 좌우의 화면을 벗어나지 않는 범위를 활용토록 한다. 무대는 적당한 보폭으로 골고루 이용한다. 시선 맞추는 청중이 있다면 그 쪽으로 이동하면서 설명한다. 청중에게 등을 보이지 않는다.

다섯째, 사용언어이다. 프레젠테이션은 대부분 비즈니스 차원에서 이루어지므로 품위가 있는 표준말을 사용하는 것이 좋다. 또한 청중의 수준에 부합되는 언어를 사용하여야 한다. 변호사나 검사가 재판정에서 법률용어를 사용하며 변호와 공격을 하듯이 발표자의 사용언어 또한 발표내용에 부합되는 용어를 사용한다.

여섯째, 발표시간 조절이다. 준비가 잘된 발표내용과 발표자라 하더라도 발표시간을 초과하여 청중들에게 반토막 발표밖에 못하였다면 그 결과 또한 반토막이 날 수 밖에 없을 것이다. 시간조절을 가장 잘 하는 방법은 많은 연습뿐이다. 그 다음으로 다음을 준비하여 보자. 발표를 준비할 때 제시된 시간보다 2~3분 미리 끝나게 준비한다. 우발적인 발표시간 증감요구에 대비하여 설명을 줄이거나 생략해도 내용전달에 문제가 없는 부분, 추가적인 설명이나 유머를 삽입하여 설명할 부분 등을 준비해 둔다. 서론에서 시간할애는 금물이다.

일곱째, 질의응답 준비이다. 본 발표의 부족한 부분과 잘된 부분을 강화할 수 있는 것이 질의응답이다. 발표내용의 본질을 파악하여 청중의 입장에서 질문이 될 만한 내용을 사전에 선정 및 대답을 연습하여 또 하나의 발표 무기로 활용하여야 한다.

---

7) 시선 맞추기에 대한 몇 가지 Tip을 제공한다. 지위가 높거나 핵심인물에게는 시선 맞추기의 비중을 더 준다. 몸의 방향과 시선의 방향은 같게 한다. 특정인에게 과도한 시선 맞추기는 피한다. 발표를 하면서 시선 맞추기를 해야 한다. 시선 맞추기는 눈싸움이 아니므로 눈에 과한 힘을 주는 것은 청중에게 불쾌감을 줄 수 있으므로 주의해야 한다.

PART Ⅱ

전략목표 관리

Chapter 07 성과보상제도와 목표관리

1. 성과보상제도의 개념과 충족조건

성과보상제도(成果補償制度, Pay for performance system)는 행동 모니터링(Behavioral monitoring) 또는 산출된 성과물을 근거로 개인의 성과 및 노력의 극대화를 위하여 구성원들을 격려하는 것을 목적[1])으로 하는 조직경영 기법이라고 정의할 수 있다. 여기서 말하는 성과보상(Compensation)이란 조직과 개인 간 고용관계(Employee relationship)의 일환으로 임원 또는 직원인 구성원이 기업으로부터 받게 되는 모든 형태의 금전 또는 비금전적인 대가를 말한다.

성과보상제도는 인센티브의 성격이 강한 동기부여와 격려를 목적으로 하는 바 다음과 같은 조건을 충족하여야 성공의 가능성을 높일 수 있다.

첫째, 구성원들이 긍정적이고 호의적으로 받아들여야 한다. 성과보상제도는 조직 전체 구성원들을 대상으로 하는 조직경영 기법이므로 설계에서 확정까지 전 구성원들이 참여하고 이들과 공유하여야 한다.

둘째, 구성원들은 성과보상과 직무성과 사이의 관계를 명확하게 인지하여야 한다. 경영목표 달성을 위하여 개인단위, 조직단위로 시행되는 핵심성과지표의 정량적 평가를 통한 결과로 성과보상이 주어지는 것이고 고정급 이외에 별도로 주어지는 인센티브 성격임을 인지하여야 한다.

셋째, 모든 구성원들에게 공정하게 적용되어야 한다. 지원부서, 생산부서, 개인이나 조직단위 모두에게 정해진 평가제도를 통하여 평가되고 평가된 결과는 제외나 차별 없이 공정하게 적용되어야 한다.

넷째, 성과보상의 기준은 구체적이고 너무 쉽지 않아야 한다. 성과보상의 기준은 구체적으로 계량화 할 수 있도록 하여야 하고 어렵지 않은 노력으로 획득할 수 있는 것이 아니어야 한다.

---

1) Deckop, J. R., Mangel, R., Cirka, C. C.(1999). Research notes. Getting more than you pay for: Organizational citizenship behavior and pay-for-performance plans. Academy of Management Journal, 42(4).

표 7-1 성과보상제도의 충족조건과 장점

구분	주요내용
충족조건	• 구성원들이 긍정적이고 호의적으로 받아들여야 한다. • 구성원들은 성과보상과 직무성과 사이의 관계를 명확하게 인지하여야 한다. • 모든 구성원들에게 공정하게 적용되어야 한다. • 성과보상의 기준은 구체적이고 너무 쉽지 않아야 한다. • 성과보상의 결정방식은 단순하고 쉽게 이해되어야 한다. • 성과급은 개인 및 집단에 따라 차등 지급되어야 한다.
장점	• 개인 및 집단의 동기를 자극한다. • 고정급과 달리 목표달성여부에 따라 변동급이 지급되고, 성과의 정도가 클수록 변동급의 규모가 커질 수 있다. • 성과급 지급대상을 집단으로 할 경우 팀워크를 강화시킨다. • 조직 활성화의 동인으로 작용한다.

다섯째, 성과보상의 결정방식은 단순하고 쉽게 이해[2]되어야 한다. 성과보상의 대상이 될 수 있는지 아닌지를 결정하는 방식은 전문가나 기획 및 운영부서만이 할 수 있는 것이 아니라 구성원 누구라도 그 결과를 예측하고 이해할 수 있도록 설계되어야 한다.

여섯째, 성과급은 개인 및 집단에 따라 차등 지급되어야 한다. 성과에 따른 인센티브(Incentive)적 보상의 개념으로 지급되는 것이므로 개인이나 집단에 따라 성과급은 차등이 있어야 한고 임금보전의 수단이 되어서는 절대로 안 된다.

이와 같은 성과보상제도의 장점으로는 구체적인 성과목표가 있고 이를 달성하려는데 초점을 두고 있으므로 개인 및 집단의 동기를 자극한다. 고정급과 달리 목표달성여부에 따라 변동급이 지급되고, 또한 성과의 정도가 클수록 변동급의 규모가 커질 수 있다. 성과급 지급대상을 개인이 아닌 집단을 대상으로 할 경우 팀워크를 강화시킨다. 성과급은 목표달성을 전제로 하므로 조직을 활성화시키는 동인으로 작용한다.

2. 성과보상제도의 설계

성과보상의 종류는 2가지로 구분할 수 있다. 지급형태에 따른 고정급과 변동급, 그리고 지급대상에 따른 개인성과급과 집단성과급으로 구분하는 것이 그것이다.

---

2) Bohlander, S. Shell.(2003). Administración de Recursos Humanos.

2.1. 고정급과 변동급

고정급(固定給, Fixed pay)은 업무성과와 상관없이 업무에 종사한 시간을 단위로 정액을 지급하는 제도로 일종의 시간급여를 말한다.

변동급(變動給, Variable pay)은 성과급을 말하는 것으로 이는 고정급과는 다른 개인이나 집단이 수행한 작업성과나 능률에 따라 보수를 차등 지급하는 형태로 생산성을 높이는 것을 목적으로 한다.

2.2. 개인성과급과 집단성과급

개인 성과급에는 단순성과급(Simple piece rate plan), 복률 성과급(Multiple piece rate plan), 할증성과급(Premium plan)이 있다.

단순성과급(單純成果給, Simple piece rate plan)은 성과의 정도에 따라 임금단가와 생산량의 곱으로 산출하여 지급하는 제도이다.

복률성과급(複率成果給, Multiple piece rate plan)은 단순성과급처럼 고정된 단일단가를 적용하지 않고 복수의 임금단가를 적용하여 표준작업량까지는 일정한 성과급을 적용하고 표준작업량을 초과했을 때 높은 성과급을 지급하는 것으로 업무결과의 정도에 따라 차등 지급하는 제도이다.

할증성과급(割增成果給, Premium plan)은 최소임금을 보장하기 위한 방법으로 고정급과 변동급의 절충형태로 표준작업량까지는 기본시간급을 지급하고 그 이상으로 달성했을 때 할증급을 지급하는 제도이다.

집단성과급에는 스캔론계획(Scanlon plan), 라커계획(Rucker share of production plan), 이윤분배 계획(Profit sharing plan), 프렌치제도(French system)가 있다.[3]

스캔론계획(Scanlon plan)은 전체 구성원이 참여하는 공동의사결정을 통해 목표를 설정하여 협동을 고취시키고 표준성과수준을 초과한 이익에 대해 매달 구성원 전원에게 배분하는 것으로 구성원의 참여와 동기부여가 결합되어 있는 제도이다.

러커계획(Rucker share of production plan)은 러커(Allen W. Rucker)가 고안한 제도로 성과분배의 기준을 인건비의 부가가치(Value added)에 둔 제도이다. 보수는 부가가치[4]와 임금분배의 곱의 산정공식에 의해 지급하는데 부가가치에 대한 노동 비용이 평

---

3) 김태일·김성준·문명제(2005), 성과평가와 보상 연계방안 연구, 한국정책학회의 노동부연구과제 보고서를 편집하여 인용.

4) 매출액에서 원재료, 소모품 등 외부 급부를 차감한 것을 말한다.

균비용보다 낮으면 비용절감부분을 사내유보로 하고 나머지는 고용자, 작업자가 배분한다. 이의 기본전제는 모든 작업자를 팀으로 보고 집단생산성을 매월 기록하여 집단성과급을 개인 실적에 따라 배분하며 집단생산성은 원가절감에 따른 성과를 화폐가치로 나타낸다는 것이다.

이윤분배계획(利潤分配計劃, Profit sharing plan)은 조직구성원의 협동에 의해 달성한 이윤을 배분하는 것으로 일명 보너스(Bonus)라고 한다. 이는 노사관계 개선, 작업능률 증진, 조직구성원의 생활안정을 위한 제도이기도 하다.

프렌치 제도(French system)는 인건비, 자재비 등의 모든 비용절감을 대상으로 총투입에 대한 총산출의 비를 계산하여 절감한 금액을 성과로 계산하여 조직의 개인에게 50%, 집단에게 50%로 나누어 지급하는 제도이다.

그림 7-1 성과보상의 종류

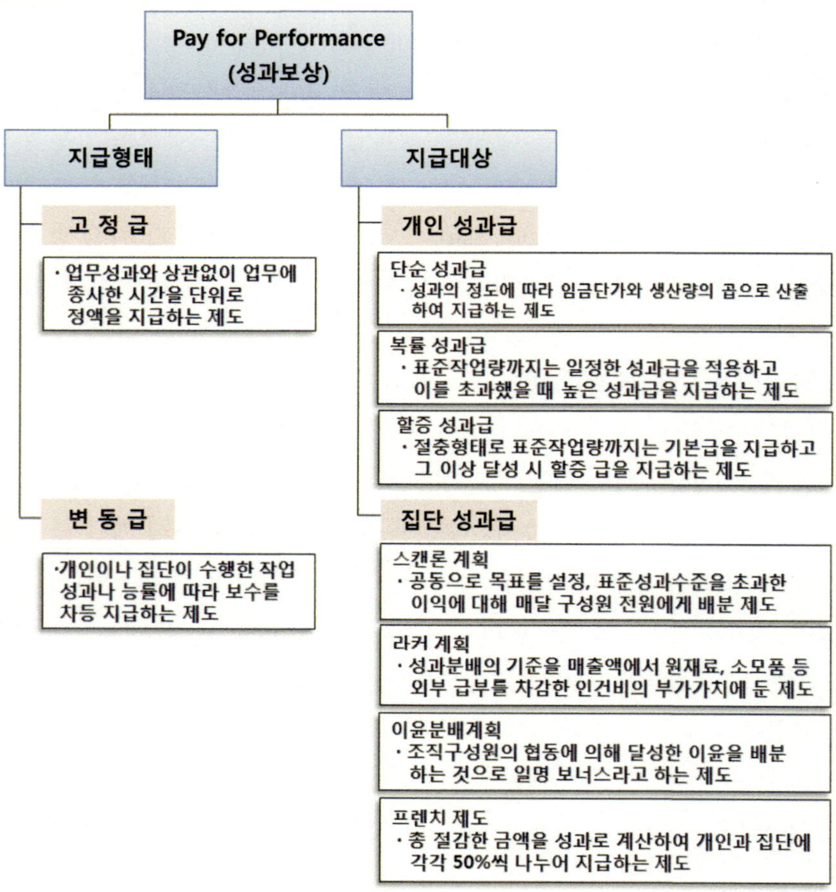

2.3. 성과보상제도의 체계(Model of Pay for performance system)

본 책에서 소개하는 성과보상제도의 체계는 Cornell University(코넬대학교) 교수인 Mikovich 외 2인의 공동저서인「Compensation」에 제시되었던 Pay Model[5])을 소개한다.

Pay Model은 3가지로 구성되는데 Strategic Compensation Objectives(전략적 보상목표), Four Strategic Policies(4가지 전략적 정책), Pay Techniques(보상기법)가 그것이다.

첫째, 전략적 보상목표(戰略的 補償目標, Strategic compensation objectives)이다. 성과보상제도는 이의 특정한 목표인 Efficiency(효율성), Fairness(공정성), Compliance(순응성)를 수행하도록 설계되고 유지된다.

효율성(效率性, Efficiency)은 기업의 경영성과와 생산 및 제공되는 제품과 서비스의 질(Quality)을 향상시켜 고객과 주주들을 만족시키며 노동비용을 통제하는 것을 말한다.

공정성(公正性, Fairness)은 성과보상제도의 근본적인 목표가 되는 것으로 구성원들의 공헌과 필요를 반영하여 주어진 공정한 대우(Treatment)를 보장하는 것을 말한다. 그러나 여기서의 공정성은 모든 구성원들을 동일하게 대우하는 것을 의미하는 것은 아니다.

순응성(順應性, Compliance)은 노동 및 근로관련의 정부 및 회사의 제반 법규를 준용하고 이에 순응하여야 한다는 것을 말한다.

둘째, 4가지 전략적 정책(Four strategic policies)이다. 성과보상 제도를 설계할 때에는 기업의 Internal Alignment(내부적 일관성)와 External Competitiveness(외부적 경쟁성), Employee Contribution(구성원들의 공헌도)과 Administration(관리)을 고려하여야 한다.

내부적 일관성(內部的 一貫性, Internal alignment)은 조직의 목표를 달성하는데 상대적인 공헌도 차이가 얼마나 되느냐를 기준으로, 조직 내부의 직무나 기술의 수준들의 상호비교를 통하여 성과보상을 하는 것을 말한다.

외부적 경쟁성(外部的 競爭性, External competitiveness)은 시장에서 경쟁력 있는 Pay Model의 작동을 위하여 외부에 있는 경쟁사들과 비교하여 자사의 성과보상 제도를 판단하는 것을 말한다.

구성원 공헌도(構成員 貢獻度, Employee contribution)는 구성원들의 목표달성의 정도인 성과에 초점을 맞춰 보상하는 것을 말한다.

관리(管理, Administration)는 이미 설명한 내부적 일관성, 외부적 경쟁성, 구성원 공헌도의 올바른 관리와 운영의 정책을 말한다. 아무리 훌륭하게 설계된 성과보상 제도

---

5) Milkovich, G. T., Newman, J. M., Milkovich, C.(2002). Compensation (Vol. 8). T. Mirror (Ed.). New York: McGraw-Hill.

라 하더라도 올바른 관리와 운영이 되지 않는다면 무용지물이 될 수 도 있기 때문이다.

셋째, 보상기법(Pay Techniques)이다. 이는 내부적 일관성 정책을 구현하기 위해서는 직무분석에서부터 시작되어야 하고, 외부적 경쟁성에 대한 고려는 비슷한 과업에 대해서 경쟁사들이 지급하는 보상 수준과 보상형태를 비교하여 구체적으로 경쟁사의 범위를 설정하고 시장조사를 통해 얻은 정보를 이용하여 경쟁력 있는 보상구조를 만드는 과정을 포함하여야 한다는 것이며, 구성원의 공헌도에 대한 정책은 성과에 근거한 급여 인상, 인센티브 플랜, 스톡옵션 등과 같은 성과에 기초한 보상방법을 통해 구현되어야 하는 것을 말한다.

다음은 성과보상과 관련된 이론들이다. 이를 학습하여 좀 더 실전에서 활용 및 응할 수 있는 토대 및 동기부여가 되기를 바란다.

그림 7–2 성과보상 제도의 체계

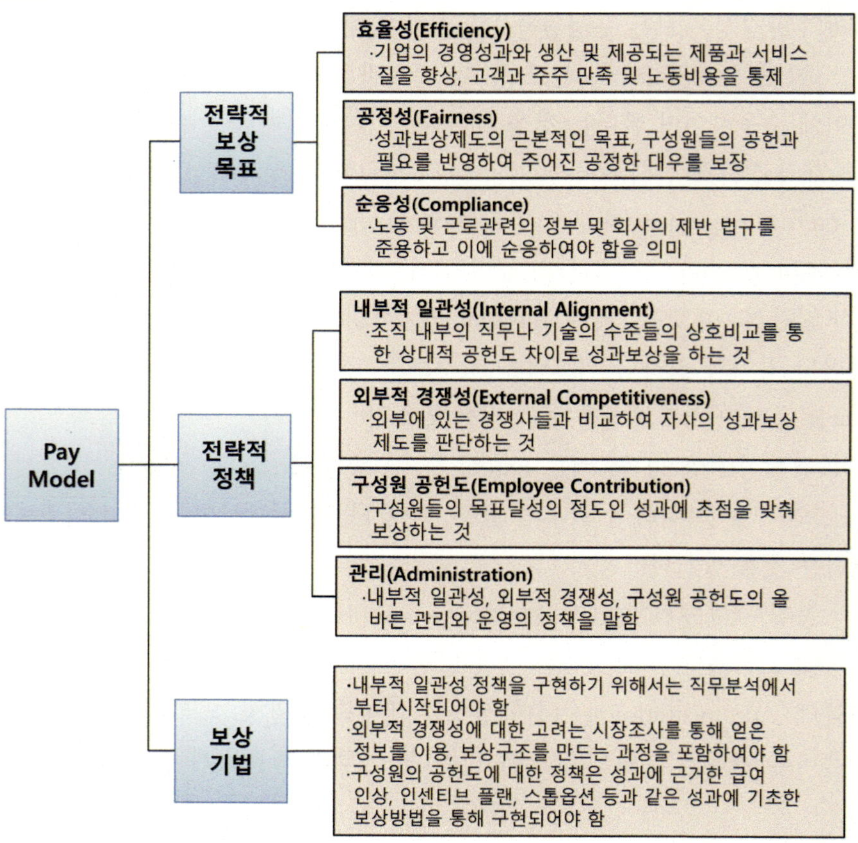

2.4. 기대이론(Expectancy Theory)

기대이론(期待理論, Expectancy theory)은 예일대학교 경영학과 교수인 Vroom[6]에 의하여 1964년 제시된 이론으로 직무에 대한 동기부여가 노력과 성과를 결정짓는 핵심이라는 이론으로 VIE Model 또는 Vroom's Model로 불린다. 이 모델은 조직 내 구성원의 행동, 리더십, 보상의 범위에서 풍부한 이론적 혁신을 제공[7]하였다.

기대이론의 핵심인 동기부여는 Expectancy(기대감), Instrumentality(수단성), Valence(유의성)로 이들 VIE 3가지의 극대화가 중요함을 강조하였다.

기대감(期待感, Expectancy)은 직무를 완수하기까지 소요되는 구성원의 노력과 완료 이후 목표달성과의 관계에 대한 인식으로 열심히 일하면 높은 성과를 올릴 것이라고 믿는 정도를 말한다.

수단성(手段性, Instrumentality)은 구성원의 노력의 정도에 따른 목표달성에 대한 주관적인 인식과 목표달성 이후에 주어질 보상 사이의 관계에 대한 인식으로 직무수행의 결과로 보상이 주어질 것이라고 믿는 정도를 말한다.

유의성(誘意性, Valence)은 직무완료 이후 구성원에게 돌아올 보상이 얼마나 만족스러운 수준인가에 대한 주관적인 인식으로 직무결과에 대하여 각 구성원이 느끼는 가치를 말한다.

이들 기대감, 수단성, 유의성 3가지 요소들의 상호관계를 그림으로 표현하면 [그림 7-3]과 같다.

성과보상제도 설계에 Vroom's Model(VIE model)을 적용하고자 한다면 다음의 사항을 고려하여야 한다. 첫째, 조직의 관리자는 구성원의 노력으로 도출되는 성과와 주어지는 보상의 정도가 합리적으로 연계되게 하여야 한다. 둘째, 목표달성에 주어지는 보상은 구성원이 느끼는 가치와 합리적으로 연계되어야 한다. 셋째, 구성원이 느끼는 가치는 만족과 합리적으로 연계되어야 개인 및 조직에 동기부여를 통한 성과보상제도의 목적을 달성할 수 있다.

---

6) Victor Harold Vroom, 1932년 9월 캐나다 몬트리올에서 태어났다. McGill University에서 학사 및 석사를, University of Michigan에서 박사하위를 취득하였다. 대표적인 연구가 동기부여에 대한 기대이론이며 「Work and Motivation, 일과동기부여」, 「Leadership and Decision Making, 리더십과 의사결정」, 「The New Leadership, 새로운 리더십」 등을 저술하였다.

7) Van Eerde, W., Thierry, H.(1996). Vroom's expectancy models and work-related criteria: A meta-analysis. Journal of applied psychology, 81(5).

그림 7-3 기대이론 3요소의 상호관계

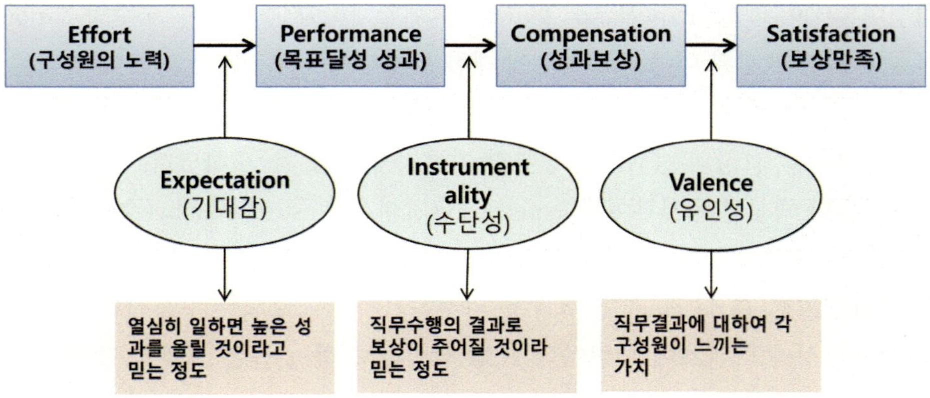

2.5. 동기이론(Theory of motivation)

동기이론(動機理論, Theory of motivation)은 Yale University 교수인 Edward E. Lawler과 Berkeley University 교수인 Lyman W. Porter 교수가 1968년 제시[8])한 이론이다. 이의 핵심은 보상은 성과에 좌우된다는 것이다.

동기부여이론 모델(Model of Motivation Theory)에서는 직무에 투입하는 구성원의 노력(Effort), 성과(Performance), 보상(Rewards) 및 구성원의 주관적 만족(Satisfaction) 수준 등 4가지 개념을 핵심 변수로 한다.

동기이론에서는 성과에 대한 보상체계를 내적보상과 외적보상 2가지로 구분한다.

첫째, 내적보상(內的補償, Intrinsic rewards)은 구성원 개인의 내적인 감정과 밀접한 관련이 있는 것으로 능력발휘와 관련된 장인정신이나 직업주의 정신을 통하여 내적보상이 이루어질 수 있다.

둘째, 외적보상(外的補償, Extrinsic rewards)은 구성원 개인을 둘러싸고 있는 한경에서 비롯되는 것으로 성과자체로부터 나오지는 않으며 성공적인 목표달성에 대한 금전보상이나 승진 등을 들 수 있다.

Porter and Lawler(1968)의 연구결과에서 구성원 개인에 대한 보상은 단지 부분적으로 만족에 영향을 주지만 달성에 대하여 개인이 받은 보상이 공정하다고 믿을 때 만족에 더 큰 영향을 주는 것이 밝혀진바, 동기부여이론을 실전의 성과보상제도로 채택할

8) Porter, L. W., Lawler, E. E.(1968). Managerial attitudes and performance.

경우에는 공평한 보상이나 만족 수준은 실제 보상이 어느 정도 기대보상 수준에 일치하는가에 대한 개인의 주관적 평가에 좌우됨을 고려하여야 한다.

그림 7-4 동기이론 4요소의 상호관계[9)]

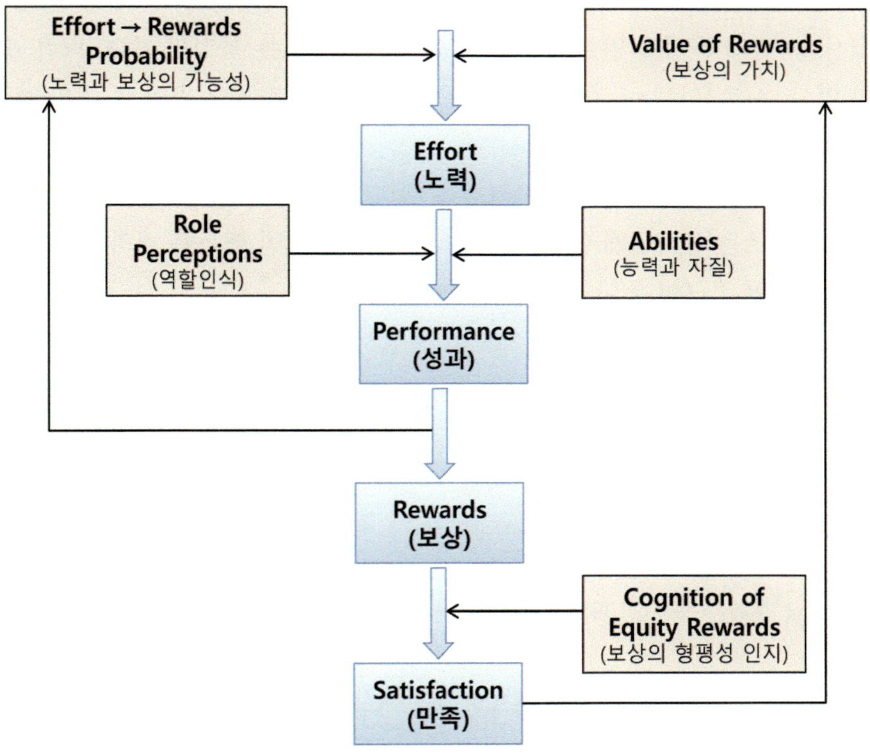

2.6. 공정성이론(Equity and Justice Theory)

공정성이론(公正性理論, Equity and Justice Theory)은 Stacy Adams에 의하여 모든 구성원들은 공정하게 대우받기를 원한다는 것을 핵심으로 1965년 개발[10)]된 것으로 실전에서 활용되는 성과보상제도의 설계와 관리의 중요성을 잘 설명해주는 이론이다.

본 이론의 핵심은 사람들은 자신의 노력 대비 성과보상 결과가 주위의 사람의 것과

9) Lawler, E. E., Porter, L. W.(1967). Antecedent attitudes of effective managerial performance. Organizational behavior and human performance, 2(2); 이영조, 김석태, 문인수, 김대원(2004). 행정학원론, 도서출판 학우를 각각 편집하여 인용.

10) Adams, J. S. (1965). Inequity in social exchange. Advances in experimental social psychology,2.

비교하여 투입과 산출의 교환관계가 공정성을 유지하는지를 판단하게 된다. 이때 판단 결과가 공정하다고 지각하면 현재의 공정한 관계를 지속하기 위한 투입을 계속할 것이고, 공정하지 않다고 판단되면 이를 시정하기 위하여 여러 가지 대응활동을 한다는 것이다.

공정성은 한 구성원이 직무에 들인 Input(투입)과 그 일에 대하여 받은 보상인 Output(산출) 간의 균형을 말한다. 구성원의 투입요소로는 특정의 기술, 노력, 교육, 시간 등이 있다. 산출물로는 급여, 복리후생, 상사 및 사회로부터의 인정, 기타 보상 등을 들 수 있다.

구성원이 성과보상의 불공정을 인식했을 때의 첫 번째 반응은 작업성과가 떨어진다. 이외의 활동으로는 상사에게 이의를 제기하거나 공격적인 행동을 취하기도 한다. 극단적인 행동이지만 결근이나 이직의 형태[11]로도 나타난다.

공정성이론을 실전에서 성과보상제도의 운영시스템으로 도입하고자 한다면 위와 같은 불공정으로 인한 조직의 개인 및 집단에 부정적인 대응활동을 고려한 공정한 설계를 하여야 한다.

그림 7-5 불공정한 성과보상의 결과

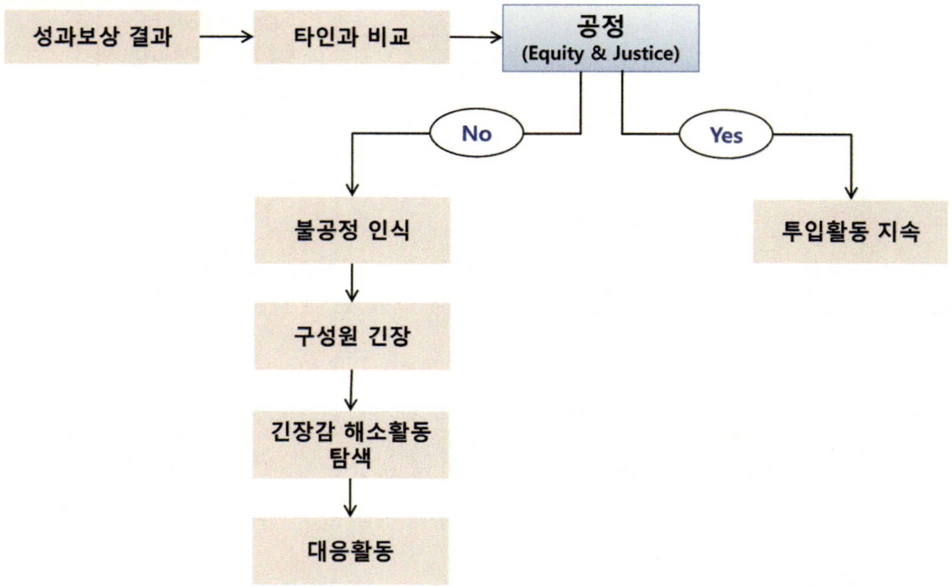

11) 김태룡·최무현·강병준·안희정·안병기(2015), 특허행정 분야 업무생산성 제고를 위한 성과보상 체계(인센티브) 설계, 특허청 연구과제 보고서를 편집하여 인용.

3. 목표관리의 개념과 특징

MBO(全社的目標管理, Management by objective)는 1954년 피터 드러커(Peter Drucker)[12]에 의하여 개발되어 그의 저서인 「경영의 실체(The Practice of Management)」에 소개되었다. 또한 그 자신에 의하여 최초로 사용된 것으로 이는 모든 관리자들이 하고자 하는 미래의 구체적인 목적이나 과업의 달성을 위하여 접근하는 경영목표관리 접근 기법이다.

표 7-2 MBO의 개념과 특징

구분	주요내용
MBO의 개념	• 관리자들이 하고자 하는 미래의 구체적인 목적이나 과업의 달성을 위하여 접근하는 목표관리 기법
MBO의 특징	• 탑다운(Top-down) 방식의 목표하달식이 아닌 조직수준에서 계획과 절차를 토론하는 시스템 • 상급자가 하급자를 위하여 특별한 목표와 과업을 제시하면 회의를 통하여 하급자들은 그들이 조직에 더 기여하고 성취할 수 있는 Job을 제시하고 발전시키는 기법 • 관리직에 종사자들이 목표수립과 과업을 구체화하 시키는 프로세스 • 계획된 활동의 이행을 모니터(Monitor)하는 시스템 • 과업의 목표달성 정도를 계량화로 지원하는 시스템 • 협력적 조직문화를 중시하는 Y이론적 인간관리 기법

MBO의 특징으로는 첫째, 탑다운(Top-down) 방식의 목표하달식이 아닌 조직수준에서 계획과 절차를 토론하는 시스템이다. 둘째, 상급자가 하급자를 위하여 특별한 목표와 과업을 제시하면 회의를 통하여 하급자들은 그들이 조직에 더 기여하고 성취할 수 있는 것(Job)을 제시하고 발전시키는 기법이다. 셋째, 관리직에 종사자들이 목표수립과 과업을 구체화 시키는 프로세스이다. 넷째, 계획된 활동의 이행을 모니터(Monitor)하는 시스템이다. 다섯째, 과업의 목표달성 정도를 계량화로 지원하는 시스템이다. 여섯째, Y이론적 인간관리 기법[13]으로 접근하는 협력적 조직문화 시스템[14]이다.

---

12) Peter Ferdinand Drucker(1909년 11월~2005년 11월 卒), 오스트리아 빈에서 출생한 미국인으로 프랑크푸르트대학원에서 법학박사학위를 받았다. 미국 뉴욕대학교 경영학부 교수와 드러커 경영대학원 사회과학부 석좌교수를 역임한 작가이자 경영학자 및 경영컨설턴트로 경영, 경제, 혁신, 사회, 정책 등 다방면에서 수많은 저서를 남겼다.

4. 전략적 목표관리

전략적 목표관리는 다음과 같은 프로세스와 단계별 조건 및 제 요인을 반영하여야한다.

목표설정은 구성원의 참여-토론과 회의를 통한 목표설정-개인 및 조직 단위목표달성 활동-목표달성활동 결과의 평가-평가결과의 피드백 등 5단계의 선순환과정으로 이루어진다.

그림 7-6 목표관리 프로세스

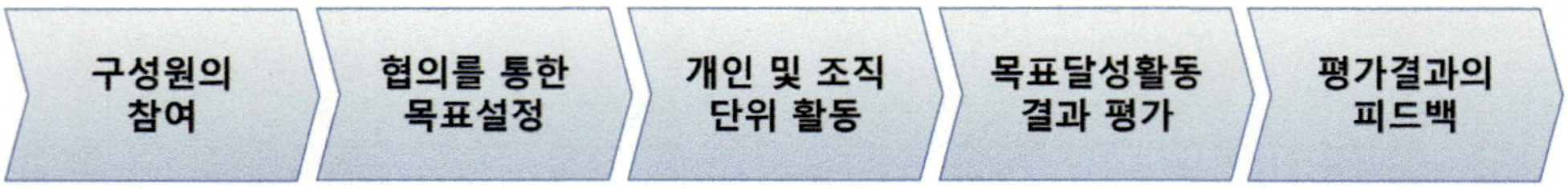

목표설정은 다음의 조건을 고려하여 설정하여야 한다.

표 7-3 목표 설정 시 고려조건

구분	주요내용
목표설정 조건	• 구체적으로 표시 및 기술되어야 한다. • 정량적으로 측정 가능하여야 한다. • 시작시점과 종료시점이 명확해야 한다. • 현실에 바탕을 두어야 한다. • 도전적이어야 한다. • 목표수립에 참여한 사람이 할당 받아야한다

첫째, 목표는 구체적으로 표시 및 기술되어야 한다. 장문(長文)의 서술적인 표현보다는 구체적인 단문으로, 단문보다는 숫자로 하는 것이 좋다.

둘째, 목표는 정량적으로 측정 가능하여야 한다. 목표대비 효과를 객관적이고 숫자

13) Y이론적 인간관리 기법은 MIT대학교의 맥그리거(McGregor) 교수가 인간본성에 대하여 제시한 이론이다. 그에 의하면 부정적인 관점인 X이론과 긍정적인 관점인 Y이론이 있다고 하였다. Y이론에 따르면 인간은 일을 할 때 작업조건에 따른 고통보다는 기쁨을 가져온다고 생각하고 있으므로 강제적으로 지시와 통제보다는 스스로 할 수 있도록 협력적인 분위를 만들어야 한다는 것이다.

14) Thomson, T. M.(1998). Management by objectives. The Pfeiffer Library, 20(2); Read, B. H. (1974). Management by Objectives.

로 측정 가능하여야 효과와 효율을 평가할 수 있다.

셋째, 목표는 시작시점과 종료시점이 명확해야 한다. 단기경영계획의 경우 1 회계연도인 1년 내에 하여야 할 목표가 적시된다. 목표는 경영계획을 달성하고자 하는 것인바 1 회계연도[15] 안에서 실행 및 평가를 마무리하고 개선점을 반영하여 재차 실행할 수 있는 기간으로 시작과 종료시점이 있어야 한다.

다섯째, 목표는 현실에 바탕을 두어야 한다. 최고 경영자로부터 배분받은 유형의 자원과 자신의 역량으로 달성할 수 있는 현실적인 목표여야 한다.

여섯째, 목표는 도전적이어야 한다. 큰 노력이나 준비 없이 쉽게 달성할 수 있는 목표는 구성원들에게 현실안주, 비도전적 조직, 동기부여가 안되는 목표관리가 될 수 있다.

일곱째, 목표수립에 참여한 사람이 할당 받아야 한다. MBO의 특징 중 하나가 구성원간 회의와 토론을 통한 목표수립이라고 하였다. 이는 목표수립활동에 참여함으로써 목표설정 배경, 목적 등의 이해도가 높고 목표과제에 대한 Owner ship(주인의식)이 강하기 때문이다.

성과평가(成果評價)와 피드백(還流, Feed-back)이다.

목표를 부여하여 그 결과를 측정 및 반영하여 반드시 해야 할 일이 성과평가이다. 성과평가는 개인이나 조직단위가 실행한 목표달성을 위한 업무수행 결과를 수립된 평가기준을 근간으로 신뢰성과 타당성[16]있게 주어진 기간 내 목표대비 효과를 집계하는 경영활동을 말한다.

이 평가결과를 보완, 개선, 강화, Incentive(인센티브) 및 Penalty(패널티) 지급 등으로 구분하여 목표활동을 수행한 개인이나 조직에 통보하는 것을 피드백이라 한다.

피드백 또한 성과평가를 하였다면 활동결과가 목표대비 달성을 하였던 못하였던 반

---

15) 회계연도(會計年度, FY, fiscal year)는 공공기관 및 민간기업 등 단체예산의 집행단위가 되는 기간을 말하는 것으로 세입 및 세출, 수입 및 지출을 구분하기 위하여 설정된 1년 단위이다. 우리나라의 예산회계법은 회계연도를 매년 1월 1일에서 시작하여 당해 12월 31일에 종료하는 1~12월제를 채택하고 있다. 반면 국가에 따라 4~3월제(영국, 일본, 인도 등), 7~6월제(호주, 스웨덴, 필리핀 등), 10~9월제(미국, 미얀마 등) 등도 채택 및 운영되고 있다.

16) 신뢰성과 타당성은 평가나 조사에서 가장 중요한 것 중의 하나이다. 신뢰성(信賴性, Reliability)은 동일한 대상을 복수로 측정하여도 동일 또는 유사한 결과 값이 도출되는 정도를 말한다. 즉 국궁이나 사격을 하였을 때 과녁의 동일한 부위에 명중되는 것인데 사격의 탄착군을 생각하면 되겠다. 타당성(妥當性, Validity)은 측정하고자 하는 것을 제대로 측정하였는가의 정도를 말한다. 즉 자사 제품의 소비자 선호도 조사를 하려면 이에 부합되는 설문지를 만들어 조사해야지 선호도가 아닌 직원의 서비스 태도나 서비스 품질을 묻는 설문지는 타당성이 결여된 것이다. 한국인에게 수학시험을 보려면 한글과 아라비아 숫자를 이용한 시험문제여야지 한글이 아닌 영어나 일본어 등 외국어로 된 시험문제지는 시험의 목적이 수학의 이해정도가 아니라 외국어 이해를 우선해야 하는 문제가 되므로 타당성이 결여된 시험문제가 되는 것이다.

드시 해야 하는 과정중의 하나이다. 개인 및 조직에 대한 피드백의 결과는 목표달성을 격려하는 보상중심의 Incentive와 자극을 통한 동기부여를 목적인 벌(罰) 중심의 Penalty가 있다.

성과평가의 대상으로는 구성원에 대한 역량평가, 직무태도평가, 업적평가 등이 있다.

역량평가(力量評價)는 담당하고 있는 직무를 통하여 발휘하고 있는 리더십, 의시소통, 전문성 등의 역량을 말하는 것으로 직무 및 조직생활과 무관한 것은 역량목표관리의 대상에서 제외하여야 한다. 그 밖의 역량평가 요인으로 직무지식, 자격증, 성장가능성, 대인관계, 애사심, 창의력 등을 들 수 있다.

직무태도평가(職務態度評價)는 목표 및 직무의 대상에 대하여 가지고 있는 생각, 표현, 태도, 열정 및 성실성 등을 말하는 것으로 부정적인지, 긍정적인지, 열정적인지와 같은 것이 대상이 될 수도 있다. 그 밖의 직무태도평가 요인으로는 사규준수여부, 보고 및 보고서 작성, 제안건수, 가치관, 경제적인 직무처리 등이 있다.

업적평가(業績評價)는 개인 및 조직에게 주어진 기간 내에 목표 대비 달성정도를 말한다. 이의 평가요인으로는 매출, 영업이익, 생산성, 불량률, 고객만족도, 리드타임준수율, 고객칭찬건수 등 다양한 정량적 항목을 대상으로 할 수 있다.

성과평가의 대표적인 목적을 들면 다음과 같다.

첫째, 인재 육성 및 평가에 중요한 정보를 제공한다. 개인에게 주어진 목표달성 활동을 통하여 구성원의 직무태도는 물론 역량, 가치관, 의식 등 유무형의 것을 확인할 수 있는 기회가 된다.

둘째, 연봉협상의 중요한 기준이 된다. 성과중심 기업의 경우 개인의 목표달성여부를 가장 높은 평가항목으로 하는데 목표달성은 연봉인상의 중요한 요인이 되기 때문이다.

셋째, 기업의 인력유지 및 감축 등 구조조정의 평가요인으로 활용한다. 기업의 경영

표 7-4 성과평가의 대상과 시행목적

구분	주요내용
성과평가의 대상	• 역량평가 • 직무태도평가 • 업적평가
성과평가의 목적	• 인재 육성 및 평가에 중요한 정보를 제공 • 연봉협상의 중요한 기준으로 작용 • 기업의 인력유지 및 감축 등 구조조정의 평가요인으로 활용

그림 7-7 평가결과 반영프로세스

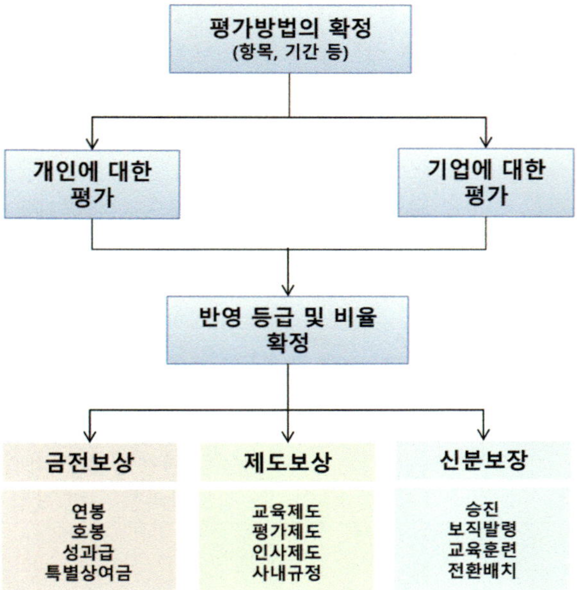

실적이 내부 및 변화무쌍한 외부의 경영환경에 따른 부침성(浮沈性)[17]이 심할 경우 또는 인위적인 환경에 의하여 인력의 감소가 필요할 때 성과평가의 결과는 인력의 유지 및 감축의 중요한 기준으로 활용된다.

기업에서 개인 및 조직 대상의 평가 프로세스는 우선 평가요인 및 기간 등 평가방법을 확정하고 시행에 돌입한다. 이후 활동결과를 평가하여 등급 및 비율을 정하고 개인 및 조직에 반영한다.

5. 활용할 수 있는 전략기법

전략기법	개념	활용요도 및 특징
Project 관리 기법	• Project Management 기법은 특정한 목적달성을 위하여 시작과 끝이 있는 단발적인 인·물적 조직을 구성하여 위험성이 있음에도 수행	• 프로젝트관리 기법은 우선 프로젝트의 특성을 이해해야만 되는데 그 이유는 관리의 대상이 프로젝트이기 때문이다. • 프로젝트관리는 관리목표가 명확해야 하

17) 부침성(浮沈性)의 사전적 의미는 물위에 떠올랐다 잠겼다하는 현상을 일컫는다. 경영에서는 외부의 환경이 경영에 미치는 영향의 정도가 높아 경영실적의 높고 낮음이 출렁이는 현상을 말한다. 보통 최고경영자의 경영역량보다는 기업이 속한 업종이나 산업의 특성에 따라 그런 경우가 많다.

전략기법	개념	활용요도 및 특징
	해야 할 단위사업인 프로젝트의 성공적인 관리를 위한 절차로 전략 경영을 수행하는 도구이다.	고 관리의 시작과 끝이 있는 수행절차를 활용하여야 하며 역량 있는 관리자를 임명하여야 한다.
일정관리	• 시한성 사안을 처리할 때 가시성 확보를 통하여 처리사항, 진척도, 참여자의 책임과 역할, 보고 및 마무리 시점을 확인 할 수 있도록 숫자 테이블을 이용하여 과제를 관리하는 행위를 일정관리라 한다.	• Top-down 방식으로 일정을 관리하는 수단이다 • 과학적으로 관리되는 공장의 생산관리 수단이다. • 작업실적의 기록을 위한 작업자 및 기계기록 도표이다. • 작업실적의 기록을 위한 작업자 및 기계기록 도표이다. • 작업계획을 위한 작업할당 도표이다. • 능력 활용을 위한 작업하부 도표이다. • 진도관리를 위한 작업진도 도표이다.

5.1. 프로젝트 관리

프로젝트(Project)는 특정한 목적달성을 위하여 시작과 끝이 있는 단발적인 인·물적 조직을 구성하여 위험성이 있음에도 수행해야할 단위사업을 말한다. 프로젝트관리는 이와 같은 프로젝트의 성공적인 관리를 위한 절차라고 정의[18]할 수 있다.

이와 같은 프로젝트와 프로젝트 관리는 각각의 특성을 가지고 있다. 먼저 프로젝트의 특성으로는 수명이 한정되어 있어 충분히 기획된 사업이어야 한다. 상호의존성과 대립성을 고려하여야 하고 독특한 내용이어야 한다는 것이다. 다음으로 프로젝트 관리의 특성으로는 관리의 목표가 명확하여야 하고 수행절차를 활용하여야 한다. 또한 계획된 기간에 목표를 달성하기 위해서는 역량 있는 관리자를 임명해야 한다는 것이다. 이들에 대하여 짚어보면 다음과 같다.

프로젝트의 특성이다.

첫째, 수명(Life span)이 한정되어 있다. 프로젝트는 보통 1 회계연도 내에서 결과를 도출하여야 한다. 기간이 1년을 초과하는 프로젝트라 하더라고 최장 1 회계연도를 기준으로 중간결과물을 도출하고 공유하여 목적과 부합되는지 진척관리가 되고 있는지 등을 관리하여야 한다.

---

18) Munns, A. K., Bjeirmi, B. F.(1996). The role of project management in achieving project success. International journal of project management, 14(2).

표 7-5 프로젝트 기획절차 및 절차별 주요내용

프로젝트 기획절차	주요내용
정보수집 및 분석	• PESTLE이나 PEST 기법을 활용한 거시 및 산업 내 환경 분석을 통하여 프로젝트의 전략적 방향을 수립 • 프로젝트 수행의 직접 및 파급효과 등을 분석
목표 및 핵심내용 설정	• 각각의 목표인 최종목표, 단계별 및 연도별 목표를 수립 • 목표에 부합되는 세부과제를 구체화하고 예상인력 산정 • 투입인력을 고려한 R&R 및 일정계획을 수립
추진 방법론의 구체화	• 선행연구, 델파이기법 등 문제해결 방법론을 구체화 • 내부 단독 또는 외부와 공동 등 수행방법 결정 • 외부와 공동의 경우 각각의 수행범위, 회의방법 등 정리
결과물 활용방안 수립	• 특허등록, 사업화, 내부역량 강화 등 결과 활용방안 수립 • 공동수행의 경우 결과물 공유 또는 귀속주체 등 결정
투입자원계획 수립	• 투입인력 및 예산의 확보 방안 결정
프로젝트 킥 오프	• 수행 장소확보 및 투입인력의 인사발령 • 프로젝트 팀 상견례 및 킥오프(Kick-off)

둘째, 기획(Planning)된 프로젝트여야 한다. 프로젝트 정보수집 및 분석을 통하여 목표와 핵심내용을 설정하고 추진방법론을 구체화한 후, 프로젝트 결과물의 활용방안을 수립하고 마지막으로 프로젝트에 투입될 인력을 포함한 인·물적 자원의 철저한 계획 후 돌입하여야 한다.

셋째, 상호의존성(Interdependency)과 대립성(Trade-off)을 고려하여야 한다. 기업에 따라서는 복수의 프로젝트 팀을 동시에 가동하는 경우가 있을 수 있다. 이럴 경우 프로젝트 간 상호의존적인 것과 독립적인 것을 직시하여 인적이나 물적, 내용이나 기술 등의 시너지를 고려하여야 한다. 또한 결과물의 품질수준과 비용은 상충관계임을 고려하여 기간과 필요시점을 고려한 유효적절한 판단이 필요하다.

넷째, 독특(Uniqueness)한 내용이어야 한다. 프로젝트의 성과물은 이전에 수행했던 결과물과 새로운 성과물, 독특하고 차별성이 있어야 한다.

프로젝트 관리의 특성이다.

첫째, 관리목표(Target)가 명확하여야 한다. 프로젝트 관리목표는 기대 또는 계획하고 있는 결과물의 용도를 어디에 두느냐에 따라 관리적, 전략적, 사업화 목표로 구분하여 관리하여야 한다.

표 7-6 결과물에 따른 프로젝트관리 방향

프로젝트목표 방향	주요내용
관리적 목표	• 결과물의 용도가 내부 프로세스의 개선 및 혁신이 목표 • 원가절감 및 이익률 향상이 목표
전략적 목표	• 신상품 및 신기술의 개발, 품질 및 성능의 혁신 등이 목표 • 기업의 상장(IPO), 전략적 제휴, M&A 등이 목표
사업화 목표	• 비즈니스모델의 개발 및 이의 사업화가 목표 • 전략적 사업단위(SBU)의 분사 등이 목표

둘째, 관리의 시작과 끝이 있는 수행절차(Process)를 활용하여야 한다. 수명이 한정된 프로젝트는 정해진 기간 내에 최종 결과물을 산출해 내야하므로 구조화된 절차에 따라 관리하여야 하는데 TF(Task forces)팀이 발족하면 착수-상세계획수립-계획실행-통제-조정 및 종료의 절차가 그것이다.

표 7-7 프로젝트관리 수행 절차

관리수행 절차	주요내용
프로젝트 착수	• 프로젝트 기획단계에서 조사·분석한 결과물을 리뷰 • 인·물적 소요자원을 점검하고 관리목표를 명확히 한다.
상세계획 수립	• 프로젝트 전반에 대한 상세계획 수립과 팀원 간 R&R 정립 • 중간 및 최종보고, 회의 등을 포함한 일정관리 계획수립
프로젝트 실행	• R&R 및 일정 공유와 프로젝트의 실행
프로젝트 통제	• 내용 및 일정의 진척도, 팀원의 특기사항 등을 모니터링 • R&R 및 WBS(Work breakdown structure)에 의한 통제강화
프로젝트 조정	• 상사 및 의뢰기관과 프로젝트 일정, 내용 등을 대상으로 하는 의사소통과 조정
프로젝트 종료	• 수행 및 조정된 내용을 기반으로 최종 보고서(성과물) 점검 • 최종보고 및 프로젝트 종료

셋째, 역량(Capability) 있는 관리자를 임명하여야 한다. 착수한 프로젝트의 핵심은 정해진 일정 내에 마치느냐 아니냐가 핵심이 된다. 이를 달성하기 위하여 프로젝트 관리자에게 요구되는 역량으로는 팀원 및 내용의 조직화 능력, 상사 및 의뢰기관과 의사소통 역량, 상사 보고 및 통제역량, 프로젝트관리 및 조정역량이 그것이다.

표 7-8 프로젝트관리자에게 요구되는 역량

관리자 역량	주요내용
조직화 역량	• 프로젝트 내용 및 목표에 대한 확실한 이해 • 내용 및 팀원의 역량에 따른 자원의 배치와 운용 • 리더십 및 프로젝트 수행 및 문제해결 방법론 능력
의사소통 역량	• 상사 및 의뢰기관 담당, 관련 팀장 및 임원과의 의사소통 • 특기 및 우발상황의 대처 및 해결 역량
보고 및 통제역량	• 팀원 및 일정, 내용 등 우발적 상황발생의 보고 • 팀원에 대한 동기부여 및 이탈 방지 • 예산의 적절한 집행과 통제
관리 및 조정역량	• 팀원 간 R&R에 부합되는 담당 범위 및 진척도 관리 • 중간 및 최종보고 등을 고려한 일정관리 • 프로젝트 내용 및 성과물에 대한 품질관리

지금까지 프로젝트 및 프로젝트 관리의 특성에 대하여 학습한 내용을 정리하면 〈표 7-9〉와 같다.

표 7-9 프로젝트 및 프로젝트 관리의 특성

구분	주요내용
프로젝트의 특성	• 수명(Life span)이 한정되어 있다. • 기획(Planning)된 프로젝트여야 한다. • 상호의존성(Interdependency)과 대립성(Trade-off)을 고려하여야 한다. • 독특(Uniqueness)한 내용이어야 한다.
프로젝트 관리의 특성	• 관리목표(Target)가 명확하여야 한다. • 관리의 시작과 끝이 있는 수행절차(Process)를 활용하여야 한다. • 역량(Capability)있는 관리자를 임명하여야 한다.

이외에 프로젝트를 진행할 때 관리하여야 할 대표적인 영역으로는 일정관리, 작업범위관리, 의사소통관리, 품질관리, 구매관리, 비용관리, 인·물적 자원관리, 위험관리를 들 수 있다.

그림 7-8 프로젝트, 프로젝트 관리자 및 프로젝트 관리영역의 관계

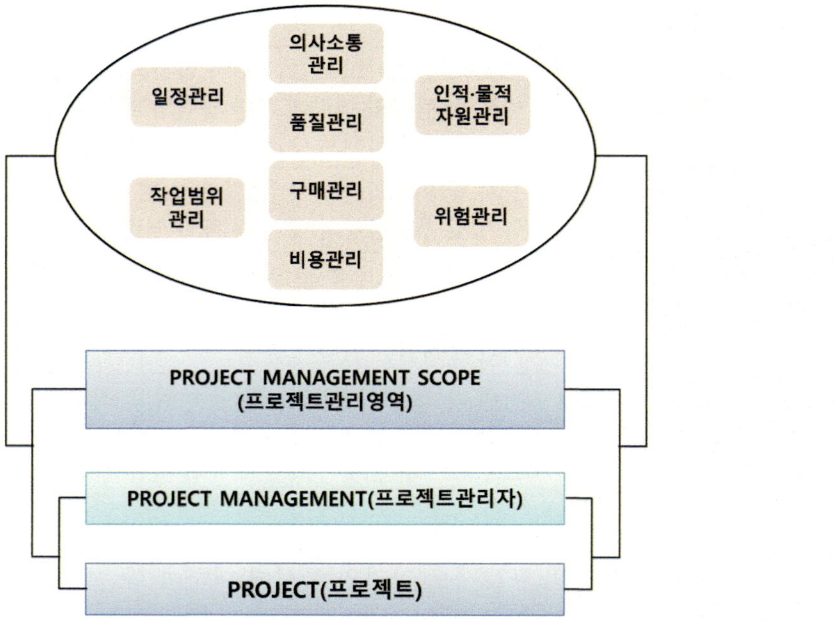

5.2. 일정관리

일정관리(日程管理)는 개인이나 조직이나 시한성(時限性)이 있는 사안을 처리할 때 가시성 확보를 통하여 처리사항, 진척도, 참여자의 책임과 역할, 보고 및 마무리 시점을 확인할 수 있도록 숫자 테이블을 이용하여 과제를 관리하는 행위를 말한다.

일정관리는 강제적인 의무와 이를 통한 긍정의 효과측면이 공존하는 것이기도 하다. 기업의 내부과제 진행과 수주한 외부과제를 수행한다면 일정관리는 강제적인 의무사항이 된다. 이런 강제적인 의무사항은 진행과정은 물론 산출물이 도출될 때까지의 전(全)과정에서 진척도와 결과물을 가시화시키는 효율상승효과를 가져온다. 또한 과제 참여자의 심리적 긴장상태 유지와 효율적인 시간 활용을 가능하게 해주는 계획적인 긍정의 효과를 제공해 준다.

일정관리는 무엇을 언제까지 어느 정도 할 것인지를 일 단위(Day), 주간단위(Week), 월간단위(Month), 분기단위(Quarter), 반기단위(Half), 연간단위(Year)로 관리하는 것을 말한다. 또한 특정 작업 또는 과업의 시작과 완료시점을 알 수 있고 고객의 납기약속을 수립하고 납품하는 데에도 필수적이다.

경영전략(경영계획)에서 일정관리를 하는 것은 경영계획수립을 위한 일정관리, 수립된 계획을 진행하는 진척도 관리, KPI를 중심의 목표관리, 연간계획의 마무관리를 위한 수단으로 유용하게 사용된다.

일정관리의 대표적인 수단은 Gantt Chart(간트 차트)이다. 미국의 간트[19]에 의하여 1910년대 초 개발된 일정관리 기법이다. 이는 프로젝트 일정관리를 위한 막대모양의 도구인 바(Bar)를 수단으로 작업의 목적과 시간의 두 핵심요소를 이용하여 계획과 통제기능을 동시에 수행할 수 있도록 설계된 것으로 막대그래프차트라고도 한다.

간트 차트는 다음과 같은 특징[20]을 갖고 있다.

첫째, 대표적인 Top-down방식의 일정관리 수단이다. 이미 확정되어 하달된 일정을 관리하는데 유용하다.

둘째, 과학적으로 관리되는 공장의 생산관리 수단이다. 제품 생산을 위한 부품발주-부품입고-중간생산-완제품생산-검품 등의 단계를 과학적 관리가 가능하게 해준다.

셋째, 작업실적의 기록을 위한 작업자 및 기계기록 도표이다. 작업자나 기계별 계획 생산량과 실제 생산량의 관계를 표시하여 목표대비 실제의 차이(Gap)의 원인을 알 수 있다.

넷째, 작업계획을 위한 작업할당 도표이다. 각 공정의 현재 작업 상태를 보여주는 기능을 한다.

다섯째, 능력 활용을 위한 작업하부 도표이다. 작업자 및 기계별로 현재 능력에 대해 어느 정도의 작업량이 할당되어 있는가를 보여준다.

표 7-10 간트 차트의 특징

구분	주요내용
Gantt Chart의 특징	• 대표적인 Top-down방식의 일정관리 수단 • 과학적으로 관리되는 공장의 생산관리 수단 • 작업실적의 기록을 위한 작업자 및 기계기록 도표 • 작업계획을 위한 작업할당 도표 • 능력 활용을 위한 작업하부 도표

19) Henry Laurence Gantt(1861년 5월~1919년 11월), 미국의 존 홉킨스대학교(Johns Hopkins University)를 졸업하고 기계분야 엔지니어이자 경영컨설턴트로 활동하였다. 1910년 초 간트 차트(Gantt chart)를 개발하였다.

20) Wilson, J. M.(2003). Gantt charts: A centenary appreciation. European Journal of Operational Research, 149(2); 두산백과.

여섯째, 진도관리를 위한 작업진도 도표이다. 작업공정이나 제품별로 계획된 작업이 실제로 어떻게 진행되고 있는가를 보여준다.

전술(前述)한바와 같이 간트 차트는 여러 가지 특징을 가지고 있고, 물론 특징에 따라 사용 방법과 목적을 달리하기도 한다. [그림 7-9]는 본인이 NH경제지주의「O O사업에 대한 비즈니스모델수립과 사업의 타당성분석」컨설팅 프로젝트를 진행할 때의 간트 차트 사용 실례이다.

그림에서 보는 실례와 같이 맨 좌측에는 수행해야할 과제와 착수보고, 중간보고, 최종보고의 일정을 기술하였다. 적색 화살표로 표시한 것은 각 보고기간을 강조하여 과업의 늘어짐을 방지하기 위한 시점을 강조하기 위한 것이다. 주요수행업무를 기준으로 우측에는 주간단위로 업무공정계획을 주간단위로 확인인 진척관리를 할 수 있도록 칸트차트의 표식인 바(Bar)를 이용하여 해당업무의 소요기간을 그래프로 일정을 표시 하였고, 맨 우측에는 본 과업에 참여하는 연구원들의 책임과 역할(R&R)을 상세하게 기술하여 업무분장표의 성격을 함께하도록 기능을 활용한 예(例)이다.

그림 7-9 간트 차트의 사용 예 (컨설팅 일정관리와 R&R)

주요수행 업무	주간단위 공정 계획													담당자
	March	April				May				June				
	5W	1W	2W	3W	4W	5W	6W	7W	8W	9W	10W	11W	12W	
계약체결	■	↓												구병모 교수
착수보고		■												PJ추진 팀(취합/PPT, 홍길동부장)
조사설계		■	■											구병모 교수
Full Process 수립														
투입인력/R&R확정														
실행모듈별 Tool개발														
국내환경 분석				■	■	■	■							
동종사 조사 및 B/M														홍길동 부장
기사대상 설문조사														구병모 교수
조직의 역량진단				■	■	■	■							
농협대상 대면/설문조사														구병모 교수
역량진단														대박이 박사
사업성 분석								■						구병모 교수
5Forces 분석														
SWOT분석														
비즈니스 모델수립							■	■	■					
비즈니스 모델 수립														대박이 박사
동종 및 이종 업체 운영제휴 검토														대박이 박사, 홍길동 부장
타당성/수익시나리오 분석									■	■				구병모 교수
발굴모델대상 수익분석														
비즈니스모델 확정														
마케팅전략 수립									■	■	■			대박이 박사
회원 확보-유지 전략														
핵심성과지표 수립										■	■	■		홍길동 부장
기사회원 대상의 KPI														
화주회원 대상의 KPI														
전산기능의 목록화										■	■	■		홍길동 부장
B2B, B2C, C2C에서의 B,C,C용 기능														
ASP, 임대 등에 대한 장단점 검토														
파급효과와 정책적 제언								↓				■		대박이 박사
중간보고								■					↓	PJ추진팀(취합/PPT, 홍길동부장)
최종보고													■	PJ추진팀(취합/PPT, 홍길동부장)

6. 활용한 전략기법의 중견그룹 실사례 연구

국내 중견그룹이 현업에 적용하고 있는 성과보상제도의 성공적 달성을 위한 시행(案) 실제 사례를 아래와 같이 표지부, 속지부, 별첨부로 구분하여 공유한다.

결재	담 당	팀 장	본부장	CEO
	결 제 완 료			

20△△년 성과평가 시행(案)

20△△. 01. 02.

NTICOR CO. LTD

경 영 지 원 팀

Ⅰ. 20△△년 성과평가방향

- 조직 내 타성을 제거하고 성과주의 문화를 정착시키고자 20△△년 성과평가는 업적평가 KPI 결과만을 반영함
- 성과평가 시 역량평가 및 동료/부하의견조사 참고자료로 활용함
- 업적평가를 위한 KPI설정 시 적극적인 성과창출을 유도하고자 계수 가능한 정량적 지표를 설정토록 독려함

	현 행	변 경
팀장급	업적평가 (정량적지표+정성적지표)	성과평가 (정량적 지표)
팀원급	역량평가 + 업적평가 (정량적지표+정성적지표)	

※ 일부 정성적 지표는 2차 평가자의 등급 조정으로 갈음

2

Ⅱ. 20△△년 임직원 KPI수립

내 용

작성대상

- 전 임직원

필수반영 항 목

- 팀 KPI수립 시 필수 반영 지표 및 가중치

상위 전략과제	C S F (전략과제)	KPI지표	2012년 목표	가중치 (%)	비 고
조직활성화	일과 삶의 조화	연차 휴가 사용율	100%	5%	

일 정

- 팀 KPI수립 : 20△△년 00월 00일 까지(00요일)
- 팀원 KPI수립 : 20△△년 00월 00일 까지(00요일)

비 고

- 팀 KPI수립 시 반드시 상위 조직 보고 완료 후 경영지원팀으로 제출

3

Ⅲ. 성과평가 PROCESS

▶팀장평가: 기존과 동일하게 역량을 일부반영하고 업적중심으로 평가

▶팀원평가: 상위조직 평가등급 결정 후 팀원 평가등급 상대배분 실시

평가체계 개요

성 과 평 가

KPI평가 → 상위조직 평가반영 → 상대배분 등급결정 → 1차 평가등급 → 2차 평가자 등급조정/확정

주요 내용

- 팀 단위 평가등급에 따른 팀원등급 상대배분 실시
- 상대배분 비율 결정(상위조직평가30% 반영)
  - 배분비율은 전체적으로 정규분포가 이루어지도록 설정
- 상대배분 시 S,A,C,D 등급을 먼저 산출한 후 잔여 대상 수를 B등급으로 함

상위조직 평가등급 반영		평가등급(70%)				
		S등급	A등급	B등급	C등급	D등급
상위 조직 평가 30%	S등급	20%	30%	40%	10%	0%
	A등급	15%	25%	40%	15%	5%
	B등급	10%	20%	40%	20%	10%
	C등급	5%	15%	40%	25%	15%
	D등급	0%	10%	40%	30%	20%

※ 평가등급 적용예제 별첨1참조

4

별첨1 : 종합평가 상대 배분 비율 적용 예

- 000팀 성과평가 부여등급: A
- 소속팀원 4명인 경우

대상 4명	상대배분비율				
	S	A	B	C	D
S	1	1	2		
A	1	1	1	1	
B		1	2	1	
C		1	1	1	1
D			2	1	1

- 000팀 성과평가 부여등급: S
- 소속팀원 6명인 경우

대상 6명	상대배분비율				
	S	A	B	C	D
S	1	2	2	1	
A	1	1	3	1	
B	1	1	2	1	1
C		1	3	1	1
D		1	2	2	1

5

별첨2 : 종합평가 상대 배분 비율 Matrix(1/2)

대상 1명	상대배분비율				
	S	A	B	C	D
S	평가점수에 따른 절대등급화 함				
A					
B					
C					
D					

대상 2명	상대배분비율				
	S	A	B	C	D
S	1	1			
A		1	1		
B		1		1	
C			1	1	
D				1	1

대상 3명	상대배분비율				
	S	A	B	C	D
S	1	1	1		
A		1	2		
B		1	1	1	
C			2	1	
D			1	1	1

대상 4명	상대배분비율				
	S	A	B	C	D
S	1	1	2		
A	1	1	1	1	
B		1	2	1	
C		1	1	1	1
D			2	1	1

대상 5명	상대배분비율				
	S	A	B	C	D
S	1	2	2		
A	1	1	2	1	
B		1	3	1	
C		1	2	1	1
D			2	2	1

대상 6명	상대배분비율				
	S	A	B	C	D
S	1	2	2	1	
A	1	1	3	1	
B	1	1	2	1	1
C		1	3	1	1
D		1	2	2	1

6

별첨3 : 종합평가 상대 배분 비율 Matrix(2/2)

대상 7명	상대배분비율				
	S	A	B	C	D
S	1	2	3	1	
A	1	2	3	1	
B	1	1	3	1	1
C		1	3	2	1
D		1	3	2	1

대상 8명	상대배분비율				
	S	A	B	C	D
S	2	2	3	1	
A	1	2	4	1	
B	1	2	2	2	1
C		1	4	2	1
D		1	3	2	2

대상 9명	상대배분비율				
	S	A	B	C	D
S	2	3	3	1	
A	1	2	4	1	1
B	1	2	3	2	1
C		1	5	2	1
D		1	3	3	2

대상 10명	상대배분비율				
	S	A	B	C	D
S	2	3	4	1	
A	1	3	3	2	1
B	1	2	4	2	1
C		2	3	3	2
D		1	4	3	2

대상 11명	상대배분비율				
	S	A	B	C	D
S	2	3	5	1	
A	2	3	3	2	1
B	1	2	5	2	1
C	1	2	3	3	2
D		1	5	3	2

대상 12명	상대배분비율				
	S	A	B	C	D
S	2	4	5	1	
A	2	3	4	2	1
B	1	2	6	2	1
C	1	2	4	3	2
D		1	5	4	2

7

Chapter 08 균형성과지표 기반의 핵심성공지표 수립

1. 균형성과지표(BSC)의 개념과 특징

Balanced Scorecard(BSC)는 하버드비즈니스대학원(Harvard business school)의 회계학과 교수인 Robert S. Kaplan과 컨설팅 회사인 르네상스 전략그룹의 설립자이자 대표이사인 David P. Norton이 1992년 하버드비즈니스 리뷰(Harvard business review)지에 게재되면서 소개되었다. 이는 조직의 비전과 전략으로부터 균형적인 관점으로 도출된 성과지표 체계로 조직의 변화를 관리하고 실행하는 도구이다.

BSC는 다음과 같은 4가지 관점과 4가지 특징으로 구성[1)]된다.

그림 8-1 BSC의 4가지 관점

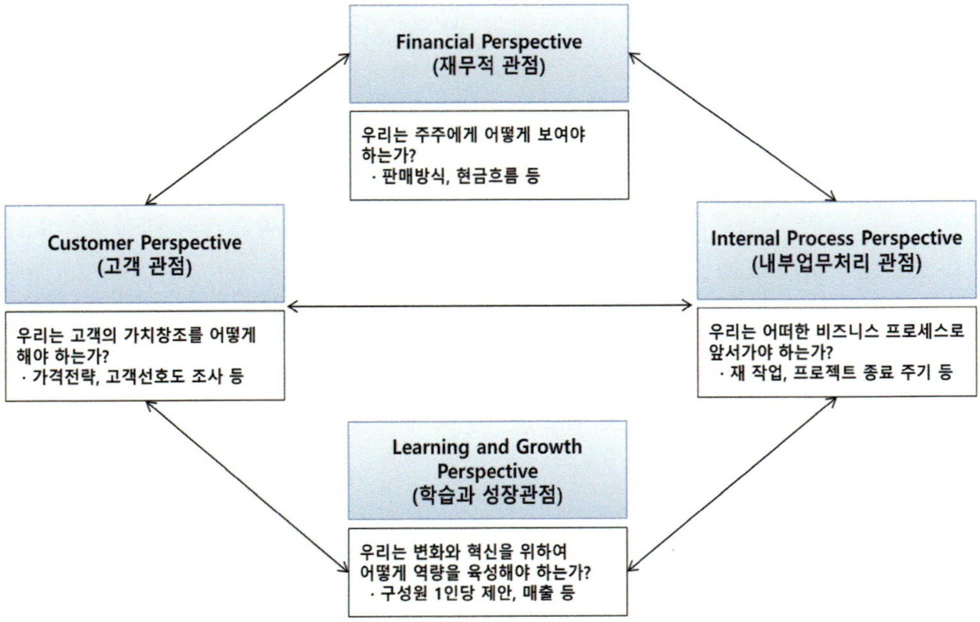

1) Kaplan, R. S., Norton, D. P.(1996). Using the balanced scorecard as a strategic management system.

4가지 관점은 Financial Perspective(재무적 관점), Internal Process Perspective(내부업무처리 관점), Learning and Growth Perspective(학습과 성장관점),[2] Customer Perspective(고객관점)이 그것이다.

표 8-1 BSC의 4가지 특징

구분	주요내용
BSC의 특징	• 기업의 Mission(미션)과 Strategy(전략)에서 출발하는 Top-down 방식으로 도출된다. • 기업이 달성하길 원하는 중·장기적인 측정지표로 구성된다. • 기업의 내부 및 외부에 대한 통합측정이 가능한 요소로 구성된다. • 기업이 추구하는 통합적 경영전략 모델로서 개인 및 조직 단위 업무활동의 명확화와 의식향상에 기여한다.

다음은 BSC의 4가지 특징이다.

첫째, 기업의 Mission(미션)과 Strategy(전략)에서 출발하는 Top-down 방식으로 도출된다. BSC는 전략경영의 상위단계인 기업의 미션, 비전, 전략을 출발점으로 이들과 상호 연계된 지표들로 통합적 경영전략모델의 구축이 가능하다.

둘째, 기업이 달성하길 원하는 중·장기적인 측정지표로 구성된다. BSC는 단기적 측면뿐 아니라 기업이 원하는 중장기 미래의 측정지표로 종합적인 관리가 가능하다.

셋째, 기업의 내부 및 외부에 대한 통합측정이 가능한 요소로 구성된다. BSC는 기업 내부의 재무적인 성과측정, 내부업무프로세스 및 외부의 고객측면의 핵심성공요인에 대한 성과측정이 가능하다.

넷째, 기업이 추구하는 통합적 경영전략 모델로서 개인 및 조직 단위 업무활동의 명확화와 의식향상에 기여한다. BSC는 기업의 경영목표와 개인 및 조직의 업무활동 간 정합성 유지와 목표의 명확화, 그리고 경영전략에 적합한 조직관리 및 기능역량 배양에 기여한다.

2) 하버드비즈니스 리뷰지 9-10월호(Harvard Business Review September-October)에 게재된 BSC를 개발한 카플란(Robert S. Kaplan)과 노턴(David P. Norton)이 지은 「Putting the Balanced Scorecard to Work」에 소개한 Rockwater의 4가지 관점은 학습과 성장관점이 아니라 Innovation and Learning Perspective(혁신과 학습관점)로 되어있음을 참고하기 바란다.

이와 같은 특징을 가지고 있는 Balanced Scorecard(균형성과지표)는 기존의 성과관리 체계와 지표의 도출 방법은 물론, 지표체계, 결과의 분석 및 활용 측면에서 다른 점을 가지고 있다.

표 8-2 BSC 성과관리 체계와 기존 성과관리 체계의 비교

구분	BSC의 성과관리 체계	기존의 성과관리 체계
지표도출 방법	• Vision 및 전략에서 출발 • Top-down으로 도출 • Task Force 팀에서 참여와 토론을 통한 설계	• 직무분석에서 출발 • Bottom-up으로 도출 • 담당부서에서 설계
지표체계	• 4가지 관점을 중심으로 단·중·장기적 미래역량 지표 등이 균형적으로 도출 • 지표 간 인과관계(Cause&effect) 정의	• 단기적, 과거의 업적평가 중심 지표 • 지표 간 인과관계 정의 불분명
결과분석	• 목표기간 내 주기적 모니터링 • 모니터링 후 철저한 사후조치	• 주기적 모니터링 체계가 미흡 • 결과에 대한 원인분석 미비
결과활용	• 활동실적의 분석 및 사후조치 • 개인 및 조직에 대한 성과평가 • 조직의 비전 및 전략과 연계	• 보상목적의 지표실적 평가 • 조직의 비전 및 전략과 단절된 성과평가

기업의 비전 및 전략과 상호 연계된 BSC의 수립은 5단계로 이루어진다. 첫 번째 단계는 기업의 비전수립이다. 두 번째 단계는 성공적인 비전을 위한 차별화 수립이다. 세 번째 단계는 차별화 수립을 위한 핵심성공요인(CSF, Critical success factors) 설정이다. 네 번째 단계는 핵심성공지표의 선정이고 다섯 번째 단계는 이들을 평가할 목표치의 설정이다.

그림 8-2 비전 및 전략과 연계된 BSC 수립 5단계

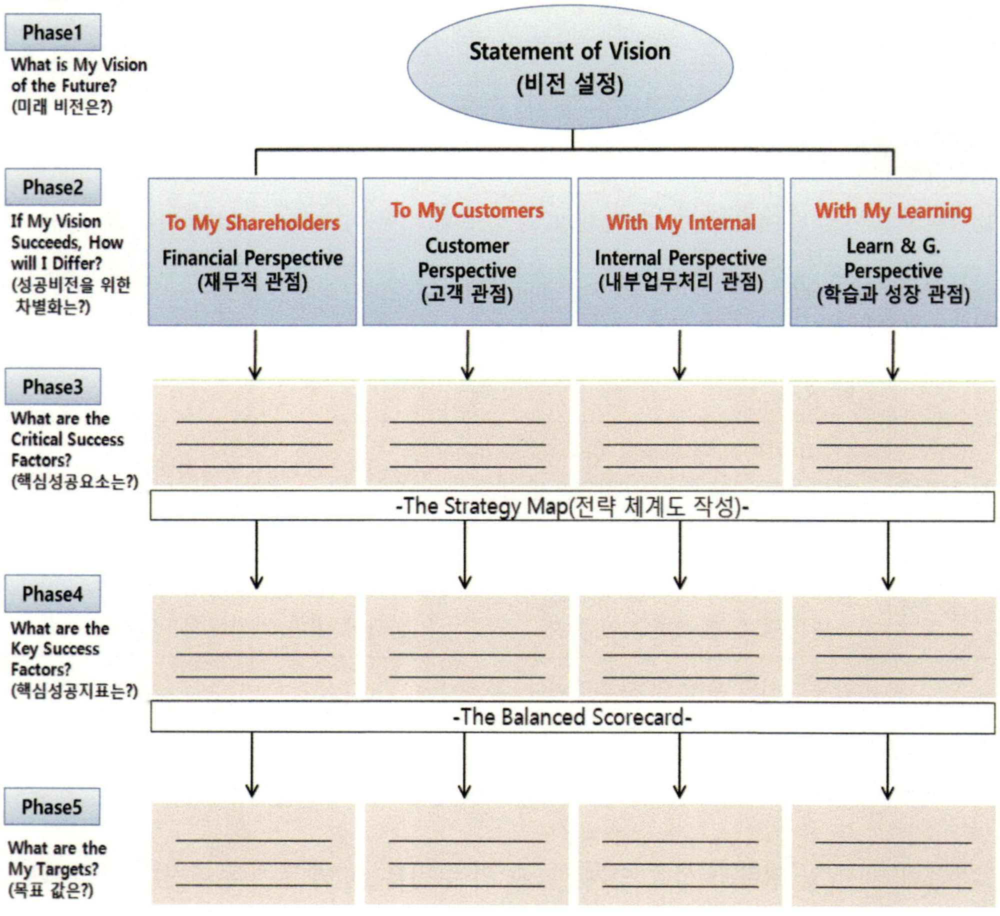

2. 균형성과지표와(BSC)와 핵심성공요인(CSF) 수립체계

재무적관점을 강화하고 보완하기 위하여 만들어진 Balanced Score Card (BSC, 균형성과지표)는 기업의 전략경영의 구체적인 실행단계에서 모니터링, 성과관리, 개선을 위한 지속적 피드백을 하기 위한 전략경영 실행의 한 방법론(Methodology) 이다. 본 책의 저자인 본인이 중견그룹사에서 BSC개념 기반의 CSF와 KPI 경영을 위하여 전 계열사 전략팀장 및 임원진 대상 실제 교육자료를 인용하여 KPI의 수립체계를 순서에 맞추어 공유한다.

2.1. BSC의 배경과 목적

BSC(Balanced Score Card)는 기업의 전략경영의 구체적인 실행단에서 모니터링, 성과관리, 개선을 위한 지속적 피드백을 하기 위한 전략경영 실행의 한 방법론(Methodology) 이다

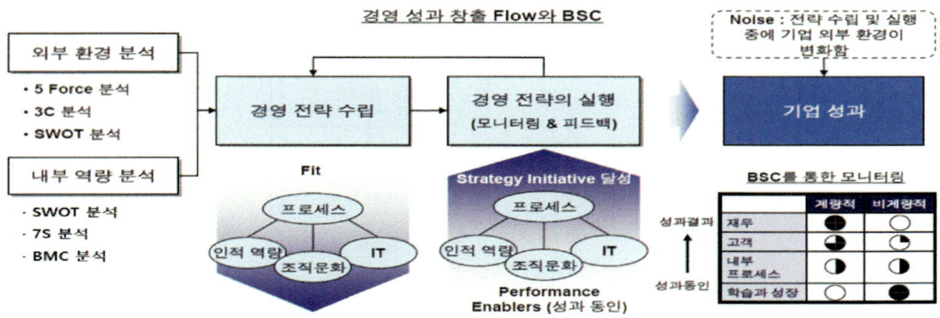

- 경영 성과는 성과결과(재무 및 고객 측면)와 그에 영향을 미친 성과동인(내부 프로세스 및 학습과 성장을 동시에 고려해야 함
- 경영 성과를 판단하기 위해 성과 결과와 성과 동인의 인과관계 분석이 필요하고 각 인과관계에 따른 기여도 수준에 따라 성과 동인이 경영 성과에 미치는 영향을 판단할 수 있음
- 경영 성과는 기업 내부의 성과 동인이 외에 Noise(기업 외부 환경 요인)에 의해 영향을 받을 수 있으므로 주요 성과동인 중 하나로서 외부 환경을 고려하거나 내부적으로 관리 및 통제 가능한 부분만 고려해야 함

전략경영의 성공여부는 수립보다는 실행에 있고 이러한 요구사항을 해결하기 위해 도입 활용하는 것이 BSC이다. BSC는 수립과 함께 체계적인 운영과 관리를 핵심으로 하는 실행이 중요하다

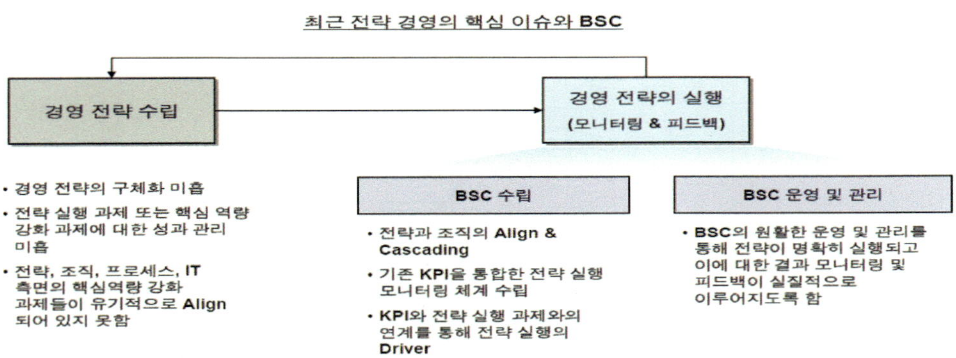

전사 성과평가 체계(BSC)를 통해 전략과의 연계, 실행과제와의 연계, 평가 보상 및 자원 배분과의 연계를 가능하게 함으로써 기업의 방향성을 일관성 있게 하고 이를 전 조직원이 공유할 수 있도록 해 줌으로서 역량을 집중화 시킨다

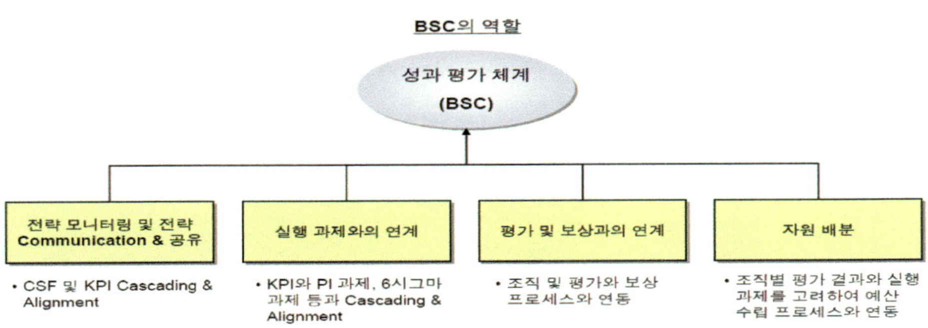

2.2. 전략 확인 및 리뷰

BSC 방법론은 모델수립(Modeling), 구축, 변화관리 등으로 나누어 각 부분의 적지 않은 단계들이 유기적으로 연계되어 수행할 수 있도록 구성되어 있다.
본 서에서는 비전문가인 학습자 입장에서 이해와 활용이 용이하도록 모델수립 부분 만을 대상으로 다룬다.

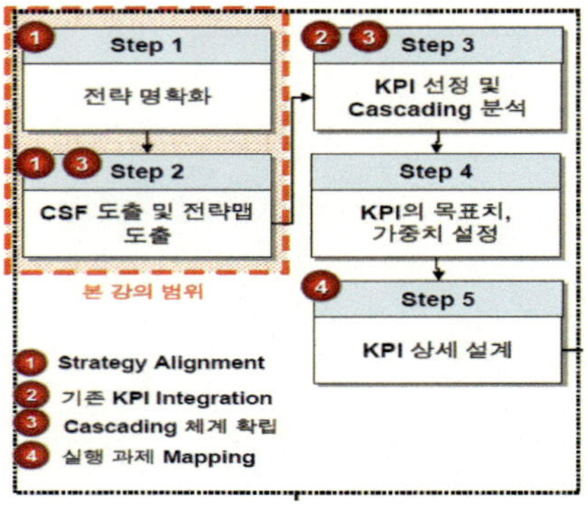

BSC의 성공적인 운영을 위해서는 인과관계 분석이 가능한 방법론과 믹스하여 사용하면 효과적인 전략경영 실행이 될 수 있다.
본 서에서는 식스(6)시그마를 예로 들었다. 6시그마 수행을 통해 전략경영의 결과 및 원인에 대하여 지속적으로 모니터링 및 분석하여 유연하게 대응하고 내부역량 및 자원을 효율적으로 경영하여 최적의 성과를 달성할 수 있기 때문이다.

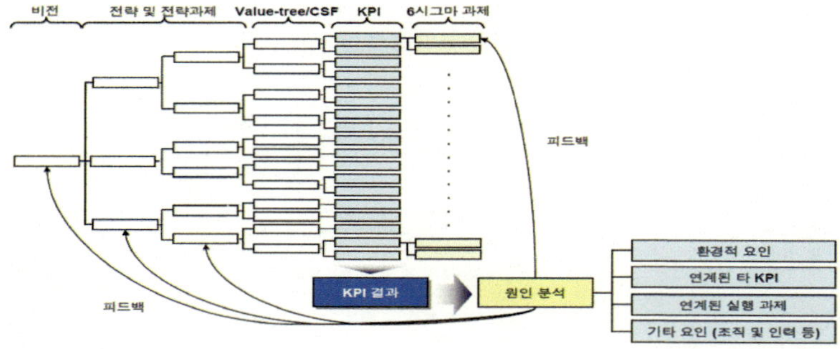

BSC 기반의 KPI수립은 전략적 Key Initiative 1단계에서 6단계인 BSC 운영방안 수립까지 구체화 되어 있는 6단계 방법을 사용한다. 본 서에서는 1단계인 전략적 Key Initiative와 2단계인 CSF 도출 및 전략맵 도출 까지만 설명하고 3단계 이후 부터는 산업에서 사용되고 있는 풍부한 KPI 자료로 갈음하고자 한다

1단계	2단계	3단계	4단계	5단계	6단계
전략적 Key Initiative 분석	CSF 도출 및 전략맵 도출	KPI 선정	KPI 목표치 및 가중치 설정	KPI 상세 설계	BSC 운영 방안 수립
• 사전 도입 타당성 분석 Quick 진단 • 비전 및 전략 분석 - 자료 및 인터뷰 • Key Initiative (전략과제) 도출 • Strategic Theme 도출	• 조직 레벨별 CSF 도출 - 비전 및 전략 분석 시사점 상세 분석 - 방법 1. 관련 전략과제 grouping을 통한 CSF 도출 - 방법 2. 전략과제 Value Driver Tree 작성 및 분석을 통한 CSF 도출 • CSF에 대한 BSC 관점의 인과관계 분석을 통한 전략맵 도출 - 장단기 전략의 균형, BSC 관점별 균형 검증	• KPI Pool 도출 • 조직 레벨별 CSF에 적합한 KPI를 KPI Pool에서 도출 • 지표에 대한 일반 산식 정의 • 지표 적합성 Screening - 기준 : 목적적합성, 측정 가능성, 관리 가능성, 통제가능성 - 컨설턴트 1차 Screening, 경영진 2차 Screening	• 지표에 대한 연간 목표합의 수행 • 전략적 중요도에 따른 지표별 가중치 설정 - 방법 1. CSF별 가중치 우선 고려 후 KPI 가중치 고려 - 방법 2. KPI별 가중치 직접 도출	• 조직레벨별 KPI에 대한 측정 정보, 분석 정보에 대한 상세 내용 정의 및 확정 - 기본정보 : 지표 정의 및 목적, 담당 조직 - 측정 정보 : 상세 산식 기준, 용어 정의, 측정 주기, 데이터 소스 - 분석 정보 : Drill Down 정의, 실행과제, 측정 주기별 목표치, 실행과제 정의	• 향후 BSC 관리 프로세스 설정 • BSC 운영 관련 R&R 정의 • BSC의 평가 및 보상 연계 방안 마련 • BSC를 통한 예산 연계 방안 마련

1단계 에서는 수립된 전략을 검토하여 As-Is 전략체계 및 전략수립 프로세스 분석, 전략의 적합성, Alignment 및 Cascading 수준을 리뷰하고 전략적 Key Initiative를 도출한다

1단계

전략적 Key Initiative 분석

전략 수립

- 외부 환경 및 내부 역량 분석
  - 5Force, 7S, PESTLE, SWOT Business Model Canvas 등
- Alignment
  - 조직 구조 변경
  - 전략 Roadmap
- Cascading
  - 조직레벨별 전략 과제 수립
  - 전략 실행의 Ownership 확립
- 자원 할당
  - 예산 수립

→ 현황 분석 및 개선 방향성 제시

- 비전 자료 리뷰 → 비전 확인
- 시사점 및 Key Initiative 도출

- 사업계획 자료 리뷰 → 전략과제 확인
- 시사점 및 Key Initiative 도출

- CEO 신년사 리뷰 → 경영 방침 확인
- 시사점 및 Key Initiative 도출

- 월별 경영실적 보고서 → 주요 KPI 확인
- 시사점 및 Key Initiative 도출

- 경영진/팀장 인터뷰 리뷰 → 인터뷰 요약
- 시사점 및 Key Initiative 도출

→ Key Initiative 종합 및 그룹핑을 통한 Strategic Theme 도출

연도별 CEO의 경영방침 리뷰 사례

2022년 경영방침	2023년 경영방침	2024년 경영방침	2025년 경영방침
❑ 제품 품질 혁신 • 기존공정 개선 및 신기술/신공정 개발 • 제품 클레임 및 불량률 제로화	❑ World Best 품질 확보 • 기존공정 개선 및 신기술/신공정 개발 • 제품 클레임 및 불량률 제로화	❑ 증설 공장 조기 완공	❑ 증설 공장 조기 안정화 • 안정적 수익 기반 확보
❑ 고객 감동 영업 • 마케팅에 대한 새로운 인식과 적극적인 영업활동 • 마케팅 역량 강화	❑ 세계 수준의 e-Biz 시스템 확립 • e-Biz기반 구축	❑ Market Leader 유지 • 고객 Value 및 제품의 기능, 품질 우위 확보 • 거시적 관점의 마케팅 강화	❑ Marketing 역량 극대화 • 미래 유망 고부가 제품 중심 및 신규 거래선 개척 • 새로운 마케팅 구조에 맞는 조직 정비
❑ EVA 극대화 • 매출 극대화 • 원가절감 • 차입 비용 절감에 의한 적정 재무구조 유지 • 세계 일류제품으로의 집중 투자	❑ 경쟁력 있는 ERP 기반 구축 • 업무 효율 극대화 • 경영혁신 도모	❑ 6 시그마 품질 확보 • 기존공정 개선 및 신기술/신공정 개발 • 제품 클레임 및 불량률 제로화	❑ 고부가/고기능 제품 개발 • R&D를 통한 제품개발 • PMMA Bulk 프로세스 개발
		❑ ERP 조기 정착 • e-Biz. 성과 실현 • 업무 생산성 향상을 통한 수익창출 실현	❑ 6 시그마 품질 확보 • 기존공정 개선 및 신기술/신공정 개발
			확장 ERP 구축에 대한 구체적 실행계획 수립/추진

❑ 기술개발을 통한 품질 확보, IT 기반 확보, 거시적 마케팅 역량 강화가 지속적으로 강조함

❑ 규모 성장을 위한 공장 증설의 조기 안정화로 안정적 수익 기반을 확보하고자 함

❑ R&D를 통한 제품개발, 고부가 제품 중심의 신규 거래선 개척이 최근 강조되고 있음

Key Initiative

① 6 시그마 활동과 기술 개발을 통한 품질 확보
② R&D 역량강화를 통한 고부가/고기능 제품 개발
③ IT를 통한 업무 효율화 및 수익 창출 실현
④ Marketing 역량 극대화
⑤ 증설 공장의 효율적 관리 및 조기 안정화
⑥ EVA 극대화

검토 및 리뷰를 통하여 도출된 전략적 Key Initiative를 그룹핑하여 전략경영에 적용할 수 있는 중요한 대상들을 선정하고 인과관계를 파악한다.

비전 및 전략자료 기반 Key Initiative

A. 비전

① Market Leader 확보
② 해외 사업 확대
③ 고부가가치 제품 개발
④ 기술력 확보
⑤ 인재 육성

B. CM

① 생산 증대에 따른 Market Leader 유지
② 다양한 제품 용도 개발
③ 공정 기술력 확보
④ 연구 인력 강화
⑤ 경영성과를 창출하는 IT 구축 및 운영
⑥ PMMA 증설 투자 수익률 강화
⑦ PMMA 생산 및 판매 계획 정확도 확보

C. 경영방침

① 6 시그마 활동과 기술 개발을 통한 품질 확보
② R&D 역량강화를 통한 고부가/고기능 제품개발
③ IT를 통한 업무 효율화 및 수익 창출 실현
④ Marketing 역량 극대화
⑤ 증설 공장의 효율적 관리 및 조기 안정화
⑥ EVA 극대화

인터뷰 기반 Key Initiative

D. CEO/CIO/공장장 인터뷰

① 공장 증설을 통한 매출 성장
② TS&D를 통한 고객 대응력 확보
③ 기술력 바탕의 고부가가치 신제품 개발
④ R&D 역량 강화를 통한 공정 기술력 확보
⑤ 인재의 확보 및 육성
⑥ 효율적인 IT 투자 및 운영
⑦ 생산 기지 해외 진출 고려
⑧ 해외 시장 개척

E. 팀장 인터뷰

① 고부가가치 제품으로의 전환
② Capa 증대를 통한 매출 증대
③ Globalization 전략수립 및 경쟁력 확보
④ R&D 역량 강화
⑤ 신규 수요 창출 및 시장 개척
⑥ Captive 고객 만족도 증대
⑦ 고객 대응도 향상
⑧ 조직 역할 명확화
⑨ 전사 기획력 강화 및 장기 전략 수립
⑩ 인재 육성 및 확보
⑪ 영업기획 및 기술기획력 강화
⑫ 합리적인 노무관리 및 복지지원
⑬ 성과관리 체계 확립
⑭ 투자된 IT에 대한 안정화 및 활용도 제고

전략지도 Strategy Map

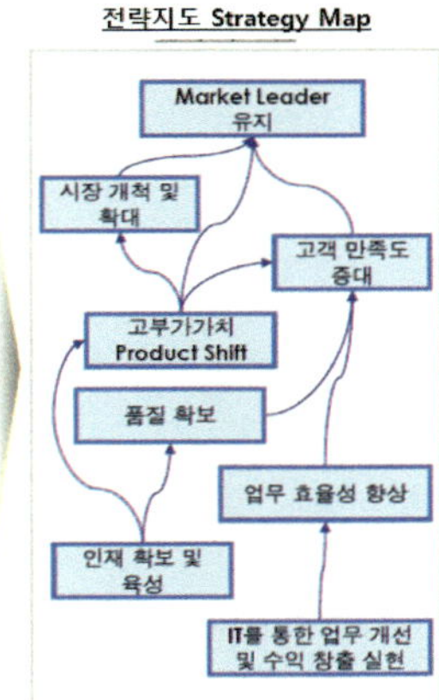

2.3. 핵심성공요인(CSF) 도출 방법 1

CSF도출 전략지도 도출인 2단계는 기업전략과 정합성 유지를 기본으로 하고, 기업전략에서 함의하고 있는 시사점과 Key Initiative의 그룹핑을 통하여 예비CSF도축, 전사 CSF도출, 전략지도(전략맵) 작성 순서로 진행한다

2단계

CSF 도출 및 전략맵 도출

예비 CSF 도출

- BSC의 4가지 관점별로 주요 고려 사항을 정리하여 예비 CSF (핵심성공요소)를 도출함

전사 CSF 도출

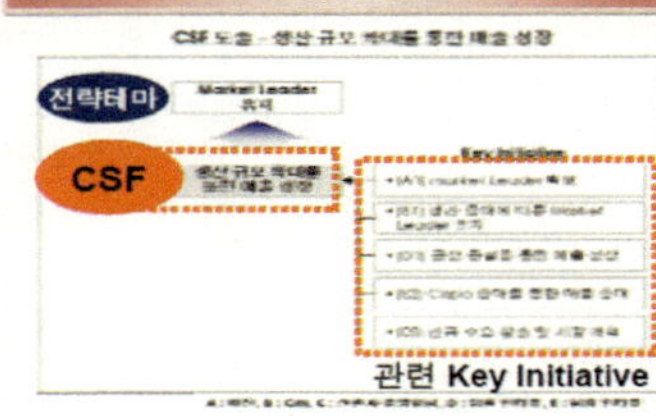

- 비전 및 전략 리뷰, 인터뷰 결과를 바탕으로 고객사가 고려해야 할 사항을 정리함
- 도출된 Key Initiative의 관련성을 고려한 그룹핑을 통해 전략 테마를 달성할 수 있는 요인을 CSF로 선정함

전략맵 작성

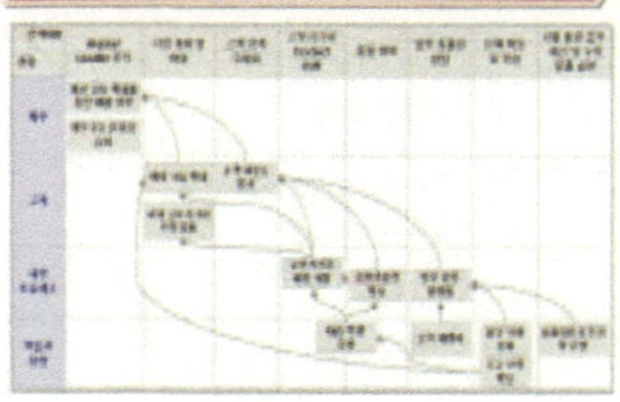

- 전략 테마를 달성할 수 있는 CSF에 대해 BSC의 4가지 관점에 따른 인과관계를 고려하여 전략맵을 작성함

재무관점 -"주요 재무성과"

재무적 관점에서의 전략 목표는 현안 재무적 위험요소의 극복, 안정적 수익기반, 장기적인 원가우위, 자산 및 자본의 효과적인 활용의 테마에서 도출 된다.

기업가치를 증대하고 당면한 위기를 극복하기 위해 각 부문가 달성해야 할 주요 재무적 성과는?

급박한 당면 위기를 극복하기 위해서는?
- 수익구조의 개선
- 고객 역선택 방지

안정적 수익기반의 질적 개선을 위해서는?
- 수익구조의 다양화
- 신규영역의 지속적 개척

장기적인 원가우위를 확보하기 위해서는?
- 생산성향상을 통한 원가절감
- 원가발생 구조의 근본적 변화

자산 및 자본의 효과적 활용을 위해서는?
- 적정 투자방향의 결정
- 자산운용을 통한 수익창출기회의 탐색

현재의 위기를 극복하고 중장기적으로 기업가치를 극대화하기 위해 필요한 기업의 주요 재무성과는?

고객 관점 - "고객의 가치 확인"

고객관점은 기업가치 창출의 가장 큰 원천으로서, BSC의 심장부라고 할 수 있습니다. 즉, 기업이 장단기적으로 탁월한 제품 및 서비스 제공, 우호적 고객관계 형성등을 통해 고객을 만족시키지 못한다면 가치는 더 이상 창출되지 않는다

원하는 재무적 성과를 달성하기 위한 시장과 고객관계 전략은?

상품/서비스 (Product/Service)
- 타겟 고객/시장은 어디인가?
- 타겟 고객/시장의 니즈는 무엇인가?
- 고객에게 어떤 상품과 서비스를 제공할 것인가?

판매/채널 (Sales/Channel)
- 고객은 어떤 채널을 선호하는가?

고객관계 (Customer Relations)
- 우수고객과의 지속적인 관계유지를 위한 핵심 요인은 무엇인가?

이미지 (Brand Image)
- 기업 이미지를 개선하기 위한 방안은 무엇인가?

기업의 차별적인 고객가치 (Customer Value Proposition)는 무엇인가?

프로세스 관점 - "Value Chain"의 효율성/효과성

프로세스 관점에서는 '어떠한 프로세스가 바람직한 고객가치를 창출하면서(고객관점) 이해관계자의 기대(재무관점)에도 부응하는가?'에 대한 측면에서 해답을 제시해야 합니다. 내부적 프로세스에 대해 기본적으로 Value Chain을 활용하며, 전략 목표를 도출하기 위한 핵심고려 사항은 다음과 같다

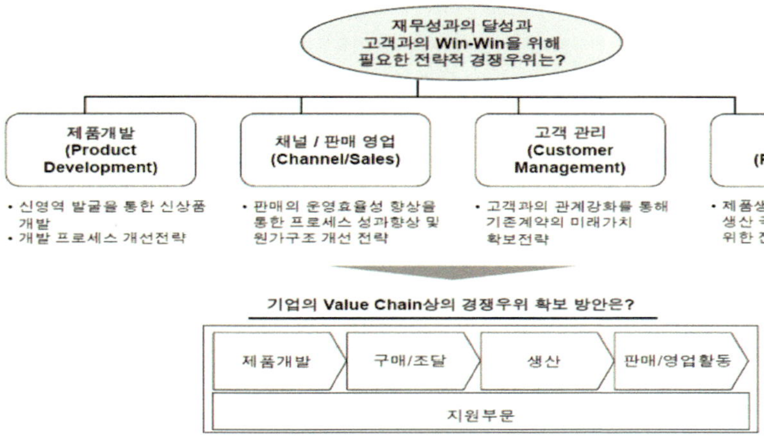

학습/성장 관점 - 조직, 혁신 및 인프라

학습과 성장 관점은 기업의 장기적인 생존을 확보하기 위해 필수 전제조건이며, 미래발전을 위한 기반으로서의 역량을 개발하는 것이 중요하다

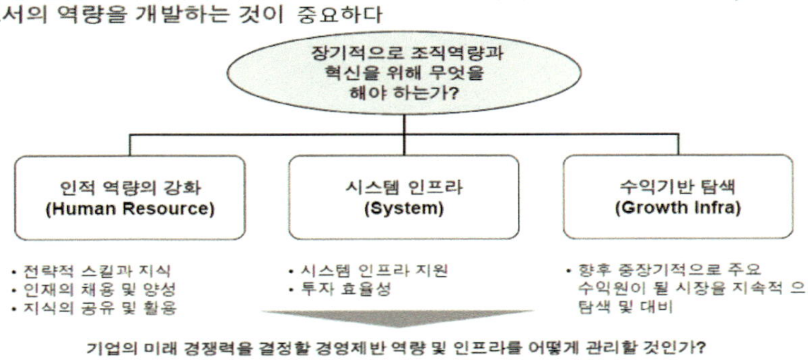

"각 관점이 의미하는 핵심영역 들을 빠짐없이 체크 하라"라는 기본 명제를 인식하는 것이 중요하다. 즉, BSC의 기본 4가지 관점별로 고려하여야 할 영역들을 고려함으로써 전략적으로 중요한 사항에 대해 누락되는 오류를 막을 수 있다

관점별 점검해야 할 핵심영역

관점	핵심영역		
가치/재무	성장률, 수익성, 운영효율성을 통한 비용절감, 생산성, 자산활용, 자산건전성	⇨	주요 재무성과
고객	고객만족, 고객유지, 시장지배력, 브랜드 이미지, M/S, 타겟고객, 전략제품, 고객니즈, 경쟁구조, 고객수익성	⇨	Customer Value Proposition
프로세스	제품개발, 판매영업, 생산, 고객관리, 서비스	⇨	Value Chain
혁신/성장	직원 지식 및 스킬, 시스템 인프라, 교육훈련, 제도문화	⇨	경영 인프라

전략 명확화 과정의 결과를 토대로 BSC 4 관점별로 CSF 가설을 도출한다

예비 CSF 수립

❑ 재무 : L 사는 이미 안정된 수익성을 확보하고 있으므로 향후 3년은 성장성 중심의 전략으로 사업을 전개할 것임
지속적인 성장을 위한 투자 확대로 재무 구조의 안정성은 관리해야 할 부분임

<예비 CSF>
성장성 측면 : CSF 1 - Market Leader 유지, 매출 확대, 생산 Capa 증대, 증설을 통한 매출 증대
안정성 측면 : CSF 2 – 재무구조의 안정성 유지, 재무구조의 건전화

❑ 고객 : 시장 환경이 현재 공급보다 수요가 많은 상황이므로 고객 만족도를 극대화하여 고객을 확보하는 전략 보다는 현재의 고객에 대한 대응을 높이는 것이 중요한 전략임. 시장 개척을 위해 해외 진출이 불가피함. 고부가가치 시장을 창출해야 함

<예비 CSF>
CSF 3 – 해외 사업 확대, 해외 사업 개척, 해외 공장 증설
CSF 4 – 고객 대응도 향상
CSF 5 – 고부가가치 시장 창출

❑ 내부 프로세스 : MMA의 경우 이미 품질은 세계적으로 대동소이하고 Full Capa 생산 중이나 원가에 상당부분을 차지하는 촉매를 대체하는 기술이 필요하고 PMMA의 경우 품질에 다소 문제가 있으므로 이를 해결하기 위한 공정 기술력과 고부가가치의 제품의 용도를 개발하여 시장 확대 및 선점, MMA 수급 강화 등을 유도하는 것이 중요함. 또한 앞으로 성장성 위주의 전략에 따라 조직의 성장이 예상되므로 이에 따른 업무 분장 효율화와 전사 조정 능력 및 기획력의 강화가 요구됨

<예비 CSF>
CSF 5 – 고부가가치 제품 개발, 제품 용도 개발
CSF 6 – 공정 기술력 확보
CSF 7 – 무재해 공장 운영, 환경친화 공장 유지, 무재해 Green 공장 운영
CSF 8 – 업무 효율성 강화, 전사 기획력 강화, 전사 조정 기능 강화

❑ 학습 및 성장 : MMA의 성장 중심의 전략을 뒷받침하는 R&D 역량 및 전사 조정 및 기획력 강화를 위해 직접적으로는 인재의 육성 및 확보에 집중해야 하고 간접적으로는 IT 투자 및 운영 효율성에 대해 고려해야 함. 향후에는 조직 확대에 따른 노무 관리가 중요할 것으로 예상됨

<예비 CSF>
CSF 8 – 인재 육성 및 확보, R&D 인력 확보, 인력 관리 강화, 연구 인력 강화, 업무 역량 강화
CSF 9 – 효율적인 IT 투자 및 운영

전사 CSF 선정 사례

고려 사항

- ❑ LG MMA는 이미 안정된 수익성을 확보하고 있으므로 향후 3년은 성장성 중심의 전략으로 사업을 전개할 것임
- ❑ 현재 공급보다 수요가 많고 향후 전자 소재 및 BT 산업의 활성화와 생활 수준의 향상을 통해 지속적인 수요 확대가 예상됨
- ❑ 제품의 특성 상 꾸준한 소비가 이루어지므로 생산의 증대를 통해 사업 성장이 가능함
- ❑ 현재 MMA 공장 증설은 마무리 되었고 PMMA 공장 증설을 2004년에 수행할 예정임
- ❑ PMMA 공장 증설을 통해 원료가 되는 MMA의 추가 생산을 위한 공장 증설을 검토 중임
- ❑ 향후 3년 정도 후 MMA 공급의 과잉이 예상됨

CSF 도출 – 생산 규모 확대를 통한 매출 성장

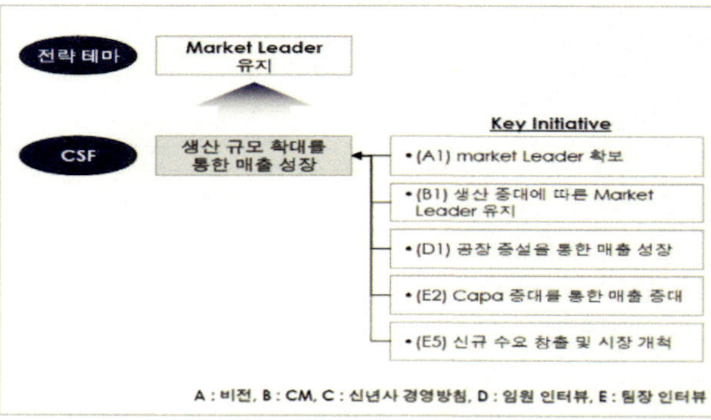

전사 CSF 도출 및 전략맵 구성

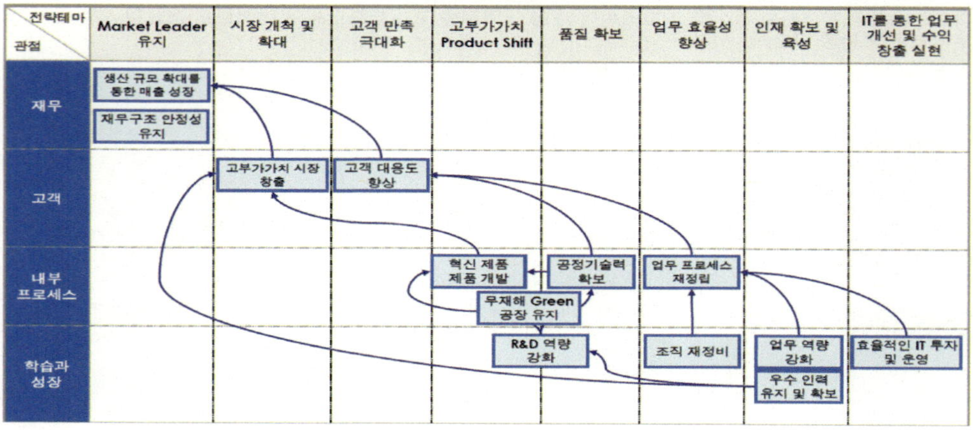

해당 팀별 자료수집 및 분석

❑CSF 도출 대상 팀
- •서울
  - – 전략사업팀
  - – 경영관리팀
  - – A 영업팀
  - – B 영업팀
- •기술연구팀
- •TS&D 팀
- •여수
  - – 경영관리팀
  - – A 생산1팀
  - – A 생산2팀
  - – B 생산팀
  - – 환경안전팀

❑팀별 자료수집 및 분석
- –목표합의서, 관리항목
- –업무분장
- –인터뷰 및 현황파악을 통한 고려사항
- –공장 전략과제 등

팀별 CSF 도출

자료분석을 통한 시사점 도출
- 팀 시책/업무목표
- 목표합의서
- 관리항목
- 고려사항
- …

↓

Key Initiative 도출

→ 팀별 CSF 도출

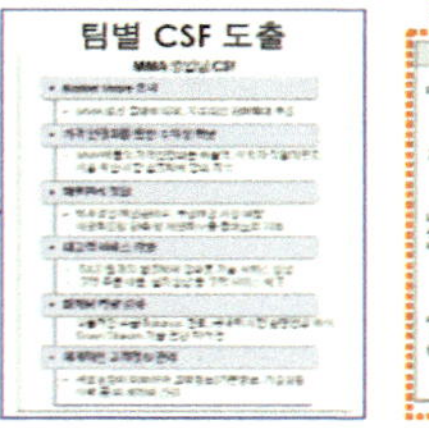

•팀별 자료를 분석하여 재해석한 시사점과 추가적인 고려사항을 반영한 Key Initiative를 선정하고, 이로부터 팀별 CSF를 도출함

팀별 CSF – 전사 CSF Mapping

전사 CSF | 팀 CSF 전략맵

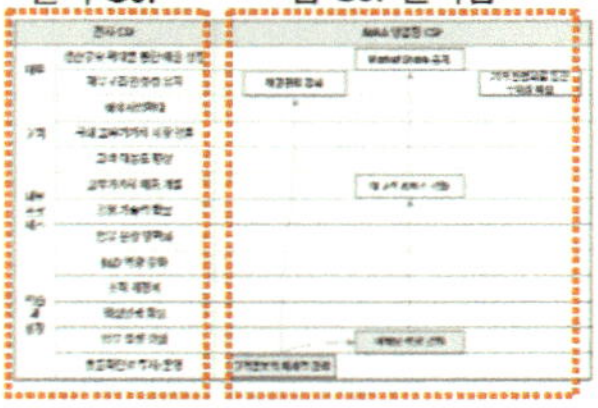

•팀 CSF와 전사 CSF를 Mapping 함으로써, 전사–팀 간 CSF 관계를 정렬함 (Alignment 체계 수립)

팀 관리지표 분석은 팀 CSF를 도출하는 근간이 된다. 단 2단계인 전사 CSF와 정합성을 유지하여야 한다

팀 관리 지표 현황 분석 사례

팀 업무목표

- •연 계획 매출 달성
- •도광판용 PMMA의 안정적 수급
- •신규 거래선 개발
- •채권 회전일 단축
- •판가 인상

목표합의서 분석

평가항목	비중
매출수량	30%
매출금액	30%
경상이익	30%
ERP 정상화	10%

추가 관리항목

구분	관리항목	세부내역
매출증대	시장점유율	M/S
일류화제품 판매 증대	일류 특화제품 매출	ΣLCD,대리석 매출수량
채권관리 강화	채권회전일	Σ월말회전일
	사고채권	Σ사고건수
신시장 개척	신시장 개척	Σ시판 및 수출개발수량
영업사원 Skill Up	외국어 교육/ 직능 교육	1인1외국어 1인1교육

시사점

- ❑ 매출증대를 통한 M/S 확장을 지속적으로 추진하고 있음
- ❑ PMMA 제품 영업에서는, 신규 거래선 확보를 통한 신시장 개척을 중요시함
- ❑ LCD도광판, 인조대리석(Beader) 등 일류화 제품의 지속적인 판매증대 및 판로확보가 필요함
- ❑ 영업사원의 역량강화를 위한 사원교육을 강조하고 있음

Key Initiative

① 판매 확대를 통한 Market Share 극대화
② 신규 거래선 확보를 통한 신시장 개척
③ 일류화 제품 판매 증대
④ 채권관리 강화 및 부실채권 예방
⑤ 해외영업을 위한 외국어 역량 강화

분석된 팀 관리지표와 여기에서 도출된 시사점을 근간으로 팀의 CSF를 도출한다. 이때에도 2단계인 전사 CSF와 정합성을 유지하여야 한다

팀 CSF 도출 사례

고려사항

- ❑ PMMA 제품 품질에 대한 기술 지원, 납기 향상 등 고객 서비스 강화가 필요함
- ❑ 시장환경 변화 예측, 시장동향 분석, 기술동향 파악 등 영업기획 능력 향상이 중요시되고 있음
- ❑ MMA/PMMA 수급을 통합적으로 고려한 수요예측/판매계획의 체계적 수립으로 수급 Balance 정확도 및 판매계획 정확도 향상과 긴급주문 충족 등 고객 대응력 향상이 필요함
- ❑ 고객정보, 서비스정보, 시장정보, 기술정보, 품질정보 등 영업관련 정보의 체계적인 관리와 TS&D팀, 기술연구팀, 생산기술팀 등 관련 팀과의 정보공유 체계가 필요함

Key Initiative

① 판매 확대를 통한 Market Share 극대화
② 신규 거래선 확보를 통한 신시장 개척
③ 일류화 제품 판매 증대
④ 채권관리 강화 및 부실채권 예방
⑤ 해외영업을 위한 외국어 역량 강화
⑥ 고객 서비스 강화를 통한 고객만족 향상
⑦ 영업 기획 및 마케팅 역량 강화
⑧ PMMA/MMA 통합 판매/생산계획 수립 체계 확립
⑨ 영업정보 관리 체계 마련

팀 CSF

- • Market Share 극대화
  - – 기존 PMMA 고객에 대한 매출물량 확대
  - – 신규 거래선 확보를 통한 Market Share 증대
- • 신규 거래선 확보를 통한 신시장 개척
  - – 신규고객 확보 및 우수고객 발굴
- • 일류화 제품 판매 증대
  - – LCD도광판, 인조대리석 등 고부가가치 제품 판매증대 및 판로 추가확보
- • 수익성 강화
  - – 체계적인 채권관리로, 부실채권 사전 예방, 채권회전일 단축 및 채권회수율 증대노력 지속
  - – PMMA 판가관리를 통한 수익성 확보
- • 고객 서비스 강화
  - – TS&D 팀과의 협조체제 강화로 기술 서비스 향상
  - – 고객 주문 대응, 납기향상 등 고객 서비스 제고
- • 마케팅 및 해외 영업역량 강화
  - – 국내외 시장 환경변화 예측, Down Stream 기술 동향 파악
  - – 해외 영업을 위한 어학 능력 향상
- • 제품별 통합 판매/생산계획 수립체계 확립
  - – MMA/PMMA 수급을 통합적으로 고려한 판매/생산계획 수립체계
- • 영업정보의 체계적 관리 및 공유
  - – 규모성장 대비, 업무 효율화, R&D관련 팀과의 정보공유를 위한 영업정보의 체계적 관리 및 공유

팀 CSF와 전사 CSF간 관계를 고려한 전략맵 도출

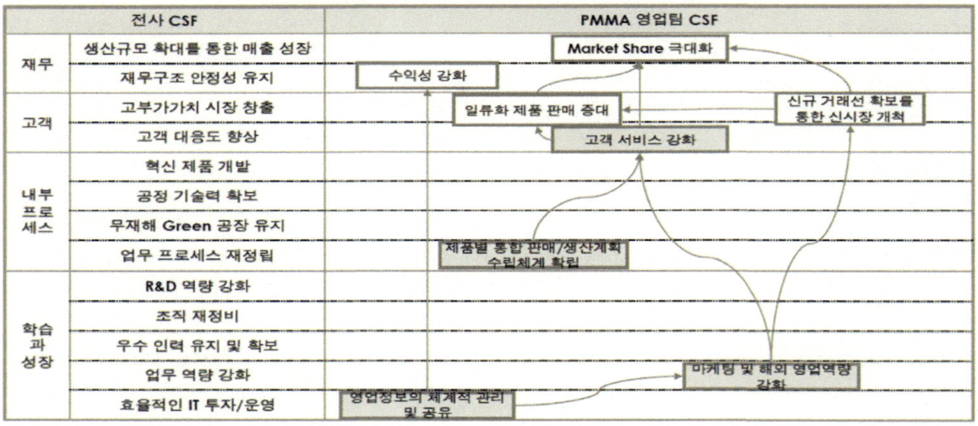

2.4. 핵심성공요인(CSF) 도출 방법 2

도출된 팀별 CSF에 대하여 BSC 관점의 균형성, 부분 최적화의 가능성, 장단기 측면에 대하여 검토한다

CSF 간의 균형성 검토

Balanced Scorecard관점

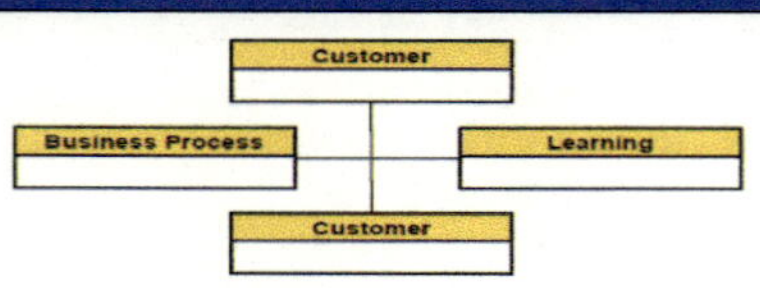

- CSF의 배열을 통해 균형성(%)검증
- 개념 정의
  - Customer:전사/본부/부서 전략과 비전 달성을 위하여 관련된 외부고객 관련 CSF가 해당
  - Business Process:전사/본부/부서의 전략과 비전 달성을 위한 프로세스의 개선/혁신과 관련된 CSF가 해당
  - Learning:전략과 비전 달성을 위해 종업원 역량을 개선, 변화, 향상시키는 것과 관련된 CSF가 배당
  - Financial:재무 성과와 관련된 CSF가 배당

시간기준/복합기능성 관점

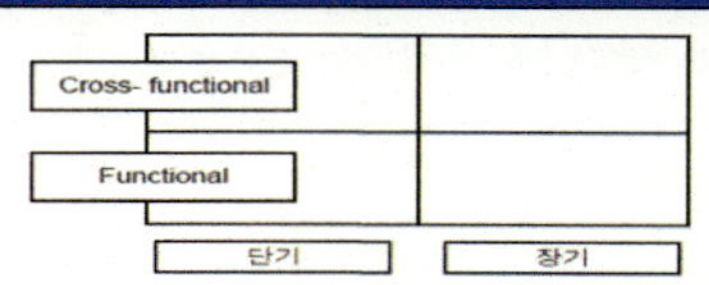

- CSF의 배열을 통해 균형성(%)검증
- 개념 정의
  - 단기:12개월 이하
  - 장기:1년 초과 3년 미만
  - Functional:오직 해당 부서의 관련 사안
  - Cross-Functional:타 부서와 연계되는 시안
- 분석 목적
  - 단기 성과에만 초점을 맞추고 있지 않은지 파악
  - 해당 부서의 성과에만 초점을 맞추고 있지 않은지 파악

Key Initiative에 대해 로직트리 기법(Logic Tree Method, MECE)으로 Value Drive Tree를 도출하고 이미 본 서의 앞에서 학습한 델파이 기법(Delphi Mehod)을 수단으로 CSF를 선정한다

델파이 기법을 통한 CSF 도출 사례

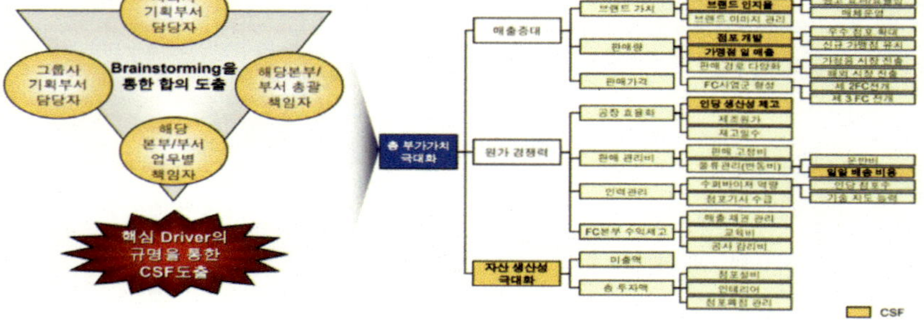

2.5. 핵심성공요인(CSF) 도출 방법 3

VDT(가치동인트리)의 개념

VDT는 성과에 영향을 미치는 모든 성과동인(Performance Driver)을 원칙에 따라 트리(Tree)형태로 표현한 도식으로 성과 매커니즘을 분석하기 위한 게놈 프로젝트(Genome Project)에 비유되기도 한다

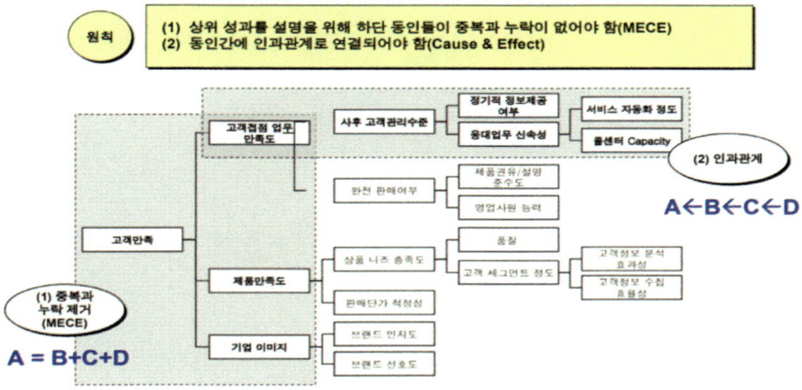

VDT(가치동인트리)의 평가 기준

VD 평가(Assessment)를 통하여 복수개의 Value Driver 중에 핵심적인 Driver를 우선적으로 선택을 하는데 다음의 2가지를 우선 고려 또는 기준하여 Value Driver를 평가 또는 선정한다.
첫째, 각 Value Driver가 VDT 체계하에서 상위 Driver에 얼마만큼 영향을 미치고 있는가의 전략적 중요성을 고려하여야 한다.
둘째, 해당조직에서 Driver를 실행하는데 어느정도 용이한가, 해낼 수 있는 자원이 되는가인 실행의 용이성이다.

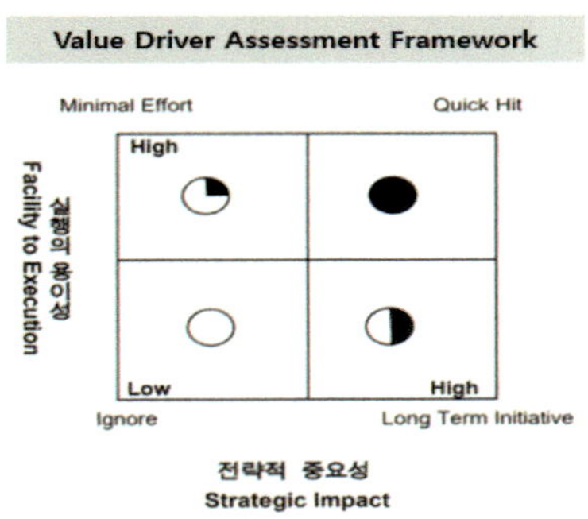

운영효율측면의 Value Driver Tree 사례-영업관리①

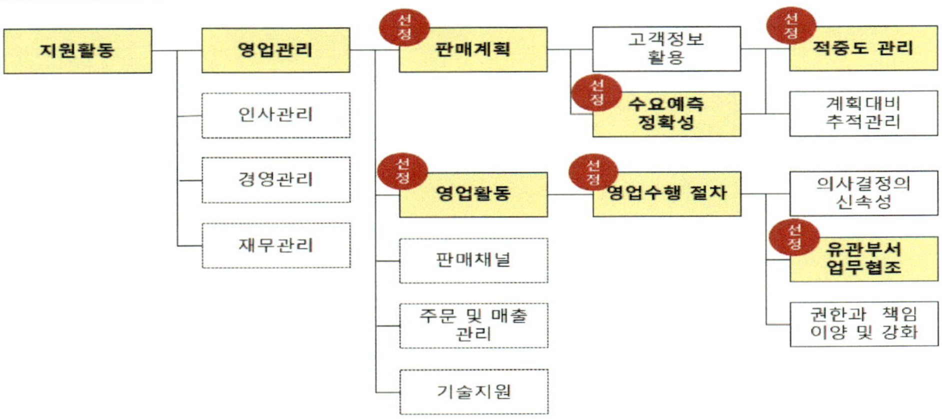

운영효율측면의 Value Driver Tree 사례-영업관리②

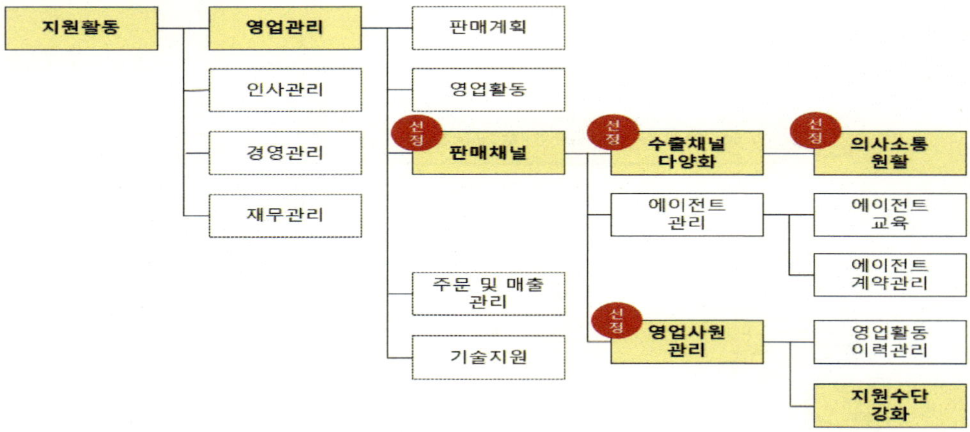

운영효율측면의 Value Driver Tree 사례-인사관리

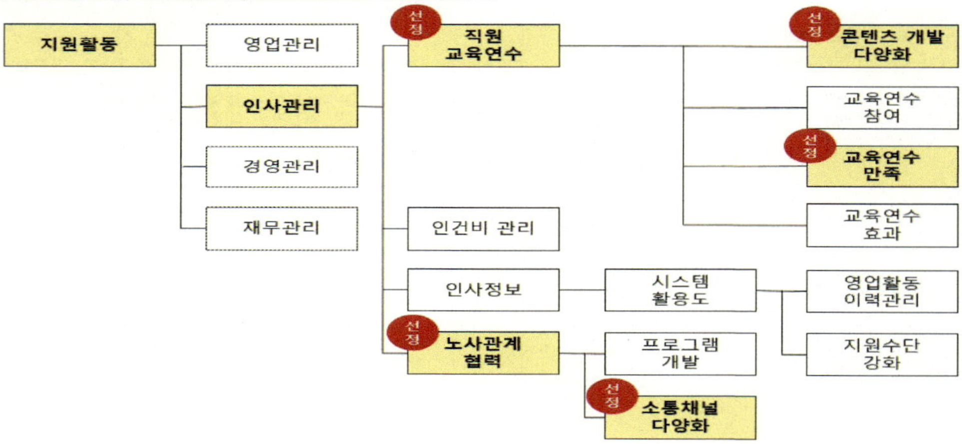

운영효율측면의 Value Driver Tree 사례-경영관리

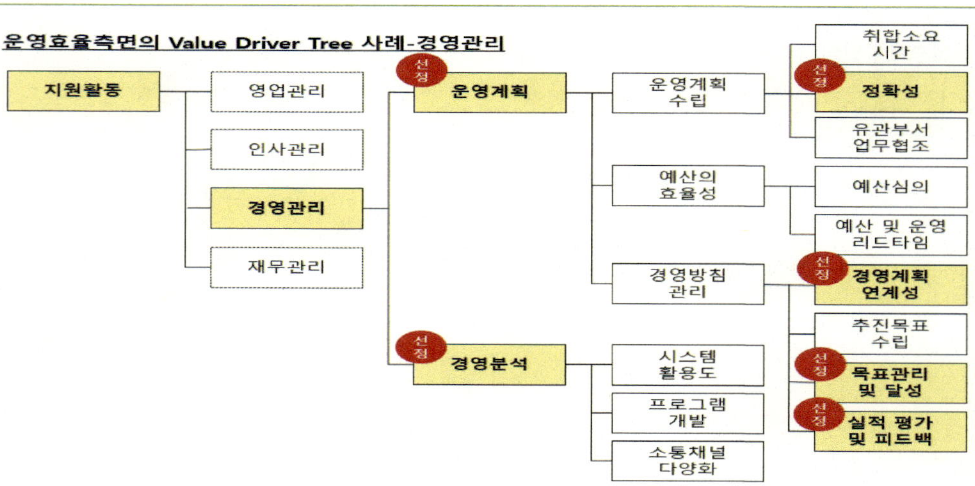

운영효율측면의 Value Driver Tree 사례-재무관리①

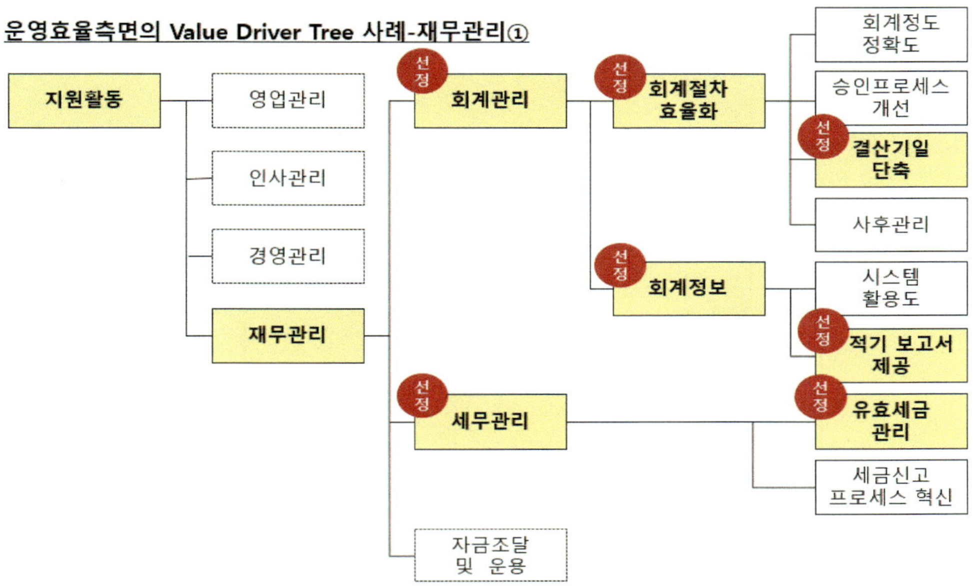

운영효율측면의 Value Driver Tree 사례-재무관리②

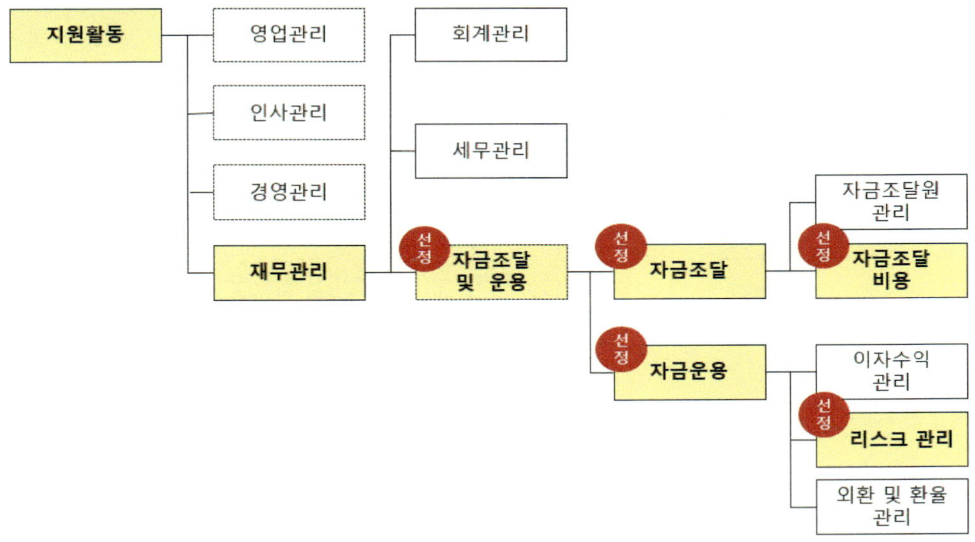

2.6. 핵심성공요인(CSF) 도출 방법 4

2.6.1. Strategy Map(전략지도) 작성

Strategy Map 개념

확인된 부문별 전략을 기준으로 전략체계도인 Strategy Map을 작성한다.
Strategy Map은 BSC의 4가지 관점별로 조직의 핵심전략을 기술하며, 관점 간 인과관계에 의거하여 표현한 프레임워크로서 전략의 커뮤니케이션과 실행을 촉진하게 된다.

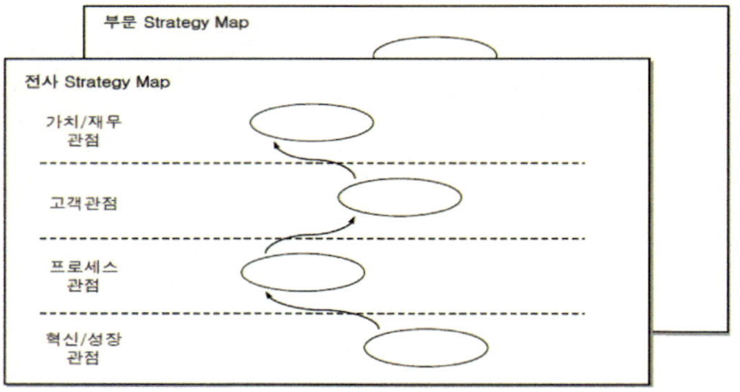

Strategy Map의 목적

Strategy Map의 작성 목적은 커뮤니케이션, 전략적 학습, 가치중심 등 3가지로 요약된다

Strategy Map 작성의 3가지 목적

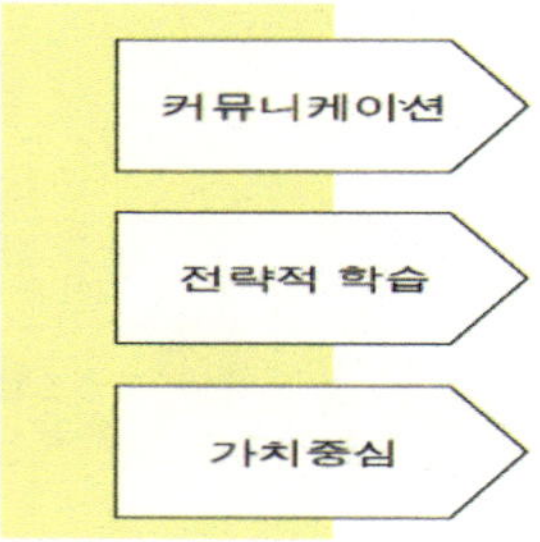

전략을 간결/명료하게 표현함에 따라 조직 내 전략의 공유와 이해를 촉진함.

관점간 인과관계에 의거하여 전략을 수립, 실행, 점검함에 따라 원인과 결과에 대한 분석능력이 제고됨.

가치창출의 원천인 4가지 관점에 따라 전략을 설정하게 되므로 보다 가치에 focus된 전략을 수립하게 됨.

Strategy Map의 목적

Strategy Map의 효과적 작성을 위해서는 전략의 표현인 구체성, 관점내 전략으로 가로의 원칙인 핵심영역 및 관심 간 전략으로 세로의 원칙인 인과관계를 고려하여야한다.

Strategy Map 작성 기준

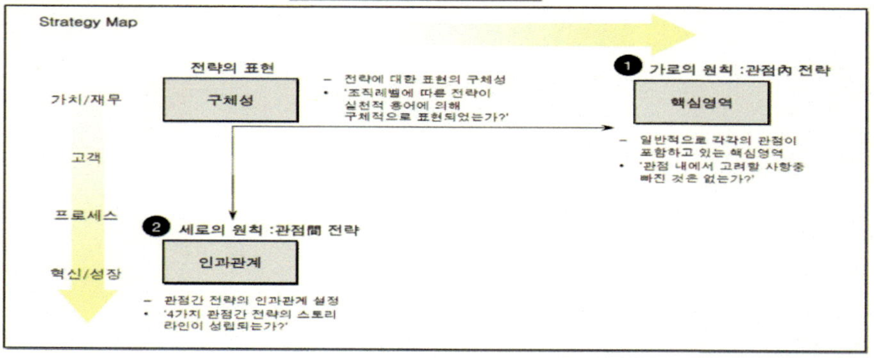

Strategy Map 작성 방법

각 관점에서의 전략적 목표 또는 성과들은 재무관점으로 부터 학습성장 관점에 이르는 수직적인 관점에서 보았을때 전략이 가지고 있는 가설, 즉 만일 어떻게 한다면 어떻게 될 것이다(If ~ then)'이 들어올 수 있어야 한다.
이러한 가설은 전략적 주제를 중심으로 검토해 보는 것이 일반적이며 전략 목표 간의 인과관계를 고려하여 수립해야 한다.

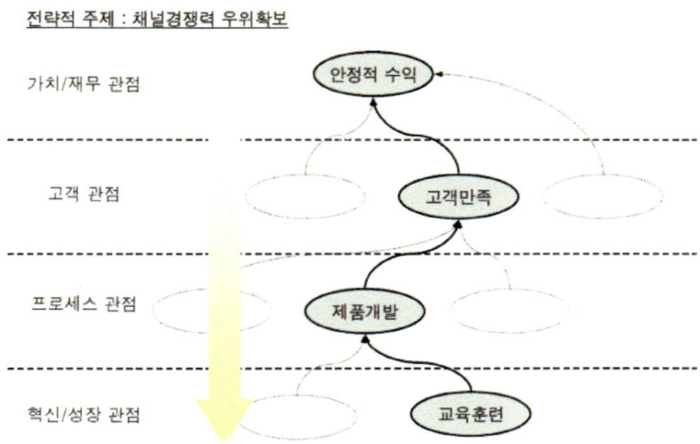

2.7. 핵심성공요인(CSF) 도출 방법 5

2.7.1. 전사(全社) 성과구조와 CSF의 매칭

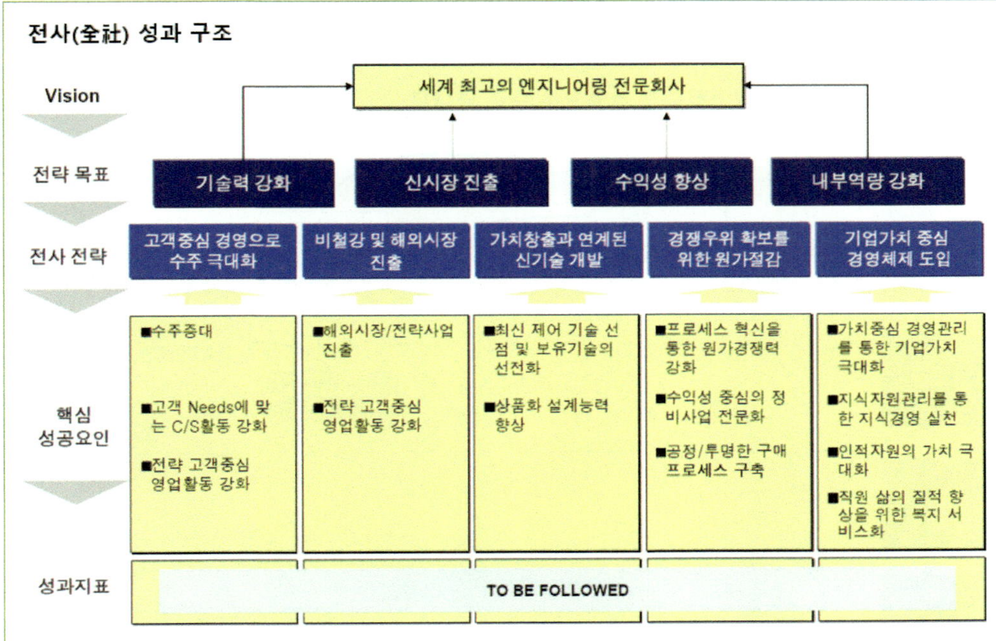

2.7.2. 작성된 전사 Strategy Map과 핵심성과지표(KPI) Group

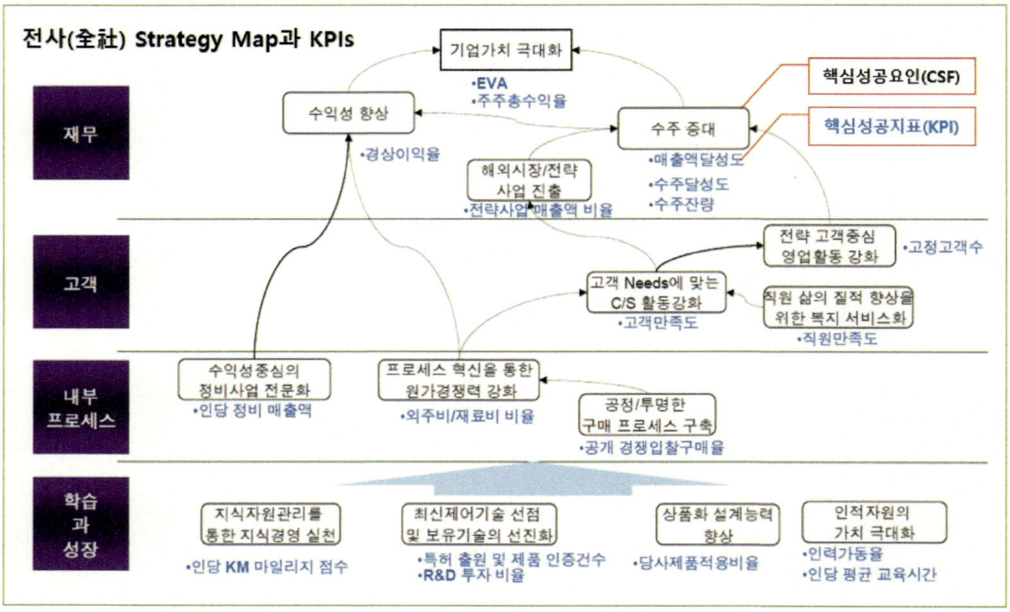

2.7.3. 작성된 전사 Strategy Map과 본사부서 핵심성과지표(KPI)

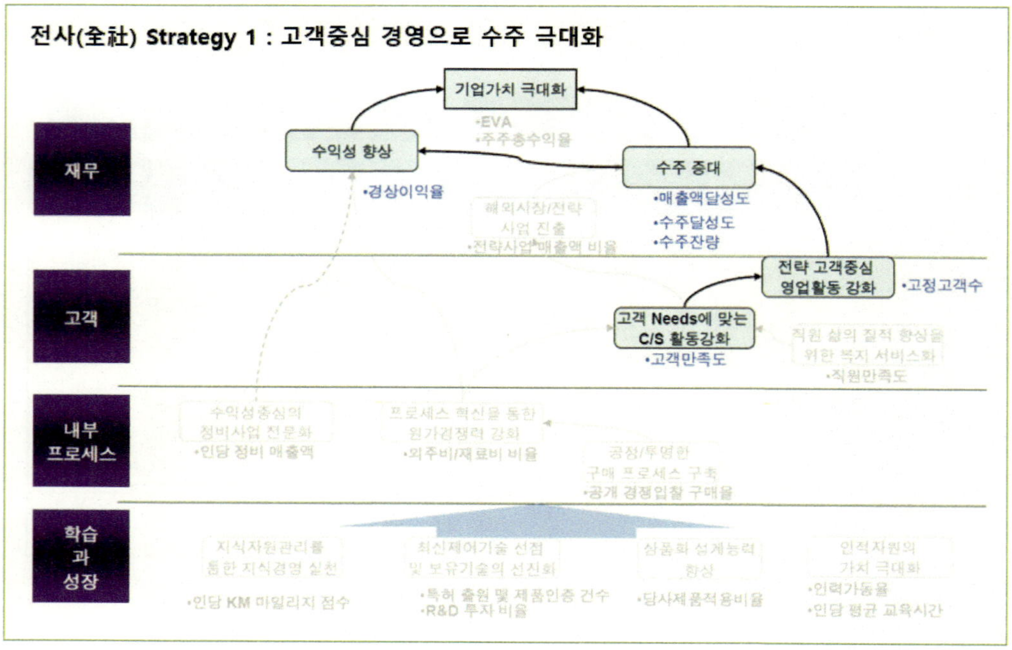

전사(全社) Strategy 2 : 비철강 및 해외시장 진출

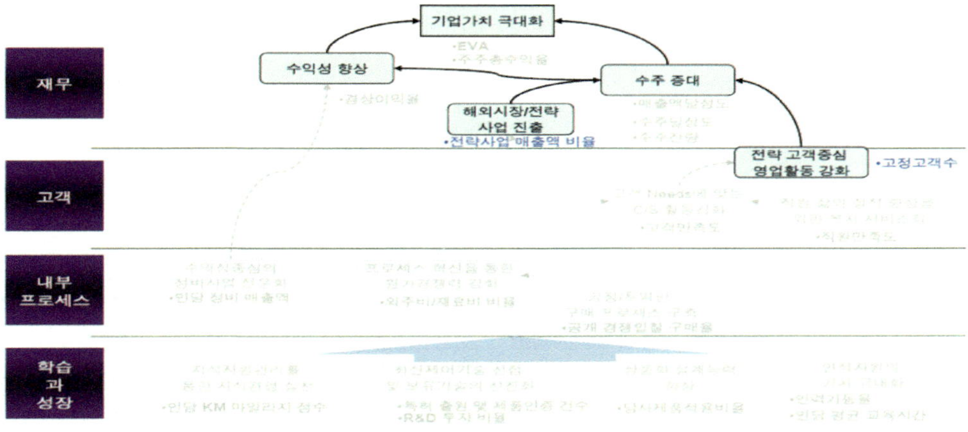

전사(全社) Strategy 3 : 가치창출과 연계된 신기술 개발

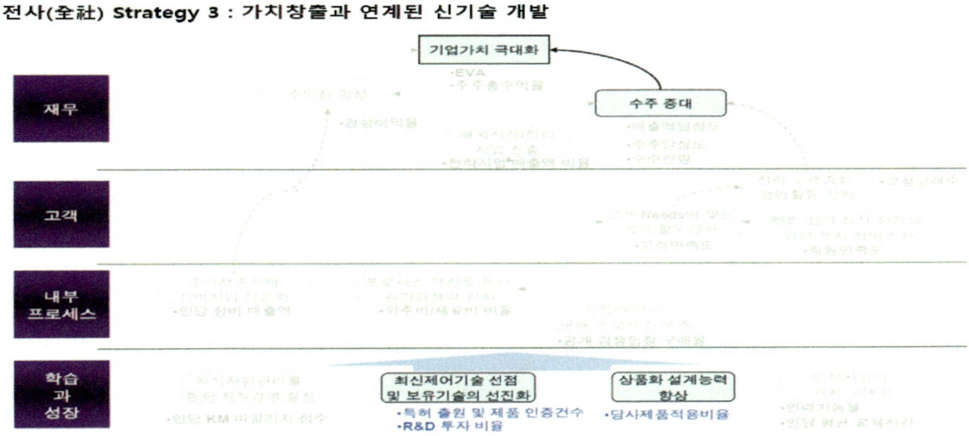

전사(全社) Strategy 4 : 기업가치 중심의 경영체계 도입

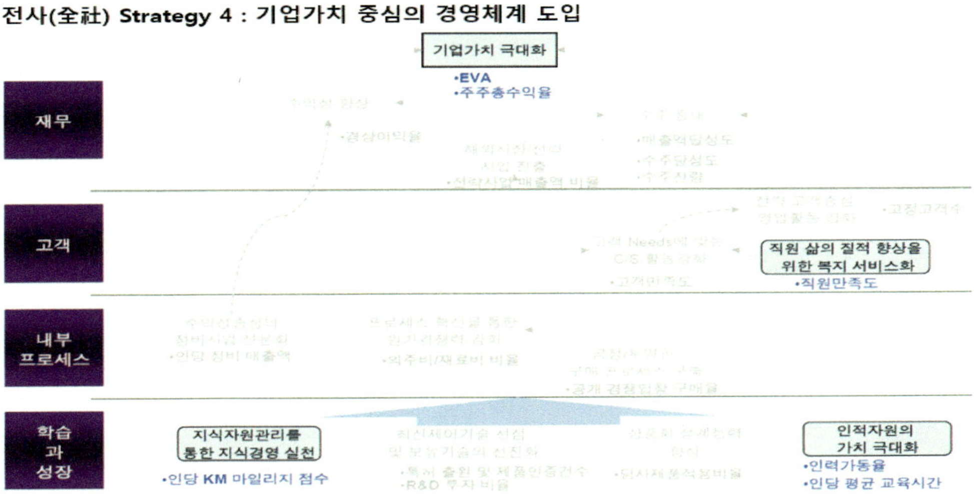

2.8. 핵심성공요인(CSF) 도출 방법 6

2.8.1. 수도권 사업부 성과구조와 CSF의 매칭

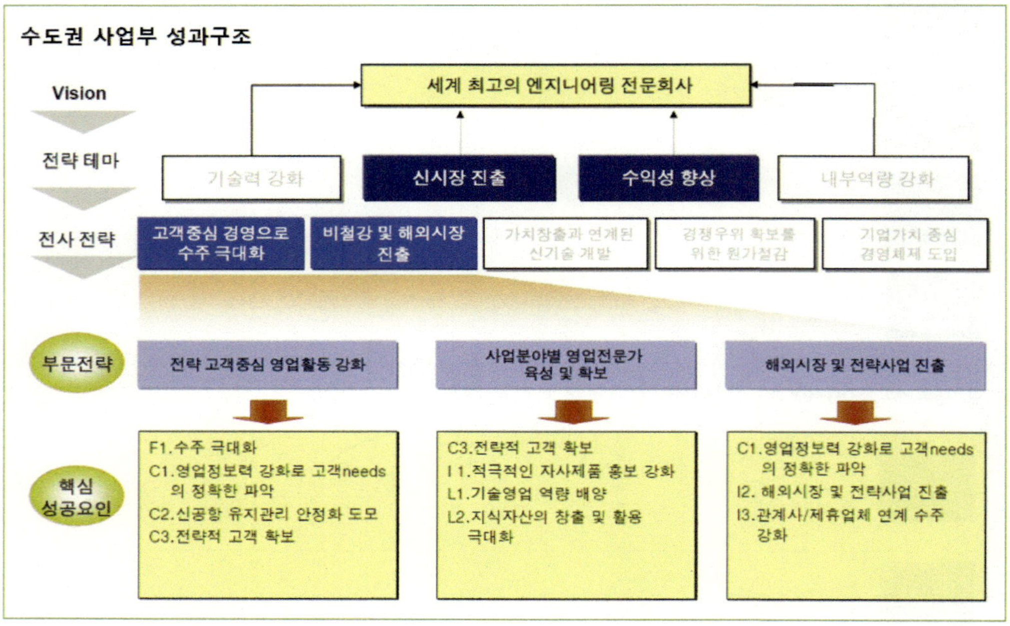

2.8.2. 작성된 수도권 사업부 Strategy Map과 KPI Group

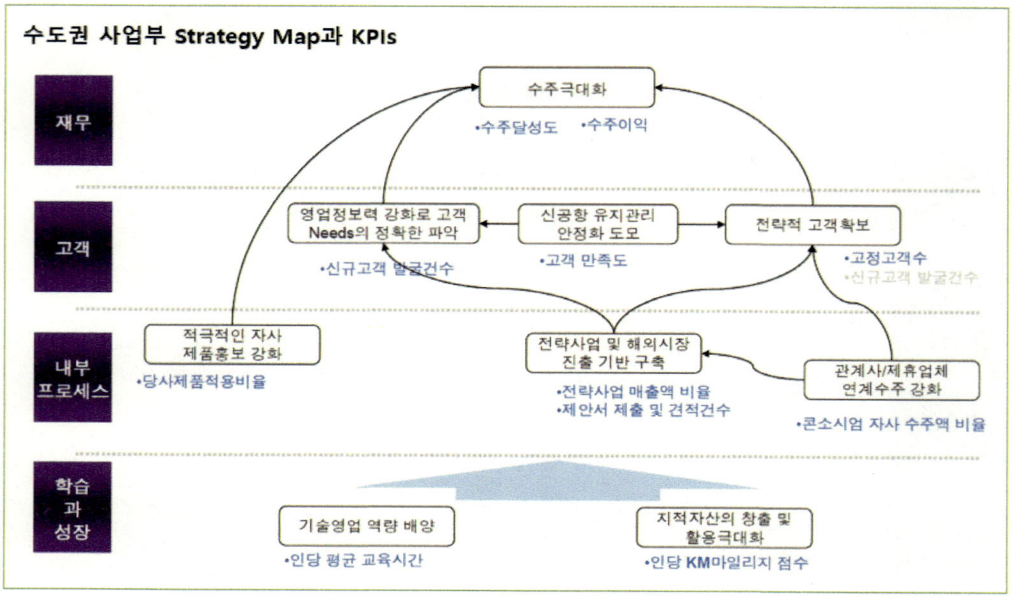

2.8.3. 작성된 수도권 사업부 Strategy Map과 핵심성과지표(KPI)

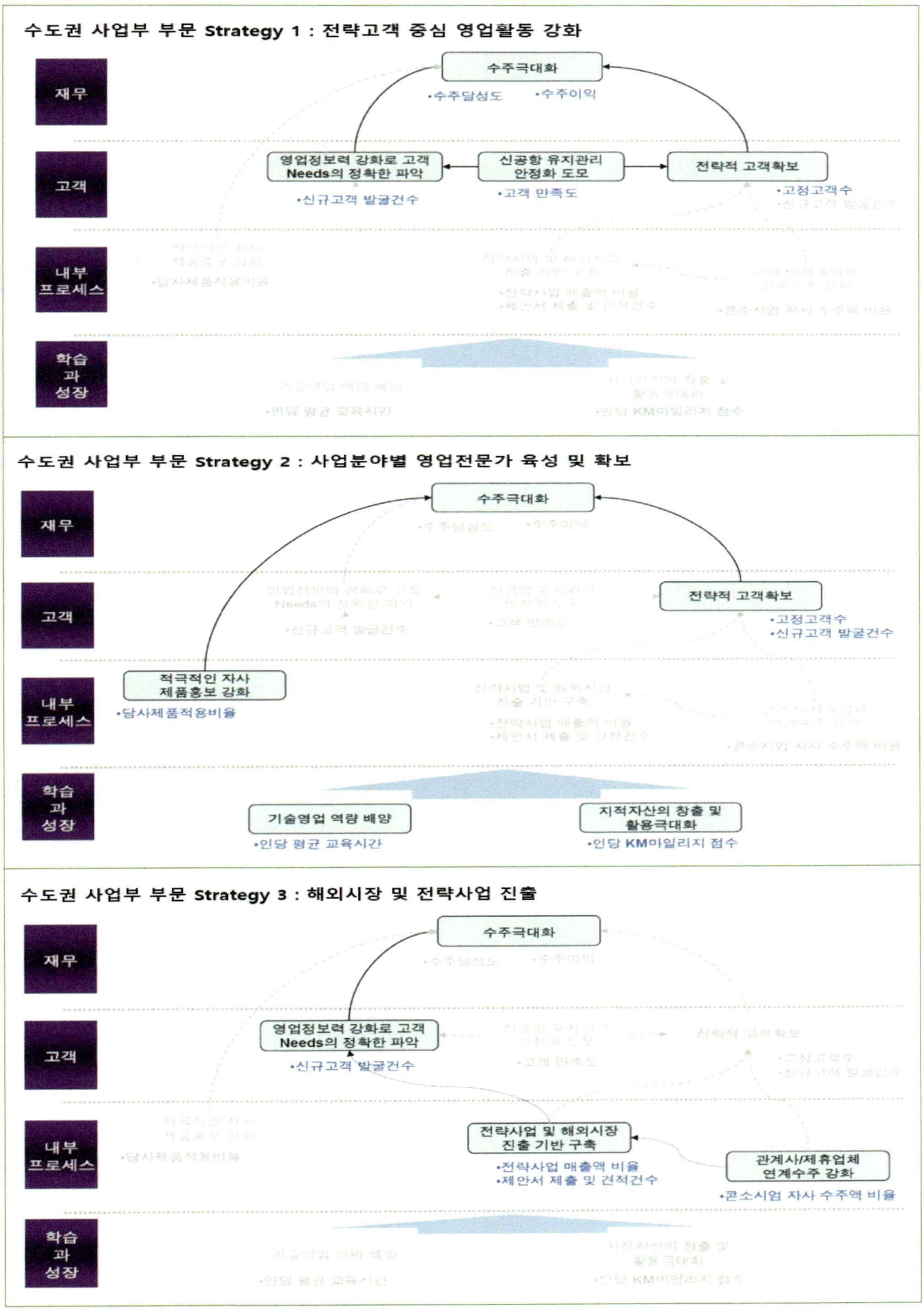

3. 핵심성공지표(KPI) 작성 가이드

핵심성공지표는 전사 전략추진체계도를 근간으로 수립된 균형성과지표(BSC), 균형성과지표의 4가지 관점(재무관점, 고객관점, 내부프로세스관점, 학습성장관점)을 기반으로 작성된 핵심성공요인(CSF), 핵심성공요인 간 상관관계 도로 나타낸 전략지도(Strategy map), 전략지도 상에 표시된 CSF를 달성 또는 이루기 위한 구체적인 정의가 핵심성공지표이고 이는 조직 및 조직 구성원의 목표를 관리하는 핵심적 수단이 된다.

아래는 국내 중견그룹의 실제 사용하고 있는 표지부, 작성양식, 설정 가이드라인, 작성방법, 작성예시이다.

KPI 작성양식 및 GUIDE LINE

20△△. 01. 02.

NTICOR CO. LTD

경 영 지 원 팀

1. KPI 작성양식

1) KPI 총괄표

각 부문(사), 단위조직 및 팀의 KPI작성 총괄표로서, 당해 년도 핵심추진과제 및 성과달성 목표를 종합적으로 관리할 수 있는 집계표이다

지표구분	관점	CSF (전략과제/목표)	KPI	'08년 목표	가중치 (%)
	재무				
	고객				
합계					100

1. KPI 작성양식

2) KPI 정의서

각 개별 KPI항목에 대한 구체적인 정의(목표설정 사유, 목표달성 계획 등)를 통하여 목표에 대한 명확한 이해 및 목표 난이도에 따른 합리적 평가 구간을 마련할 수 있다

KPI 명					가중치		평가 관점		지표구분
KPI 정의							평가 산식		
목표 수준	수준	Far Exceed	Exceed	Meet	Not Meet	Poor	목표		
	평가척도						목표 설정 사유		
추진계획							기대 효과		
							관련 부서		

2. KPI 설정 Guide line

1) KPI 지표설정 Guide line

KPI 설정의 핵심성공요인

전략연계성	• 전략 달성 직접 동인으로서의 성과지표 • 상하 조직 업무 간 Cascade-ability를 감안한 성과지표
업무의 대표성	• 조직 업무 특성에 적합하고 업무를 대표할 수 있는 성과지표로 구성
지표의 균형성	• BSC 관점의 견지 • Input과 Process 적절히 평가할 수 있는 선행지표 및 실적위주 결과 지표 간 균형 필요
행동 지향성	• 단순한 성과 측정 외 성과개선을 위한 행동유도 도구로서의 지표 • 조직 업무의 질 높일 수 있는 동기부여 역할 수행
성과측정 가능성	• 성과지표 기준을 명확히 설정 • 자의적 판단 개입되지 않고 객관적 성과 측정이 가능해야 함

KPI 설정 원칙 Guideline

I. KPI 지표 수 제한 (10개 이내)
- 지표의 수 확대 시, 중요지표의 상대적 중요도 감소의 가능성 존재함
- 지표관리에 대한 선택과 집중 강화
- BSC 관점 별 2~3개의 지표 구성, 총 KPI 10개 이내 설정을 원칙으로 함
- 단, 팀 단위의 KPI 지표 수는 확대적용 가능함

II. 재무적 관점 지표 비중 강화
- BSC 관점의 견지는 필요하지만,
- 조직(전사/본부/팀)의 성과를 가장 잘 대변하는 재무적 관점의 지표 설정 확대

III. 통제가능업무의 지표선정
- 자기통제하에 있는 업무를 중심으로 성과지표를 구성 및 목표설정

- **KPI의 설정은 BSC관점의 균형을 유지하되 지표개수를 10개 이내로 제한하여 핵심지표에 대한 중요성을 강조**
- **재무적 관점의 지표비중을 확대하여, 전사 성과와의 연계성을 확보**
- **조직특성에 맞는 업무 대표성 유지**

2. KPI 설정 Guide line

2) KPI 지표별 가중치 설정 Guide line

BSC 관점 별 가중치 설정 Guideline

예시적	재무적 관점		고객 관점		내부 프로세스 관점		학습/성장 관점	
	현업부서	지원부서	현업부서	지원부서	현업부서	지원부서	현업부서	지원부서
전사 (CEO)	50~100%		0~30%		0~20%		0~10%	
본부 (임원)	40~100%	30~100%	0~30%	10~40%	0~15%	0~20%	0~15%	0~15%
팀 (팀장)	30~100%	20~100%	0~30%	10~40%	0~15%	0~20%	10% 이하	10% 이하

설정 Guideline

- ❖ **전사, 본부, 팀 단위의 KPI 설정시 재무적 관점의 지표 비중을 확대함**
- ❖ **현업부서 및 지원부서 간 조직 업무의 특성과 재무적 성과 연계성이 상이하므로, 재무관점의 지표 비중을 차별화하여 설정함**
  - 현업부서: 지원부서 대비 재무적 지표 비중 확대 설정
  - 지원부서: 현업부서 대비 비 재무적 지표 비중 확대 설정
- ❖ **단, BSC 4개 관점 중 해당 사항이 없는 경우, 해당 관점의 KPI를 설정하지 않음**
- ❖ **KPI 지표 및 지표 간 가중치 설정은 상위 조직 장과의 협의를 통해 도출함 (그룹본부-CEO, CEO-본부장, 본부장-팀장)**
  - 달성이 수월한 지표에 가중치를 부여함으로서 평가 상향 화 방지

2. KPI 양식 작성방법

1) KPI 총괄표

① 지표구분	② 관점	③ CSF (전략과제/목표)	④ KPI	⑤ '08년 목표	⑥ 가중치 (%)
	재무				
	고객				
합계					100

① **지표구분**
- 상위조직의 계획 및 목표 달성을 위한 해당조직의 계획 및 목표
  (상위연계지표 - 상위조직에서 Cascading된 지표, 자체지표 - 자제조직의 중요한 전략목표)
  예) CEO KPI지표와 하위 본부와 연계 시에는 해당 CEO KPI지표를 조직 목표 및 계획으로 기입하고, 연계가 없을 경우에는 본부 또는 사업부 자체의 목표 및 계획을 기입함

② **해당 지표가 BSC 관점 중 어떤 부분인지 표기**

③ **조직의 목표 및 계획 달성을 위한 핵심성공요인 분석**
상위연계지표의 경우 상위조직의 KPI가 해당조직의 CSF로 작성될 수도 있음

④ **08년 경영목표에 대한 성공요인에 대한 성과 창출을 측정할 수 있는 지표 설정**

⑤ **목표설정은 구체적으로 명시**
(전년대비 ×, 경영계획대비 ×, 지시사항 수행율 ×, 검토율등 => 타인이 평가할 수 있도록 구체적 명시

⑥ **가중치 설정**
- BSC 관점 별 가중치 설정 Guideline을 참조하여 설정

2. KPI 양식 작성방법

2) KPI 정의서

KPI 명		가중치		평가 관점	지표구분
				재무/프로세스/고객/학습	상위연계지표/ 자체지표
KPI 정의				평가 산식	KPI 측정을 위한 산식 기술
목표 수준	(목표수준에 대한 구간을 직접 설정)			목표	구체적인 목표액 및 수치
				목표 설정 사유	목표설정에 대한 근거: 경쟁상황, 전년실적, 당기 시장전망 등을 활용
추진계획				기대 효과	해당 부서 및 상위 조직, 전사차원에서 예상되는 기대효과의 기술
				관련 부서	KPI의 달성을 위한 경영 활동 과정에서 달성도 및 문제점 등을 공유해야 할 관련 부서 명기

목표수준에 대한 구간을 직접 설정

수준	Far Exceed	Exceed	Meet	Not Meet	Poor
정량	110% 이상	105~110%	95~105%	90~95%	90% 미만
정성	경상이익 달성	사업실행 (정상가동)	사업검토 채택	검토승인 10건	검토승인 8건이하

주) □ 목표에 대한 구체적 제시

- **KPI장의사를 활용하여 각 KPI별 Far Exeed ~ Poor에 해당하는 목표를 구체화 시키고, 목표달성의 진척도를 관리**
- **지표별 목표 수준은 지표별 달성 난이도에 따라 다르게 정의** [상위조직장이 결정, 정성적 부분은 산출물 등 활용]
- **지표를 상위조직의 KPI와 연계된 지표인지, 단위조직의 자체지표인지 구분하여 정리**
- **KPI지표로서의 확정은 상위조직장과 협의를 거쳐서 확정**
- **목표수준 : 지표수준이 정량적일 경우 정성부분 삭제**

3. 작성예시

[KPI 총괄표]

지표구분	관점	CSF(전략과제/목표)	KPI	'08년 목표	가중치 (%)
공통지표	재무	지속적인 매출성장	매출액 성장률	100억원	25
....		....	....	....	......
합계					100

[KPI 정의서]

KPI 명	저수익 판매액	가중치	15%	평가 관점	지표구분
				재무	상위연계지표
KPI 정의	수익관리를 목표로 저수익 판매구조를 제어하고 개선 (책정된 최저 단가 이하로 판매된 물량의 매출액)			평가 산식	최저 단가율 위반 판매액
목표 수준*	(아래 표 참조)			Target	- 매출의 10%이상
				목표 설정 사유	- 수익 하락에 따른 수익구조 개선 - 최저 단가율 통제에 따른 수익성 향상
추진계획	정성적지표일 경우 예시된 경우와 같이 각 목표수준을 명확히 설정			기대 효과	100억 (년간 판매액*2%)
				관련 부서	- 기획팀

수준	Far Exceed	Exceed	Meet	Not Meet	Poor
정량	0.1%이하	0.3%	0.5%	0.7%	1%이상
정성	보고서 승인	경영진공감 대 확보	리스크 및보 고서작성	미보고	미작성

3. 지표평가 점수 예시

수준		Far Exceed (탁월)	Exceed (초과)	Meet (달성)	Not Meet (미흡)	Poor (저조)
배점 (지표 별)		100점	90점	80점	70점	60점
정량 지표	목표 구간 직접 설정	110% 이상	105~110%미만	95~105%미만	90~95%미만	90%미만
정성 지표		목표대비 일정, 양 질적인 면 등에서 기대 수준을 훨씬 초과하여 매우 탁월한 성과를 나타냄	목표대비 일정, 양 질적인 면 등에서 기대 수준을 약간 상회하는 만족스러운 결과를 나타냄	목표대비 일정, 양 질적인 면 등에서 기대 수준에 어느 정도 부합하는 성과를 나타냄	목표대비 일정, 양 질적인 면 등에서 성과 향상이 요구됨	목표대비 일정, 양 질적인 면 등에서 상당히 높은 성과 향상이 요구됨

지표 별 점수 산정 Guideline

❖ **지표 별 달성의 난이도에 따라 5단계 목표 구간 수준은 다르게 설정될 수 있음 (상기 표의 수치 및 설명은 예시적임)**
지표별 배점은 각 달성 수준에 따라 동일하게적용(100~60점)

❖ 정량지표의 경우 상기 목표대비 달성율에 따라 각 지표 별 해당 점수를 평가함

❖ 정성지표의 평가는 상기 기준을 참조하여 목표 구간을 직접 설정하고 평가함

❖ KPI점수의 합이 100점을 넘을 수 없게 책정(100점 만점 기준)

4. 균형성과지표 개념을 이용한 중견그룹의 KPI수립 실사례

본 실사례에서는 현 KPI체계의 문제점 개선을 위한 BSC 도입, 목표연도의 KPI설정의 특징, 그룹 비전 및 달성전략, 각 계열사별 수정된 KPI 및 KPI 정의서를 제시 및 공유한다.

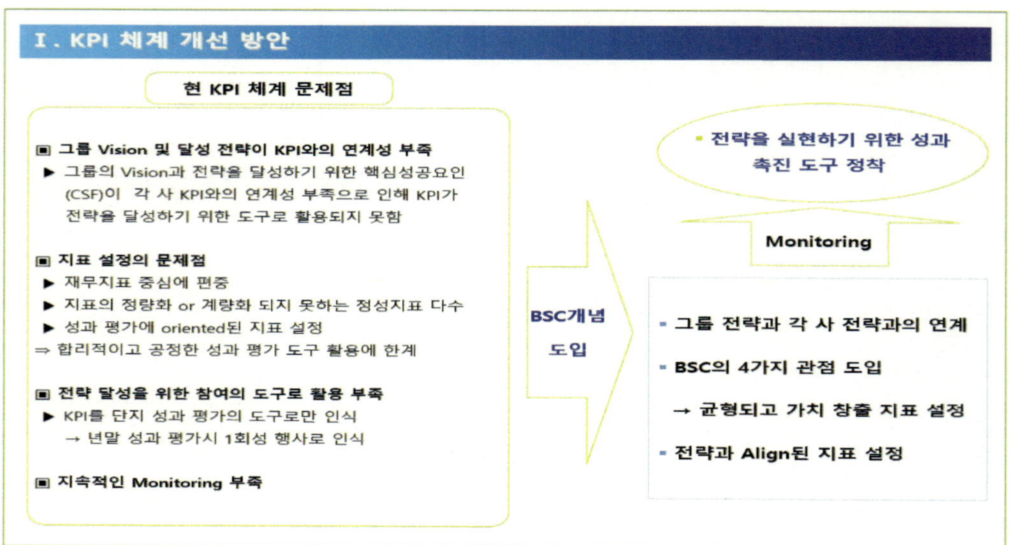

Ⅱ. 20△△년 KPI 설정의 특징

구 분	내 용
BSC 관점반영	- 재무, 고객, 프로세스, 학습과 성장의 4대 관점의 반영 - 기존에는 정량적 및 정성적 지표로만 구분
비전 및 전략의 Alignment	- 현재 재정립과정에 있어, 기존자료를 중심으로 반영 - 비전 및 전략의 재정립 후 반영여부 별도 검토
정량적 지표, 정성적 지표	- 정량적 지표만 성과지표로 반영 - 정정적 지표는 수치화 가능한 대체지표로 반영(예,고객만족도를 대체하여 MS를 지표로 사용)
책임범위내의 KPI 설정	- 책임부여가 가능한 지표만을 성과지표로 책정 - 정성적 지표는 KPI에서 배제하는 것이 학문적 지침
목표치 (Targeting)	- 사업계획 반영지표는 20△△년도 사업계획 반영, 비반영 지표는 20△△년도 실적기준 별도 설정 - 20△△년도부터는 전년도 실적치를 기준으로 KPI 목표치를 설정하고, KPI 목표치를 중심으로 사업계획 수립 및 예산 배정
BSC 4대관점별 목표 가중치	- 재무적 관점은 40~50% 이하 반영,각 관점별 최하 가중치를 10%로 함(BSC의 취지 반영) - 재무관점은 단기성과만을 나타내는 지표이며, 고객, 프로세스, 학습과 성장 관점은 노력도와 장기적 성과구현을 위한 준비, 외부 이해관계자와의 상호작용 등을 나타내는 지표임

Ⅱ. 20△△년 KPI 설정의 특징

구 분	내 용
KPI수	- **15개 이내 적용** - 전사측면에서 20~25개 수준을 권장함
그룹공통KPI	- 재무관점의 지표는 그룹 공통 적용 - 다른 관점의 지표도 동일 또는 유사한 사업부문은 가급적 동일한 지표를 사용
평가기준	- 목표치 대비 달성도 평가 - 20△△년도부터는 전년도 달성지표도 평가기준으로 병행 반영 → 지속적인 성과개선을 유도하고 목표설정의 적정성 문제를 해소하기 위해서는 전년도 지표도 일정수준 반영 필요
KPI항목별 달성도 범위	- 목표설정의 적정성 문제를 해소하기 위해 항목별 최하점수를 70점~최대점수를 120점으로 하여 동 범주를 벗어나더라도 최하, 최대점수 적용
그룹TM의 조정점수	- 그룹내 시너지, 혁신 활동, 그룹 기여도 등을 반영하여 ±10점 범위 내에서 그룹 회장이 평가하고 동 점수를 KPI 평가점수에 반영하여 최종평가 → 20△△년부터 점진적으로 조정 점수 하향 반영 (KPI의 완결도가 높아지면 최고경영층의 평가점수가 미치는 영향은 가급적 최소화)
KPI의 Monitoring	- EIS(ERP)에 반영작업 추진하여, 지속적인 Monitoring과 Feed-back 추진
보완작업 일정	- 사업부문내 하부조직(팀, 공장 등)의 KPI 설정은 00월중에 각 사 자체적으로 추진 - 그룹조직(경영지원실, 회장실, 재경본부)의 KPI는 00월중 추진-중점추진과제를 중심으로 KPI 설정 - 관계법인의 KPI는 00월중 추진 - KPI평가의 성과급 반영체계는 인사팀과 공동으로 하반기 중 검토 추진 - 20△△년도 KPI는 사업계획과 연계하여 추진

Ⅲ. 그룹 Vision 및 달성전략

재무적 관점

- 지속적 매출성장
- 영업효율 제고
- 투자효율 제고
- Cash-Flow관리 강화
- 안정적 재무구조

고객 관점

- 고객만족도 향상 (품질,제품,서비스)
- Brand 경쟁력 제고

20△△년 매출 50조 달성

- 지속적인 성장과 가치 향상

- 변화와 혁신을 통한 업종내 최고 경쟁력 확보

내부프로세스 관점

- 경쟁력 확보 (원가,R&D,IT infra 등)
- 리스크 관리 강화
  (환경, 안전, 민원, 윤리, 법률 등)
- 신속, 효율, 성과지향의 경영시스템
- 그룹내 시너지 창출 강화

학습과 성장 관점

- 인재경영 강화(교육, 지식경영 등)
- 구성원 만족도 제고(급여, 복리후생)
- 창의적, 도전적 기업문화
- 성장 동력 확충과 안정적 사업구조 창출
  - 해외사업의 적극화
  - 국내외 M&A의 추진
  - 수직 계열화
  - 수평적 확장

Ⅳ. 각 사별 20△△년 KPI

1. 콘크리트사업 계열사

구분	세부항목	기준점
정량 지표	1. 매출액 성장율	14.0
	2. 판매계획 달성율	14.0
	3. 영업이익 달성율	10.5
	4. 원가 절감율	10.5
	5. 인당 매출액 증감율	7.0
	6. 매출채권 회전율	7.0
	7. 계열사간 거래이익 증감율	3.5
	8. 사업장간 차량지원 증감율	3.5
	소계	70.0
정성 지표	1. 제안 효율성 증감율	9.0
	2. 대기업 순출하 증감율	6.0
	3. 단종/개인 순출하 증감율	6.0
	4. 조직 열정지수 증감율	9.0
	소계	30.0
합계		100점

BSC 개념 적용

관점	CSF	KPI명	20△△년 Target	가중치
재무	지속적 매출 성장	매출액 목표 달성율	0000억원	15
	영업효율 제고	영업이익 목표 달성율	000억원	20
		ROA	00억원	5
	Cash-Flow 관리 강화	매출채권 회전기간	00일	5
고객	시장 지배력 강화	레미콘, 아스콘 출하량	R 000㎥ A 0000ton	5
		수도권 R M/S	00%	10
	우수 고객 확보	우량 건설사 매출비중	00000㎥	3
		부실채권 감소액	000백만원	5
		고객 Claim	00%	2
내부프로세스	업무효율성 향상	골재 입고 상차도율	00%	3
		자차 사용율	00%	3
		ERP 안정화 및 활용도	PI 기준	4
	원가 경쟁력 강화	원단위 개선	C 000kg G 000㎥	5
		M/T(믹서트럭) 운반비	0000원	5
학습·성장	인적 역량 강화	학점 이수율	000점	3
	R&D 역량 강화	신제품 매출액	00건	3
	지속성장 기반 구축	현장 B/P	00건	4
계				100
TM 조정 점수				±10

-5-

IV. 각 사별 20△△년 KPI

2. 시멘트사업 계열사

구분	세부항목	기준점
정량 지표	1. 매출액 [OPC, SC, 레미콘]	17.5점
	2. 1인당 부가가치 생산성[매출액]	14점
	3. MS [OPC, SC, 레미콘]	10.5점
	4. 경상이익 [시멘트, 레미콘]	21점
	5. ERP 활용 정도	7점
	소계	70점
정성 지표	1. 주인의식	9점
	2. 원가절감	6점
	3. 품질관리 [OPC, SC, 레미콘]	9점
	4. 부실채권관리 강화	6점
	소계	30점
합계		100점

BSC 개념 적용

관점	CSF(전략과제/목표)	KPI	20△△년 Target	가중치
재무	지속적 매출성장	매출액 목표달성율	100%	15
	영업효율제고	영업이익 목표달성율	100%	20
		ROA	0.0%	5
	Cash-Flow관리강화	매출채권 회전기간	00일	5
고객	시장지배력 강화	레미콘, 아스콘 출하량	레미콘 00000㎥ 아스콘 00000㎥	5
		M/S	0.0%	10
	우수고객 확보	우량 건설사 매출비중	0.0%	3
		부실채권 감소액	00백만원이하	5
		고객 Claim	00건	2
내부 프로 세스	업무효율성 향상	자차 사용율	0%	4
		ERP안정화 및 활용도	PI팀 설정	4
	원가경쟁력 강화	원단위 개선	000/㎥	6
		M/T 운반비	00/㎥	6
학습 과 성장	인적역량강화	학점이수율	100%	4
	지속적 성장기반 구축	R공장 인수/임대	00건	6

IV. 각 사별 20△△년 KPI

3. 건설사업 본부

구분	세부항목	기준점
정량 지표	1. 매출액	14.0점
	2. 영업이익	14.0점
	3. 수주달성율	10.5점
	4. 입금달성율	7.0점
	5. 분양율	7.0점
	6. 인당 생산성	7.0점
	7. 착공율	3.5점
	8. 안전관리	3.5점
	9. 공정관리	3.5점
	소계	70.0점
정성 지표	1. 혁신활동	7.5점
	2. 인재육성	4.5점
	3. 품질관리	4.5점
	4. 고객관리	4.5점
	5. 하도급관리	4.5점
	6. 입주관리	4.5점
	소계	30.0점
합계		100점

BSC 개념 적용

관점	CSF	KPI명	20△△년 Target	가중치
재무	지속적 매출 성장	매출액 목표 달성율	0000백만원	15
	영업효율 제고	영업이익 목표 달성율	0000백만원	20
00%	Cash-Flow 관리 강화	입금목표 달성율	0000백만원	10
고객	브랜드 인지도 향상	수주목표 달성	00000백만원	10
		분양율(분양공고 후 3개월)	초기분양 00%	5
		도급순위	000위	5
00%	고객 만족도 제고	AS 처리 만족도	00%	5
내부 프로 세스	원가 경쟁력 강화	준공현장 공기준수율	D+0	4
	안전 및 품질관리	무사고 일수	A등급	4
		품질지적 사항 건수	A등급	4
	Risk 관리	관리채권 회수(준공미수금)	A등급	4
00%		Risk 사전 예방	A등급	4
학습/성장	인적 역량 강화	학점 이수율	0002학점	4
00%	지속적 성장 기반 구축	비주택사업 매출액	매출액의 0%	6
계				100
TM 조정 점수				±10

4. OTT사업 계열사

구분	세부항목	기준점
정량지표	1. 매출액	24점
	2. 경상이익	18점
	3. 비용절감	18점
	소계	60점
정성지표	1. 방송시스템 안정화	12점
	2. 내부 제안제도 도입	10점
	3. 업무역량 강화	10점
	4. 고객만족도 향상	8점
	소계	40점
합계		100점

BSC 개념 적용

관점	CSF	KPI명	20△△년 Target	가중치
재무	지속적 매출 성장	매출액 목표 달성율	매출액 000억 달성	30
	영업 효율 제고	영업이익 목표 달성율	흑자 증대	10
고객	고객만족도 향상	방송시스템 안정화	연간 방송 장애발생 4건 이내	15
		청취율 향상	위성DMB(TU) 평균 청취율 000%향상	15
내부프로세스	원가 경쟁력 강화	고정비 절감	인건비 제외한 판관비 00% 절감	15
학습·성장	인적 역량 강화	학점 이수율	전직원 이수 학점 초과달성	10
	지속적 성장 기반 구축	신규사업 매출액	신규 기획사업 매출액 00억 달성	5
계				100
TM 조정 점수				±10

별첨 : 각 사별 KPI 평가 방법 및 Definition

시멘트사업 계열사

관점	CSF(전략과제/목표)	KPI	Definition	20△△년 Target	가중치	평가치
재무	지속적 매출성장	매출액 목표달성율	연간 사업계획상 매출액 목표대비 달성율	0%	15	
	영업효율제고	영업이익 목표달성율	연간 사업계획상 영업이익 목표대비 달성율	0%	20	
		ROA	총자산수익율(영업자산=매출채권+고정자산)	0.0%	5	
	Cash-Flow관리강화	매출채권 회전기간	매출채권회전기간 = 365/매출채권회전율	00일	5	
고객	시장지배력 강화	레미콘, 아스콘 출하량	연간 사업계획상 판매수량 목표대비 달성율	레미콘 000㎥ 아스콘 000㎥	5	
		M/S	지역M/S(대구, 부울경 지역)	0.0%	10	
	우수고객 확보	우량 건설사 매출비중	대기업매출비율(도급순위 50위 이내)	0.0%	3	
		부실채권 감소액	전년대비 부실채권감소액	000백만원이하	5	
		고객 Claim	연간 Claim 발생건수	00건	2	
내부 프로세스	업무효율성 향상	자차 사용율	전년대비 자차사용비율	0%	4	
		ERP안정화 및 활용도	ERP안정화정도 및 활용정도	PI팀 설정	4	
	원가경쟁력 강화	원단위 개선	연간 사업계획상 단위당 레미콘 원재료비	0000/㎥	6	
		M/T 운반비	연간사업계획상 단위당 레미콘운반비	000/㎥	6	
학습과 성장	인적역량강화	학점이수율	이수대상총학점 대비 이수인원	100%	4	
	지속적 성장기반 구축	R공장 인수/임대	레미콘 공장 인수/임대 목표대비 달성율	00건	6	
계					100	
TM조정점수						±10
최종평가점수						

5. 업종별, 관점별 기업의 KPI 수립 실사례 연구

5.1. 본부 조직을 운영하는 물류기업의 사례

본부 조직을 운영하는 물류기업의 본부 KPI와 본부를 구성하는 팀원의 KPI, 지방 직영조직인 지사의 지사장 KPI와 지사 팀원의 KPI 실사례를 제시 및 공유한다.

5.1.1. 경영지원본부 및 경영지본부 산하조직인 기획팀과 기획팀원 KPI

20△△ NTICOR㈜
경영지원본부 KPI

20△△. 01. 02.

경영지원본부

경영지원본부 KPI

관점	CSF	KPI 명	목표 수준	가중치	정의	평 가 방 법
재무 (45%)	지속적 매출 성장	ㅇ 매출액 목표 달성률	100% (00,000,000백만원)	15	20△△년 목표 매출액	ㅇ 매출액 실적/매출액 목표 X 100 = 매출액 목표 달성률 (달성률 * 가중치로 평가)
	영업효율 제고	ㅇ 영업이익 목표 달성률	100% (0,000백만원)	15	20△△년 목표 영업이익	ㅇ 영업이익 실적/영업이익 목표 X 100 = 영업이익 목표 달성률 (달성률 * 가중치로 평가)
	이자수익 증대	ㅇ금융상품 운용 수익률	0.00%/년	7	기간별 운전자금을 최적의 금융상품으로 운용하여 이자 수익 극대화 운영수익금/투자원금*100	ㅇ 매월 말 현재 운영 수익율 (기준 점수:운영 수익율 0.1% 당 가중치 1점 증감)
	원가경쟁력 강화	ㅇ 구매비용 절감	0,000백만원	8	전년대비 구매물품 단가 인하 및 대체품의 개발을 통한 구매비용 절감 (운송장, 박스 등)	ㅇ 전년대비 목표 구매비용 절감액 (기준 점수:절감액 천만원 당 가중치 0.5점 증감)
고객 (25%)	고객만족도 향상	ㅇ 정보시스템 개선 및 요구사항 납기 준수율	000% 이상	10	사용자 및 VOE의 개선 및 요구사항 접수/분석 후 약속기간 내에 납기 완료한 비율	ㅇ (기한내 완료된 개선 건수/기한내 완료될 개선 건수)*100
		ㅇ 신택배시스템의 주요 업무 통합 가용성	000% 이상	10	신정보시스템의 안정적 운영과 업무 효율성을 평가	ㅇ (24*60*월 영업일수-고객접점 시스템중단시간) /(24*60*월 영업일 수)*100
		ㅇ 복리후생 제도 개선	00건	5	직원의 만족도 향상과 구성원으로서의 소속감 및 프라이드 향상을 위한 복리후생 제도 개선	ㅇ 복리후생 제도 및 방침 개선 건수 (기준 점수:개선 건당 가중치 1점 증감)

경영지원본부 KPI

관점	CSF	KPI 명	목표 수준	가중치	정의	평 가 방 법
내부 프로 세스 (25%)	열린경영 프로세스 기반 조성	○ 제안 제도 도입과 운용	00월부터 시행	8	전략적 마인드 육성과 열린 경영을 통한 fundamental 강화	○ 00월부터 시행 시 8점, 1개월 시행시기 증감에 따라 1p씩 증감
	업무생산성 향상	○ 인당생산성 향상	00%	7	전년대비 인당생산성 향상 (인당생산성/전년인당생산성 *100)-100 인당생산성=매출액/인원	전년 인당생산성 대비 인당 생산성 향상비율 (기준 점수:1%p 당 가중치 1점 증감)
	업무처리 시스템 개선	○ 주요 업무처리 체계 개선	000%	10	주요 업무의 처리과정 개선(점검) 및 유도	주요업무(지점평가,지점분리,노선분리,보증금정책,여신관리정책,인력도급선정,운송업체선정,기계설비납품업체선정,운송장업체선정,물류부지선정,콜센터업체선정, 지점지원금 책정 외 년간 3억 이상 비용발생 건)의 시행 체계 투명화 정도를 점검:처리건수/접수건수*100*가중치
학습 성장 (5%)	우수인재 확보/유지	○ 신규 입사자 이직률 감소	00%	5	목표대비 20△△년 신규 입사자 이직률 감소 2007입사자 중 이직 직원 수 /2007입사 직원 수*100	목표대비 신규 입사자 이직률 감소 (기준 점수:신규 입사자 이직률 10%p당 가중치 1점 증감)

20△△년 기획팀 KPI

20△△. 01. 02.

경영지원본부 기획실 기획팀

경영지원본부 기획실 기획팀

관점	CSF	KPI 명	20△△년 Target	가중치	정 의 (Definition)	평 가 방 법
재무	지속적 매출성장	○ 매출액 목표 달성률	100% (00,000,000백만원)	10	• 20△△년 매출액	○ 매출액 실적/매출액 목표 X 가중치
	영업효율 제고	○ 영업이익 목표 달성률	100% (0,000백만원)	10	• 20△△년 목표 영업이익	○ 영업이익 실적/영업이익 목표 X 가중치
	계획적인 예산집행	규정에 의한 예산관리	000%	15	○ 예산관리 부문 개선 작업을 통한 효율적인 예산운영 및 비용 절감 → [예산관리규정 보완 등 리뉴얼 작업]	○ 예산관리 규정 수립 (50%) ○ 매월 예산대비 실적 분석 보고 (50%) -.((규정수립 달성율 *가중치)+(전사운용 달성율 * 가중치))/2
고객	고객만족도 향상	○ 물류경영 시스템 인증	000%	10	• 국토교통부에서 시행하는 물류경영시스템 인증서 취득	○ 취득 여부(취득 100%, 미 취득 50%) (취득 및 미 취득 율 * 가중치)

경영지원본부 기획실 기획팀

관점	CSF	KPI 명	20△△년 Target	가중치	정 의 (Definition)	평 가 방 법
내부 프로 세스	경영환경 분석 정례화	경제,물류의 환경 및 경향 분석(보고)	00회	15	o 변화무쌍한 국내의 경제, 물류환경과 추이를 분석하여 전략 방향의 Key 로 활용	o 보고 횟수 (실적횟수/5회 * 가중치) o 매월
	원가경쟁력 강화	지점 공헌도 평가	00회	10	o 각 지점에서 당사에 미치는 공헌도 → [지점 용차사용 건 최소화를 통한 원가 절감]	o 보고 횟수 (실적횟수/4회 * 가중치)
	업무처리 시스템 개선	주요 업무처리 체계 개선	000%	10	주요 업무의 처리과정 개선(점검) 및 유도	주요업무(지점평가,지점분리,노선분리,보증금정책,여신관리정책,인력도급선정,운송업체선정,기계설비납품업체선정,운송장업체선정,물류부지선정,콜센터업체선정, 지점지원금 책정 외 년간 3억 이상 비용 발생 건)의 시행 체계 투명화 정도를 점검:처리건수/접수건수*100*가중치
	열린경영 기반조성	제안제도 도입 및 운영	000%	10	o 전 직원의 원가 의식, 개선의식 등 전략적 마인드 육성과 열린경영을 통한 Fundamental 강화	o 제도 수립(50%)과 전사 운용(50%) -.((제도수립 달성율*가중치)+(전사운용 달성율 * 가중치))/2 o 분기
학습 · 성장	인적 역량 강화	o 학점 이수율	000%	10	o 교육훈련계획의 의무 이수학점제 실시에 따른 체계적 역량 육성 → [학점이수율 = 총 이수학점/총 필수이수학점(필수이수학점 * 인원수)]	o 목표(필수 이수학점) 대비 학점 이수율 달성 (기준점수 : 이수율 * 가중치로 평가)

경영지원본부 기획실 기획팀 팀원

선정 KPI 상세 정의

조직명 : 기획팀 — **작성자 : OOO 차장**

KPI 명	계획적인 예산 집행	KPI 정의	예산관리 부문 개선 작업을 통한 효율적인 예산운영 및 비용 절감 □ [예산관리규정 수립]
평가방법 (평가 산식)	o 예산관리 규정 수립 (50%) o 매월 예산대비 실적 분석 보고 (50%) -.((규정수립 달성율 *가중치)+(전사운용 달성율 * 가중치))/2		
목표수준		목표설정사유 (전년 실적기재)	효율적인 예산 운영 및 비용절감 (전년 실적 無)
관리계획	예산대비 실적 자료 (매월 보고)	관련 CSF	계정과목 세분화
		관련 부서	전 부서

경영지원본부 기획실 기획팀 팀원

선정 KPI 상세 정의

조직명 : 기획팀 — **작성자 : OOO 차장**

KPI 명	고객만족도 향상	KPI 정의	국토교통부에서 시행하는 물류경영 시스템 인증서 취득
평가방법 (평가 산식)	인증서 취득 여부 (인증서 취득 100% , 미 취득 50% : 달성율 * 가중치)		
목표수준	**인증서 취득**	목표설정사유 (전년 실적기재)	로젠의 물류시스템에 대한 홍보 효과를 통한 매출 극대화
관리계획	산자부 및 관련부서와 지속적인 접촉을 통한 제반 사항 보완	관련 CSF	
		관련 부서	전 부서

경영지원본부 기획실 기획팀 팀원

선정 KPI 상세 정의

조직명 : 기획팀 / 작성자 : ○○○ 차장

KPI 명	경영환경분석 정례화	KPI 정의	변화무쌍한 국내의 경제, 물류환경과 추이를 분석하여 전략 방향의 Key 로 활용
평가방법 (평가 산식)	보고 횟수 (실적횟수/00회 * 가중치)		
목표수준		목표설정사유 (전년 실적기재)	신속하고 정확한 의사결정을 할 수 있는 정보 제공
관리계획	월 1회 정기적 보고를 원칙으로 하고 ISSUE에 따라 수시 보고	관련 CSF	
		관련 부서	물류운영팀, 영업팀

경영지원본부 기획실 기획팀 팀원

선정 KPI 상세 정의

조직명 : 기획팀 / 작성자 : ○○○ 차장

KPI 명	지점 공헌도 평가	KPI 정의	각 지점에서 당사에 미치는 공헌도를 측정하여 포상
평가방법 (평가 산식)	o 지점 공헌도 평가-목표 5회 (실적횟수/목표횟수*가중치)		
목표수준		목표설정사유 (전년 실적기재)	지점 공헌도를 평가하여 지점에 포상을 하므로 지점에서 발생되는 비용(용차 등) 최소화
관리계획	공헌도를 지속적으로 평가하여, 지점에서 지속적인 관심을 갖도록 유도	관련 CSF	집하매출 및 노선운송비 등
		관련 부서	물류운영팀

경영지원본부 기획실 기획팀 팀원

선정 KPI 상세 정의

조직명 : 기획팀 / 작성자 : ○○○ 차장

KPI 명	주요업무 처리 체계 개선	KPI 정의	주요업무의 처리과정 개선을 점검 및 유도
평가방법 (평가 산식)	처리건수/접수건수*100*가중치		
목표수준	KPI 100% 달성	목표설정사유 (전년 실적기재)	주요업무(지점평가, 물류부지선정, 인력도급 선정 등)11개의 시행 체계 투명화 정도를 점검
관리계획		관련 CSF	
		관련 부서	전 부서

경영지원본부 기획실 기획팀 팀원

선정 KPI 상세 정의

조직명 : 기획팀 / 작성자 : ○○○ 차장

KPI 명	제안제도 도입 및 운영	KPI 정의	전 직원의 원가 의식, 개선의식 등 전략적 마인드 육성과 열린경영을 통한 Fundamental 강화
평가방법 (평가 산식)	o 제도 수립(50%)과 전사 운용(50%) -.((제도수립 달성율*가중치)+(전사운용 달성율 * 가중치))/2 o 분기		
목표수준	KPI 100% 달성	목표설정사유 (전년 실적기재)	전 직원의 원가의식, 개선의식 등 전략적 마인드 육성과 열린경영을 통한 Fundamental 강화
관리계획		관련 CSF	
		관련 부서	전 부서

5.1.2. 영업본부 및 영업본부 담당 임원의 KPI

20△△년 ENTICOR(주)
영업본부 KPI

20△△. 01. 02.

영업본부

영업본부 KPI

관점	CSF	KPI 명	20△△년 Target	가중치	정 의 (Definition)	평 가 방 법
재무 (40%)	지속적인 매출성장	○ 매출액 목표 달성율	100% (00,000,000백만원)	20	○ 20△△년 목표 매출액 (지점판매 실제 매출액 기준)	○ 매출액 실적 / 매출액 목표 × 100 = 매출액 목표 달성율 (달성율 × 가중치로 평가)
	영업효율 제 고	○ 영업효율 제고	100% (0,000백만원)	10	○ 20△△년 목표 영업이익	○ 영업이익 실적/영업이익 목표×100 = 영업이익 목표 달성율 (달성율 × 가중치로 평가)
	Cash-Flow 관리강화	○ 매출채권 회전기간	000일	10	○ 20△△년 목표 대비 매출채권 회전기간 → [매출채권 회전기간 = 365일 / 매출채권 회전률(매출액/매출채권), 매출채권 = (전기말 매출채권+당기말 매출채권) / 2, 전년도 결산 기준14일, 2007년 법인영업활성화에 따라 월납, 신용 증가 예상]	○ 목표 대비 감소 일수 (기준점수 : 1일당 가중치 1점 증감)
고객 (20%)	고객만족도 향 상	○ 택배물량 성 장 율	000%	10	○ 목표 대비 택배 물량 성장률 → [택배 물량 성장률 = (택배 물량/전년 택배 물량 X 100) - 100 , 20△△년 목표 물량 00,000천박스, 전년 택배 물량 00,000천박스, 집하 물량 기준]	○ 목표 대비 택배 물량 성장률 증가 (기준점수 : 1% p 당 가중치 1점 증감)
		○ 익일배송율	000%	10	○ 목표 대비 익일 배송률 증가 (20△△년 10월,11월,12월 실적기준으로 평가) → [익일배송률 = 익일 배송완료건수/(배송입고건수-오분류등록건수), 전년 익일 배송률 00.00%]	○ 목표 대비 익일 배송률 증가 (20△△년 10월,11월,12월 실적기준으로 평가) (기준점수 : 1% p 당 가중치 1점 증감)

영업본부 KPI

관점	CSF	KPI 명	20△△년 Target	가중치	정 의 (Definition)	평 가 방 법
내부 프로 세스 (30%)	신상품 개 발	○ 휴일배송 서 비 스 실 시 (광역시지역)	11월부터 실 시	10	○ 광역시 지역의 휴일 배송시스템 구축 및 실시, 휴일배송 활성화	○ 20△△년 중 광역시 지역의 휴일 배송 시스템 구축, 실시 (기준점수 : 실시계획 수립 5점, 휴일 배송 실시 5점)
	원 가 경쟁력 강 화	○ 물류원가 절 감 (영업지원금)	000%	10	○ 영업지원금 절감 지급율 = (금년 영업지원금 지급액/전년 영업지원금 지급액) * 100	○ 목표 100%기준대비 5%P당 가중치 1점 가감
	물류 품질 향상	○ 운송장 당 일 등록률	000%	10	○ 목표 대비 운송장 당일 등록률 향상 → [운송장 당일 등록률 = 당일 등록건수 / 당일 집하물량, 전년 D+3일 등록률 = 000%]	○ 목표 대비 운송장 당일 등록률 향상 (기준점수 : 1% p 당 가중치 1점 증감)
학습 · 성장 (10%)	인적 역량 강화	○ 학점이수율	100%	10	○ 교육훈련계획의 의무 이수학점제 실시에 따른 체계적 역량 육성 → [학점이수율 = 총이수학점/총 필수이수학점(필수이수학점 * 인원수)]	○ 목표(필수 이수학점) 대비 학점이수율 달성 (기준점수 : 이수율 * 가중치로 평가)

영업본부 임원 KPI

선정 KPI 상세 정의 1.

조직명 : 영업본부

작성자 : ○○○상무/○○○이사

KPI 명	매출액 목표 달성률	KPI 정의	○ 20△△년 목표 매출액
평가방법 * (평가산식)	▪ 매출액 실적 / 매출액 목표 - 월별 매출실적 (정산기준)을 통한 평가		
목표수준*	▪목표 100% 달성 ▪월별 목표 달성률 체크 - 연간목표 000,000,000천원 (전체매출 기준)	목표설정 사유 * (전년 실적기재)	▪ 20△△년 매출목표 (월별) - 1월실적 : 00,000억 - 7월계획 : 00,000억 - 2월실적 : 00,000억 - 8월계획 : 00,000억 - 4월실적 : 00,000억 -10월계획: 00,000억 - 5월실적 : 00,000억 -11월계획: 00,000억 - 6월실적 : 00,000억 -12월계획: 00,000억
관리계획	▪ 지점 및 본사영업 목표관리 강화 ▪ 대형화주 영업활동 강화(3PL 포함) ▪ 지점 및 영업소 영업 활성화를 위한 정책수립 및 시행	관련 CSF *	▪ 지속적인 매출성장
		관련 부서	- 전사

영업본부 임원 KPI

선정 KPI 상세 정의 2.

조직명 : 영업본부

작성자 : ○○○상무/○○○이사

KPI 명	영업이익 목표 달성	KPI 정의	○ 판관비용 지출 합리화
평가방법 * (평가산식)	▪ 지출율 = 분기 당팀 지출 판관비 / 분기 예산 편성 판관비		
목표수준*	▪ **분기별 편성 예산 한도 내 판관비 지출** ▪ **지출율 000% 기준** **(기준 대비 5%P 당 가중치 1점 가감)**	목표설정 사유 * (전년 실적기재)	▪ 20△△년 경영계획 작성 시 편성 한 판관비 : 237백만원 ▪ 전년 영업 이익 : 00,000백만원 ▪ 전년 당팀 지출 판관비 : 0,000백만원
관리계획	▪ 계획 예산 비용 한도 내 지출 ▪ 추가 지출 발생 시 지출 내역 명확화	관련 CSF *	▪ 영업효율 제고
		관련 부서	- 전사

영업본부 임원 KPI

선정 KPI 상세 정의 3.

조직명 : 영업본부

작성자 : ○○○상무/○○○이사

KPI 명	매출채권 회전기간	KPI 정의	○ 365일/매출채권회전률(매출액,매출채권)
평가방법 * (평가산식)	▪ 목표대비 감소 일수 **- 1일당 가중치 1점 증감**		
목표수준*	**▪매출채권 100% 회수** **▪매출채권 회전일수** **- 목표 : 00일** **- 월별 지점판매관련 수입금 납입현황 기준**	목표설정 사유 * (전년 실적기재)	▪ 전년도 결산 기준 : 14일 (본사판매포함) - 지점판매분만 11일 !) 평균매출채권 = 00,000,000,000(기초)+00,000,000,000(기말)/2 =00,000,000,000 2) 월평균 매출액 = 00,000,000,000/12=00,000,000,000 3) 매출채권회전율(회) : 00.0일 4) 매출채권회전일수 : 000일
관리계획	▪ 매출채권 관리 강화 ▪ 미수금 관리방안 활성화를 통한 관리강화 ▪ 향후 채권관리팀 운용을 통한 관리강화 * 신용거래처 월불 허용범위에 따라 목표수준 재산정	관련 CSF *	▪ Cash-Flow 강화
		관련 부서	- 경영지원본부

영업본부 임원 KPI

선정 KPI 상세 정의 4.

조직명 : 영업본부

작성자 : ○○○상무/○○○이사

KPI 명	택배물량 성장율	KPI 정의	○ 목표 대비 택배 물량 성장율
평가방법 * (평가산식)	▪ 택배 물량 성장률 = (택배 물량/전년 택배 물량 × 100) – 100 - 기준점수 : 1%P당 가중치 1점 증감		
목표수준*	▪ **월별 전년대비 성장율 체크 : 000% 이상**	목표설정 사유 * (전년 실적기재)	▪ 전년 6월 누계 동기 대비 실적은 00,00% 성장하였으나, 하반기 PG업체 제휴 및 B2C물량 증가 감안하여 000% 이상 성장하는 것으로 목표 설정함. -20△△년 6월 누계 실적 : 000,000천박스
관리계획	▪ 목표관리 강화 ▪ 지점영업 활성화를 위한 정책 수립 및 시행 ▪ 기업화주 영업활동 강화	관련 CSF *	▪ 고객만족도 향상
		관련 부서	

영업본부 임원 KPI

선정 KPI 상세 정의 5.

조직명 : 영업본부

작성자 : ○○○상무/○○○이사

KPI 명	익일 배송률	KPI 정의	○ 전년대비 익일 배송률 증가
평가방법 * (평가산식)	▪ 4/4분기부터 목표달성률 기준 1%당 가중치 1점 증감 ▪ 익일배송률 = 배송완료건수/(배송입고건수 – 오분류 등록건수)		
목표수준*	**▪ 전년 동기 대비 익일 배송률 수치 1%P 증가 또는 감소시 마다 1점씩 증감** **※ 전산자료 기준** **▪ 목표설정** **- 익일배송률 000%**	목표설정 사유 * (전년 실적기재)	▪ '06년 연간 누계 실적 : 00.00% **- 1월실적 : 000% - 7월실적 : 000%** **- 2월실적 : 000% - 8월실적 : 000%** **- 3월실적 : 000% - 9월실적 : 000%** **- 4월실적 : 000% -10월실적: 000%** **- 5월실적 : 000% -11월실적: 000%** **- 6월실적 : 000% -12월실적: 000%**
관리계획	▪ 익일배송률에 관한 정의 마련 ▪ 지점평가안 개선 (상벌제 강화) ▪ 목표달성을 위한 시스템 개선 - TML작업종료시간 단축, 노선입차시간 준수 등 - 목표달성을 위한 지원책 수립 및 시행 ▪ 정보 기술력 강화 (PDA 보급률 증대) ▪ 정보등록 지점인력 충원	관련 CSF *	▪ 고객만족도 향상
		관련 부서	

영업본부 임원 KPI

선정 KPI 상세 정의 6.

조직명 : 영업본부

작성자 : ○○○상무/○○○이사

KPI 명	휴일 배송 서비스 실시	KPI 정의	○ 광역시 지역의 휴일배송시스템 구축 및 실시. 휴일배송 활성화
평가방법 * (평가산식)	▪ 신상품 도입 전 : 매월 진척율 체크 (신상품 업무 별 추진계획 마련 후 진척율 체크) ▪ 신상품 도입 후 - 실시계획 수립 5점, 휴일배송 실시 5점		
목표수준*	**▪ 매월 신상품에 대한 카테고리 마련** **※ 시장조사 부터 시행여부까지**	목표설정 사유 * (전년 실적기재)	▪ 신상품에 대한 시행가능성 판단을 위해서는 시장성 및 수익성 검토가 필요하므로 세부화된 카테고리가 필요 함
관리계획	▪ 관련팀 회의를 통해 적정성 검토 ▪ 관련회사 및 시행회사 벤치마킹을 통한 자료 수집 등	관련 CSF *	▪ 신상품 개발
		관련 부서	- 운영본부

영업본부 임원 KPI

선정 KPI 상세 정의 7.

조직명 : 영업본부

작성자 : ○○○상무/○○○이사

KPI 명	물류원가 절감	KPI 정의	○ 영업지원금 절감
평가방법 * (평가산식)	▪ 지급율 = (금년 영업지원금 지급액/전년 영업지원금 지급액) × 100		
목표수준*	**▪ 전년 동기 대비 5% 지급액 절감** **▪ 목표 100% 기준 – 실제 품의 기준 (기준 대비 5%P 당 가중치 1점 가감)**	목표설정 사유 * (전년 실적기재)	▪ 전년 영업지원금 지급액 : 00,000백만원 ▪ 매출이 증가 및 추가 노선 투입에 따라 영업지원금 절감 효과 발생
관리계획	▪ 매월 영업지원금 지급 내역 관리 ▪ 영업지원금 대상 지점 노선분리 시 제한 지급	관련 CSF *	▪ 원가 경쟁력 강화
		관련 부서	- 운영본부, 물류혁신실

영업본부 임원 KPI

선정 KPI 상세 정의 8.

조직명 : 영업본부			작성자 : ○○○상무/○○○이사
KPI 명	**운송장 당일 등록률 향상**	**KPI 정의**	○ 전년 동기 대비(or 목표 등록률 대비) 운송장 당일 등록률 향상
평가방법 * (평가산식)	▪ 운송장 당일 등록률 = 당일 등록건수 / 당일 집하물량 (신 통합 시스템을 활용한 익일 등록률 확인)		
목표수준*	**▪ 전년 동기 대비 운송장 당일 등록률 향상 (기준점수 : 1%P 당 가중치 1점 가감) ※ 현시스템과 신스템 등록기준 확인 후 ▪ 목표설정 : 000% (정식등록기준, 현 실적의 000반영)**	**목표설정 사유 * (전년 실적기재)**	▪ 현 시스템 상 익일 등록율은 00% 수준임. 이는 약식등록(택배운임과 도착지만 등록하는 방식)이므로 정확한 데이터라 할 수 없는 바 신 통합 시스템의 익일 등록율은 목표치를 낮게 설정함으로써 지속적인 관리가 필요함 (전년실적 : D+3일 기준 000%)
관리계획	▪ 당일 등록율에 대한 정의 마련을 통해 지점 인식 변화 ▪ 지점평가 항목에 반영을 통해 신상필벌 강화 ▪ PDA 사용 강화 ▪ 운송장 등록에 대한 Process 개선	**관련 CSF ***	▪ 물류 품질 향상
		관련 부서	

영업본부 임원 KPI

선정 KPI 상세 정의 9.

조직명 : 영업본부			작성자 : ○○○상무/○○○이사
KPI 명	**학점 이수율**	**KPI 정의**	○ 필수 이수학점 대비 학점 이수율 달성
평가방법 * (평가산식)	▪ [학점이수율 = 총이수학점/총필수이수학점(필수이수학점*인원수)]		
목표수준*	**▪ 년간 직급별 필수 이수학점 100% 이수**	**목표설정 사유 * (전년 실적기재)**	▪ 교육 훈련계획의 의무 이수학점제 실시에 따라 필수 이수학점 100% 이수로 설정함
관리계획	▪ 년간 직급별 교육 이수 계획표 작성 ▪ 개인별 이수 학점 목표 설정 ▪ 교육 컨텐츠 정보 제곡	**관련 CSF ***	▪ 인적 역량 강화
		관련 부서	- 경영지원본부

5.1.3. 운영본부 및 운영본부 산하 조직인 운영팀의 KPI

20△△년 ENTICOR㈜
운영본부 KPI

20△△. 01. 02.

운영본부

운영본부 KPI

관점	CSF	KPI 명	20△△년 Target	가중치	정 의 (Definition)	평 가 방 법
재무 (25%)	지속적 매출성장	매출목표달성	100% (0,000,000백만원)	15	20△△년 목표 매출액	매출액 실적/매출액 목표 X 100 = 매출액 목표 달성률 (달성률 * 가중치로 평가)
	영업효율 제고	영업이익목표 달성율	100% (0,000백만원)	10	20△△년 목표 영업이익	영업이익 실적/영업이익 목표 X 100 = 영업이익 목표 달성률 (달성률 * 가중치로 평가)
고객 (25%)	고객만족도 향상	클레임보상 기간 단축	000일	15	목표 대비 평균 클레임 보상 소요 기간 감소 → [전년 평균 클레임 보상 소요 기간 36일, 클레임 보상 소요기간 = 총 보상 소요 기간 / 클레임 보상 건수, 소송 건 제외]	목표 대비 평균 클레임 보상 소요 기간 감소 (기준점수 : 1일 당 가중치 1점 증감)
		고객불만율 감소	000%	10	고객접점 서비스 역량 강화를 위한 서비스 교육실시 등 에 따라 전년 대비 고객 불만률의 000% 감소 → [고객불만률 = 고객불만 건수/총 물량, 전년도 고객불만 00,000건, 고객불만 건수는 홈페이지 및 콜센터 불만접수 건수 집계, 전년 고객 불만률 = 0.0000%]	전년 대비 고객 불만률 감 (기준점수 : 감소율 * 가중치로 평가)

운영본부 KPI

관점	CSF	KPI 명	20△△년 Target	가중치	정 의 (Definition)	평 가 방 법
내부 프로세스 (25%)	원가경쟁력	물류원가절감 (운송비)	000원/BOX	25	목표 대비 박스당 물류원가(운송비+인력도급비) 절감 → [전년 박스당 물류원가(운송비+인력도급비) = 000원/박스, 전년도 재무제표 기준]	목표 대비 박스당 물류원가 (운송비+인력도급비) 절감 (기준점수 : 물류원가 2원/박스 당 가중치 1점 증감)
학습·성장 (25%)	인적 역량 강화	학점 이수율	000%	5	교육훈련계획의 의무 이수학점제 실시에 따른 체계적 역량 육성 → [학점이수율 = 총이수학점/총 필수이수학점(필수이수학점 * 인원수)]	목표(필수 이수학점) 대비 학점이수율 달성 (기준점수 : 이수율 * 가중치로 평가)
	전문가 육성	내부전문가 육성	고객만족 물류전문가	5	업무 전문가 육성을 위한 전문 교육 수료 - CS컨설턴트 과정 - 연세대 SCM전문과 과정	해당 교육 수료
	물류 Infra	3개 TML 적기 Open		15	20△△년 성수기 대비 수도권 터미널(안양) 개장 중장기 대비 신규 터미널 2개소 증설 (호남권 하남산단 신설, 세종권 확장 이전)	20△△년 성수기 대비 1개 터미널 개장 및 중장기 중장기 대비 신규 터미널 2개 증설 (기준점수 : 성수기 대비 터미널 개장 2점 + 중장기 대비 신규 터미널 증설 착공 1개 터미널 당 1점 + 중장기 대비 신규 터미널 가동 1개 터미널 당 1점)

20△△년 NTICOR(주)
물류운영팀 KPI

20△△. 01. 02.

운영본부 물류운영팀

운영본부 물류운영팀 KPI

관점	CSF	KPI 명	20△△년 Target	가중치	정 의 (Definition)	평 가 방 법
재무 (25%)	지속적 매출성장	매출목표달성	00,000억	15	○ 20△△년 목표 매출액	○ 매출액 실적/매출액 목표 * 100 = 매출액 목표 달성률 (달성률 * 가중치로 평가)
	영업효율 제고	영업이익목표 달성율	0,000백만	10	○ 20△△년 목표 영업이익	○ 영업이익 실적/영업이익 목표 *100 = 영업이익 목표달성율 (달성률 * 가중치로 평가)
고객 (10%)	고객만족도 향상	아웃소싱업체 전산화	신 물류정보 시스템 개발	10	○ 운영정보 공유 ○ 인수인계증 전산화 ○ 전자세금계산서	○ 통합정보시스템 개발

운영본부 물류운영팀 KPI

관점	CSF	KPI 명	20△△년 Target	가중치	정 의 (Definition)	평 가 방 법
내부 프로세스 (30%)	물류원가 절감	도급원가절감	00원/BOX	15	○ 목표 대비 박스당 물류원가(운송비+도급비)절감 → [전년 박스당 물류원가(운송+도급)=000원/BOX 전년도 재무제표 기준]	○ 목표대비 박스당 물류원가 절감 (기준점수 : 물류원가 00원/박스 당 가중치 1점)
		운송원가절감	00원/BOX	15		
학습·성장 (35%)	물류인프라 구축	경남TML적기 OPEN	창고부지 사용허가 00월말	5	○ 중장기 대비 신규 터미널 증설	○ 20△△년 성수기 대비1개TML OPEN 및 중장기 대비 신규터미널 2개 증설 (기준점수:성수기대비 터미널 OPEN2점+ 중장기 대비 신규터미널 증설착공 1개TML당1점 + 중장기 대비 신규터미널 가동 1개 터미널 당 1점)
		대전TML적기 OPEN	창고부지 사용허가 00월말	5		
		군포TML적기 OPEN	TML OPEN 00월말	10	○ 20△△년 성수기 대비 수도권 터미널(안양) 개장	
	인적역량 강화	학점이수율		5	○ 교육훈련계획의 의무 이수학점제 실시에 따른 체계적 역량 육성 → [학점이수율=총이수학점/총 필수이수학점(필수이수학점*인원)]	○ 목표 대비 학점이수율 달성 (기준점수:이수율*가중치로평가)
	전문가 육성	내부전문가 육성	물류전문가 1인이상	5	○ 물류컨설턴트과정 ○ 연세대 SCM전문경영자 과정	○ 해당교육 수료
			물류자격증 취득자 1인이상	5	○ 물류관리사 ○ 유통관리사	○ 해당자격증 취득

운영본부 물류운영팀 팀원 KPI

선정 KPI 상세 정의

조직명 : 물류운영팀　　　　작성자 : ○○○ 차장

KPI 명	아웃소싱 업체 전산화	KPI 정의	아웃소싱업체의 전산화를 통해 실시간으로 정보를 공유
평가방법 * (평가산식)	업체에 정보를 제공하고 받을 수 있는 전산개발 완료		
목표수준*	▶ **20△△년 00월 00일 통합정보시스템 오픈 후 00개월이내 안정적인 운영**	목표설정 사유 * (전년 실적기재)	▶ 엑셀 작업화, 메일통신, 팩스로 업무진행
관리계획	▶ 업체의 전산화를 통해 업체의 경쟁력을 확보함	관련 CSF *	▶ 운영조직 전단위 전산화(통합정보관리)
		관련 부서	▶ 정보시스템 팀, 재무팀

운영본부 물류운영팀 팀원 KPI

선정 KPI 상세 정의

조직명 : 물류운영팀　　　　작성자 : ○○○ 차장

KPI 명	도급원가 절감	KPI 정의	물류비발생의 핵심요소인 도급비용의 관리를 통하여 원가를 절감
평가방법 * (평가산식)	전년대비 목표 도급원가(00원) 절감액 기준점수 : 절감액 00원/박스당 가중치 1점		
목표수준*	▶ **전년대비 비용 절감액(박스 단가) 00원**	목표설정 사유 * (전년 실적기재)	1. 전년도 실적 ▶ 도급단가 : 00.0원/box당 ▶ 기준(전년도 재무팀 자료) - 물동량 : 0,000,000,000박스 - 도급비 : 00,000,000원 - 박스 단가 = (도급비/물동량) 2. 20△△년 예상실적(지점관리팀 자료) ▶ (00원*00,000,000)/2=000,000,000원 * 도급변경기준 적용기간이 5개월 이하로 예상되어 2로 나눔
관리계획	▶ 예측운영을 통한 도급지급기준 변경 - 전 터미널 적용	관련 CSF *	▶ 도급원가 절감
		관련 부서	▶ 혁신실, 재무팀

운영본부 물류운영팀 팀원 KPI

선정 KPI 상세 정의

조직명 : 물류운영팀　　　　작성자 : ○○○ 차장

KPI 명	운송원가 절감	KPI 정의	물류비발생의 핵심요소인 운송비용의 관리를 통하여 원가를 절감
평가방법 * (평가산식)	전년대비 목표 운송원가(00원) 절감액 기준점수 : 절감액 00원/박스당 가중치 1점		
목표수준*	▶ **전년대비 비용 절감액(박스 단가) 00원**	목표설정 사유 * (전년 실적기재)	1. 전년도 실적 ▶ 운송 단가 : 0000원/box당 ▶ 기준(전년도 재무팀 자료) - 물동량 : 000,000,000박스 - 운송비 : 00,000,000,000원 - 박스 단가 = (도급비/물동량) 2. 20△△년 예상실적(지점관리팀 자료) ▶ (00원*000,000=000,000,000원 * 운송시스템 변경 적용기간이 00개월 이하로 예상되어 2로 나눔
관리계획	▶ 시스템 변경을 변경하고 예측운영을 실시	관련 CSF *	▶ 운송원가 절감
		관련 부서	▶ 혁신실, 재무팀

운영본부 물류운영팀 팀원 KPI

조직명 : 물류운영팀

선정 KPI 상세 정의

작성자 : ○○○ 차장

KPI 명	물류인프라 구축	KPI 정의	물류인프라를 적기에 구축
평가방법 * (평가산식)	적기를 설정(D-day)하여 터미널을 오픈 함		
목표수준*	▶ 성수기대비책으로 성수기간 전에 터미널 오픈 ▶ 중장기 계획으로 창고부지로 인허가 완료	목표설정 사유 * (전년 실적기재)	▶ 5개 메인터미널 + 1개보조터미널 운영 - 평균 작업시간 000h이상 - 지점 및 영업소 불만 초래 - 타사대비 경쟁력 저하(타사 00h이전)
관리계획	▶ 매매시 인허가 및 준공, 컨베이어 설치 진행 ▶ 임차시 임차계약후 컨베이어 설치 진행	관련 CSF *	▶ 물류인프라 구축
		관련 부서	▶ 혁신실, 재무팀, 인사총무팀

20△△년 00지사장 KPI

20△△. 01. 02.

성　명	지 사 장	입 사 일	2015.12.01
소　속	00지사	현 직급 승진일	2015.12.01
직　급	부 장	직　무	지사경영 총괄

20△△년 ○○지사장 KPI 목표

상위 전략 과제	CSF (전략과제/목표)	KPI 지표	00년 실적	△△년 목표	가중치 (%)	비 고
수익 극대화	손익 개선	관리이익 증가율	00000백만원	20□□년 比 관리이익 25% 개선	95%	
조직문화활성화	일과 삶의 조화추진	팀 연차휴가 사용률	52%	100%	5%	
합　계					100%	

KPI 추진 계획 및 예상 효과

CSF (전략과제)	KPI지표	△△년 추진계획		비 고
		내　용	예상효과	
손익개선	관리이익 증 가 율	**집하단가 인상** * 특산품 주요 집하지점 손익 분석을 통한 개별단가 인상유도 * 전년대비 단가인상을 위한 관리대상을 영업소장까지 확대	00000백만원/年	월단위 관리
		도급비 절감 * 칸막이 대상지점 확대 및 행낭적입 전 지점 대상 확대 시행 * 주요 특산품 집하지점 대분류를 통한 2차 터미널 직송 유도	00000백만원/年	
		용차임 절감 * 용차임 인하 추진 * 구간별 적재율 최고화 및 추가용차 발생가능한 완급성 부피 화물 익일 발송 유도 * 적재율 80%미만 차량의 톤수 하향 및 용차임 불인정	00000백만원/年 지-터 : 000백만원/年 터-터 : 000백만원/年	
		수도광열비 절감 * 비수기 터미널 일부 설비 미 가동 및 불요 외부 전등 소등 * 기타 사무실, 교육장 등 절전 강화 및 생활화	00백만원/年	
일과 삶의 조화	연차휴가 사용율	* 직무특성을 고려하여 연간 탄력적 연차소진 장려	조직 활성화 및 업무능률 향상	
합　계			00000백만원/年	

KPI 산출 근거

KPI지표	지표 정의	측정방법	보고주기	비 고
관리이익 증가율	20□□년 대비 관리이익 증가율을 정량적으로 평가	{(△△년 관리이익 실적 ÷ (□□ 관리이익 실적 X 125%)} X 100%	연간	
연차휴가 사용율	지사 연차휴가 사용율을 정량적으로 평가	(사용 연차 수 ÷ 팀 연차 수) X 110%	연간	

▣별첨 - KPI수립 가이드라인

▶개별 정량적 KPI 평가 가이드라인

수 준	Far Exceed	Exceed	Meet	Not Meet	Poor
배 점	100	90≤점수 < 100	80≤점수 < 90	70≤점수 < 80	60≤점수 < 70
정량적 목표 Guideline	110%≤달성도	100%≤달성도 < 110%	90%≤달성도 < 100%	80%≤달성도 < 90%	70%≤달성도 < 80%

※ 점수 = 목표달성율 - 10
※ 목표 달성도가 100%를 넘을 수 없는 수치는 -10을 하지 않음

▶업적평가등급

등 급	S	A	B	C	D
배 점	96 ~ 100	90 ~ 95	80 ~ 89	70 ~ 79	69 ~ 0

20△△년 ○○지사 직원 KPI

20△△. 01. 02.

성 명	BCD	입 사 일	2010.10.20
소 속	○○지사	현 진급 승진일	2015.02.01
직 급	과 장	직 무	지점관리

20△△년 ○○지사 KPI 목표

상 위 전략 과제	CSF (전략과제/목표)	KPI 지표	00년 실적	△△년 목표	가 중 치 (%)	비 고
수익 극대화	전년比 손익 25% 개선	집하 단가 인상	0000원	전년 比 2.5% (0000)	30%	
		간선 차량 대 분류 혁신	△△년 신규 목표 추진과제	지점의 80%	20%	
		용차 비용 절감	지-터: 000백만원 터-터: 000백만원	전년 比 3%	15%	지점-터미널 터미널-터미널
		물량예측 오차율	△△년 신규 목표 추진과제	±10% 이내	15%	
기본 지키기	서비스 품질 향 상	사고율 감축	0.0000%	전년 比 15%	15%	터미널 & 지점 평균
조직활성화	일과 삶의 조화	연차휴가 사용율	00%	100%	5%	
					100%	

20△△년 ○○지사 KPI 추진 계획 및 예상 효과

CSF (전략과제)	KPI지표	20△△년 추진계획		비 고
		내 용	예상효과	
전년比 손익 25% 개선	집하 단가 인상	·특산품 주요 집하지점 손익 분석을 통한 개별단가 인상유도 · 고정거래처 전년대비 000원 인상활동 전개 · 전년대비 단가인상을 위한 관리대상을 영업소장까지 확대	0000백만원/年	연간 매출액
	간선 차량 대 분류 혁신	·화물 칸막이 대상 지점 확대 및 독려 ·주요 특산품 집하지점 대분류를 통한 **2**차 터미널 직송 유도	도급비: 000백만원/年	도급비
	용차 비용 절감	·복수코드 지점 노선 상차지 경유 유도 – 용차발생 억제 ·차량별 매출액 미달시 톤수 하향 및 불인정 – 지점별 차량실적현황 관리	지-터: 000백만원/年 터-터: 000백만원/年	용차비
	물량 예측 오차율	· 물량 등록율 100% 유도- 미등록지점 통보, 지점평가시 감점 · 일일 등록율, 오차율 관리(지점광장 공지)	적재율 향상 도급비 절감	정확도
서비스 품질 향 상	사고율 감축	·사고 다발 품목 파악, 지점 방문 계도 ·터미널 내 사고발생 집중구역 파악, 작업 전 교육·계도 - 도급사 책임자 면담, 개선방안 도출 및 공유	고객충성도 제고	감축율
일과 삶의 조화	연차휴가 사용율	·지역특성을 고려하여 연간 탄력적 연차소진 장려	조직 활성화 및 업무능률 향상	사용일수
합 계			**00000백만원/年**	

20△△년 ○○짓 KPI 산출 근거

KPI지표	지표 정의	측정방법	보고주기	비 고
집하 단가 인상	전년 택배단가 대비 단가 인상에 대한 정량적 평가	(금년실적÷목표)X100	주 간	전산 데이터
간선 차량 대 분류 혁신	관리지점 대상으로 대 분류 및 지점에 대한 정량적 평가	(총 관리지점수÷목표)X100	주 간	실행지점 수
용차 비용 절감	관리지점 전년 용차비용 대비 금년 절감 비용에 대한 정량적 평가	(금년실적÷목표)X100	월 간	전산 데이터
물량예측 오차율	관리지점 전년 물량예측 오차율 대비 금년 오차율에 대한 정량적 평가	(금년실적÷목표)X100	주 간	전산 데이타
사고율 감축	터미널 도급사 및 지점의 사고분담 건수를 터미널 작업물량 및 집하물량으로 나누어 정량적으로 산출	[(사고분담 건수)÷작업물량]X100 [(사고분담 건수)÷집하건수]X100	월 간	터미널&지점 구분 관리
연차휴가 사용율	연차휴가 사용을 장려하여 지급된 연차 사용일수를 정량적으로 평가	(사용일수 ÷ 총 부여일수) X 100	연 간	개인별

▣별첨 - KPI수립 가이드라인

▶ 개별 정량적 KPI 평가 가이드라인

수 준	Far Exceed	Exceed	Meet	Not Meet	Poor
배 점	100	90≤점수<100	80≤점수<90	70≤점수<80	60≤점수<70
정량적 목표 Guideline	110%≤달성도	100%≤달성도<110%	90%≤달성도<100%	80%≤달성도<90%	70%≤달성도<80%

※ 점수 = 목표달성율 - 10
※ 목표 달성도가 100%를 넘을 수 없는 수치는 -10을 하지 않음

▶ 업적평가등급

등 급	S	A	B	C	D
배 점	96 ~ 100	90 ~ 95	80 ~ 89	70 ~ 79	69 ~ 0

5.2. 라스트마일 로지스틱스 기업의 대리점 평가 KPI

상위 전략과제	KPI지표	배점 내역	총 배점	보고주기	비 고
판매목표	목표대비 실적	120%이상: 250점, 115%이상: 220점, 110%이상: 190점 105%이상: 160점, 100%이상: 130점, 95%이상: 100점 90%이상: 90점, 85%이상: 80점, 80%이상: 70점, 80%미만: 60점	250	월 간	전산 데이터
	전년대비 성장율	130%이상: 150점, 120%이상: 120점, 110%이상: 110점 105%이상: 100점, 100%이상: 90점: 95%이상: 80점 90%이상: 70점, 85%이상: 60점, 80%이상: 50점 80%미만: 0점	150	주 간	전산 데이터
운영효율	운송장 등록율	100% 만점 기준, 1%당 2점 차감	100	매 일	전산 데이터
	당일 배달 완료율	100% 만점 기준, 1%당 2점 차감	60	매 일	전산 데이터
	PDA 스캔율	100% 만점 기준, 1%당 2점 차감	60	매 일	전산 데이터
	오도착률	0% 만점 기준, 0.1%당 2점 차감	60	매 일	전산 데이터
	지정상품 반품 회수율	100% 만점 기준, 1%당 1점 차감	60	매 일	전산 데이터
	예약건 당일 집하율	100% 만점 기준, 1%당 1점 차감	60	매 일	전산 데이터
고객만족	클레임 귀책율	00%: 100점, 0.1% 미만: 90점, 0.3% 미만 : 80점 0.5% 미만: 70점, 0.7% 미만: 60점, 0.9% 미만: 50점 1.0% 미만: 20점, 2.0% 미만: 30점, 5.0% 미만: 20점 5.0% 이상: 00점	100	월 간	전산 데이터
	고객 칭찬 건수	고객 칭찬 건당 5점 가점	50	월 간	전산 데이터
	고객 불만 건수	고객 불만 건당 5점 감점	50	월 간	
배점 총계		(보고 주기별 배점을 가감)	1,000		

5.3. 가전제품 배달설치물류기업의 그룹장 평가 KPI

가전제품 배달설치물류 기업 그룹장 평가 KPI

상위 전략과제	KPI지표	산출 방법	단위	평가기준	누계실적 산출기준
Service 지표	고객만족도	외부 전문기관에 의뢰 (실적÷목표)×가중치	점 수	목표달성도	상하반기 평균
	설치불량률	해당년도 무상 A/S ÷ 누적 설치수량 (1+(1-(실적÷목표)×가중치	PPM	목표달성도	누적
	전문자격 보유율	전문자격 보유인원 수 ÷ 배달설치 기사 수 (실적÷목표)×가중치	%	목표달성도	누적
	소비자 납기준수율	납기준수 건수 ÷ 배달설치 건수 (실적÷목표)×가중치	%	목표달성도 개선도	월별 목표 부여
	대리점 납기준수율	납기준수 건수 ÷ 총 출고 건수 (실적÷목표)×가중치	%	목표달성도	월별 목표 부여
	파트너사 1등급 비율	파트너사 평가 표 (실적÷목표)×가중치	수	목표달성도	당월 누계
효율성 지표	매니저 서비스 활동	[실적÷목표]×가중치	점 수	목표달성도	월평 평균
	물류비 비율	물류비 ÷ 취급 매출액 (1+(1-(실적÷목표)×가중치	%	목표달성도	누적
	경상이익	[실적÷목표]×가중치	천만원	전산데이터	누적
	재고일수	월 평균 재고 금액 ÷ 월평균 출하 금액 (1+(1-(실적÷목표)×가중치	일	목표달성도	월별 목표 부여
	원가절감	[실적÷목표]×가중치	백만원	목표달성도	월별 목표 부여 누적
공통 지표	6시그마 수행 실적	목표 대비 완료 과제 건수 목표 대비 GB 또는 BB 수료 인원	건 수 인 원	건수 및 인원	월별 진척도 누계 평점평균

그룹장 평가 KPI 첨부자료_파트너사 등급 관리 표

등급구분	등급정의	등급결정 기준	처우기준
1등급	핵심파트너로 긴밀한 협력관계 유지 가능 기업	90점 이상	핵심 파트너로 지속 유지시켜 나가야 할 최우수 기업
2등급	1등급 파트너사로 중점 육성할 기업	80점 이상	경영지도를 통해 1등급 업체로 육성해야 할 우수 기업
3등급	부분적인 경영지도가 필요한 기업	70점 이상	경영지도를 통해 경영개선이 요구되는 기업 · 2등급 이상 상위 등급으로 육성 대상으로, 5개월 후 재평가를 통하여 개선되지 않을 경우 부적격 파트너사로 계약해지 고려 기업
4등급	종합적인 경영지도 및 집중관찰 필요 기업	70점 미만	집중적인 경영지도를 통하여 경영개선이 요구되는 기업 · 2등 이상 상위 등급으로 육성하도록 하고, 지도 후 개선이 되지 않을 경우 계약해지 검토 기업 경영개선 경고장을 발부하고 정상화 계획서 징구 대상 기업
N등급	1년 미만 신규업체		1년 미만의 신규 거래기업으로 반기별 종합평가 및 등급 사정을 받은 적이 없는 기업

가전제품 배달설치물류 기업 파트너사 평가 KPI

상위 전략과제	KPI지표	산출 방법	가중치	분석주기	비 고
품질향상	고객만족도	전문 기관에 위탁	25	반 기	전산 데이터
	배달 납기준수율	납기준수 건수 ÷ 배달설치 건수	45	매 월	전산 데이터
	설치불량율	불량건수 ÷ 배달설치 건수 × 100		매 월	전산 데이터
	착하불량율	착하불량 건수 ÷ 출고 수량		매 월	전산 데이터
	클레임율	고객 클레임 건수 ÷ 총 배달 건수 × 100		매 월	전산 데이터
	교육이수율	이수 인원 ÷ 대상 인원		매 월	전산 데이터
	재고정확도	실 재고량 ÷ 전산 재고량		매 월	전산 데이터
인프라 안정	이직률	이직인원 ÷ (월평균 인원 + 누적 이직인원)		매 월	전산 데이터
	2인1조율	2인 1조 차량수 ÷ 배달설치 차량수		매 월	전산 데이터
	파트너사 직영차량 비율	파트너사 직영차량 보유대수 ÷ 총 차량 대수		매 월	전산 데이터
	2.5톤 전환율	2.5톤 보유대수 ÷ 배달설치 차량수		매 월	전산 데이터
경영상태	부채비율	부채 ÷ 자기자본 × 100	15	반 기	전산 데이터
	파트너사 IT활용도	공용 IT시스템 활용도 체크	15	반 기	전산 데이터

가전제품 배달설치물류 기업 배달설치 기사 등급평가 KPI

상위 전략과제	KPI지표	가중치	평가 주기	가점	감점
배달설치기사 능력	고객 해피콜	20	분기	· 최고 고객만족 가점 기준 : 1건 1점 · 우수분임조원 가점 기준 : 인당 1점 · CS경진대회 입선자 가점 기준 : 대상 3점, 금상 2점 · 전문기사 입문교육 가점 기준 : 2점/1회	· 등급별 감점 기준 A등급: 건당 6점, B등급: 건당 3점 C등급: 건당 2점, Complain: 건당 1점 · 설치불량 감점 기준 : 건당 1점
	배달 납기준수율	20	분기		
	설치분야 전문자격 보유율	20	분기		
기본태도	근태, 근무자세, 차량관리	20	분기		
교육	IT시스템 활용도	20	분기		

PART Ⅲ

고객만족 경영

Chapter 09 재무제표와 회계

1. 회계의 정의와 분류

측정기능과 전달기능[1)]을 갖고 숫자로 의사소통하는 만국 공통어라고 하는 회계의 정의와 분류에 대하여 알아본다.

1.1. 회계의 정의

회계(會計, Accounting)는 특정 대상의 경제 실체(Economic Entity) 또는 회계 실체(Accounting Entity)[2)]를 조직(기업, 기관)의 내부 및 외부 관계자들에게 계량화된 재무

표 9-1 회계정보이용 이해관계자의 구분

이해관계 집단	이용자	의사결정 목적
내부 이해관계자	경영자	• 금전보상 및 연봉인상 등과 같은 조직의 내부관리 목적 • 성장전략 추진 및 투자전략 수립 등과 같은 경쟁력 강화 목적
	노동조합	• 근조조건 등의 협상 목적
외부 이해관계자	투자자	• 지속여부, 신규 등 투자의사결정이 목적
	채권자	• 회수, 증가, 지속여부 등 대여의사결정이 목적
	국세청	• 법인소득세 등 세금납부 적정여부 의사결정이 목적
	정부부처	• 각종의 통계자료 활용, 경제정책 수립의 의사결정이 목적
	일반대중	• 경제현황조사, 각종 추이조사 등에 이용 하는 것이 목적
	협력회사	• 납품 및 신용거래의 지속여부 의사결정 목적

1) 측정기능(測定機能)이란 어떤 대상에 수치를 부여하는 것으로 회계에서의 측정은 기업이라는 경제주체의 모든 경제활동을 화폐가치로 표시하는 것을 말한다. 또한 전달기능(傳達機能)이란 회계담당자가 작성한 회계정보를 기업 및 기관 등 조직의 이해관계자에게 알려주는 것을 의미한다.

2) 회계실체는 법적인 권리 및 의무의 주체가 되는 단위뿐만 아니라, 경제적 행위의 단위가 될 수 있다. 기업이 법인화되어 있을 때, 그 법인이 하나의 회계실체가 될 수도 있지만, 법적 권리 및 의무의 주체가 될 수 없는 회사의 1개 부문인 공정이나 작업반도 회계실체가 될 수 있다. 기업이 회계실체가 되어 성립된 회계를 기업회계, 국가를 회계실체로 하는 회계를 국가(예산)회계, 가정을 회계실체로 하는 회계를 가계(家計)라고 한다.

적 정보를 제공하여 이를 정의(Define), 식별(Identification), 측정(Measurement) 및 전달(Communication)하여 합리적이고 합목적인 의사결정을 할 수 있도록 도와주는 정보 시스템이다.

회계정보의 이용자, 즉 이해관계자는 조직을 기준으로 내부와 외부로 구분하며 각각 의사결정의 목적을 달리한다.

1.2. 회계의 분류

회계는 재무정보의 이용자가 누구인지, 이용목적이 무엇인지에 따라 재무회계, 관리회계, 세무회계로 구분한다.

관리회계는 경영자, 노동조합 등 내부의 이해관계자가 정보이용자이다. 반면 외부 이해관계자를 대상으로 하는 회계는 투자자 및 채권자, 일반대중 및 협력사 등 대상의 재무회계와 국세청 및 이를 필요로 하는 M&A와 같은 특수목적을 용처로 하는 세무회계로 분류한다.

표 9-2 회계의 분류

구 분	관리회계	재무회계	세무회계
회계정보 이용자	내부 이해관계자	외부 이해관계자	외부 이해관계자
이용목적	내부의 관리 및 쟁력 강화 등	투자의사, 대여의사 경제정책 수립, 현황 조사, 지속거래 여부 등	세금납부, 적정성 여부판단, 세법 준용 여부 등
적용규정	특별한 적용규정 없이 조직마다 상이	GAAP(국제거래, 일반기업, 중소기업), IFRS(상장기업)	국세청 요구기준
보고서식	적용규정과 동일	재무제표	재무제표
강제여부	외부강제성은 없음	외부감사법 적용 조직은 강제성 있음	강제성 있음
제공정보	손익계산서, 미래의 현금 흐름 등	재무상태표, 손익계산서, 현금흐름표	재무상태표, 손익계산서
제공정보의 본질	과거정보의 정확성, 예측 가능성	객관성과 투명성, 신뢰성과 예측성	객관성, 투명성, 신뢰성
제공정보의 특성	과거정보 중심, 미래 정보의 예측	과거정보	과거정보

2. 재무제표

재무제표는 기업의 재무상태를 파악하기 위해 회계원칙에 따라 간단하게 표시한 재무보고서를 말한다. 일반적으로 재무상태표, 손익계산서, 자본변동표, 현금흐름표와 주기 및 주석을 재무제표로 정의하며, 필요한 재무 정보에 따라 사용되는 문서가 각기 다르다.

2.1. 재무상태표

재무상태표(財務狀態表, Statement of Financial Position)는 일정시점에서의 대상 기업이나 기관 등 조직의 자산, 부채, 자본 현황을 보여주는 재무제표이다. 여기서 「자산=부채+자본」으로 표현할 수 있는데 이를 재무제표 등식, B/S(Balance Sheet)[3] 등식, 회계등식이라고 한다.

자산, 부채, 자본의 개념과 주요 종류를 표와 그림으로 설명한다.

표 9-3 자산, 부채, 자본의 개념

구 분		개 념
재무상태표		• 일정시점의 재무상태를 보여주는 재무제표
재무상태표 등식		• 자산 = 부채 + 자본 (회계등식, B/S등식)
자 산(Asset)		• 과거 거래나 경제적 사건의 결과 • 현재의 기업실체에 의해 지배됨 • 미래에 경제적 효익(Economic Benefit)을 창출 할 것으로 기대되는 자원
부 채(Liability)		• 과거 거래나 경제적 사건의 결과 • 현재의 기업실체가 부담하고 있는 의무 미래 경제적 효익의 희생을 초래
자 본(Equity)		• 순자산(자산에서 부채를 차감한 잔액) 또는 소유주 자본(Owner's Equity) • 자산에 대한 소유주의 잔여 청구원
	자본금	• 발행주식에 액면금액을 곱한 것 (발행주식수×액면금액)
	자본잉여금	• 주식발행시의 액면금액 초과금액
	이익잉여금	• 법정적립금(법적으로 정한 적립금), 임의적립금(주총에서 임의로 정한 적립금), 미처분이익잉여금(당기순이익, 즉 순이익이 적립된 배당금 등 용처(用處)로 배분되기 전 금액

3) Balance Sheet는 대차대조표를 의미한다. 이는 EU주관의 IASC(국제회계기준위원회, International Accounting Standards Committee)가 공표한 IFRS(International Financial Reporting Standards)가 국내에 본격 도입되기 시작한 2007년 이후 재무상태표(Statement of Financial Position)로 명칭이 바뀌어 사용되고 있다.

그림 9-1 자산, 부채, 자본의 구성과 위치

재 무 상 태 표	
차 변 (左側 位)	대 변 (右側 位)
자 산	부 채
현금 및 현금성 자산	매입채무
단기투자자산	장기차입금
매출채권	부채총계
재고자산 (상품, 제품)	자 본
장기투자자산	
유형자산	자본금
무형자산	이익잉여금
기타 비유동자산	자본총계
자산총계	자본 및 부채총계

2.2. 손익계산서

재무상태표가 일정시점의 재무현황에 대한 정보를 알 수 있는 것이라면, 손익계산서(損益計算書, Income Statement 또는 Profit and Loss Statement)는 일정기간의 수익과 비용에 대한 경영성과를 알 수 있는 것이다.

표 9-4 손익계산서의 수익과 비용의 개념

구 분	개념
손익계산서	• 일정기간의 수익과 비용의 이익정보를 보여주는 경영성과표
포괄손익계산서	• 기타포괄손실 및 총포괄손실까지 보여주는 손익계산서
수익(Revenue)[4]	• 재화의 판매, 용역의 제공으로 기업이 받는 대가로 경제적 효익의 유입이다. • 제조업체에서는 매출(액), 금융업체에서는 영업수익으로 기표 • 이는 영업활동으로 발생된 영업수익과 영업이외의 것으로 발생된 영업외 수익으로 구분 • 예로는 매출액, 배당금수익, 이자수익 등이 있다.
비 용(Expense)	• 제품이나 상품의 생산, 용역을 생산하기 위하여 지불되는 대가로 경제적 효익의 유출이다. • 비용은 영업비용, 영업외 비용, 법인세 비용이 있다. • 예로는 매출원가, 감가상각비, 이자비용 등이 있다.

그림 9-2 수익과 비용의 구성과 거래 8요소의 위치

구 성
Ⅰ. 매출액
Ⅱ. 매출원가
Ⅲ. 매출총이익(또는 매출총손실)
Ⅳ. 판매비와 관리비
1. 급여
2. 임차료
3. 접대비
4. 감가상각비
Ⅴ. 영업이익(또는 영업손실)
Ⅵ. 영업외 수익
1. 이자수익
2. 임대료수익
Ⅶ. 영업외 비용
1. 이자비용
2. 기부금
Ⅷ. 법인세비용 차감전 순이익
Ⅸ. 법인세 비용
Ⅹ. 당기순이익(또는 당기순손실)
Ⅺ. 기타포괄이익(또는 기타포괄손실)
Ⅻ. 총포괄이익(또는 총포괄손실)

위 치	
차변(左側 位)	대변(右側 位)
자산의 증가	자산의 감소
부채의 감소	부채의 증가
자본의 감소	자본의 증가
비용의 발생	수익의 발생

- 회계등식 또는 B/S등식이라 불리는 재무상태표 등식의 차변과 대변의 위치와 동일
- 회계거래 8요소의 위치는 T계정에 분개했을 때의 위치

자산, 부채, 자본, 비용, 수익 등을 계정[5]이라 하고, 기업의 재산 및 자본에 변동을 미치는 것으로 금액으로 계산 가능한 사실을 말하는데 이중 핵심적인 8개를 회계거래의 8요소라 한다.

4) 보통 수익(收益, Revenue)과 이익(利益, Profit)을 혼용 또는 혼동하는 경우가 있는데, 설명한 바와 같이 수익하면 대표적인 것이 매출이라 생각하고, 이익하면 매출(액)에서 비용을 뺀 것을 이익으로 기억하면 확실한 구분이 될 것이다(수익-비용=이익, 총매출-총비용=순이익).

5) 계정(計定, Account)은 거래의 발생으로 기업의 자산, 부채, 자본의 증감 및 수익과 비용의 발생을 명확화하기 위하여 설정된 회계의 최소단위를 말한다. 계정에 구체적인 명칭을 부여한 것을 계정과목이라 한다.

2.3. 현금흐름표

현금흐름표(現金흐름표, Statement of Cash Flow)는 대상기업이나 기관의 일정기간 현금의 변동상황을 알 수 있는 현금자체의 흐름표이다. 이는 수입과 지출 활동결과에 따라 영업활동현금흐름표, 투자활동현금흐름표, 재무활동현금흐름표로 구분한다.

표 9-5 현금흐름표의 구성 과목

현금 흐름표 구성 과목
Ⅰ. 영업활동으로 인한 현금 흐름
1. 매출활동으로 인한 현금 유입
2. 매입활동으로 인한 현금 유출
Ⅱ. 투자활동으로 인한 현금 흐름
1. 투자활동으로 인한 현금 유입액
가. 투자자산의 처분
나. 유형자산 또는 무형자산의 처분
2. 투자활동으로 인한 현금 유출액
가. 투자자산의 취득
나. 유형자산 또는 무형자산의 취득
Ⅲ. 재무활동으로 인한 현금흐름
1. 재무활동으로 인한 현금 유입액
가. 장기 또는 단기 차입금의 차입
나. 유상증자 또는 사채(Corporate Bond)의 발행
2. 재무활동으로 인한 현금 유출액
가. 장기 또는 단기 차입금의 상환, 사채의 상환
나. 배당금의 지급
Ⅳ. 현금의 증가 또는 감소(Ⅰ+Ⅱ+Ⅲ)
Ⅴ. 기초 현금
Ⅵ. 기말 현금

현금흐름표는 다음과 같은 세 가지의 대표적인 유용성을 가지고 있다.

첫째, 미래 현금흐름을 예측 및 평가할 수 있다.

둘째, 배당금지급능력 및 현금흐름 창출능력과 같은 영업활동 수행능력에 관한 정보를 얻을 수 있다.

셋째, 유동성, 채무변제능력, 재무탄력성[6)]에 대한 평가를 할 수 있다.

현금 및 현금성자산을 현금의 개념으로 정의할 수 있다.

첫째, 현금이란?, 유통되는 화폐인 통화, 자기앞수표, 타인발행수료 및 우편환 등의 통화대용증권, 정기예금이 아닌 은행에 예치되어 언제라도 이용할 수 있는 요구불예금을 말한다.

둘째, 현금성자산이란?, 취득당시 만기가 3개월 이내인 금융상품과 거래시 큰 비용 없이 현금으로 전환이 용이한 것을 말한다.

표 9-6 현금흐름표 상 현금의 유입과 유출 요인

구 분	현금의 유입	현금의 유출
영업활동으로 인한 현금흐름(Ⅰ)	매출활동, 매출채권의 회수, 이자와 배당금 수취, 투자와 재무활동에 속하지 않는 거래로 인한 현금유입	매입활동, 매입채무의 지급, 협력사/임직원에 대한 지출, 법인소득세 지급, 이자지급, 투자와 재무활동에 속하지 않는 거래로 인한 현금유입
투자활동으로 인한 현금흐름(Ⅱ)	유형자산의 처분, 무형자산의 처분, 투자자산의 처분	유형자산의 취득, 무형자산의 취득, 투자자산의 취득
재무활동으로 인한 현금흐름(Ⅲ)	현금의 차입, 사채의 발행, 주식의 발행	현금의 상환, 사채의 상환, 배당금 지급
현금흐름을 통한 종합판단	우량기업 Ⅰ(영업활동 현금흐름)은「+」+ Ⅱ(투자활동 현금흐름)는「-」+ Ⅲ(재무활동 현금흐름)도「-」인데 합계는「+」일 때 우량기업으로 판단할 수 있다.	
	부실기업 Ⅰ(영업활동 현금흐름)은「-」+ Ⅱ(투자활동 현금흐름)는「+」+ Ⅲ(재무활동 현금흐름)도「+」인데 합계는「-」일 경우에는 부실기업으로 판단할 수 있다.	

6) 재무탄력성(財務彈力性, Financial Elasticity)는 예측하지 못했던 상황에 대처하거나 유리한 기회에 현금흐름의 크기와 시기를 조절 할 수 있는 능력을 의미한다.

2.4. 자본변동표

자본변동표(資本變動表, Statement of Changes in Equity)는 기업이나 기관 등 조직의 자본금이 변동되는 흐름을 파악하기 위하여 일정 회계기간 동안 기록한 변동 상황을 분석할 수 있는 재무제표이다.

자본은 조직의 자산과 부채를 제외한 순자산을 의미하는 것으로 이는 납입자본(자본금, 자본잉여금), 이익잉여금, 기타포괄손익누계액 등으로 구성된다.

표 9-7 자본변동표의 프레임과 구성 요소의 예

자본 변동표						
구 분	자본금	자본 잉여금	자본조정	기타포괄 손익누계액	이익 잉여금	총 계
2025.01.01.(보고금액)						
회계정책변경 누계효과						
전기오류수정 손익						
수정 후 이익잉여금						
연차배당						
현금배당						
주식배당						
처분 후 이익잉여금						
중간배당						
신주발행						
유상증자						
주식할인발행자금						
당기순이익 또는 손실						
자기주식 취득						
매도가능금융자산평가손익						
2024.12.31						

3. 회계정보를 이용한 기업분석

재무제표 및 손익계산서상의 항목들을 이용하여 재무실적을 분석하고, 미래예측과 가치평가를 할 수 있다.

본 장에서는 수익성분석, 효율성분석, 재무위험 여부를 판단할 수 있는 유동성 및 레버리지분석, 성장성분석 및 시장가치분석을 범위로 한다.

3.1. 수익성분석

수익성분석(收益性分析, Profitability Analysis)은 일정 기간의 기업 전체 또는 분석하고자 하는 특정 대상의 성과를 측정할 수 있으며, 이를 통하여 경영의 효율성을 판단할 수 있다.

표 9-8 수익성분석의 개념과 구성

구분		내용	
수익성분석의 개념		• 일정기간의 기업 전체 또는 특정 대상의 성과를 분석 • 경영의 전체적인 효율성을 알 수 있다.	
매출액 이익률	개념	• 영업활동을 통하여 벌어들인 현금창출 능력을 나타내는 수익성지표	
	종류	매출액총이익률	(매출액총이익÷매출액)×100(%)
		영업이익률	(영업이익÷매출액)×100(%)
		순이익율	(순이익÷매출액)×100(%)
		EBITDA Margin	(EBITDA÷매출액)×100(%)
		EBITDA? • Earnings Before Interest, Taxes, Depreciation, Amortization의 약어로 이자비용, 법인세, 유형자산감가상각비, 무형자산 감가상각비를 공제하기 전의 이익을 의미한다. • 편의상 영업이익(EBIT)에 유무형의 감가상각비를 더하여 구한다. • Depreciation : 유형자산 감가상각 • Amortization : 무형자산 감가상각	
자 본 이익률	개념	• 투자자본이 얼마나 효율적으로 운영되고 있는지를 보여준다.	
	종류	총자산이익율(ROA)	(순이익÷평균[7]자산)×100(%)
		자기자본이익율(ROE)	(순이익÷평균자기자본)×100(%)
		• ROA : Return On Assets • ROE : Return On Equity	

수익성분석은 크게 매출액이익률과 자본이익률로 구분하여 분석할 수 있다.

3.2. 효율성분석

효율성분석(效率性分析, Effectiveness Analysis)은 기업이나 기관 등 조직에서 보유한 자원을 얼마나 활발하게 사용하느냐의 것으로 활동성분석(活動性分析, Activity Analysis)이라고도 한다.

이는 재고자산회전율, 매출채권회전율, 총자산회전율로 구분하여 정리할 수 있다.

표 9-9 효율성분석의 개념과 구성

효율성분석의 개념		• 자산의 효율적 사용여부 및 정도를 측정 및 분석
재고자산 회전율	개념	• 재고자산이 일정기간 동안 당좌자산(Quick Asset)으로 전환된 회수이다. • 재고자산회전율이 높을수록 이를 통하여 효율적인 판매활동을 하였음을 의미한다. • 반대로 지나치게 높다면 판매기회를 잃었을 가능성도 있다.
	산식	(매출액÷평균매출채권)
매출채권 회전율	개념	• 매출채권 회전율이 높으면 매출채권관리가 잘되고 있는 것인데, 이는 매출채권의 현금화 속도가 빠름을 의미한다.
	산식	(매출÷평균매출채권)
총자산 회전율	개념	• 자산을 얼마나 효율적으로 사용했는지를 나타낸다. • 감가상각법[8]에 따라 비율계산이 영향을 받는다.
	산식	(매출액÷평균자산)

---

7) 평균자산, 평균자기자본과 같이 평균으로 하는 이유?, 손익계산서 수치와 재무상태표의 수치를 대응할 때 평균을 사용한다. 이는 손익계산서의 일정기간과 재무상태표의 일정시점이라는 불일치에서 오는 오류를 최소화하기 위한 것으로, 손익계산서 수치간의 사칙연산에서는 평균을 사용하지 않는다. 본 회계정보를 이용한 기업분석에서 평균은 모두 본 의미가 같음을 인지하고 학습해 주시기 바란다.

8) 감가상각(減價償却, Depreciation)은 기업 및 기관 등 조직 내 유무형 고정자산의 대부분은 수익활동에 지속 사용되는바, 시간이 지남에 따라 그 가치가 점점 소모될 수밖에 없다. 때문에 그 기간만큼 매 회계연도의 비용으로 계상하여야 한다. 이와 같이 고정자산에 투하된 자본의 가치를 유지하고 이것을 일정한 유효기간 내에 회수하는 회계절차를 감가상각이라 한다. 또한 이를 처리하는 감가상각법에는 정액법, 정율법, 폐기법, 생산량비례법 등이 있다.

3.3. 유동성분석

유동성분석(流動性分析, Liquidity Analysis) 기업이나 기관 등 조직의 단기 채무에 대한 지급능력을 측정하는 것으로 유동비율과 당좌비율로 분석한다.

표 9-10 유동성분석의 개념과 구성

유동성분석의 개념		• 조직의 단기채무에 대한 지급능력을 분석
유동비율	개념	• 단기채무에 충당할 수 있는 유동자산의 규모
	산식	(유동자산÷유동부채)×100(%)
당좌비율	개념	• 현금화 속도가 상대적으로 느린 재고자산 처분 없이도 단기부채를 지불할 수 있는 능력
	산식	(당좌자산[9]÷유동부채)×100(%)

3.4. 레버리지분석

레버리지분석(Leverage Analysis)은 기업이나 기관 등 조직이 어느 정도 타인자본에 의존하고 있는가, 즉 기업의 부채의존도를 분석하는 것을 의미한다.

이는 부채비율, 자기자본비율, 이자보상배율로 분석한다.

표 9-11 레버리지분석의 개념과 구성

레버리지 분석의 개념		• 타인자본 의존도와 타인자본이 기업에 미치는 영향을 분석 • 기업이나 기관 등 조직의 장기부채상환능력을 분석
부채비율	개념	• 기업이나 기관 등 조직의 재무구조를 반영
	산식	(부채÷자본)×100(%)
자기자본 비율	개념	• 은행의 대출심사시 중요한 기준자료가 된다 • 은행지도비율 또는 자기자본지도비율이라 한다
	산식	(자기자본÷총자본)×100(%)
이자보상 배율	개념	• 영영이익이 이자비용의 몇 배가 되는지를 분석
	산식	(영업이익÷이자비용)

9) 당좌자산(當座資産, Quick Assets)의 종류로는 유동자산 중에서 현금 및 현금성자산, 단기투자자산, 매출채권을 말한다.

3.5. 성장성분석

성장성분석(成長性分析, Growth Ratio)은 기업이나 기관 등 조직의 일정기간 동안 규모나 이익의 증가정도를 분석하는 것을 말한다.

이는 총자산증가율, 매출액증가율, 순이익증가율, 자기자본증가율로 분석한다.

표 9-12 성장성분석의 개념과 구성

구분		내용
성장성분석의 개념		• 일정기간 동안 기업의 규모나 이익이 얼마나 증가하였는지를 분석
총자산 증가율	개념	• 기업이나 기관 등 조직의 외형적 성장을 반영
	산식	(당기말총자산÷전기말총자산)×100(%)
매출액[10] 증가율	개념	• 상품, 제품, 용역의 판매금액으로 조직의 외형적 성장을 보여준다.
	산식	[(당기매출액－전기매출액)÷전기매출액)]×100(%)
순이익[11] 증가율	개념	• 기업의 최종적인 경영성과로 총수익에서 총비용을 뺀 것이 순이익이다.
	산식	[(당기순이익－전기순이익)÷전기순이익)]×100(%)
자기자본 증가율[12]	개념	• 총자산 중에서 기업의 자기자본이 차지하는 비율을 말한다.
	산식	[(당기말 자본－전기말 자본)÷전기말자기자본비율)]×100(%)

3.6. 시장가치분석

시장가치분석(市場價值分析, Market Value Analysis)은 기업이나 기관 등 조직에서 소유한 상품에 대하여 시장이 성립되어 거래될 때 현재의 사회적 가치를 분석하는 것이다.

이는 주당순이익, 주가수익비율, 주가순자산비율, 주가매출액비율을 이용하여 분석한다.

10) 매출액증가율(賣出額增加率, Net Sales Growth Rate).

11) 순이익증가율(純利益增加率, Net Profit Growth Rate).

12) 자기자본증가율(自己資本增加率, Growth Rate of Stockholder's Equity).

표 9-13 시장가치분석의 개념과 구성

<table>
<tr><td colspan="2">시장가치분석의 개념</td><td>• 시장이 성립된 상품이 거래될 때의 사회적 또는 현재 가치이다.</td></tr>
<tr><td rowspan="3">주 당
순이익</td><td>개념</td><td>• 수익력 평가에 가장 보편적으로 이용되는 지표이다.
• 경영성과의 기가별, 기업 간 비교에 유용하게 이용된다.</td></tr>
<tr><td>산식</td><td>(보통주당기 순이익÷유통보통 주식 수), 단위는 원</td></tr>
<tr><td colspan="2">주당순이익(EPS, Earnings Per Share)</td></tr>
<tr><td rowspan="3">주가수익
비율</td><td>개념</td><td>• PER 값이 큰 것은 주당순이익에 비해 주가가 높게 형성 되었다는 것으로, 고 성장이 기대되는 기업은 보통 PER 값이 크다.</td></tr>
<tr><td>산식</td><td>(주당 시가÷EPS), 단위는 배(倍)</td></tr>
<tr><td colspan="2">주가수익비율(PER, Price Earnings Ratio)</td></tr>
<tr><td rowspan="3">주 가 순
자산비율</td><td>개념</td><td>• 시장가치 대(對) 장부가치 비율을 말하는데 주당 순자산은 순자산을 발행주식수로 나눈 값이 된다.</td></tr>
<tr><td>산식</td><td>(주당 시가÷주당 순자산)</td></tr>
<tr><td colspan="2">주가순자산비율(PBR, Price to Book Ratio)</td></tr>
<tr><td rowspan="3">주가매출
액 비 율</td><td>개념</td><td>• 해당종목의 시가총액을 매출액으로 나눈 값인데, 현재의 주가 수준에서 본 매출액 성장여력의 기대치를 말한다.
• 주당 매출액은 매출액을 발행주식수로 나누어 계산한다.</td></tr>
<tr><td>산식</td><td>(주당 시가÷주당 매출액)</td></tr>
<tr><td colspan="2">주가매출액비율(PSR, Price Sales Ratio)</td></tr>
</table>

4. 회계정보를 이용한 실습사례 연구

회계 숫자는 국제 공용어라는 말이 있다. 이는 IFRS 또는 GAAP 중 어느 기준을 사용하든 신뢰성, 투명성, 객관성을 전제로 작성되어야 하고 작성되고 있기 때문이다. 본 회계정보를 이용한 실습사례 연구에서는 회계정보, 즉 숫자를 통하여 기업을 분석할 수 있는 지표 중 손익계산서를 통하여 뽑아낼 수 있는 원가류 4종과 이익류 5종, 손익계산서와 재무상태표를 통하여 분석해 낼 수 있는 매출, EBIT, EBITDA, ROA, ROE, EVA에 대한 실습사례를 연구한다.

핵심 포인트는 손익계산서와 재무상태표를 읽어내는 능력, 각 회계용어를 인지하고 숫자를 가공하여 경영에 필요한 정보를 도출해낼 수 있는 역량이다.

4.1.『재무제표 용어 및 산식 정리』실습사례

매출액

- 상품의 판매 또는 서비스의 제공에 대한 수입금액
- 매출이 늘어나고 있다는 것은 기업이 성장하고 있다는 것을 의미하나 매출액에는 원가, 인건비, 각종 관리 비용이 포함되어 있어 매출액만으로 기업을 판단하기에는 무리가 있음
- 기존사업과 신규사업의 매출 비교를 위해서 매출액을 기존상품매출액 + 신상품매출액으로 나누어 볼 수 있음
- 혹은 기존점 매출액 + 신규점 매출액으로도 나누어 볼 수 있음
- **매출액 = 판매가격 * 판매량**

매출액 증가율

- 기업의 기준연도 대비 비교 연도 매출액이 얼마나 증가 했는지를 보여주는 지표
- 기업이 일정기간 동안 성장한 속도를 알려주는 대표적인 비율
- 회사의 매출액 증가율 추이를 파악하기 위해서는 최소 3년에서 5년 정도의 비율을 살펴볼 필요가 있음
- **당기 매출액증가율={(당기 매출액-전기 매출액)/당기 매출액} * 100**

종업원 1인당 매출액

- 기업의 생산성지표로 기업활동의 효율성 및 생산요소의 기여도를 파악하는 지표
- 주로 종업원 1인당 매출액과 1인당 인건비를 비교하여 기업의 생산성지표로 활용함
- **1인당 매출액=매출액/전체 종업원 수**

영업이익

- 영업이익은 순수하게 영업을 통해 벌어들인 이익이다
- **영업이익 = 매출액-매출원가-판매관리비**
- 판매관리비 = 인건비, 세금 및 각종 공과금, 감가상각비, 광고선전비 등을 들 수 있다
- EBIT이 영업이익과 다른 점은 이자와 세금 납부 전 이익이며, 기업의 현금창출능력에 더 초점을 맞춘 손익이다

영업이익 증가율

- 전기 대비 영업이익이 증가한 비율을 나타내는 수치를 말한다
- 과거와 현재를 비교하여 한 회사의 성장성을 파악하는데 활용
- **영업이익증가율= {(현 회계연도 영업이익-전 회계연도 영업이익)/전 회계연도 영업이익} *100 (영업이익= 매출액-매출원가-판매관리비)**
- 매출에 계절성이 존재할 수 있음을 감안하여 전년 동기대비 수치를 비교하기도 한다.

EVA
(Economic Value Added)

- 경제적 부가가치
- 전통적인 회계이익만으로는 기업의 경영성과를 충분히 알 수 없다는데 기초하여 개발된 경영성과 지표
- 기업이나 기관 등 조직의 영업활동에 투하한 자산이 얼마나 많은 이익을 실현 하였는가를 나타내는 지표
- **EVA = 세후 순영업이익(영업이익-법인세)- 자본비용(타인자본 비용+자기자본비용)**
- **EVA = 세후 순영업이익-(투자자본 × 가중평균자본비용)**
- **EVA = 투하자본수익률-가중평균자본비용 × 투하자본**

당기 순이익

- 일정 회계기간 동안 발생한 기업의 전체 수익에서 비용을 차감한 금액으로, 일정기간(해당기간)의 순이익을 뜻함
- 당기순이익은 이자비용이나 법인세 등 각종 비용을 모두 차감한 잔여 이익의 개념으로 주주에게 지급되거나 기업 내에 유보함으로써 기업의 영업활동을 위해 재투자됨
- **당기순이익=영업수익–영업비용(매출원가, 판매비와 관리비 등)+기타손익+금융손익–법인세비용**

EBITDA
(Earnings Before Interest, Taxes, Depreciation and Amortization)

- 감가상각 전 영업이익
- 영업이익에 유형자산에 대한 감가상각비와 무형자산에 대한 감가상각비를 더한 값을 말함
- EBITDA는 현금흐름 기준의 수익성 지표
- **EBITDA = EBIT+D+A (영업이익+Depreciation+Amortization)**

ROS
(Return On Sales)

- 매출액 순이익률
- 매출액 대비 당기순이익의 비율
- 기업의 활동성을 나타내는 매출액에서 영업 및 영업 외 비용, 세금 등을 모두 제하고 최종적으로 남는 순이익의 비율이 얼마나 되는가를 나타내는 수치로서, 기업경영에 있어서 최종적으로 창출해낸 이익률
- **매출액 순이익률 = 당기순이익/매출액**

ROI
(Return On Investment)

- 투자수익률
- 투자 혹은 비용에 대한 순수익으로, 수치가 높을수록 투자를 잘했다고 볼 수 있음
- **ROI = (매출 – 매출원가 – 투자) / 투자액 X 100%**

ROE
(Return On Equity)

- 자기자본 이익률
- 자기자본을 이용하여 얼마나 수익을 냈는지를 알 수 있는 지표
- ROE = 순이익/자기자본
  = 총자산 회전율 × 매출액 순 이익률 × *재무 레버리지
  = (매출액 ÷ 총자산) × (순이익 ÷ 매출액) × (총자산 ÷ 자기자본)

※재무 레버리지 : 기업이 자산을 취득하기 위해 조달한 타인 자본으로 인하여 부담하게 되는 금융 비용

총자본회전율

- 기업 소유의 총자본이 얼마나 효율적으로 운영 되었는가를 측정하는 지표
- 일정 기간 동안의 매출액을 달성하기 위해 총자본을 얼마나 사용했는지를 나타냄
- 총자본회전율이 높을수록 *총자본이익률이 양호하게 됨
- 총자본회전율=(매출액/총자본) * 100

※ 총자본이익률 : 기업의 총자본으로 세금공제 전의 당기이익을 나눈 비율이며, 총자본의 일정기간 내에서의 포괄적인 운용효율을 나타냄

부채비율
- 기업이 갖고 있는 자산 중 부채가 얼마 정도 차지하고 있는가를 나타내는 비율
- 기업의 재무구조 중 타인자본의존도를 나타냄
- **부채비율= [타인자본(부채총계)/자기자본(자본총계)] * 100(%)**

PER
(Price Earning Ratio)
- 주가수익비율
- 주가가 1주당 수익의 몇 배가 되는가를 나타냄
  예시) 주식 가격이 1,000원이라고 가정, 1주당 수익이 100원이라면 PER은 10
- 기업의 순이익이 주식가격보다 클수록 PER이 낮게 나타남. PER이 낮으면 이익에 비해 주가가 낮다는 것이므로 기업 가치에 비해 주가가 저평가 되어있다는 의미로 해석 가능함
- **PER=주가/주당 순이익(EPS)**

EPS
(Earning Per Share)
- 주당순이익
- 1주당 이익을 얼마나 창출하였는지 나타내어 기업의 수익성을 비교해보기에 좋은 지표
- **EPS=순이익(당기순이익)/주식수**

4.2. 실제 기업의 회계정보를 근거로 팀 프로젝트로 분석한 『(주)동서 재무성과 분석』 실습사례

주식회사 동서 재무성과 분석

회사개요
- 커피, 차, 시리얼, 비스킷 등을 제조, 판매
- 동서식품 외 2개 비상장회사(동서물산, 동서음료 등) 소유
- 주요 제품 및 서비스
  야자유, 치즈류, 과채 가공품, 곡류 가공품 등 식품, 식품용 연포장 필름 등 포장재, 커피 및 현미녹차 및 둥굴레차 등 다류를 생산 또는 수입하여 판매
- 일반적으로 알려진 차(茶)류 외에도 식품사업, 포장사업, 식품연구, 물류사업, 구매수출사업 등 다양한 분야를 사업분야로 다루고 있음

연결 포괄손익계산서

제 48 기 2022.01.01 부터 2022.12.31 까지

제 47 기 2021.01.01 부터 2021.12.31 까지

제 46 기 2020.01.01 부터 2020.12.31 까지

(단위 : 원)

	제 48 기	제 47 기	제 46 기
매출액	556,486,608,719	535,327,319,245	493,040,722,301
매출원가	474,749,979,557	456,332,594,182	410,873,645,659
매출총이익	81,736,629,162	78,994,725,063	82,167,076,642
판매비와관리비	42,561,551,095	40,620,045,548	37,052,387,020
영업이익	39,175,078,067	38,374,679,515	45,114,689,622
기타영업외수익	7,200,154,324	6,238,623,314	4,229,095,214
기타영업외비용	7,269,654,062	2,230,077,276	4,847,704,798
지분법이익	74,541,510,222	90,073,784,938	92,851,531,787
금융수익	16,105,683,114	9,350,154,693	11,587,333,509
금융비용	416,350,751	510,445,705	602,543,298
법인세비용차감전순이익	129,336,420,914	141,296,719,479	148,332,402,036
법인세비용	(40,274,627,845)	26,151,060,802	27,743,642,808
당기순이익	169,611,048,759	115,145,658,677	120,588,759,228
당기순이익의 귀속			
지배주주지분	167,855,851,714	113,354,764,375	117,031,086,556
비지배지분	1,755,197,045	1,790,894,302	3,557,672,672
기타포괄손익	(2,056,401,066)	7,566,482,832	(2,998,519,133)
당기손익으로 재분류되지 않는항목			
공동기업 순확정급여부채의 재측정요소	5,399,221,366	2,201,478,346	230,758,204
순확정급여부채의 재측정요소	2,700,067,446	850,132,459	520,386,506
기타포괄손익-공정가치측정금융자산 평가손익	(288,136,924)	(718,309,254)	(1,015,720,857)
기타포괄손익관련 법인세 효과	(472,177,206)	(32,398,408)	123,818,113
총포괄손익	167,554,647,693	122,712,141,509	117,590,240,095
총 포괄손익의 귀속			
지배주주지분	165,695,254,330	120,927,857,600	113,980,087,601
비지배지분	1,859,393,363	1,784,283,909	3,610,152,494
주당이익			
기본주당이익 (단위 : 원)	1,701	1,149	1,186
희석주당이익 (단위 : 원)	1,701	1,149	1,186

연결 재무상태표

제 48 기 2022.12.31 현재

제 47 기 2021.12.31 현재

제 46 기 2020.12.31 현재

(단위 : 원)

	제 48 기	제 47 기	제 46 기
자산			
유동자산	812,498,508,803	780,421,145,328	755,493,781,403
현금및현금성자산	20,756,866,697	20,526,764,934	22,093,630,814
단기금융상품	656,436,982,405	640,280,819,340	622,057,166,676
매출채권 및 기타수취채권	66,937,208,127	58,765,401,504	60,034,811,830
당기손익-공정가치측정금융자산	10,195,000,000	10,075,000,000	10,031,500,000
파생상품자산	38,894,823	1,681,364,826	164,019,021
반환제품회수권	76,458,931	99,099,182	96,872,528
기타유동자산	911,791,166	621,247,651	802,030,152
재고자산	57,145,306,654	48,371,447,891	40,213,750,382
비유동자산	815,354,210,499	802,156,734,982	770,276,502,656
장기금융상품	110,780,000	65,475,000	79,385,000
장기매출채권 및 기타수취채권	296,277,000	356,277,000	376,227,000
기타포괄손익-공정가치측정금융자산	6,027,741,733	6,315,878,657	7,034,187,911
유형자산	46,954,231,335	47,679,411,302	48,846,778,284
투자부동산	49,712,616,343	49,873,570,398	50,236,784,331
무형자산	1,713,518,248	2,043,442,655	2,114,966,786
공동기업 및 관계기업 투자	706,910,678,262	695,492,059,890	661,226,376,024
이연법인세자산	167,551,789	330,620,080	361,797,320
순확정급여자산	3,460,815,789		
자산총계	1,627,852,719,302	1,582,577,880,310	1,525,770,284,059
부채			
유동부채	67,707,637,636	58,685,673,847	55,895,949,631
매입채무 및 기타지급채무	51,962,894,310	41,264,053,459	39,198,829,499
파생상품부채	2,489,910,290	4,208,941	1,964,445,182
기타유동부채	2,578,658,163	2,518,908,124	3,100,688,481
리스부채	507,781,299	582,305,824	279,787,262
당기법인세부채	8,633,374,757	13,365,442,393	10,912,957,286
단기차입금	1,440,087,209	831,592,920	320,077,530
반품환불부채	94,931,608	119,162,186	119,164,391
비유동부채	14,594,822,813	75,285,029,203	72,617,732,577
장기매입채무 및 기타지급채무	3,366,670,508	3,404,071,867	3,410,058,373
순확정급여부채		1,026,867,594	2,408,863,582
이연법인세부채	5,419,365,053	67,370,024,653	63,473,436,159
당기법인세부채	5,533,193,658	2,893,610,802	3,132,970,660
리스부채	175,593,594	490,454,287	92,403,803
기타비유동금융부채	100,000,000	100,000,000	100,000,000
부채총계	82,302,460,449	133,970,703,050	128,513,682,208
자본			
지배기업소유주 지분	1,530,415,155,806	1,433,790,667,576	1,381,933,576,076
납입자본	49,850,000,000	49,850,000,000	49,850,000,000
기타불입자본	(2,858,921,712)	(2,858,921,712)	(2,858,921,712)
	제 48 기	제 47 기	제 46 기
기타자본구성요소	54,649,624,623	64,202,313,041	59,481,211,767
이익잉여금	1,428,774,452,895	1,322,597,276,247	1,275,461,286,021
비지배지분	15,135,103,047	14,816,509,684	15,323,025,775
자본총계	1,545,550,258,853	1,448,607,177,260	1,397,256,601,851
자본과부채총계	1,627,852,719,302	1,582,577,880,310	1,525,770,284,059

원가류 4종

※ 총 매출(2022년도) : 556,486,608,719원

- 매출원가 443,409,198,458 (4,430억원). · 판매비와 관리비 38,789,237,659 (380억원)
- 영업외 비용 6,490,027,227 (64억원). · 법인세 비용 41,489,586,158 (410억원)

이익류 5종

- 매출 총이익 81,736,629,162 (810억원)
- 영업이익 39,175,078,067원 (390억원). · 법인세차감전 순이익 129,336,420,914원 (1,290억원)
- 당기 순이익 169,611,048,759원 (1,690억원). · 주당순이익 1,701원

EBIT (영업이익)

- **영업이익 = ①매출액-(변동비+고정비). ②매출액-(매출원가+판매비와 일반관리비)**

매출액(556,486,608,719)

매출원가(443,409,198,458)+판관비(38,789,237,659) = 482,198,436,117원

- 556,486,608,719원 - 482,198,436,117원
- **영업이익 = 74,288,172,602(556,486,608,719원 - 482,198,436,117원)**

EBITDA (감가상각 전 영업이익)

- EBITDA = 영업이익+유형자산에 대한 감가상각비+무형자산에 대한 감가상각비

  영업이익(74,288,172,602) + 유형자산에 대한 감가상각비(3,966,675,000)+

  무형자산에 대한 감가상각비(389,768,000)

- **감가상각 전 영업이익 = 78,644,615,602(786억원)**

ROA (총자산 이익률)

- ROA = 순이익 / 총자산(자기자본+부채)

  당기순이익(169,611,048,759), 총자산(1,627,852,719,302)

- **ROA(총자산 이익률) = 0.104%**

ROE (자기자본 이익률)

- ROE = 순이익/자기자본

  당기순이익(169,611,048,759)

  자기자본(1,545,550,258,853)

- **ROE(자기자본 이익률) = 0.109%/ROA보다 ROE가 더 높다는 점을 알 수 있다 (각각 0.104%와 0.109%)**

EVA (경제적 부가가치)

- EVA = 세후 순 영업이익(영업이익-법인세)-자본비용(타인자본비용+자기자본비용)

세후 순 영업이익 (-2,314,508,091)

(영업이익= 39,175,078,067) – (법인세= 41,489,586,158)

자본비용 (1,620,545,326,517)

(부채총액= 74,995,067,664) + (자기자본비용= 1,545,550,258,853)

- **EVA = -1,622,859,834,608원 (-1조 6천억원)**

4.3. 실제 기업의 회계정보를 근거로 팀 프로젝트로 분석한 『(주)오뚜기 재무상태 분석』 실습사례

주식회사 오뚜기 손익과 재무상태 분석

목차

I. 회사개요 II. 원가류 4종 / 이익류 5종 III. 요약
손익계산서 / 재무상태표
EBIT / EBITDA
ROA / ROE
EVA

㈜오뚜기 개요

1969년 5월에 설립하였으며, 1994년 8월에 한국거래소가 개설한 유가증권시장에 상장했다
2023년 3월 31일 현재,주식회사 오뚜기 당사를 제외하고 음식료품, 포장재 제조 및 판매업, 물류업을 포함해 총 25개의 계열회사가 있다.

건조식품, 양념소스, 유지, 면, 농수산 가공식품 등 다양한 종류의 식품을 국내・외 23개 사업장에서 제조 및 판매를 하고 있다. 또한 꾸준한 연구개발활동으로 간편하고 좋은 품질의 식품을 소비자에게 제공할 수 있도록 노력하고 있다.
해외 사업장으로는 미국, 베트남, 뉴질랜드, 중국 등으로 판매/제조시설을 운영하고 있다.

구 분	주요 제품 및 서비스	2023년 1분기 매출비중
건조식품류	카레, 레토르트 등	8.2%
양념소스류	마요네스, 케찹 등	11.8%
유지류	참기름, 식용유지 등	12.2%
면제품류	라면, 당면, 국수 등	34.5%
농수산 가공품류	밥, 미역 등	11.0%
기 타	신선 및 냉동식품, 포장재, 물류 등	22.3%

원가류 4종 / 이익류 5종

원가류 4종 (단위:원) 이익류 5종

	제 53분기		제 53분기
매출원가	575,030,659,353	매출총이익	138,272,444,151
판매비와 관리비	93,159,243,208	영업이익	45,113,200,943
기타비용	9,605,983,740	법인세비용 차감전 순이익	49,054,353,060
법인세비용	10,338,288,829		
		당기순익	35,023,410,427
		주당순이익	11,257

손익계산서

(단위 : 원)

	제 53 기 1분기		제 52 기 1분기	
	3개월	누적	3개월	누적
매출	713,303,103,504	713,303,103,504	656,930,413,380	656,930,413,380
매출원가	575,030,659,353	575,030,659,353	516,418,731,387	516,418,731,387
매출총이익	138,272,444,151	138,272,444,151	140,511,681,993	140,511,681,993
판매비와 관리비	93,159,243,208	93,159,243,208	86,835,955,415	86,835,955,415
영업이익	45,113,200,943	45,113,200,943	53,675,726,578	53,675,726,578
금융수익	13,703,627,329	13,703,627,329	12,082,934,812	12,082,934,812
금융비용	7,792,014,998	7,792,014,998	1,315,659,879	1,315,659,879
순금융수익	5,911,612,331	5,911,612,331	10,767,274,933	10,767,274,933
기타수익	7,635,523,526	7,635,523,526	16,539,559,348	16,539,559,348
기타비용	9,605,983,740	9,605,983,740	7,978,236,247	7,978,236,247
법인세비용차감전순이익	49,054,353,060	49,054,353,060	73,004,324,612	73,004,324,612
법인세비용	10,338,288,829	10,338,288,829	16,878,585,802	16,878,585,802
분기순이익	38,716,064,231	38,716,064,231	56,125,738,810	56,125,738,810
법인세비용 차감후기타 포괄손익	(3,692,653,804)	(3,692,653,804)	3,887,217,777	3,887,217,777
후속기간에 당기손익으로 재분류되지 않는 항목	(3,597,992,831)	(3,597,992,831)	3,935,987,346	3,935,987,346
확정급여부채의 재측정 요소	(3,597,992,831)	(3,597,992,831)	3,935,987,346	3,935,987,346
당기손익으로 재분류 될 수 있는 항목	(94,660,973)	(94,660,973)	(48,769,569)	(48,769,569)
파생상품평가손익	(161,172,774)	(161,172,774)	233,809,751	233,809,751
기타포괄손익-공정가치 측정 금융자산 평가손익(세후기타포괄손익)	66,511,801	66,511,801	(282,579,320)	(282,579,320)
총포괄이익	35,023,410,427	35,023,410,427	60,012,956,587	60,012,956,587
주당이익				
기본주당이익 (단위 : 원)	11,257	11,257	16,504	16,504
기본주당이익 (단위 : 원)	11,257	11,257	16,504	16,504

EBIT / EBITDA

EBIT(영업이익) : 기업운영으로 인해 발생하는 현금 흐름

매출액 - 변동비 + 고정비

EBIT = 45,113,200,943원

EBITDA : 기업이 창출 한 영업 소득의 대략적인 금액

당기순익+이자비용+세금+유무형자산 상각비

EBITDA = 1,928,418,462,427 원

※ 35,023,410,427(당기순익)+11,170,234000(이자비용)+1,075,818000(세금)+(1,808,031000000(유형자산)+73,118000000(무형자산)/(유무형자산 상각비)

재무상태표

(단위 : 원)

	제 53 기 1분기말	제 52 기말
자산		
유동자산	920,370,172,312	915,598,920,770
현금및현금성자산	243,360,290,010	177,126,633,069
매출채권및기타채권	209,883,393,310	194,068,370,996
기타유동금융자산	152,388,200,729	231,747,396,583
당기손익-공정가치측정금융자산	20,485,283,964	20,271,692,670
상각후원가측정금융자산	131,020,100,000	211,006,200,000
파생상품자산	882,816,765	469,503,913
선급금	2,748,266,969	4,117,782,432
선급비용	2,636,076,828	3,164,812,085
재고자산	309,353,941,235	305,373,922,374
기타유동자산	3,231	3,231
온실가스배출자산	3,231	3,231
비유동자산	1,595,535,988,305	1,610,372,954,424
비유동매출채권및기타채권	41,065,133,130	40,210,812,730
기타비유동금융자산	9,485,279,835	9,366,210,954
당기손익-공정가치측정금융자산	2,731,716,667	2,811,666,667
기타포괄손익-공정가치측정금융자산	4,812,663,168	4,610,574,287
상각후원가측정금융자산	1,940,900,000	1,943,970,000
종속기업, 조인트벤처와 관계기업에 대한 투자자산	745,155,703,283	745,155,703,283
관계기업에 대한 투자자산	28,734,034,920	28,734,034,920
종속기업에 대한 투자자산	716,421,668,363	716,421,668,363
순사외적립자산	35,078,733,773	41,935,683,253
유형자산	736,630,958,268	746,004,313,795
무형자산	20,556,494,451	20,084,702,343
투자부동산	7,563,685,565	7,615,528,066
자산총계	2,515,906,160,617	2,525,971,875,194
부채		
유동부채	656,416,983,042	767,993,796,944
단기차입금	120,446,434,530	231,362,379,564
유동성장기차입금	122,500,000,000	170,500,000,000
매입채무및기타채무	371,210,183,470	304,878,199,742
선수금	14,654,961,555	12,390,840,658
기타유동금융부채	0	8,898,989,855
파생상품부채	0	8,898,989,855
충당부채	9,532,182,789	8,857,532,221
유동성리스부채	4,469,201,185	4,751,409,036
당기법인세부채	13,604,019,513	26,354,445,868
비유동부채	307,569,390,706	210,127,758,808
장기차입금	232,059,843,750	132,682,500,000
비유동매입채무및기타채무	10,375,662,740	10,623,025,220

장기종업원급여부채	909,261,127	896,563,053
기타비유동금융부채	165,562,868	0
비유동파생상품부채	165,562,868	0
순확정급여부채	0	0
확정급여채무의현재가치	105,005,870,847	102,064,702,573
사외적립자산의공정가치	(105,005,870,847)	(102,064,702,573)
리스부채	4,957,966,260	5,878,632,204
이연법인세부채	59,101,093,961	60,047,038,331
부채총계	963,986,373,748	978,121,555,752
자본		
자본금	20,039,150,000	20,039,150,000
보통주자본금	20,039,150,000	20,039,150,000
자본잉여금	352,087,903,621	352,087,903,621
주식발행초과금	322,242,507,000	322,242,507,000
기타자본잉여금	29,845,396,621	29,845,396,621
자본조정	(314,021,398,720)	(314,021,398,720)
자기주식	(314,021,398,720)	(314,021,398,720)
기타포괄손익누계액	(490,700,207)	(396,039,234)
이익잉여금	1,494,304,832,175	1,490,140,703,775
자본총계	1,551,919,786,869	1,547,850,319,442
자본과부채총계	2,515,906,160,617	2,525,971,875,194

ROA / ROE

ROA : 기업이 가진 총자산 대비 수익률을 나타내는 지표

순이익 ÷ 총자산

ROA = 0.0108668996881101

※ 38,716,064,231원(순이익)÷3,562,751,598,173원(총자산)

ROE : 자본으로 얼만큼 돈을 많이 벌었는지 단적으로 알 수 있는 지표

순이익 ÷ 자기자본

ROE = 0.0249472070390376

※ 38,716,064,231원(순이익)÷1,551,919,786,869원(자기자본)

ROA / ROE

ROA : 기업이 가진 총자산 대비 수익률을 나타내는 지표

순이익 ÷ 총자산

ROA = 0.0108668996881101

※ 38,716,064,231원(순이익)÷3,562,751,598,173원(총자산)

ROE : 자본으로 얼만큼 돈을 많이 벌었는지 단적으로 알 수 있는 지표

순이익 ÷ 자기자본

ROE = 0.0249472070390376

※ 38,716,064,231원(순이익)÷1,551,919,786,869원(자기자본)

Chapter 10 ESG 경영의 핵심과 주요기업 사례

1. ESG의 이해와 등장

ESG(Environmental, Social, Governance)는 환경, 사회, 지배구조라는 단어의 조합이지만 숨은 키워드는 바로 기업의 지속가능성, 기업가치와 비재무적 성과지표라고 할 수 있다. 과거에는 재무제표와 같은 정량적 지표에 의해 기업의 가치가 평가되어 왔지만, 글로벌 차원의 기후변화와 COVID-19 등의 사태 이후 ESG와 같은 비재무적 가치의 중요성이 커지고 있다. ESG와 밀접한 연관을 맺고 있는 용어인 지속가능성(Sustainability)이 의미하듯이 ESG는 기업가치에 중·장기적인 영향을 미치는 요소들이라 할 수 있다. 환경, 사회적 가치를 중시하는 방향으로 변화될 글로벌 측면의 패러다임 전환 속에서 ESG는 기업의 장기적인 생존과 번영에 직결되는 핵심적인 가치로 자리매김하고 있다. 기업은 향후 거래처의 ESG 요구와 사회적 요구 등에 대응하기 위해서라도 ESG 경영을 할 수밖에 없으며, 이미 대부분의 기업이 생존 및 거래규모 유지를 위해 ESG 경영이 중요함을 인식하고 있는 상황이다.[1)]

ESG 개념은 1987년 환경과 개발을 위한 세계위원회(WCED, World Commission on Environment and Development)에서 발표한 우리 공동의 미래(Our common future)라는 보고서 미래 세대가 그들의 필요를 충족시킬 능력을 저해하지 않으면서 현재 세대의 필요를 충족시키는 발전이라는 지속가능한 발전의 개념을 제시하였고, 2004년 UNGC(UN Global Compact)와 국제금융공사(IFC), 스위스 정부가 공동으로 발의한 이니셔티브인 Who Cares Wins에서 ESG라는 용어가 공식적으로 사용되기 시작하였다. 이후 기업의 가치를 평가할 때 정량적인 재무적 성과뿐 아니라 환경, 사회, 지배구조를 뜻하는 ESG 요소들을 종합적으로 반영해야 함이 강조되면서 이슈화 되었다.

Environment(환경), Social(사회), Governance(지배구조)의 앞글자를 결합하여 만든 합성어인 ESG는 환경경영, 사회에 대한 책임경영, 지배구조 경영을 통하여 지역사회와 국가에 기여하는 정직, 투명, 윤리적인 기업으로 발전하기 위한 경영활동 또는 운영의 원리를 말한다.

---

1) 고경일(2023). 중소기업의 ESG경영 사례를 통한 대응 현황 진단 및 시사점 연구, 경영컨설팅연구, 23(1).

표 10-1 ESG의 주제와 세부사항

구분	주제*	세부사항**	세부사항***
환경	기후변화	탄소발자국, 기후변화에 취약한 이벤트	• 환경오염 방지 • 기후변화, 탄소배출 • 자원, 폐기물관리 • 에너지 효율 • 생태계 보호
	자연자원	에너지 효율, 물효율, 원자재, 토지사용	
	환경오염, 쓰레기	독성물질 배출, 대기질, 폐수관리, 전자기기 폐기물관리, 위해물질 관리	
사회	기회와 정책	재생에너지, 그린빌딩, 폐수관리, 청정기술, 환경 및 종의 다양성 투자	• 인권, 성평등 • 산업안전보건 • 데이터 보안 및 고객 만족 • 지역사회 공헌 • 공급망 관리
	인적자본	사업장 건강과 안전, 노동자 참여, 노동관행(임금, 근로조건 등)	
	생산책임	생산물 안전 및 품질, 고객 사생활 및 정보보호, 판매형태, 상품접근성	
거버넌스	고객관계	지역사회, 시민사회, 정부와의 관계	• 주주권익 보호 • 윤리경영, 반부패 • 법령준수 • 공정경쟁 • 이사회 및 감사
	기업지배구조	이사회 구조 및 책임, 경영진 보상, 회계공시와 관행, 주주권리	
	기업행동	부패관리, 경쟁행위, 세금 및 특수 관계자 거래 투명성	

UNEPFI(UN Environment Program Finance Initiative)는 기업을 평가할 때 재무적 성과 외에 고려하여야할 비재무적 성과로 고려하고 있으며 IMF(International Monetary Fund)에서는 ESG별로 3개씩의 주제*와 주제별 세부사항**, 대한민국의 중소기업부와 중소벤처기업진흥공단에서 제시하는 ESG별 세부사항***은 〈표 10-1〉과 같다.

ESG가 주목을 받기 이전에는 지속가능경영이나 기업의 사회적 책임(CSR, Corporate Social Responsibility)이라는 개념으로 ESG에 대한 중요성은 오래전부터 지속되어 왔다. 국내에서는 기업의 사회적 책임이 기부나 봉사활동에 한정된 것으로 인식하는 경우가 종종 있어 왔으나, CSR(Corporate Social Responsibility)은 사회공헌의 차원을 넘어 기업이 속한 사회에 대한 모든 책임을 의미한다. Carroll[2]은 CSR을 기업이 사회 전체에 대해 갖는 책임으로써 경제적, 법적, 윤리적, 자선적 책임이라고 정의하였는데 이

2) Carroll은 CSR을 네 단계로 구분하였다. 가장 낮은 단계는 사회적 책임은 수익을 창출하는 경제적 책임(Economic Responsibility), 두 번째는 사회규범과 법률을 엄격히 준수하는 법적 책임(Regal Responsibility), 세 번째는 법적 요구수준을 뛰어넘는 윤리적 책임(Ethical Responsibility), 네 번째는 사회공헌과 같은 자선적 책임(Philanthropic Responsibility)이다.

는 공정한거래, 투명한 지배구조, 준법경영, 근로자 인권존종, 생산제품의 품질 및 안전, 환경보호, 지역사회와 상생 등 사회, 환경적 책임과 경제적 책임을 함께 고려하는 활동이 CSR이라고 하였으며 CSR 피라미드를 제시하였다.

그림 10-1 성장성분석의 개념과 구성

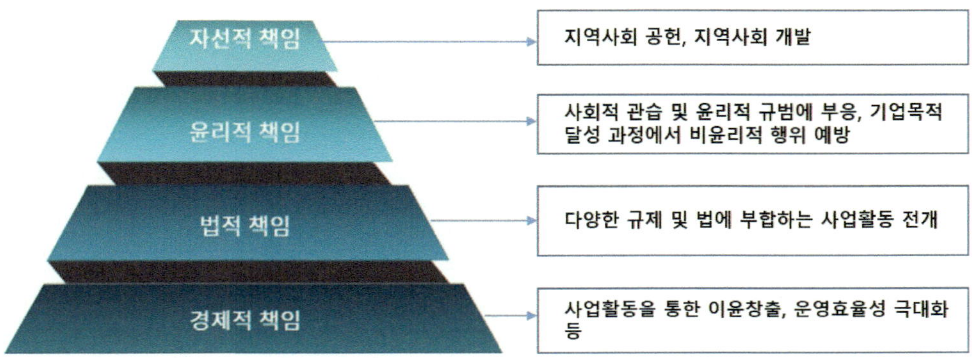

2. ESG 모범규준과 제정 배경과 목적

2.1. 환경 모범규준의 제정 배경과 목적

기업에 환경문제가 기업의 지속가능 경영에 중요한 영향을 미치는 변수로 부각됨에 따라 국내기업도 환경경영을 통해 기업의 지속가능 경영과 수익을 동시에 고려하려는 글로벌 측면의 흐름에 적극적이고 능동적으로 대처할 필요가 있다. 특히 환경의 질을 개선하려는 활동에 대한 관심이 지속적으로 증대됨에 따라 기업의 경영활동이 환경에 미치는 영향은 기업의 생존 가능성과 경쟁력에 중요한 요소가 되고 있다. 이러한 시대적 요청에 부응하여 국내기업들은 환경경영을 수행하기 위해 지속적으로 노력하여야 하며, 주주를 포함한 다양한 이해관계자들의 신뢰를 얻기 위하여 체계적으로 환경경영을 수행할 수 있도록 경영체제를 구축할 필요가 있다는 것이 환경경영의 모범규준 제정 배경이다.

미래지향적인 관점에서 국내기업들이 대내외적으로 신뢰받을 수 있는 바람직한 환경경영의 방향을 제시하여 관련 활동 수행에 도움을 주는 것을 목적으로 제정되었다. 환경경영의 주요 ISSUE로 K-RE100을 설명한다.

한국형 RE100(K-RE100)

RE100이란, Renewable Energy 100%를 의미하는 것으로, 기업 등 전기 소비 주체가 필요한 전력량의 100%를 친환경 재생에너지원을 사용하여 조달하겠다고 선언함으로써, 태양광·풍력 등 재생에너지의 수요와 공급 확대를 위해 자발적으로 협력하는 글로벌 이니셔티브이다.

① K-RE100 참여대상

전기 사용량과 무관하게 국내에서 재생에너지를 구매하고자 하는 산업용, 일반용 전기소비자로, 재생에너지 100% 사용선언 없이도 참여 가능

② 재생에너지 사용으로 인정받을 수 있는 에너지원

태양광, 풍력, 수력, 해양에너지, 지열에너지, 바이오에너지

③ K-RE100 이행 수단

녹색프리미엄	한국전력이 구입한 재생에너지 전력(RPS, FIT)에 대하여 기업이 한전에 추가 요금(녹색프리미엄)을 지불하고 해당 금액만큼 재생에너지 사용 확인서를 발급받는 제도
인증서(REC) 구매	기업이 재생에너지발전사업자로부터 RPS(신재생에너지 공급의무화) 의무이행에 활용되지 않는 재생에너지 공급인증서(REC, Renewable Enery Certificate)를 직접 구매
제3자 PPA	재생에너지 발전사업자와 전력소비기업이 전력구매계약(PPA, Power Purchase Agreement)을 체결하여 전력과 REC를 함께 구매
지분참여	기업이 재생에너지 발전사업에 일정 지분을 투자하고, 해당 발전사와 제3자 PPA 또는 REC 계약을 별도로 체결
자체건설	자가발전. 전기소비자가 자기 소유의 자가용 재생에너지 설비를 설치하고 생산된 전력을 직접 사용

2.2. 사회 모범규준의 제정 배경과 목적

지속가능경영에 대한 사회적 인식 고조와 기업의 글로벌화 및 다양한 이해관계자의 등장 등으로 기업의 사회적 책임에 대한 관심이 증대되고 있다. 특히 국제화된 자본시장에서 기업의 사회적 책임 이행은 투자자들의 의사결정에 매우 중요한 요소로 등장하고 있다. 따라서 기업의 사회책임은 더 이상 사회적 요구에 대한 수동적 대응의 문제가

아니며, 기업의 자금조달과 투자에 중대한 영향을 미치는 요소로 대두되고 있다. 더욱이 ISO 26000이나 SRI(사회책임투자) 관련 지수들이 기업의 생산과 투자활동에 직접적인 영향을 줄 가능성이 매우 높다. 이제 기업은 사회적 책임을 기업의 이미지 제고나 홍보 측면에서만 접근할 것이 아니라 기업가치 제고를 위한 필수불가결한 요소로 인식하여 기업 경영에 적극 활용해야 할 것이다. 반면에 사회적 책임이 과연 무엇인가에 대한 일관된 논의나 방향 제시는 충분히 이루어지지 않고 있어 기업 입장에서 과연 어떻게 사회적 책임을 실행할 수 있는가에 대해서는 혼란이 있을 수 있다. 또한 사회적 책임이 얼마나 중요한 일인가에 대한 기업의 인식에도 상당한 차이가 있다. 이러한 시대적 상황에 부응하여 한국기업 지배구조원은 국내 기업들이 사회적 책임을 적극적으로 수행함으로써 대내외적으로 신뢰받는 기업이 될 수 있도록 사회책임경영의 방향을 제시하기 위한 것을 배경으로 한다.

본 모범규준은 관련 이해관계자에게 사회적 책임경영에 대한 원칙 및 규준 등 정보를 제공하는 근거를 제공하고, 기업에게는 사회적 책임 활동에 대한 자발적인 참여와 개선을 위한 지침을 제공한다. 따라서 본 모범규준 제정은 미래지향적인 관점에서 우리나라 기업의 특성을 고려한 글로벌 기준을 제시함으로써 우리나라 현실에 부합하는 사회책임기업의 모범규준을 정립하고, 궁극적으로는 기업의 장기 가치를 극대화함을 목적으로 한다. 사회경영의 ISSUE로 사회적·환경적 영향을 고려하여야 할 사업을 설명한다.

사회적·환경적 영향을 고려하여야 할 산업

주류·담배 생산 및 유통, 분쟁 광물의 생산 및 유통, 팜오일 생산, 화석연료 생산 및 운송, 원자력 발전, 광산업, 대규모 농업 및 곡물 생산, 임업, 화학물질 제조업, 대규모 건설업, 수산업, 무기의 제조 등

2.3. 지배구조 모범규준 제정 배경

기업은 새로운 경제적 가치를 창조하는 주체이며, 기업의 경쟁력이 국가의 경쟁력을 결정하는 핵심 요체이다. 세계 각국은 자국 기업의 경영효율성을 높여 경쟁력을 제고하기 위하여 국제적인 자본이동을 자유화하고, 국가간의 교류를 증대하는 등 국제 정합성에 입각한 경쟁력 있는 제도와 관행의 도입을 추구하고 있다. 뉴 밀레니엄을 맞으

면서 우리 기업도 국제경쟁에서 살아남기 위해 세계적 흐름에 적극적이고 능동적으로 대처해야 한다. 세계화된 자본시장에서 모범적인 기업지배구조는 투자결정에 매우 중요한 요소이다. 우리 기업이 장기자금을 안정적으로 조달하기 위해서는 신뢰할 수 있고 국제적으로 통용될 수 있는 지배구조를 갖추어야 한다. 이러한 시대적 요청에 부응하여 본 위원회는 우리 기업이 대내외적으로 신뢰받고 경영의 투명성과 효율성을 높일 수 있는 바람직한 기업지배구조의 방향을 제시하기 위한 것이 제정 배경이다.

기업이 주주 등 이해관계자로부터 신뢰를 받기 위해서는 투명하고 책임 있는 경영을 하여야 한다. 이러한 기업의 투명성과 책임경영의 기반 아래 창조적이고 진취적인 기업가 정신이 발휘될 수 있는 경영체제가 확립되어야 한다. 기업에는 다양한 이해집단이 존재한다. 다양한 이해관계자의 이해조정은 비용부담을 줄이고 기업의 경쟁력을 강화시킬 수 있도록 합리적이고 공정하게 이루어져야 한다. 또한 기업의 장기적인 발전을 위해 기업과 그 구성원은 투철한 윤리의식을 가지고 사회적 책임을 다하여 미래지향적인 관점에서 우리 기업의 투명성과 효율성을 제고함으로써 기업가치를 극대화함을 목적으로 한다. 지배구조 경영의 주요 ISSUE로 주주권 보호를 다룬다.

주주권 보호

① 주주의 권리

기업은 주주의 기본적인 권리를 보장하여야 한다. 기업의 존립 및 주주권에 중대한 변화를 가져오는 사항은 주주총회에서 주주의 권리를 최대한 보장하는 방향으로 결정되어야 한다. 기업은 1주 1의결권을 보장하여야 한다(단, 다만 특정 주주에 대한 의결권 제한은 법률이 정하는 바에 따라 제한적으로 이루어져야 함). 이사회는 합병, 영업의 양수도 등 중요한 구조변경에 반대하는 주주가 법령이 정하는 바에 따라 그 지분의 실질가치를 반영하는 공정한 가액에 의한 주식매수청구권을 행사할 수 있도록 하여야 한다. 기업은 주주 전체의 이익을 보호하기 위해 소수주주권 행사를 보장하여야 한다.

② 주주총회

이사회는 다양한 주제의 의제 또는 의안이 주주총회에 상정될 수 있는 환경을 조성하기 위해 노력하여야 한다. 주주총회에서 임원을 선임하거나 정관을 변경할 때에는 의안을 분리하여 상정하여야 한다. 기업은 주주에게 주주총회의 일시, 장소 및 의안에 관한 충분한 정보를 충분한 기간 전에 제공하여야 한다. 주주총회의 일시와 장소는 주주가 최대한 참가할 수 있도록 결정하여야 한다. 기업은 주주가 이사 및 감사후보에 대한 충분한 정보와 판단시간을 가지고 의결권을 행사할 수 있도록 하여야 한다. 기업은 주주가 자신의 의결권을 최대한 용이하게 행사할 수 있도록 하고, 주주가 이사회에 주주총회의 의안을 제안할 수 있는 환경을 조성하여야 한다. 이사회는 이사의 선임에 있어서 지배주주가 아닌 주주의 의견도 반영될 수 있도록 해야 하며, 이를 위하여 집중투표제를 채택하도록 권고한다. 감사위원의 독립성 제고를 위해 감사위원이 되는 이사의 선임안건은 다른 이사 선임안건과 분리하여 상정하는 것이 바람직하다. 주주총회의 결의는 투명하고 공정하게 이루어져야 하며, 이사회는 주주가 주주총회에서 의안에 대하여 질의하고 설명을 요구할 때 성실히 답변하여야 한다.

3. ESG가 기업경영에 미칠 영향

3.1. 국내외 투자 측면

ESG 경영을 전면에 내세우는 기업이 증가하고 있고 주요 글로벌 투자기관들뿐 아니라 국내 국민연금, 연기금, 주요 금융기업이 투자 및 대출의사를 결정할 때 피 투자기업의 ESG 관련 비재무적 성과를 반영하기 시작하였음은 물론, 기관투자자들은 더 적극적으로 주주권을 행사하여 경영자들이 ESG 경영에 나서도록 압력을 가하고 있다.

이와 같은 투자 측면의 환경변화는 ESG 경영을 이행하지 않는 기업은 투자와 대출이 어려워지고 자본비용이 증가하여 지속가능한 성장에 지장을 초래할 수 있음을 의미한다.

3.2. 조직내부 측면

ESG 경영의 주요 지표 중 특히 사회책임경영(Social) 부문에 인적자원관리(Human resource management)에 포함되는 내용이 적지 않다. 조직 종사자들의 삶의 질을 높이고 기업문화를 친 구성원 중심으로 바꾸며 인적자원의 역량을 높이는 데 중요한 역할을 할 것이다.

2021년 12월에 발표된 K-ESG 가이드라인에는 다양성 및 양성평등 기여도, 사회적 책임으로서의 안전보건경영, 기업가치의 중요한 평가기준과 인권정책 등이 중요한 평가요소로 되어있다.

3.3. 환경부문 영향 측면

ESG 경영은 탄소배출과 대기오염, 수질오염을 유발하는 화학물질 배출, 토양 오염과 관련된 폐기물 배출, 지구자원의 보존과 관련된 에너지 사용 등과 직결된다. 글로벌 공간에서 지난 시간동안 누적되어온 탄소배출은 급격한 지구온난화로 나타날 것이고, 빙하의 해빙으로 해수면이 높아져 저지대 국가나 지역이 물에 잠기고 있음은 환경부문에서 간과하면 안 될 항목이다.

3.4. 글로벌 공급망 측면

EU(유럽연합)의 공급망실사법(Direction on corporate sustainability due diligence) 추진 등으로 기업의 공급망 전반에 대한 환경 및 인권위험에 대한 관심이 높아지고 있다. 기업들이 글로벌 공급망 상에서 ESG 지표를 어떻게 관리하고 있는지를 공시하고 성과를 높이도록 요구받고 있는 것이다. 협력사 ESG 리스크관리 요구 확대 및 강화, 공급망 내 기후변화 대응, 동반성장을 위한 협력사 ESG 성과 제고 지원분야는 중요도가 높아지는 항목이다.[3)]

3.5. 지역사회 및 소비자 측면

지역사회와 소비자는 ESG 경영의 성공여부를 좌우하는 핵심 주체이자 감시자가 된다. ESG 경영을 하는 기업들에게 긍정 및 부정의 동기부여를 주고 이를 통하여 글로벌 시장에서 기업경쟁력을 확보하게 할 수도 있기 때문이다. 특히 기업들이 이산화탄소를 배출한 만큼 이산화탄소를 흡수하는 대책으로 탄소배출을 0으로 하자는 Net Zero운동, 지속가능성에 기여하는 기업의 제품과 서비스를 이용하는 소비자의 선택 등은 지역사회 및 소비자 측면의 중요한 항목이 된다.

3.6. 대한민국의 ESG 정보공개 의무화 로드맵

우리나라는 2021년 1월에 ESG 정보공개 의무화 로드맵을 발표한 바 있다. 환경(Environment)과 사회(Social) 정보를 자산규모 2조 이상 코스피 상장기업에 대하여 2026년부터 의무 적용하고, 2030년까지 코스피 모든 상장기업으로 확대한다는 것이 골자이다.

---

3) 물류산업진흥재단(2022), ESG편람을 편집하여 인용.

그림 10-2 대한민국 ESG 정보공개 의무화 로드맵4)

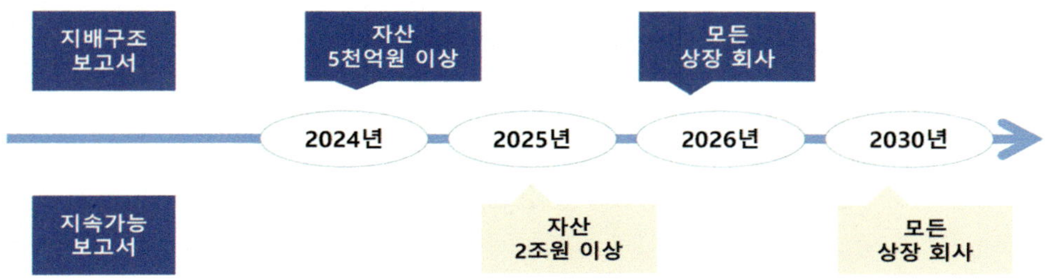

4. 국내 주요기업의 ESG 경영 실사례 연구

4.1. CJ그룹

CJ그룹의 사회(Social)부문 ESG 경영활동 사례이다.

■ CJ나눔재단, 문예창작 지원 사업 펼치며 어린이 '꿈키움' 응원해

CJ나눔재단은 2015년부터 9년간 2300여 지역아동센터 참여 '꿈키움 문예공모전' 개최하고 나태주 시인 등 문예계 전문가들 심사위원으로 참여해 어린이들의 꿈과용기를 복돋아 주고 있다. 이러한 ESG경영을 통하여 보건복지부장관상을 수상하기도 하였으며 창작문예집 '꿈이자라는 방'을 출간하여 어린이 문예 창작을 적극 지원하고 있는 사례를 공유한다.

CJ는 "기업은 젊은이의 꿈지기가 되어야 한다"는 이재현 이사장의 나눔철학을 바탕으로 'CJ나눔재단'과 'CJ문화재단'을 설립해 기업의 강점인 '문화'로 아동·청소년부터 젊은 창작자까지 성장 단계별 체계적인 문화교육과 꿈 실현을 위한 맞춤형 지원을 하는 CJ만의 '문화사회공헌' 활동을 꾸준히 지속하고 있다. CJ나눔재단은 소득 구간별 격차가 심한 문화교육의 간극 해소를 위해 다양한 문화사회공헌 활동으로 아이들이 동등한 기회 속에서 건강하게 성장해 나갈 수 있도록 지원하고 있다. 특히 전국 4천여 개의 지역아동센터 등을 회원으로 두고 있는 나눔 플랫폼 CJ도너스캠프를 통해 아동·청소

4) 금융위원회(2021), 기업공시제도 종합개선 방안을 편집하여 인용.

년의 성장 단계에 맞춘 다양한 문화체험 및 창작활동의 기회를 체계적으로 지원하여 창의력, 협동심, 인성 등을 함양시키고 건강한 변화를 이끌기 위해 활발한 지원사업을 전개 중이다. 그 중 2015년부터 매년 전국 지역아동센터 및 그룹홈 등 돌봄기관을 대상으로 진행하는 'CJ도너스캠프 꿈키움 문예공모전'은 아동 및 청소년들이 꿈과 재능을 탐색할 수 있도록 돕는 문예 창작 지원 사업으로 CJ임직원이 함께 하는 봉사 프로그램과 연계해 아동·청소년들에게 다채로운 경험까지 선사하는 대표적인 문화 체험 사업이다.

글, 그림, 독후감 및 단체 작품 등 4개 부문의 문예 창작을 지원하고 있으며, 현재까지 전국 2300여 개 지역아동센터가 참여, 1만 8천여 작품이 공모전에 응모돼 총 1400여 아동이 수상의 영예를 안았다. 특히 2023년부터 보건복지부의 후원으로 신설된 보건복지부 장관상은 아동들의 자긍심을 높이며 자존감 강화를 돕는 등 문예 창작 활동의 긍정적 영향을 확대했다. 매년 10월 개최되는 'CJ도너스캠프 꿈키움 문예공모전'은 12월까지 작품 응모를 받아, 다음해 1월까지 심사 및 선정을 거쳐, 2월 현장 시상식 및 찾아가는 시상식을 진행한다. 찾아가는 시상식은 CJ임직원 봉사자가 수상 아동이 속한 지역아동센터에 방문해 시상식 및 아이들이 즐길 수 있는 문화 체험 프로그램을 함께 진행하며 문화소외지역 아동들에게 즐거운 추억을 선사한다. 또한 공모전에서 선정된 123편의 작품은 인정 및 응원의 의미를 담아 창작문예집 '꿈이 자라는 방'으로 매년 출간된다. 2024년 9회를 맞이한 'CJ도너스캠프 꿈키움 문예공모전'은 '꿈·사랑·용기' 등 미래를 탐색하는데 필요한 가치를 주제로 빛나는 꿈과 진정성이 돋보이는 123편의 작품을 각각 꿈상(장관상) 3편, 사랑상(CJ나눔재단 이사장상) 20편, 용기상(가작) 100편으로 선정했다. 심사위원으로는 한국인이 가장 사랑하는 문인 나태주 시인을 필두로 홍빛나 현대미술작가 및 김성구 샘터사 대표 등이 참여했으며, 올해는 소외 계층 아동들이 다채로운 문화생활을 경험할 수 있도록 캠프형 시상식을 진행할 계획이다.

제9회 꿈키움 문예공모 작품집 '꿈이 자라는 방'은 어린이날을 기념해 5월 5일 공개될 예정이며, 중순에는 심사위원과 수상 아동이 함께하는 북콘서트를 계획하고 있다. 지금까지 1400여 명의 어린이 작가 1,300여개 작품(단체작 포함)이 총 8권의 책으로 발간됐으며, 판매 수익금 일부는 소외계층 아동 및 청소년의 교육 지원 사업에 사용된다. CJ나눔재단 관계자는 "매년 더 많은 지역아동센터의 성원에 힘입어 아동·청소년들 꿈과 재능을 탐색할 수 있도록 문예 창작 활동을 적극 지원하고 있다"며, 앞으로도 CJ만의 '문화사회공헌' 활동으로 성장 단계별 맞춤형 지원을 통해 K-컬처 미래 인재들의 성장을 지원할 것"이라고 전했다.

그림 10-3 CJ나눔재단의 사회공헌활동 사례

2023년 'CJ인재원'에서 개최된 '제8회 CJ도너스캠프 꿈키움 문예공모전 시상식'에 참석한 아동이 전시 작품을 감상하고 있다.

2022년 'N서울타워'에서 개최된 '제7회 CJ도너스캠프 꿈키움 문예공모전 미니백일장'에서 열린 체험 프로그램에서 어린이가 그림을 그리고 있다.

■ CJ제일제당 햇반, 희귀질환 환우 위한 따뜻한 한끼 제공

CJ제일제당 햇반은 돌봄공백 아동과 희귀질환을 앓고 있는 환우들에게 따뜻한 한 끼를 제공하고 있다. CJ제일제당은 네이버 해피빈과 함께 돌봄공백 아동을 지원하기 위한 '나눔햇반 캠페인'을 진행한다. 이번 캠페인은 3월 15일까지 해피빈 굿액션에서 진행되며, CJ제일제당은 네이버에서만 구매할 수 있는 '해피빈 나눔햇반 백미밥', '해피빈 나눔햇반 발아현미밥', '해피빈 나눔햇반솥반 버라이어티팩' 3종을 선보인다. 해피빈 굿액션은 기업의 나눔 활동 등 다양한 공익 캠페인을 소개하고 기부할 수 있는 플랫폼이다.

CJ제일제당은 최대 1억원 상당의 기부금과 햇반 제품들을 돌봄공백 아동에게 해피빈과 CJ나눔재단을 통해 전달할 예정이다. CJ나눔재단은 전국 4천여 개 지역아동센터가 회원으로 등록된 온라인 나눔 플랫폼 'CJ도너스캠프'를 통해 취약계층 아동·청소년을 위한 문화 교육과 지역사회 나눔 활동 등의 문화사회공헌 활동을 전개하고 있다. 이와 함께 '햇반'은 희귀질환을 앓고 있는 200여명의 환우들을 저단백밥을 생산하고 있다. 그동안 만든 햇반 저단백밥은 약 230만개로, 환우들의 식탁에 하루 두 끼 이상 오르는 셈이다. 햇반 저단백밥은 페닐케톤뇨증(이하 PKU병) 등 선천성 대사질환을 앓는 이들을 위해 단백질 함유량을 일반 햇반의 10분의 1 수준으로 낮춘 제품이다. 지난 2009년 3월, 이 질환을 앓고 있는 자녀가 있는 직원의 건의로 연구개발에 착수, 독자적 제조기술과 시설을 구축해 그해 10월 내놓았다. 햇반 저단백밥은 일반 햇반(쌀밥)보다 생산에 소요되는 시간이 10배 이상 걸린다. 쌀 도정 후 단백질 분해에 걸리는 시간만 24시간이 소요되는 등 별도의 특수공정 과정들을 거쳐야 하기 때문이다. 생산효율이 떨어지고 수익성과는 거리가 멀지만, 이윤을 생각하기 보다는 즉석밥 최고 기술을 보유한 기업으로서 사회적 책임과 사명감을 갖고 생산해 오고 있다. CJ제일제당은 2010년부터 매년 PKU 환아와 가족캠프에 참가자들의 식사로 햇반 저단백밥을 제공하고 별도 기부도 진행해 오고 있다. 올해는 13일부터 이틀간 충북 단양군에서 열린 '제21회 PKU 가족캠프'에 햇반 저단백밥 제품과 1,000만원 상당의 기부금을 후원했다.

PKU병은 신생아 6만 명당 한 명꼴로 나타나는 희귀성 질환이다. 이 질환을 갖고 태어나면 선천적으로 아미노산(단백질)을 분해하는 효소가 부족해, 단백질 성분인 페닐알라닌을 먹으면 대사산물이 체내에 쌓여 장애가 생기거나 심할 경우 사망에까지 이를 수 있다. 이 때문에 평생 페닐알라닌 성분이 포함되지 않은 식단을 유지해야 하고, 흰쌀밥도 먹을 수 없다.

4.2. 농심그룹 농심

농심의 환경(Environment), 사회(Social)부문 ESG 경영활동 사례이다.

■ 선한 영향력으로 인생을 맛있게 하는 농심

"인생을 맛있게, 농심"이라는 새로운 슬로건을 선언한 농심은 고객은 물론, 우리 사회에 선한 영향력을 전하는데 힘쓰고 있다. 농심의 새로운 슬로건은 단순히 좋은 식품을 제조하는 기업에서 한발 더 나아가 고객과 희로애락을 함께 하는 인생의 동반자가 되겠다는 의미를 담고 있다. 이에 농심은 우리 사회에 어려운 이웃을 돕는 활동에도 앞장서고 있다.

농심 관계자는 "농심의 사명은 농부의 마음을 뜻한다"라며 "자신이 가진 것을 기꺼이 이웃과 나눌 줄 아는 농부의 마음으로 이웃과 더불어 잘 사는 세상을 만든다는 철학은 농심의 문화에 깊숙이 뿌리 내려있다"고 설명했다.

• 이머전시 푸드팩으로 소외계층에 도움 손길

농심은 지난 2020년부터 저소득 소외계층을 돕는 이머전시 푸드팩 사업을 추진하고 있다. 농심은 23일 서울 마포구 한국사회복지협의회에서 '2024년 이머전시 푸드팩 사업 착수식'을 가졌다. 이날 농심은 2억 4천만원 상당의 라면과 스낵, 생수로 구성된 푸드팩 1만 2천 세트를 기부하기로 했다. 농심 제품으로 구성된 이머전시푸드팩은 복지 사각지대에 놓여 있는 취약계층은 물론 재난재해시 이재민 긴급 지원 용도로도 활용된다. 2023년에는 취약계층 정기기부에 약 6천 세트, 산불 및 집중호우 피해지역에 4천 세트로 총 1만 세트를 기부했다. 2024년에는 최근 경기침체로 취약계층 상시지원 요청이 증가하는 점을 고려, 기부 규모를 전년 대비 20% 확대해 1만 2천 세트를 지원할 계획이다. 실제로 농심은 지난해 4월 산불 피해를 입은 충남지역에 이머전시 푸드팩을 2,500세트를 긴급 지원한 바 있다. 지난해 7월에는 폭우로 많은 피해를 입은 경북과 충북 지역에 이머전시 푸드팩 2,500세트를 긴급 지원하기도 했다. 농심 관계자는 "이머전시 푸드팩은 농심에 보내 주신 사랑을 모아 어려운 분들에게 전하는 뜻깊은 사업"이라며 "앞으로도 주변 이웃과 함께 하는 활동을 꾸준히 이어가겠다"라고 말했다. 이외에도 농심은 매년 연말 지역사회에 사랑의 신라면을 전하며 소외계층 이웃들에게 온정을 나누고 있다. 농심이 전하는 '사랑의 신라면'은 2008년 시작해 지난해까지 16년째 진행되었다. 실제로, 지난해 연말 농심은 본사와 전국 6개 공장 인근 지역에 사랑의 신라면 4,200박스를 전달했다. 그간 농심이 전한 라면은 총 65,000박스에 달한다. 농심이 전하는 사랑의 신라면은 임직원들이 자발적으로 모금한 '해피펀드'와 농심의 출연금으로 마련한 것이다. 농심은 임직원들의 모금액만큼 회사가 기부금을 더하는 '매칭 그랜트' 방식으로 더 큰 사랑을 모아 이웃에게 전하고 있다. 농심 관계자는 "매년 겨울마다 주변 이웃에게 온정을 전하는 사랑 나눔 활동을 펼치고 있다"라며 "임직원들의 마음을 담은 따뜻한 라면이 추위를 이겨내는데 조금이나마 힘이 되기 바란다"라고 말했다.

- **백혈병 환아 응원하는 착한 생수 백산수**

농심은 지난 2018년부터 백혈병소아암 환아들에게 백산수를 지원하고 있다. 면역력이 약해진 환아들은 물 선택에 매우 예민하기 때문이다. 농심은 환아들이 안심하고 좋은 물을 마실 수 있도록 한국백혈병소아암협회와 손잡고 340여 명의 소아암 환아 가정에 매달 백산수를 정기적으로 전달한다. 지금까지 농심이 전한 백산수는 약 124만 병에 달한다. 농심 관계자는 "환아들의 건강이 좋은 물에서 출발한다고 보고, 경제적 부담 없이 생수를 마실 수 있도록 백산수 지원을 시작했다"라며 "환아와 부모님들이 편지를 보내올 만큼 백산수 지원에 대한 만족도가 매우 높다"라고 설명했다. 실제로 농심 백산수를 지원받아 마시고 있는 한 환아의 어머니는 "고액의 치료비도 부담스럽지만 동시에 마시는 물부터 작은 생활습관까지 세심하게 챙겨야 할 부분이 많거든요. 생수를 지원해주는 것이 다른 사람들은 그저 작은 도움이라고 말할 수도 있겠지만 환아를 둔 부모 입장에서는 정말 큰 힘이 되고 있습니다"라며 농심 측에 감사의 인사를 보내기도 했다. 농심은 백두산 천연 원시림에 수원지를 둔 청정하고 깨끗한 백산수를 어린이들이 마신다는 데 큰 의미가 있다고 보고 환아들이 건강을 완전히 되찾을 때까지 지원을 아끼지 않는다는 방침이다. 또한, 농심은 지난 2021년부터는 매년 백혈병소아암 환아 그림 공모전을 개최하고, 수상작을 삽입한 백산수 한정판을 선보이고 있다. 농심은 지난 15일 백혈병소아암 환아 지원을 위한 제4회 '세계 소아의 날 기념 그림공모전'을 개최했다. 올해로 4회를 맞은 이번 공모전은 세계 소아암의 날(2월 15일)을 알리고, 소아암에 대한 사회적 인식을 제고하기 위해 계획됐다. 백산수 한정판은 환아들에게는 자신의 작품이 제품에 인쇄되어 판매되는 특별한 경험을 선사해주고, 소비자에게는 백혈병소아암 환아에 대한 관심을 높이는 효과가 있다. 농심은 오는 4월부터 지난해 진행된 공모전 수상작이 삽입된 백산수 한정판을 판매할 예정이다. 백산수 판매금의 일부는 소아암 환아 지원에 사용된다. 실제로 농심은 지난 5일 한국백혈병소아암협회와 후원금 전달식을 갖고 연간 총 2억원 상당의 현금과 백산수를 지원하기로 했다. 현금 1억원은 백산수 환아들을 위한 다양한 후원사업에 쓰일 예정이다. 1억원 상당의 백산수는 소아암 환아 가정에 매달 정기적으로 배달된다. 농심 관계자는 "백혈병소아암 환아와 완치자를 응원하고, 사회적 인식을 개선한다는 취지에서 공모전을 개최했다"며 "병마와 싸우고 있는 환아들에게 힘이 되길 바란다"라고 말했다. 이와 더불어 농심은 백혈병소아암으로 투병하고 있는 환아에게 제2의 생일이라 불리는 골수 이식기념일에 맞춰 선물을 전달하는 '심심(心心)키트' 프로그램을 진행 중이다. 심심키트는 환아의 나이와 성별, 개인적 취향을 고려해 장난감, 도서, 생필품 등 다양한 선물을 보내는 '개인 맞춤형 선물 증정' 프로그램이다. 또한, 농심은 해마다 사내 임직원 헌혈 캠페인을 통해 헌혈증을 모아 투병 중인 환아들에게 전하고 있다. 지난해 4월, 농심은 임직원 단체 헌혈을 통해 모은 헌혈증 250장을 한국백혈병소아암협회에 기증했다. 농심이 기부한 헌혈증은 치료과정에서 수혈이 필요한 백혈병소아암 환아들에게 전달됐다. 농심 관계자는 "치료를 받고 있는 환아부터 완치자까지 모두에게 도움이 될 수 있는 다양한 활동을 확대 추진해 나가겠다"라고 전했다.

- **무라벨　경량화 실천하는 착한 생수 백산수**

2021년 5월 농심은 라벨이 없는 백산수를 출시했다. 무라벨 백산수는 온라인몰과 가정배송에서 판매를 시작해 대형마트 등 오프라인 채널로 판매망을 넓혀가고 있다. 무라벨 백산수는 음용 후 라벨을 떼어내는 번거로움을 없앰으로써 분리배출의 편의성과

페트병 재활용률을 높인 것이 특징이다. 라벨 사용량이 줄어들어 자원 절약의 효과도 있다. 판매 물량의 50%를 무라벨로 전환하면 연간 60톤 이상의 필름 사용을 줄일 수 있을 것으로 기대하고 있다. 더불어 농심은 페트병 경량화도 추진하고 있다. 농심은 지난 2019년 12월, 백산수 0.5L 제품의 경량화를 추진해 플라스틱 사용량을 약 13.5% 줄인 바 있다. 농심은 페트병 경량화로 연간 플라스틱 사용량을 기존 대비 440톤 이상 절약할 수 있을 것으로 예상했다. 또한, 농심은 투명 페트병 재활용을 활성화하기 위한 협약을 체결해 친환경 경영에 힘을 더하기도 했다. 농심은 한국포장재재활용사업공제조합을 비롯한 재활용업체와 함께 업무협약을 맺고 무라벨 백산수 판매 확대와 동시에 사내·외에서 적극적으로 페트병을 수거하고, 재활용 업체에 무상으로 공급함으로써 재생 페트 자원 순환 프로세스 구축에 힘쓰기로 약속했다. 더불어 농심은 재활용 업체에서 생산한 재생 페트를 제품 생산에 활용함으로써 자원 순환 실천에 앞장설 계획이다. 특히, 식품업계 최초로 2021년 5월부터 오징어짬뽕큰사발 뚜껑의 재료로 재생 페트 필름을 사용했으며, 새우깡 블랙의 포장재에도 이를 적용했다. 향후 농심은 제품뿐만 아니라 굿즈 생산에도 재생 페트를 적극 활용해 나갈 계획이다.

- **아카시아꿀 양봉농가 안정적 영농활동 지원**

농심은 꿀꽈배기의 핵심 재료인 아카시아꿀을 재배하는 국내 양봉농가 지원에 적극 나서고 있다. 2022년 농심은 국립농업과학원, 한국양봉농협과 함께 '함께하는 양봉' 업무 협약을 맺고, 국내 양봉농가 육성에 힘쓰고 있다. 농심이 양봉농가 지원에 나선 이유는 최근 급격한 기후변화와 질병 등으로 양봉농가의 벌꿀 수확량 감소와 소득 불안정 등 문제가 발생하고 있기 때문이다. 이에 농심은 양봉농가와 아카시아꿀 계약생산을 체결함으로써 안정적인 판로를 확보하고 있다. 또한, 벌통 내부의 습도와 온도 등을 즉시 파악할 수 있는 스마트 벌통 구입지원과 꿀벌 질병 진단키트를 보급하고, 한국양봉농협에서 추천하는 우수 양봉농가 10명을 국립농업과학원이 추천한 청년 양봉농가 10명과 연결하는 멘토링 활동으로 양봉 기술이 부족한 젊은 농부 육성에도 힘쓰고 있다. 지난해 농심의 멘토링 프로그램에 참여한 고병재 농부(충남 아산)는 "농심 덕분에 30년 넘게 양봉농업을 해온 베테랑 멘토님을 만나 현장의 노하우를 체득하고 있다"라며 "습득한 지식을 기반으로 농가 규모를 더욱 키워 나가는 것이 목표"라고 말했다. 농심은 한국양봉농협에서 구매한 아카시아꿀을 '꿀꽈배기' 생산에 사용하고 있다. 꿀꽈배기 1봉지(90g)에는 아카시아꿀 약 3g이 들어가는데, 그간 농심은 매년 160톤 내외의 국산 아카시아꿀을 구매해왔다. 아카시아꿀은 꿀꽈배기 특유의 달콤한 맛을 내는 주재료이자 지난 50년간 인기를 유지해올 수 있었던 비결로 꼽히고 있다. 더불어 농심은 지난해 11월 국립농업과학원에서 한국양봉농협, 부안군과 함께 밀원수(蜜源樹, 꿀샘나무) 식재 행사를 열었다. 밀원수는 꿀벌이 꿀과 화분을 수집하는 나무로 양봉농가에서 꿀을 생산하는데 꼭 필요한 자원이지만 최근 이상기후로 인해 그 수가 줄어들고 있다. 이에 농심은 양봉농가의 안정적인 영농활동을 돕기 위해 밀원수 식재 행사를 열게 됐다. 농심 관계자는 "국산 아카시아꿀은 농심의 인기 제품인 꿀꽈배기의 핵심 재료이기 때문에 농가에서 안정적으로 좋은 품질의 꿀을 생산하는 것이 제품의 품질과 직결된다"라며 "다양한 방법으로 양봉농가를 도우며 기업과 농가의 상생을 이뤄가겠다"라고 말했다.

• 40여 년간 이어온 완도산 다시마 사랑

1982년, 너구리 출시부터 이어온 국산 다시마 어민과 동행도 농심의 대표적인 상생 사례로 꼽힌다. 농심은 매년 400톤 안팎의 다시마를 구매해 완도 어민은 물론 지역경제 활성화에도 큰 도움이 되고 있다. 지난 2023년 농심은 전남 완도군 금일도에서 진행된 다시마 위판(경매)에 참여해 너구리 생산에 사용할 햇다시마 355톤을 구매했다. 각종 비용 상승 등으로 원가 부담이 높아진 상황에도 불구하고 최고 품질의 다시마를 구매함으로써 완도 지역사회와 상생을 실천했다. 농심이 매년 구매하는 다시마의 양은 국내 식품업계 최고 수준이다. 지난해까지 누적 구매량은 1만 7천 톤에 달한다. 너구리 다시마의 고향인 완도군 금일도는 국내 최고 품질의 다시마 산지로 유명하다. 일조량과 바람 등 다시마 양식에 최적의 조건을 갖추고 있기 때문이다. 전국 다시마 생산량의 약 70%가 이곳에서 생산된다. 완도금일수협 김승의 상무는 "농심이 매년 꾸준히 다시마를 구매하는 것이 완도 지역경제 활성화에 큰 도움이 되고 있다"라고 말했다. 농심 관계자는 "너구리와 완도 다시마는 떼려야 뗄 수 없는 관계가 됐다"라며 "완도 다시마로 맛있는 너구리를 만들며 상생과 품질 두 마리 토끼를 모두 잡겠다"라고 말했다.

• 화재경보기로 안전과 안심을 선물하는 농심 신라면

농심이 지난 2월 소방청과 함께 '세상을 울리는 안심캠페인'을 실시했다. 이는 2021년부터 농심과 소방청이 화재 안전 중요성을 홍보하기 위해 4년째 이어오고 있는 사회공헌활동이다. 이번 캠페인은 '세상에 울리는 신신당부'를 주제로 한다. 주요 내용은 신속한 화재진압과 예방을 위한 화재경보기 설치 지원, 화재안전 메시지를 담은 한정판 신라면 출시, 화재 예방 소화패치 스티커 제공 이벤트 등이다. 농심은 주거시설 화재경보기 설치율을 끌어올리기 위한 소방청 활동에 발맞춰 지난 3년 간 전국 소외계층을 중심으로 2만 개의 화재경보기 설치를 지원해 왔다. 농심은 올해 화재경보기 1만 개를 추가로 보급한다. 화재경보기는 화재 발생 시 빠른 대피와 주변 신고를 유도할 수 있어 화재피해 감소 및 소방관 구조 활동에 큰 역할을 한다. 특히 화재 발생빈도가 높고 인명피해도 많은 주거시설에 대한 화재경보기 설치가 중요하다. 이에 2017년 주택 화재경보기 설치가 의무화되었지만, 이전에 지어진 주택에는 미설치된 경우가 많은 것으로 알려져 있다. 농심은 화재경보기 설치 지원은 물론 홍보에도 적극 나서고 있다. 농심은 3월까지 화재경보기, 불법주정차 예방, 골든타임 3가지 내용으로 신속한 화재 예방과 진압을 위한 인식 개선 라디오 캠페인을 진행한다. 화재를 미리 알려 인명피해를 막는 화재경보기 설치의 중요성을 강조하고 소방구역 내 불법주정차 근절을 위한 메시지를 전달한다. 농심 관계자는 "이번 캠페인은 소방관의 화재진압 및 구조활동에 실제 도움을 줄 수 있도록 기획했다"며 "국민 모두가 소방관이라는 생각으로 귀중한 생명과 안전을 위한 일상 속 화재안전 캠페인을 적극 전개해 나가겠다"고 말했다. 한편, 농심은 지난해 1~2월 라디오 방송을 통해 소방관에 얽힌 사연을 공모하고 소개하는 활동을 펼치기도 했다. 전국 각지에서 접수된 219개의 소방대원의 사연 중, 2017년 용산 다가구 주택 화재현장에서 온몸으로 불길을 막으며 주민 5명을 구조한 최길수 대원의 사연이 선정됐다. 해당 사연은 한정판 신라면 패키지에 삽입된 QR코드와 버스정류장 광고 등을 통해 전 국민에게 전해졌다. 사연을 접한 네티즌들은 "소방관들의 희생과 노고에 감사드린다", "신라면이 좋은 일한다"며 국민의 안전을 위해 힘쓰고 있는 소방관과 농심에게 감사의 마음을 전하기도 했다. 농심 관계자는 "농심 신라면이 그간 받아온 사랑에 보답하고 사회적 책임을 수행하는 의미에서 소방청과 함께 '세상을 울리는 안심 캠페인'을 추진하고 있다"라고 말했다.

- **농심, 발달장애인 19명 채용, '신나는 심포니' 창단**

지난해 5월, 농심이 발달장애인 음악단 '농심 신(辛)나는 심(心)포니'를 창단했다. '농심 신나는 심포니 음악단'은 발달장애인 19명으로 구성되어 있으며, 농심은 ESG경영의 일환으로 이들을 직원으로 채용해 음악활동을 지원하고 있다. 음악단은 피아노, 첼로, 기타, 색소폰, 드럼, 성악, 보컬 등 다양한 파트로 이루어져 있으며, 전국의 학교와 사회복지시설, 지역 축제 및 농심 사내 행사 등에서 공연하며 장애인 인식개선 활동에 적극 나서고 있다. 농심 관계자는 "장애를 갖고 있음에도 음악인으로서 꿈을 키워가는 장애예술인을 지원하는 동시에 우리 사회가 갖고 있는 장애인에 대한 편견을 개선하기 위해 음악단을 창단하게 되었다"라며 "특히, 음악단으로 활동하는 단원들의 자아 실현에 조금이나마 도움이 되었으면 좋겠다"라고 말했다.

지난해 9월에는 농심 창립기념일(9월 18일)을 맞아 임직원을 대상으로 한 첫 공연을 펼쳤다. 공연 현장은 신나는 심포니를 응원하기 위해 모인 임직원들의 환호 소리와 음악단의 다채로운 음악으로 가득 찼다. 신체적, 환경적으로 어려운 조건 속에서 피나는 노력으로 아름다운 선율을 만들어낸 신나는 심포니의 공연은 일상에 지친 농심 임직원들에게 감동과 희망을 선사했다. 한편, 농심은 음악단 창단 이외에도 장애인 고용에 힘써왔다. 제품사진 촬영 및 일러스트, 포토샵 등 편집작업, 제품 포장, 전화교환, 주차 정산 등 직무에 장애인을 채용하고 있다.

• 청년 감자농부 지원하는 '청년수미'

농심은 지난 2021년, 국내 식품업계 최초로 귀농 청년의 안정적인 정착을 위해 농림축산식품부 산하 농림수산식품교육문화정보원과 '청년수미' 프로그램을 추진했다. 청년수미는 단순히 국산 농산물을 구매하는 것을 넘어 파종에서 수확, 판매까지 전 과정에 걸쳐 청년농부를 지원하는 프로그램이다. 농심은 지난 1980년 국내 최초 생감자스낵 '포테토칩'을 출시한 이후 40여 년간 국내 감자농가와 함께 성장해온 경험을 바탕으로 청년농부 육성 프로그램 '청년수미'를 기획하게 됐다. 농심은 최근 젊은 층의 귀농에 대한 관심이 높아진 가운데, 청년수미 프로그램으로 귀농 청년의 조기 정착을 돕겠다는 취지다. 농심은 청년수미 프로그램을 통해 매년 10명의 청년 농부를 선정하고, 멘토·멘티 활동을 통해 감자 농사 전 과정에 걸쳐 전폭적인 지원을 제공하고 있다. 사전 계약으로 선급금을 지급해 안정적인 영농활동을 펼칠 수 있도록 했으며, 씨감자 보관과 관리법은 물론 파종 시 현장 점검을 하는 등 영농 관리교육을 진행했다. 특히, 지난해에는 농정원 귀농귀촌종합센터 교육 이수자 중 감자 재배경력이 5년 이내인 농부를 중심으로 멘토링 대상자 10명을 선발했다. 농심은 청년농부가 수확한 감자를 '수미칩'과 '포테토칩' 생산에 사용한다. 실제로 지난해에도 농심은 청년농부가 재배한 감자 130톤을 구매해 감자칩을 생산한 바 있다. 농심 관계자는 "청년수미를 통해 귀농 청년은 감자농사 노하우를 얻고, 농심은 높은 품질의 감자를 안정적으로 공급받을 수 있다"라며 "앞으로도 농가와 기업이 서로 윈윈(win-win) 할 수 있는 다양한 사회적 활동을 꾸준히 진행해 나가겠다"라고 말했다.

4.3. 오뚜기그룹

㈜오뚜기의 환경(Environment)부문 ESG 경영활동 사례이다.

■ ㈜오뚜기, 업계 ESG경영 선도 … "친환경 패키지 등 선순환 가치 실현"

국내외 기업에서 환경과 윤리 등 사회적 책임을 고려하는 ESG 경영의 중요성이 높아지는 추세로, 오뚜기는 2010년 환경경영을 선포한 이후, ESG 경영에 부합하는 다양한 활동으로 주목받고 있다. 그 예로, 친환경 패키징에 집중해 국내 라면업계 최초로 녹색 인쇄 '플렉소'를 도입하고, 육류소스에 순환형 재활용 페트를 적용하는 등 제품 개발 공정, 폐기시 환경에 미치는 영향을 최소화하고 있다. 이외에도 ESG 경영을 위한 전담 조직인 'ESG 추진팀'을 신설하고, 포장지 개선, 폐기물 선순환 등 지속가능한 발전에 대한 논의를 전개하며 ESG 경영에 선도적인 역할을 하고 있다.

• **"라면 포장재, 소스류 용기까지 친환경!" 국내 라면업계 최초 '플렉소' 도입 등 환경 영향 개선**

대표 라면 브랜드 '진라면'을 보유한 ㈜오뚜기는 지난해 국내 라면업계 최초로 친환경 녹색 인쇄방식인 '플렉소 인쇄'를 도입해 일회용 포장재의 친환경화를 도모하고 있다. 주로 제과업계에서 사용하던 플렉소 인쇄로 '진라면 매운맛·순한맛(봉지면)'을 비롯해 케찹, 마요네스 등 총 10개 품목의 낱개 속 포장지를 생산해 자원과 에너지를 절감한다는 취지다. 플렉소 인쇄는 유성잉크를 사용하는 기존 그라비어 인쇄와 달리 친환경 수성잉크를 사용하며, 양각 인쇄로 기존 대비 잉크 사용량을 30% 이상 절약해 최대 1600톤의 잉크와 유기용제 사용량을 절감할 수 있다. 또한, 기존과 다른 건조 방식으로 온실가스 배출량을 평균 50% 줄일 수 있다. 용기의 소재도 자원순환에 집중해 친환경성을 더했다. 7월, 오뚜기 식품 포장재 자회사인 풍림P&P가 SK케미칼과 손잡고 소스류 최초로 육류소스 3종(돈까스소스, 참깨돈까스소스, 스테이크소스)에 '순환형 재활용 페트(CR-PET, Circular Recycle PET)'를 적용했다. 물리적 재활용이 아닌 화학적 재활용 방식으로 생산돼 100% 재활용이 가능한 순환 재활용 페트로, SK케미칼의 화학적 재활용 재활용 페트인 '스카이펫(SKYPET) CR'을 100% 사용했다. 물리적 재활용보다 한 단계 발전한 친환경 용기로 연간 플라스틱 사용량을 약 16톤 감축할 수 있으며, 기존 수준의 안전성을 유지하면서도 생산 공정에서 일반 플라스틱 대비 탄소 배출량을 40%까지 저감할 수 있다. 지난 2월에는 소스류 최초로 '바이오페트(Bio-PET)' 재질의 용기를 육류소스 등 소스류 10종 및 저칼로리 드레싱 3종 패키지에 적용해 눈길을 끌었다. 바이오페트는 사탕수수와 옥수수 등에서 추출한 원료를 30% 혼합한 소재로 기존 석유계 페트 대비 이산화탄소 발생량을 20% 줄일 수 있으며, 100% 재활용이 가능하다. 제품 라벨은 분리배출의 편의성을 높이기 위해 쉽게 떼어낼 수 있는 수분리성 '리무버블 스티커 라벨'을 사용했으며, 라벨 좌측 하단에는 편리한 분리배출을 유도하는 'EASY 탭' 마크도 더했다. 컵라면에도 친환경 용기를 적용해, 인체와 환경에 유해하지 않도록 개선했다. 지난 2014년, 오뚜기는 국내 최초로 기존 컵라면 용기에 일반 종이용기가 아닌 발포성 재질의 '스마트 그린컵'을 개발해 현재 모든 용기면 제품에 활용하고 있으며, 용기 겉면에 자체 개발한 발포성 소재를 코팅해 열처리 가공한 친환경 용기로, 인쇄지로 사용되는 종이 사용량을 줄여 탄소 저감에도 효과적이다.

• "ESG경영 역량 강화!" '2023 지속가능경영 보고서' 발간, 환경경영 전략 담은 '에코 엠블럼'

오뚜기는 지금까지 추진해 온 ESG 경영을 중심으로, 지속가능경영 보고서를 발간하며 다양한 이해관계자와의 소통에도 힘쓰고 있다. 올해 보고서에는 '인류 식생활 향상에 기여하여 행복한 세상을 만든다'는 ESG 경영 활동과 목표를 담았으며, ▲지속가능한 포장 ▲책임 있는 소싱 ▲식품 안전 및 품질 ▲기후변화 대응 ▲건강과 영양 ▲인권경영 등 6개 주제와 전략, 성과 등을 기술했다. 특히 오뚜기는 환경경영 전략을 담은 '에코 엠블럼'을 통해, 원료 생산부터 제품 소비, 폐기까지 전 과정에 걸쳐서 환경 영향을 최소화하는데 집중하고 있다. 환경경영의 영향 범주를 확대해, 관계사와 협력사를 포함한 전사적 차원에서 추진한다는 점에서 긍정적인 평가를 받고 있다. 에코 엠블럼은 ▲에코쿡 ▲에코 팩토리 ▲에코 파트너 ▲에코 오피스 ▲에코 드라이브 ▲에코 패키지 등 6가지로, '에코쿡'은 소비자가 제품을 구입하고 사용, 폐기하는 과정에서 환경보호에 동참할 수 있도록 제품 환경성을 개선하는 전략이다. 유기농 원료를 사용한 제품을 개발하고, 3분 제품류 표시사항 저탄소 조리법에 에코쿡 엠블럼을 표시하는 등 소비자 중심의 활동이 주를 이룬다. '에코 팩토리'는 제품의 생산 단계에서 에너지 사용 및 오염물질 배출을 줄여 기후변화에 대응하기 위한 활동이며, '에코 드라이브'는 제품의 수송·저장 과정에서 발생하는 환경 영향을 최소화하기 위한 전략으로 2019년부터 임직원 차량을 친환경 차량으로 교체했다. '에코 파트너'는 개인 및 조직, 정부, 지역사회 등 사내외 이해관계자들과 환경 이슈에 공동 대응해 파트너십을 형성하기 위한 전략을 의미하며, '에코 오피스'는 임직원들의 업무 및 관련 시설 운영 과정에서 환경에 미치는 직간접적인 영향을 저감하기 위한 전략을 말한다. 패키지에 친환경적 요소가 포함된 제품에는 '에코 패키지' 엠블럼을 부착했다.

- **매월 임직원 환경정화활동 진행 및 농번기 농촌 봉사활동 통한 지역 상생에 앞장!**

이외에도 ㈜오뚜기는 ESG경영 실천의 일환으로 환경 정화 활동을 펼치고 있다. 서울 강남구 대치동 오뚜기센터 사옥 및 탄천 주변에서 매월 환경정화활동을 실시하고 있으며, 경기 안양과 충북 음성 등에 위치한 오뚜기 공장 주변, 전국 오뚜기 관계사 주변 등으로 범위를 넓혀가고 있다. 2012년 8월 출범한 '오뚜기 봉사단'을 통해, 지속적인 농촌 일손돕기 활동으로 지역 상생에도 나섰다. 지난해 11월 한국농업 상생발전 TFT와 오뚜기 봉사단이 경북 의성의 양파 재배지에 방문해 바쁜 농번기에 부족한 일손을 돕는 봉사를 진행했으며, 농민 새참으로 진라면, 오뚜기 피자 등 조리 음식은 물론, 바쁜 일정에 간단하게 취식할 수 있는 기탁품도 전달했다. 올해 6월에는 지난해 심은 양파를 직접 수확하며 값진 땀의 의미를 확인하기도 했다. ㈜오뚜기 관계자는 "㈜오뚜기는 환경경영을 중심으로 제품 생산부터 소비 단계까지 환경 영향을 최소화하기 위한 친환경 패키지 개발, ESG 경영 성과를 담은 지속가능경영 보고서 발간 등을 통해 업계 내 ESG 경영을 선도하고 있다"며, "앞으로도 탄탄한 ESG 경영 체계를 통해, 자원 선순환 가치를 도모하고 환경 보호에 앞장서는 등 지속가능한 미래가치 실현을 위해 노력하겠다"고 전했다.

그림 10-4 **㈜오뚜기 친환경 포장재 사용 제품**

4.4. 오리온그룹 오리온

오리온의 환경(Environment)부문 ESG 경영활동 사례이다.

오리온은 지난 2015년부터 '윤리경영'을 경영방침으로 삼고 임직원 행복과 발전, 고객만족, 협력회사 동반성장, 주주가치 증대, 사회에 대한 책임 등을 위해 지속적으로 노력하고 있다. 윤리경영은 준법과 윤리에 기반한 경영활동을 통해 모든 이해관계자들에게 기여함으로써 지속적으로 성장해 나간다는 그룹 방침이다. 이를 기반으로 친환경, 사회에 대한 책임, 지배구조 개선에 대해서도 그룹 차원의 다양한 제도와 활동을 수립·실행해 오고 있다.

■ 환경경영

• 국내 식품업체 최초 글로벌 환경정보 시스템 운영

오리온은 지난 2023년 '글로벌 환경정보 시스템' 운영을 시작했다. 이 시스템은 2022년에 도입한 '글로벌 탄소배출 통합관리시스템'을 업그레이드한 버전으로, 한국, 중국, 베트남, 러시아 등 국내외 사업장 및 생산공장의 온실가스 배출량, 배출시설 현황 등 주요 데이터를 효율적으로 관리할 수 있다. 국내뿐만 아니라 해외 법인까지 탄소배출량을 통합 관리하는 온라인 시스템을 구축, 운영하는 것은 국내 식품업계 최초 사례로, 시스템을 개선하면서 에너지, 용수, 폐기물, 기타 오염물질 등 주요 환경정보를 통합 관리할 수 있도록 고도화했다. 한국어와 영어는 물론, 중국어·베트남어·러시아어 등 총 5개 언어로 운영함으로써 현지 직원들도 손쉽게 데이터를 입력하고 분석할 수 있다. 이 밖에도 2021년에는 한국표준협회로부터 중국, 베트남, 러시아 등 해외 법인 사업장들의 온실가스 배출량에 대하여 국제적 기준에 부합하는 제3자 검증을 완료한 바 있다. 오리온은 이를 활용해 그룹 차원의 연간 탄소배출량 목표를 설정하고 데이터 통합 관리 및 온실가스 저감 활동을 실행하고 있으며, 이행 실적은 공식 홈페이지 등을 통해 공개하고 있다.

• 환경친화적 포장재 개선

오리온은 2015년부터 포장재 규격 축소를 단행해 포카칩, 오징어땅콩, 스윙칩 등 주요 스낵 제품의 빈 공간 비율과 포장재 면적을 환경부 기준보다 훨씬 낮게 줄였으며, 22개 브랜드의 포장지 인쇄도수를 줄여 연간 88톤의 잉크를 절감했다. 2017년에는 인체에 유해한 휘발성 유기화합용제를 사용하지 않은 환경친화적 잉크 개발에 성공하여 식품용 포장재로는 최초로 환경부 '녹색기술 인증'을 받았으며, 이 기술을 적용한 12개

그림 10-5 오리온의 무라벨 제품 닥터유

제품 포장재와 관련해서 '녹색기술제품' 인증도 받았다. 2019년부터는 친환경 인쇄설비인 플렉소 기기를 도입해 운영하고 있다. 플렉소 인쇄는 기존 그라비어 방식과 달리 양각 인쇄를 통해 잉크와 유해화학물인 유기용제 사용량을 대폭 줄일 수 있는 포장재 생산 방식으로, 2021년에는 총 120억 원을 투자해 2호기까지 도입을 완료했으며, 식품용 포장재에 이어 지난해 플렉소 인쇄도 환경부 '녹색기술 인증'을 받았다. 현재 '초코파이情', '포카칩', '촉촉한초코칩' 등 39개 제품에 적용 중이며, 잉크와 유해화학물인 유기용제 사용량을 기존 대비 연간 800톤까지 절감할 수 있어 환경보호에도 크게 기여하고 있다. 2019년 출시한 '닥터유 제주용암수'에는 수분리성 라벨을 적용하고, 2022년 무라벨, 무색캡, 무색병 등 3가지 친환경적인 요건을 모두 갖춘 '닥터유 제주용암수 무라벨'을 선보이며 분리배출 편의성과 페트병 재활용 효율성을 높였다.

• 영업용 전기차 도입

오리온은 2021년 서울 금천영업소 영업용 1톤 전기차 운영을 시작으로, 2022년은 부산영업소, 2023년에는 천안, 순천, 동대구, 김해영업소 등으로 도입을 확대했다. 기존 차량 대비 탄소배출량 감축 및 연료비 절감 효과뿐만 아니라 영업사원들의 만족도도 높은 것으로 나타났다.

• 글로벌 플로깅 캠페인 실시

오리온은 환경에 대한 관심을 높이고 친환경 활동에 동참하기 위해 소비자 대상 이벤트와 친환경 캠페인 후원, 임직원 참여 사회공헌 활동 등을 진행하고 있다. 지난해 4월 지구의 날을 맞아 그룹 차원의 '글로벌 플로깅(Plogging) 캠페인'을 실시했다. 플로깅은 '이삭줍기'를 뜻하는 스웨덴어 '플로카 우프(Plocka upp)'와 '달리기'를 뜻하는 '조깅(Jogging)'의 합성어로, 산책이나 조깅을 하면서 쓰레기를 줍는 봉사활동이다. 오리온은 ESG 활동의 일환으로 4월 한 달간 한국, 베트남, 러시아, 중국 등 국내외 법인의 임직원 및 가족들이 동참해 각국에서 환경 정화 활동을 실시했다. 이와 함께 한국에서는 2년 연속으로 서울시에서 주최하는 '다 같이 줍자 한강 한 바퀴' 캠페인을 후원하고,

청주, 익산 등 생산 공장이 위치한 지역 사회와 연계해 따뜻한 정(情)문화 전파에 나섰다. 목표로 한 플로깅 참여 인원이 2000명을 넘었고, 서울시, 청주시, 익산시 지역아동센터에 과자선물 2000세트를 기부했다.

• 글로벌 친환경 경영 주요 성과

오리온은 각 법인 별로 생산 설비 개선 및 투자를 지속하며 꾸준히 친환경 경영을 벌이고 있다. 한국 법인은 친환경 경영에 대한 노력의 결과로, 2022년 '48회 전국품질분임조경진대회'에 출전해 최고상인 대통령상 금상을 3년 연속 수상한데 이어, 지난해도 같은 대회에 출전에 은상을 받으며 4년 연속으로 수상의 영예를 안았다. 지난해 오리온 익산공장 'Strong 오리온' 품질분임조는 탄소중립 부문에서 제과 생산 설비 개선을 통한 '온실가스 원단위' 감축 공로를 인정받았다. 특히, 냉동 제조설비 교체 운영, 오징어땅콩', '고래밥'의 배합기 폐열 회수 시스템을 구축 등을 통해 온실가스 원단위를 각각 9.09%, 9.46% 낮추는 성과를 거뒀다. 오리온 익산공장은 이를 포함한 총 8개 설비를 개선해 기존 대비 연 1300톤의 탄소배출량을 저감할 것으로 예상하고 있다. 또한 오리온 본사 및 청주·익산공장, 감자연구소 등 주요 사업장은 환경경영시스템 국제표준인 ISO 14001 인증을 획득했다. ISO 14001은 국제표준화기구(ISO)에서 제정한 기업의 환경경영에 관한 국제표준으로, 전문 평가기관의 환경경영시스템 적합성 및 실행상태 등에 대한 종합적인 평가를 통해 인증을 부여한다. 오리온은 친환경 경영 방침과 목표를 설정하고, 사업장 내 표준화된 프로세스 등을 체계적으로 수립·실행하고 있는 점을 높게 평가받았다. 더불어 청주공장과 익산공장은 농림축산식품부의 '에너지경영시스템 구축 지원사업' 및 '탄소중립설비 지원사업' 대상 사업장으로 각각 선정된 바 있다. 해외 법인은 신재생에너지 도입 및 운영에 중점을 두고 있다. 중국법인은 상해, 광저우, 심양, 랑방, 포장공장 등 전 공장에 태양광시스템 도입을 완료했다. 베트남 법인 옌퐁공장은 우드칩을 연소시켜 발생한 열을 이용하는 바이오매스를 도입해 기존 LPG 보일러를 대체하고 있다. 바이오매스는 LPG 대비 열효율이 높고 탄소배출량 감소 효과가 뛰어나 연간 7억 원의 에너지 비용 절감과 4,200톤의 탄소배출량이 감소한 것으로 나타났으며, 향후 미푹공장까지 도입을 확대할 예정이다.

4.5. 풀무원그룹 Pulmuone

풀무원의 환경(Environment), 사회(Social)부문 ESG 경영활동 사례이다.

■ 풀무원의 '친환경 케어(Eco-caring) 전략', 더 나은 세상을 위한 풀무원의 계획

풀무원은 '바른 먹거리로 사람과 지구의 건강한 내일을 만드는 기업'이라는 미션 아래 '식물성 지향(Plant Forward)', '동물복지(Animal Welfare)', '건강한 경험(Healthy Experience)'과 함께 '친환경 케어(Eco-Caring)'를 핵심전략으로 수립했고, 각각 구체적인 계획과 목표를 수립·실천해 왔다. 이러한 가운데 창사 40주년을 맞아 선언한 친환경 케어(Eco-Caring) 전략은 이름 그대로 친환경을 위한 핵심전략을 한층 구체화한 것이다. '친환경 케어(Eco-Caring)'는 지구의 평균기온 '1.5℃' 상승을 억제하기 위해 온실가스 배출량 '0'을 목표로 꾸준히 노력하는 '넷 제로(Net Zero)'와, 지속가능한 지구 환경을 이어 나가기 위해 생물다양성 보존에 일조하는 '네이처 포지티브(Nature Positive)'를 두 축으로 삼는다. 이에 따라 풀무원은 넷 제로와 네이처 포지티브를 실현하기 위해 온실가스 배출량과 수자원 및 플라스틱 사용량 감축에 대한 중·장기적 목표와 이를 실현하기 위한 구체적 로드맵을 세우고 있다. 온실가스, 수자원, 플라스틱 모두 2022년을 기준으로 삼는데, 온실가스는 2035년까지 20%를 감축하는 데 이어 2050년 넷 제로를 달성하겠다는 목표를 세웠다. 아울러 수자원 및 플라스틱 사용량 또한 2035년까지 각각 13%·20% 감축하겠다는 것이 풀무원의 친환경 케어 전략의 핵심 내용이다. 이를 위해 풀무원은 '지속가능 에너지(Sustainable Energy)', '지속가능 수자원(Sustainable Water Management)', '지속가능 원재료(Sustainable Materials)', '지속가능 파트너십(Sustainable Partnership)' 등 소위 '4대 지속가능(Sustainable) 추진 방향'을 설정했으며, 이를 국내외 풀무원 전사에 적용하는 것은 물론 주요 공급기업에도 확대해 나갈 방침이다.

• 온실가스 2035년까지 20% 감축, 구체적이고도 폭넓은 넷 제로 로드맵

친환경 케어 전략의 첫 번째 목표인 온실가스 감축을 위해 풀무원은 올해 에너지원단위 1% 감축, 태양광 발전 설치 용량 4.8MW 확충, Scope1·2·3 배출량 관리, 제품 탄소 관리 확대 등에 적극 나서겠다는 세부 계획을 수립했다. 이를 위해 소규모 태양광·태양열 에너지 설비를 도입하던 기존의 재생에너지 확대 방식에서 한 발 더 나아가, 탄소 배출량과 전기료를 동시에 낮출 수 있는 유휴 지붕을 활용한 태양광 설비 장기 리스

사업을 적극 수행함으로써 재생에너지 비중을 빠르게 끌어올릴 계획이다. 제품 유통의 핵심 요소 중 하나인 화물차를 전기차와 수소차로 꾸준히 교체함으로써 전체 온실가스 배출량 중 가장 큰 부분을 차지하고 있는 Scope3의 넷 제로 달성을 앞당기겠다는 계획도 세웠다. 또한 수자원 사용량 2035년까지 13% 감축, 플라스틱 2035년까지 20% 감축, 플라스틱을 줄이기 위한 다각적 노력을 기울이고 있다.

■ 풀무원재단, 사람과 지구의 지속가능한 내일을 만들다

지난 2012년 4월 공식 출범한 풀무원재단은 사회공헌활동과 사회적책임 활동을 전문적·체계적으로 수행하기 설립한 비영리 재단이다. 풀무원재단은 '사람과 지구의 지속가능한 내일을 만드는 재단'이라는 미션 아래 건강한 미래를 만들기 위해 '바른먹거리 캠페인 교육'을 비롯해 바른먹거리, 환경, 지역사회공헌, 메세나 등 4대 영역에서 다양한 사회 공헌활동을 펼치며 사회적 가치 창출에 기여하고 있다. 풀무원재단은 다양한 사회공헌 활동을 인정받아 지난 2021년 ESG 평가기관인 한국기업지배구조원(KCGS)이 주관하는 2021년 ESG 평가에서 대상을 수상했으며 2021 한국의 경영대상 한국의 ESG 혁신 리더 기업으로 선정된 바 있다. 대표적인 사회공헌활동으로는 국내 대표 식생활교육인 '바른먹거리 교육 캠페인'과 메세나 활동의 일환으로 36년째 운영하는 김치박물관 '뮤지엄김치간'이 있다.

• 국내 대표 조기 식생활 교육 '바른먹거리 교육 캠페인'

풀무원은 어렸을 때 입맛이 평생 건강이 되는 만큼 바른 식습관을 교육하는 일이 식품기업의 중요한 사회적 책임이라는 생각으로 2010년부터 어린이들에게 올바른 식습관을 알려주는 조기 식생활 교육 캠페인 '바른먹거리 교육'을 하고 있다. '바른먹거리 교육'은 일부 해외 국가에서는 보편적으로 시행해 왔던 먹거리 교육을 국내에 선진적으로 도입했다는 점에서 의의가 있다. 당초 2020년까지 10만 명 교육을 목표로 했으나, 어린이집과 초등학교에서 교육 신청이 정원의 3배를 넘는 등 좋은 반응이 이어지면서 지난 2018년 목표 교육 인원을 조기 달성했다. 이에 따라 올해 22만 명 교육을 새로운 목표로 설정하고 현재 서울 및 수도권, 부산, 광주 지역에서만 시행되고 있는 교육을 전국 모든 광역시에서 진행할 수 있도록 인프라를 강화하고 있다. 처음에는 어린이들을 대상으로 시작했지만 교육에 대한 긍정적인 반응이 이어지며 대상을 점차 확대하고 있다. 어린이 식습관 형성에 영향을 미치는 학부모, 보육교사, 영양사, 영양교사 등을 대상으로 한 '성인 바른먹거리 교육'과 함께 고령사회 진입에 맞춰 시니어의 건강 증진을 위한 '시니어 바른먹거리 교육' 등을 운영하며 건강한 식문화 확산에 기여하고 있다.

2022년 6월에는 기존 진행했던 '시니어 바른먹거리 교육'의 저변을 확대하여 도시에 거주하는 시니어에게 특화해 개발한 사회공헌 사업 '시니어 생활습관 변화 프로젝트'도 진행하고 있다. 더불어 풀무원은 풀무원재단의 '실천교육 e스쿨'을 통해 온라인 바른먹거리 교육을 확대하는 등 앞으로 바른먹거리 교육이 범국민적 식생활 교육이 될 수 있도록 캠페인을 더욱 강화해 나갈 계획이다. 풀무원의 '바른먹거리 교육'은 식품표시확인 교육, 미각교육, 영양균형, 동물복지 식습관 교육 4가지로 교육과정을 나누어 체계적으로 커리큘럼을 갖추어 진행하고 있다. 어린이들은 '식품표시확인 교육'을 통해 식품의 유통기한, 제조일자, 원재료명과 함량 등을 확인하여 바른먹거리를 선택하는 법을 배울 수 있다. 미각 교육은 제철 식재료를 시각, 후각, 촉각, 청각, 미각인 오감으로 느끼고 표현해 먹거리 본연의 맛을 느낄 수 있도록 가르쳐 주는 교육이다. 특히 '미각교육'은 이탈리아에서 시작된 '슬로푸드' 운동으로 만들어진 미각 전문 교육을 벤치마킹해 어린이들이 오감을 활용해 자연의 맛을 경험하고 표현할 수 있도록 프로그램을 만들었다. 그 결과 아이들이 두부나 브로콜리, 당근, 멸치 등을 만져보고 냄새를 맡은 후 씹어보면서 평소에는 잘 먹지 않던 음식을 골고루 먹는 교육 효과가 나타났다.

'영양균형 교육'은 각 영양소의 중요성과 풀무원이 제안하는 '211식사법'을 함께 배울 수 있다. '211식사법'은 신선한 채소, 포화지방이 적은 단백질, 거친 통곡물을 2:1:1 비율로 골고루 섭취하는 영양균형 식사법이다. 또한 영국에서 식생활 교육에 쓰이는 교구를 국내에 맞게 개발하여 자신이 먹은 음식을 직접 그려보고 영양의 균형에 대해 배울 수 있도록 했다.

'동물복지를 고려한 육식 식습관 개선 교육'은 육식 식습관 문제점 학습을 통해 올바른 육식 식습관이 개인의 건강뿐 아니라 지구환경에도 도움이 된다는 내용을 이해할 수 있도록 프로그램을 구성한 것이 특징이다. 또 어린이 눈높이에 맞춘 학습과 체험을 통해 어린이들이 동물복지에 대한 개념을 이해하고, 육식을 줄이는 건강한 육식 식습관을 실천할 수 있도록 했다.

- **풀무원이 메세나 차원에서 운영해온 서울 유일의 김치박물관, '뮤지엄김치간'**

풀무원은 또한 우리 고유의 문화와 예술을 적극 지원하는 메세나 활동의 일환으로 서울 유일의 김치박물관인 '뮤지엄김치간'을 36년째 운영해오고 있다. 뮤지엄김치간에서는 김치의 유래와 종류, 담그는 도구, 공간을 관련 유물과 디지털 콘텐츠를 결합해 김치와 김장문화를 배우고 체험할 수 있게 했다.

1986년 선보인 풀무원 '김치 박물관'은 국내외 관람객들에게 김치문화의 독창성과 가치를 알렸던 국내 최초의 식품박물관으로, CNN이 뽑은 세계 11대 음식박물관에 선정되기도 했다. 풀무원은 한국 김장문화의 유네스코 인류무형문화유산 등재를 계기로 강남구 삼성동 코엑스에 위치했던 박물관을 한류문화 명소인 인사동으로 이전하고 2015년 4월 '뮤지엄김치간'으로 재개관한 바 있다. 코로나19로 휴관을 했던 뮤지엄김치간은 5월 17일부터 현장 운영을 재개했다. 이를 기념하기 위해 기획전시 '김치의 사계'를 마련해 입장객 누구나 무료로 관람할 수 있도록 하고 있다. 계절별 대표 채소들로 만든 김치를 아름다운 페이퍼아트로 전시해 다양한 볼거리를 즐길 수 있다. 코로나19 기간에 진행해 큰 호응을 얻었던 비대면 프로그램 '랜선, 어린이 김치학교'도 횟수를 조정해 계속 이어갈 예정이다.

2015년부터 코로나19 이전인 2019년까지 프로그램에 참여한 인원만도 총 5만 6,000여 명이 넘으며, 프로그램 운영 횟수도 3,500여 회에 달한다. 올해의 경우 김치학교 시리즈 프로그램을 온·오프라인으로 병행 운영해 연간 7,500명에게 무료로 김치체험의 기회를 제공할 계획이다. 풀무원은 '뮤지엄김치간'의 관람 수익금의 일부를 유네스코 한국위원회에 전달하고 있다.

• 어린이들에게 올바른 식습관 형성 유도 … '어린이 김치학교'

뮤지엄김치간은 어린이(6세~13세)들에게 미각교육을 통해 올바른 식습관을 형성하고 직접 김치를 담가보며 김장문화를 몸소 체험하는 '어린이 김치학교'를 운영하고 있다. 뮤지엄김치간의 대표적 참여형 교육 프로그램인 '어린이 김치학교'는 김치 입문 교육인 '컬러푸드 김치미각교육'과 '김치담그기'가 40분에 걸쳐 진행된다. '컬러푸드 김치미각교육'은 어린이들이 뮤지엄김치간 전문 에듀케이터의 지도에 따라 무, 쪽파 등 김치의 재료를 눈으로 보고, 맛보고, 냄새 맡고, 손으로 만지고, 소리를 들으며 오감으로 자연의 맛을 경험하는 프로그램이다. 또 '김치담그기'에서는 계절에 맞는 김치를 직접 만들어볼 수 있고, 직접 만든 김치는 친환경 김치용기에 포장해 가져갈 수 있으며, 김치 레시피 카드도 함께 제공한다. 코로나19 기간에 진행해 큰 호응을 얻었던 비대면 프로그램 '랜선, 어린이 김치학교'도 지속적으로 운영해 나갈 예정이다.

• 전문 에듀케이터가 함께하는 외국인, 다문화 가족 위한 김치학교

뮤지엄김치간은 외국인 관광객을 위해 영어, 중국어, 일본어 등 3개국 디지털 음성가이드 서비스를 제공하고 있다. 이를 통해 언어적 장벽을 느끼지 않고 편하게 체험 및 관람을 즐길 수 있다. 이와 함께 국내 거주하는 외국인과 다문화 가족을 위한 '외국인

김치학교', '다문화 김치학교'도 무료로 운영하고 있다. '외국인 김치학교'는 한국어교육 수강생이나 외국인 단체 등 한국 문화에 관심이 많은 외국인을 대상으로 김치와 김장 문화에 대해 한국어로 교육하는 프로그램이다. 전문 에듀케이터가 한국어로 쉽게 김장에 대해 설명하는 과정에서 맛을 표현하는 한국어도 함께 배울 수 있다. '다문화 김치학교'는 김치가 낯설고 김치에 대한 정보가 부족한 이주여성과 다문화가족을 위한 프로그램이다. 이주여성과 다문화 가족들이 집으로 돌아가서도 김치를 담글 수 있도록 전문 에듀케이터의 지도하에 한국 전통 김치 담그기와 김장문화에 대한 이해를 돕는 교육이 진행된다. '다문화 김치학교'는 다문화 가족 지원센터 등 다문화 가정 관련 단체를 대상으로 진행된다. 풀무원의 지속가능한 노력은 대외적으로 인정받아 2023년에는 세계 3대 신용평가사인 미국 S&P 글로벌의 '2023년 지속가능성 평가(CSA)'에서 글로벌 식품분야 Top 5, 국내 식품 분야 1위에 올랐다. 지난 2월에는 한국능률협회컨설팅의 '한국에서 가장 존경받는 기업'에 식품 기업으로는 유일하게 18년 연속 선정되며 국내 종합식품기업 부문 1위를 차지했다.

4.6. 하이트진로그룹 하이트진로

하이트진로음료의 환경(Environment)부문 ESG 경영활동 사례이다.

하이트진로음료는 무라벨 제품 확대를 통해 친환경 경영을 실천하고 있다. 자사 제품군 중 소비자들의 구매 빈도가 높은 먹는샘물 '석수'와 검정보리 차음료 '블랙보리' 등에 무라벨 패키징을 도입해 분리배출 편의성을 높이고 포장 폐기물을 최소화한다는 전략이다. 하이트진로음료는 먹는샘물 브랜드 '석수'의 친환경 포장 방식 확대 차원으로 지난 2022년 초 '무라벨 석수' 500mL 낱병 판매 제품을 출시했다. 무라벨 낱병 판매가 가능하도록 목 부분에 바코드를 포함한 소형 상표띠를 적용해 내놓은 것. 무라벨 제품은 낱병 라벨을 사용하지 않아 플라스틱 사용량을 줄일 수 있고 낱병 라벨 분리배출의 번거로움이 없다는 등의 장점이 있으나, 무라벨 낱병에는 바코드를 표시하기 어려워 판매에 제약이 있어왔다. 이로써 현재 석수의 무라벨 제품 라인업은 2L 묶음판매 제품, 500mL 묶음판매 제품, 500mL 낱병 판매 제품 등 총 3종이다. 앞서 하이트진로음료는 2013년 환경부와 체결한 '생수병 경량화 실천 협약'에 따라 '석수' 페트병의 중량을 경량화해 연간 570톤(t)의 플라스틱 사용을 절감하고 동시에 탄소 배출량 감소에도 기여했다. 무라벨 제품을 출시하기 전인 2020년 말부터는 라벨이 쉽게 제거되는 에코탭(ECO-TAP)을 석수 전 용량에 도입해 소비자가 쉽고 올바르게 페트병과 라벨을 분리배출 할 수 있도록 돕고 있다.

회사는 2023년 6월 5일 세계 환경의 날에 맞춰 라벨을 제거한 무라벨 검정보리 차음료 '블랙보리'를 선보이기도 했다. 무라벨 블랙보리는 520mL, 1.5L 제품으로 페트병 몸체에 라벨을 없애 비닐 사용량을 줄이고, 분리배출 편의성과 재활용 용이성을 높였다. 라벨을 없앤 대신 제품 필수 정보는 묶음 포장 측면에 기재했다. 하이트진로음료는 생수 대용으로 가정 소비가 많은 블랙보리도 환경 친화적인 소비가 가능하도록 무라벨 포장을 도입했다는 설명이다. 일찍이 보리차음료의 무라벨화 필요성을 인식한 하이트진로음료는 지난 21년 5월 블랙보리 확장 제품으로 물 대용 보리물차 음료 '우리집 보리차'를 출시한 바 있다. 물 대용 보리물차라는 콘셉트에 맞게 포장 형태도 1.5L 무라벨 페트를 적용하고, 손잡이가 달린 6개 묶음으로 판매함으로써 페트병 라벨 제거의 불편함을 없애고, 운반 편의성은 높였다.

하이트진로음료 관계자는 "제품 포장재가 환경에 미치는 영향을 최소화하기 위해 친환경 패키징에 집중하고 있다"면서 "세상을 이롭게 하는 물과 음료를 만들겠다는 기업 철학을 바탕으로 사회적 책임을 다하는 음료기업이 되고자 환경 친화적인 제품을 더욱 확대해 나갈 계획"이라고 말했다.

그림 10-6 하이트진로음료의 친환경 패키징 상품

찾아보기 I·n·d·e·x

ㅇ

ㅈ

ㅊ

ㅋ

ㅌ

ㅍ

ㅎ

B

C

저자 약력

■ 구 병 모 (아호 구유당)

- 인천대학교 동북아물류대학원 물류학박사(물류경영, 공급망전략)
- 충남대학교 대학원 경영학석사(마케팅)
- 기술평가사(TVA), 기술경영전문가(MOT)
- 물류관리사(CPL), Global SCM & Logistics Consultant
- 초경량비행장치 지도조종자(IP)

[현재] 한국폴리텍대학교 영남융합기술캠퍼스 스마트물류학과 교수
조달청 평가위원, 국토교통과학기술진흥원 국토교통분야 R&D 및 기술평가위원, 한국도로공사 물류사업 전문가그룹 위원, 경상북도물류정책위원회 위원, 한국상학회 부회장, 글로벌응용인문학연구 부회장, 한국물류학회 이사, 한국무역학회 이사, 한국SCM학회 평생회원, 한국산업기술융합학회 평생회원, 한국물류관리사협회 이사

[경력] 한세대학교 경영학과 교수
한진그룹, 삼성그룹, 유진그룹, KG그룹 등에서 전략경영, 마케팅, 글로벌 공급망 전략 부서장 및 총괄경영 수행
경영지도사/기술지도사 출제위원(2024년 제39회)
물류관리사 출제위원(2007년 제11회) 등

[저서] 『ESG시대의 조건! 전략경영의 실행과 목표관리』, 두남, 2024
『B2C 물류영업달인의 Sales Notes』, 박영사, 2020
『전략경영 이해와 활용』, 박영사, 2017

[컨설팅]
- 현장 맞춤형 체계적 훈련지원사업 컨설팅(한국산업인력공단, 2023년)
- 온라인 플랫폼기반의 화차매칭 공유경제 비즈니스모델 연구(한국연구재단, 2020년~2023년)
- 스마트물류체계기획/NCS 교재 개발(교육부, 한국IT비즈니스진흥협회, 2022년)
- LG전자 가정설치물류 단가체계 합리화 컨설팅(LG전자, 2019년)
- 화물정보망 사업타당성 연구 및 전산개발 용역(농협경제지주, 2016년~2018년)
- 미얀마 무역투자정책 자문 및 무역진흥기구 설립 컨설팅 사업(KOICA, KOTRA, 2015년~2016년) 등 40여 건

[논문]
〈국제저널〉
- Improvement Factors on Management Performance of Global Distribution Franchise Firms. Journal of Distribution Science, Vol.16 No.2, pp.33-47.(2018)
- An Impact Study on Successful Export Strategies: Global Supply Modes. Journal of Distribution Science, Vol.16 No.1, pp.59-71.(2018)
- A Study on Customer Satisfaction Factors of Supply Chain Management Support Center(SCSC), International Journal of Industrial & Business, Vol.9 No.2, pp. 27-38.(2018)
- A Study on the Effects of SMVEs Export Modes on Export Amount and Period, International Journal of Industrial & Business, Vol.9 No.1, pp. 39-49.(2018)
- A Study on Trucker Recognition in Korean Cargo Distribution O2O Business. Journal of Distribution Science, Vol.15 No.2, pp.79-90.(2017) 등 10여 편

〈국내저널〉

- BMC방법론을 이용한 LDSP 동서양 대표 국가의 비즈니스모델 연구, 한국물류학회, Vol.34, pp.51-62.(2024)
- A Study on the Differences in LDSP Business Models between Korea, United States, Japan, and China, Korea Logistics Review, Vol.33 No.2, pp.23-32.(2023)
- Strategic Direction Proposal of South Korean Online based Cargo and Vehicle Matching Business Model Using the BMC, Korea Logistics Review, Vol.32 No.1, pp.65-79.(2022)
- Developing of O2O Sharing Business Model for Direct Trading of Freshness Cargo. Korea Logistics Review, Vol.29 No.3, pp.11-29.(2019)
- 탐색적 방법론을 이용한 가정설치 물류기술 단가체계 연구. 기술경영, Vol.4 No.1, pp.21-36.(2019)
- 글로벌 브랜드를 매개로 한 고성과 창출 유통프랜차이즈 기업의 조직 특성 연구, 유통경영학회지, Vol.20 No.2, pp.57-67.(2018) 등 50여 편

ESG시대의 조건! 전략경영의 실행과 목표관리

초 판 1쇄 인쇄 —— 2024년 6월 15일
초 판 1쇄 발행 —— 2024년 6월 19일
지은이 —— 구 병 모
펴낸이 —— 전 두 표
펴낸곳 —— 도서출판 **두남**
서울시 강동구 성내로 6길 34-16 두남빌딩
신 고 : 제25100-1988-9호
TEL : 02) 478-2066, 2067
FAX : 02) 478-2068
E-mail : dnbooks@dunam.co.kr
http://www.dunam.co.kr

정가 28,000원

ISBN 978-89-6414-995-9 93320